Coleção
LEIS ESPECIAIS
para concursos
Dicas para realização de provas com questões de concursos e jurisprudência do STF e STJ inseridas artigo por artigo

Coordenação:
LEONARDO GARCIA

9

DEFENSORIA PÚBLICA

Lei Complementar 80/1994

Coleção
LEIS ESPECIAIS
para **concursos**

Dicas para realização de provas com questões de concursos e jurisprudência do STF e STJ inseridas artigo por artigo

Coordenação:
LEONARDO GARCIA

9

Gustavo Cives Seabra

DEFENSORIA PÚBLICA

Lei Complementar 80/1994

10ª Edição | revista atualizada ampliada

2021

EDITORA JusPODIVM
www.editorajuspodivm.com.br

EDITORA *Jus*PODIVM
www.editorajuspodivm.com.br

Rua Canuto Saraiva, 131 – Mooca – CEP: 03113-010 – São Paulo – São Paulo
Tel: (11) 3582.5757
• Contato: https://www.editorajuspodivm.com.br/sac

Copyright: Edições *Jus*PODIVM

Diagramação: Futura *(rogerio@futuraeditoracao.com)*

Capa: Ana Caquetti

D313 Defensoria Pública / Gustavo Cives Seabra – 10. ed. rev., ampl. e atual. – Salvador: Juspodivm, 2021.
384 p. (Leis Especiais para Concursos, v.9/ coordenador Leonardo de Medeiros Garcia)

Bibliografia.
ISBN 978-65-5680-755-3.

1. Defensoria Pública. I. Barros, Guilherme Freire de Melo. II. Seabra, Gustavo Cives. III. Título.

CDD 341.413

Faço deste livro uma homenagem a todas as Defensorias Públicas do Brasil, em especial à Defensoria Pública do Estado do Espírito Santo, que me despertou o amor pela Instituição. Espero que esta obra seja uma singela forma de demonstrar meu carinho e admiração pela carreira, cujo trabalho é tão nobre e, ao mesmo tempo, tão pouco valorizado.

Dedico este livro aos meus familiares que são o pilar da minha vida e, principalmente, à minha filha Isabel e ao meu filho Guilherme, que me apresentaram uma forma de amor que eu nunca imaginei existir.

Agradeço também ao meu amigo GUILHERME FREIRE DE MELO BARROS que sempre confiou no meu trabalho a ponto de me permitir atualizar essa obra.

Gustavo Cives Seabra

Proposta da Coleção *Leis Especiais para Concursos*

A Coleção *Leis Especiais para Concursos* tem como objetivo preparar os candidatos para os principais certames do país.

Pela experiência adquirida ao longo dos anos, dando aulas nos principais cursos preparatórios do país, percebi que a grande maioria dos candidatos apenas lê as leis especiais, deixando os manuais para as matérias mais cobradas, como constitucional, administrativo, processo civil, civil etc. Isso ocorre pela falta de tempo do candidato ou porque faltam no mercado livros específicos (para concursos) em relação a tais leis.

Nesse sentido, a Coleção *Leis Especiais para Concursos* tem a intenção de suprir uma lacuna no mercado, preparando os candidatos para questões relacionadas às leis específicas, que vêm sendo cada vez mais contempladas nos editais.

Em vez de somente ler a lei seca, o candidato terá dicas específicas de concursos em cada artigo (ou capítulo ou título da lei), questões de concursos mostrando o que os examinadores estão exigindo sobre cada tema e, sobretudo, os posicionamentos do STF, STJ e TST (principalmente aqueles publicados nos informativos de jurisprudência). As instituições que organizam os principais concursos, como o CESPE, utilizam os informativos e as notícias (publicados na página virtual de cada tribunal) para elaborar as questões de concursos. Por isso, a necessidade de se conhecer (e bem!) a jurisprudência dos tribunais superiores.

Assim, o que se pretende com a presente coleção é preparar o leitor, de modo rápido, prático e objetivo, para enfrentar as questões de prova envolvendo as leis específicas.

Boa sorte!

Leonardo Garcia

Coordenador da coleção

Como a Lei Complementar 80/94 é cobrada nos concursos?

Para qualquer concurso de Defensoria Pública no Brasil é essencial conhecer a LC 80/94. Esse regramento dispõe sobre as normas gerais para as Defensorias dos Estados e DF e normas específicas para DPU e Defensoria dos Territórios (atualmente não há Territórios no Brasil).

A LC 80 normalmente possui muitas de suas disposições repetidas nas leis estaduais. Assim, o bom conhecimento da normativa federal faz com que o candidato acerte grande parte das questões de prova, mesmo que sejam pautadas na normativa estadual.

A jurisprudência sobre o assunto também é alvo de cobrança em concursos. Por isso, inserimos os julgados dos Tribunais Superiores logo após a abordagem da matéria. Em bancas como CESPE/CEBRASPE é indispensável conhecer a posição jurisprudencial.

Por fim, ressaltamos que o estudo da Defensoria Pública vem crescendo doutrinariamente. As provas de concurso estão acompanhando a evolução da matéria e cobrando alguns pontos que encontramos apenas em doutrina um pouco mais aprofundada. Sem perder a objetividade – característica dessa obra – incluímos posicionamentos de autores que abordam o tema para que o candidato não seja "pego desprevenido" no momento da prova!

Apresentação da 10ª Edição

Nesta 10ª edição foi mantido o caminho traçado nas anteriores: comentários diretos, completos e seguidos de questões de concurso.

Os concursos de Defensoria Pública se intensificaram muito nos últimos anos. Talvez isso seja uma consequência da EC 80/14 que determina que em cada Comarca exista ao menos um Defensor Público (prazo de 8 anos a partir da promulgação da EC).

A sistemática de questões permanece a mesma: foram inseridas logo após a abordagem do tema. Algumas foram retiradas da obra, pois não estavam em consonância com o CPC/2015 ou mesmo com entendimentos doutrinários modernos.

Além disso, o livro conta com cinco anexos. O primeiro apresenta entendimentos jurisprudenciais pretéritos, para possibilitar ao leitor a verificação de posições antigas dos tribunais. O segundo traz um quadro com os dispositivos mais importantes para concursos públicos. O terceiro resume em pequenas frases o entendimento jurisprudencial. O quarto elenca algumas questões da Defensoria Pública do Estado de São Paulo que se referem a matérias específicas de sua lei orgânica. O quinto diz respeito a questões específicas das Defensorias de outros Estados.

Não poderia deixar de agradecer aos alunos e leitores. Eles foram essenciais na atualização dessa obra. O envio de dúvidas, sugestões e elogios fizeram dessa edição uma "obra coletiva". O objetivo é sempre melhorar e a contribuição dos alunos e leitores é de suma importância para isso. Tenho certeza que um bom livro depende das necessárias críticas e sugestões dos leitores. Assim, deixo meu contato de Instagram abaixo. Fiquem à vontade para enviar direct!

Rio de Janeiro, julho de 2021

Gustavo Cives Seabra

Instagram: @gustacives

Canal de Telegram: @estudecomgustavocives

SUMÁRIO

Defensoria Pública na Constituição da República

1. **Histórico brasileiro constitucional da assistência jurídica gratuita:** até chegarmos à Constituição de 1988, o direito à assistência jurídica foi sendo construído a duras penas no decorrer da história brasileira.

   De forma resumida, a evolução da assistência jurídica nas Constituições brasileiras se deu da seguinte forma[1]:

   a) **Constituição de 1891:** foi omissa. Não fez previsão a respeito da gratuidade de justiça e assistência judiciária;

   b) **Constituição de 1934:** fez previsão da assistência judiciária, além de estipular "a criação de órgãos especiais destinados ao atendimento das pessoas necessitadas. Com isso, demonstrou o constituinte o propósito de adotar o salaried staff model, para que a assistência judiciária fosse prestada de modo especializado, por órgãos estatais devidamente criados para esse fim."[2];

   c) **Constituição de 1937:** não houve previsão a respeito da assistência judiciária. Não podemos esquecer que essa Constituição possuiu viés autoritário;

   d) **Constituição de 1946:** a assistência judiciária voltou a ter sede constitucional. Contudo, "em claro recuo em relação ao ordenamento constitucional de 1934, deixou a Carta Política de 1946 de indicar a forma de viabilização desse direito, não sendo previsto qual órgão estatal efetivaria a assistência aos menos afortunados."[3];

   e) **Constituição de 1967:** fez previsão da matéria, entretanto, "do mesmo modo que a Constituição anterior, a Carta Política de 1967 previu

---

1 Esse tópico tem como base o brilhante livro dos colegas Diogo Esteves e Franklyn Roger. ESTEVES, Diogo. SILVA, Franklyn Roger Alves. Princípios Institucionais da Defensoria Pública – 3. Ed. – Rio de Janeiro: Forense, 2018, páginas 51/61.

2 Ibid, pág. 55.

3 Ibid, pág. 57.

a assistência judiciária como norma não autoaplicável, dependendo sua regulamentação da edição de lei infraconstitucional"[4]

f) **Constituição de 1969 (na verdade Emenda Constitucional 1 à Constituição de 1967, mas vista por muitos como uma nova Constituição):** não houve alteração relacionada à assistência judiciária, sendo mantida a "previsão constitucional constante da Magna carta de 1967 (...) sem sofrer qualquer alteração redacional".[5]

1.1. Evolução normativa da Defensoria Pública na Constituição de 1988: quando da promulgação da Constituição da República foi bastante comemorada a previsão expressa da Defensoria Pública em seu texto. Frise-se que a Carta de 1988 foi a primeira a utilizar a expressão assistência "jurídica", mais ampla que a mera assistência "judiciária". De 1988 até hoje, a Instituição obteve ainda mais reconhecimento, e seu regramento constitucional foi sendo alterado paulatinamente. É importante conhecer e compreender a evolução alcançada pela Defensoria Pública na atual Carta Política.

A Constituição da República de 1988 apresenta um extenso rol de direitos e garantias fundamentais em seu artigo 5º, com destaque para o inciso LXXIV, que estabelece o dever do Estado de prestar *"assistência jurídica integral e gratuita aos que comprovarem insuficiência de recursos."* Para atender a esse direito fundamental, a Constituição da República de 1988 previu expressamente a instituição da Defensoria Pública, outorgando-lhe a missão de prestar serviços jurídicos aos necessitados. A redação original do artigo 134 foi alterada pela EC n. 80/2014. Confira-se o quadro:

Redação original	Redação dada pela EC n. 80/2014
Art. 134. A Defensoria Pública é instituição essencial à função jurisdicional do Estado, incumbindo-lhe a orientação jurídica e a defesa, em todos os graus, dos necessitados na forma do art. 5º, LXXIV.	**Art. 134.** A Defensoria Pública é instituição permanente, essencial à função jurisdicional do Estado, incumbindo-lhe, como expressão e instrumento do regime democrático, fundamentalmente, a orientação jurídica, a promoção dos direitos humanos e a defesa, em todos os graus, judicial e extrajudicial, dos direitos individuais e coletivos, de forma integral e gratuita, aos necessitados, na forma do inciso LXXIV do art. 5º desta Constituição Federal.

4 Ibid, págs. 58/59.

5 Ibid, pág. 59.

A nova redação dá mais ênfase à amplitude da atuação da Instituição, com importante menção expressa à promoção dos direitos humanos.

Outro ponto de destaque foi a mudança na divisão do Capítulo IV, que trata das funções essenciais à Justiça. Originalmente, a Defensoria Pública estava prevista na Seção III, junto com a advocacia. Com a alteração da EC n. 80/2014, a advocacia permaneceu na Seção III e a Defensoria Pública passou a ser regulada na Seção IV, que é dedicada integralmente à Instituição.

1.2. Previsão constitucional da Defensoria Pública em doutrina: "Rente ao que foi desenvolvido no n. 14 do Capítulo 1, *supra*, a respeito do incentivo que a Constituição Federal de 1988 empresta para o hipossuficiente para tutelar-se *juridicamente* – noção mais ampla do que *judicialmente* –, o art. 134 daquela Carta criou, inovando, no particular, com as Constituições anteriores, as Defensorias Públicas. [...] Trata-se de passo fundamental que foi dado pela Constituição Federal em prol da construção e aperfeiçoamento de um novo Estado Democrático de Direito para o país. Antes do art. 134, a tutela jurídica do hipossuficiente era não só incipiente mas, também, feita quase que casuisticamente pelos diversos membros da Federação. O dispositivo da Constituição Federal, neste sentido, teve o grande mérito de *impor* a necessária *institucionalização* daquela função, permitindo, assim, uma maior racionalização na atividade de *conscientização* e de *tutela jurídica* da população carente, providência inafastável para o engrandecimento de um verdadeiro Estado e do fortalecimento de suas próprias instituições, inclusive as que mais importam para o desenvolvimento deste *Curso*, as relativas à "Justiça". [...] O ideal, em termos de realização dos valores constitucionalmente assegurados, seria a Defensoria Pública poder se estruturar e se organizar com total *independência* dos demais Poderes e funções públicas como meio, até mesmo, de bem alcançar seus objetivos." (BUENO, Cassio Scarpinella. *Curso sistematizado de direito processual civil: teoria geral do direito processual civil, vol. I.* 2ª edição. São Paulo: Saraiva, 2008, pp. 236-237 – grifos do original).

2. Métodos de prestação de assistência jurídica: em diversos países no mundo, o Estado oferece serviços jurídicos a pessoas necessitadas. A análise do direito comparado permite identificar basicamente três métodos de prestação de serviços de assistência jurídica, a saber:

(i) *munus honorificum*, também conhecido como advocacia *pro bono* ou voluntária, no qual um advogado particular, por altruísmo, aceita prestar os serviços gratuitamente;

(ii) *judicare,* no qual advogados particulares se credenciam para atuar na defesa dos interesses dos hipossuficientes e, para isso, são remunerados pelo Poder Público;

(iii) sistema público, em que o Poder Público contrata profissionais para atuar especificamente (e usualmente de modo exclusivo) em prol dos hipossuficientes. Trata-se do chamado *salaried staff model. Em tal modelo, há "uma remuneração fixa independentemente da quantidade de casos que assumem (o pagamento não é feito, portanto, para cada caso concreto) e são designados para atuar com base em critérios objetivos (não há liberdade de escolha para a pessoa necessitada).*[6]

A Constituição da República adotou o sistema público, com a contratação de defensores públicos – o que não impede o exercício de advocacia *pro bono*, pois ambas podem coexistir harmonicamente. Frise-se que a verdadeira advocacia *pro bono* é aquela realmente desinteressada no recebimento de qualquer valor. Assim, por exemplo, se uma ONG diz que presta serviços *pro bono* e pede subsídios governamentais, na verdade nada há de *pro bono*. O que existe nesse caso é uma forma de retirar dinheiro público que deveria ser destinado à Defensoria e transportar para outro serviço sem amparo constitucional. A opção pelo sistema público permite o planejamento de uma atuação macro, que não se limita à tutela de direitos individuais, o que é traço comum nas outras formas de prestação de assistência gratuita. Isso porque faltam a esses outros métodos justamente unidade de atuação e comando central hierarquizado para planejar e coordenar o trabalho.

De acordo com a mais clássica obra sobre o tema: "As vantagens dessa sistemática [modelo público] sobre a do *judicare* são óbvias. Ela ataca outras barreiras ao acesso individual, além dos custos, particularmente os problemas derivados da desinformação jurídica pessoal dos pobres. Ademais, ela pode apoiar os interesses difusos ou de classe das pessoas pobres. Esses escritórios, que reúnem advogados numa equipe, podem assegurar-se das vantagens dos litigantes organizacionais, adquirindo conhecimento e experiência dos problemas típicos dos pobres. Advogados particulares, encarregados apenas de atender a indivíduos, geralmente não são capazes de assegurar essas vantagens. Em suma, além de apenas encaminhar as demandas

---

6 PAIVA, Caio. FENSTERSEIFER, Tiago. Comentários à Lei Nacional da Defensoria Pública. Belo Horizonte: Editora CEI, 2019, pág. 40.

individuais dos pobres que são trazidas aos advogados, tal como no sistema *judicare*, esse modelo norte-americano: 1) vai em direção aos pobres para auxiliá-los a reivindicar seus direitos e 2) cria uma categoria de advogados eficientes para atuar pelos pobres, enquanto classe."[7]

Aplicação em concurso

- **(FCC – Defensor Público – SP – 2019)** Na evolução histórica do acesso à justiça no Brasil aos mais vulneráveis,

  (a) A Constituição de 1967 atribuiu à União e aos Estados o dever de prestar diretamente assistência jurídica aos necessitados ou fazê-lo, subsidiariamente, por meio de advogados particulares conveniados.

  (b) O art. 98 das Disposições Constitucionais Transitórias da Constituição de 1988, acrescentado pela EC n**o** 80/14, prevê que, no prazo de até 10 (dez) anos, a União, os Estados e o Distrito Federal deverão contar com Defensores Públicos nas Comarccas com maiores índices de exclusão social e adensamento populacional.

  (c) A Constituição de 1988 adotou o modelo público, atribuindo à Defensoria Pública o dever de prestar assistência judiciária como direito de todos e dever do Estado.

  (d) A Lei n**o** 1.060/50, editada sob a égide da Constituição de 1946, adotou o modelo judicare, devendo o Estado remunerar os advogados particulares que atuassem em favor de pessoas necessitadas.

  (e) A Constituição de 1934 previa, em caráter inédito, que a União e os Estados deveriam conceder assistência judiciária aos necessitados.

  Gabarito: letra E.

- **(CESPE – Defensor Público – DF – 2019)** *A respeito da Defensoria Pública, julgue os itens a seguir:*

  A assistência jurídica integral e gratuita pelo Estado aos que comprovem insuficiência de recursos está expressamente prevista e regulamentada no Brasil desde a promulgação da Constituição Federal de 1967.

  O item está errado.

- **(FCC – Defensor Público – DPE – AM/2018 – Reaplicação)** *O modelo de assistência judiciária gratuita adotado pela Constituição Federal vigente no país denomina-se*

---

7 CAPPELLETTI, Mauro. GARTH, Bryant. Acesso à Justiça. Tradução de Ellen Gracie Northfleet, Porto Alegre, Fabris, 1988, p. 40/41.

(A) pro bono.

(B) salaried staff model.

(C) misto.

(D) judicare.

(E) não governamental.

Gabarito: letra B.

- *(Cespe – Defensor Público Federal – DPF/2017) Entre os modelos de assistência jurídica dos Estados contemporâneos, o Brasil adotou, na CF, o sistema salaried staff model, o que significa que incumbe à DP a prestação de assistência jurídica integral e gratuita aos necessitados.*

Gabarito: o item está certo.

- *(DP/PR – 2012 – FCC) Quanto aos sistemas de assistência judiciária e jurídica gratuita, é correto afirmar que*

A) o sistema *judicare* é mais eficaz, pois permite que ao lado de servidores públicos atuem advogados em regime *pro bono*.

B) o sistema público é mais vantajoso, embora não esteja aparelhado para transcender os remédios individuais.

C) a Constituição Federal de 1988 adotou o sistema *judicare*, que implica no exercício da assistência jurídica por profissionais concursados, sem prejuízo da atuação de advogados *pro bono*.

D) o sistema público caracteriza-se por permitir às pessoas pobres maior conscientização de seus direitos e a transcendência da esfera individual.

E) o sistema *pro bono* consiste na atuação caritativa de advogados particulares e é vedado pela Constituição Federal de 1988.

Gabarito: letra D.

- *(DP/AM – 2013 – FCC) O parágrafo 5º do artigo 4º da Lei Complementar Federal nº 80/94, ao estabelecer que a assistência jurídica integral e gratuita custeada ou fornecida pelo Estado será exercida pela Defensoria Pública, reconheceu*

A) o modelo público de assistência jurídica gratuita, fundado na convivência entre defensores públicos e advogados dativos custeados pelo Estado.

B) o modelo misto de assistência jurídica gratuita, que assegura a atuação de organizações não governamentais, mediante o repasse de recursos públicos.

C) a prevalência do modelo *judicare*, fundado na advocacia voluntária ou *pro bono*.

D) que o direito fundamental previsto no artigo 5º, LXXIV, da Constituição Federal deve ser instrumentalizado pela Defensoria Pública.

E) a titularidade do direito à assistência jurídica integral e gratuita à Defensoria Pública.

Gabarito: letra D.

- *(FCC – Defensor Público – CE/2014) Quanto ao sistema de assistência jurídica gratuita adotado no Brasil, é correto afirmar:*

A) A assistência jurídica integral e gratuita aos necessitados é direito fundamental, devendo ser proporcionada pelos entes federativos, preferencialmente pelas Defensorias Públicas.

B) Tendo em vista o direito fundamental de acesso à justiça, é possível aos municípios, mediante interpretação sistemática da Constituição Federal, instituir Defensorias Públicas próprias, respeitadas as regras gerais estabelecidas na Lei Orgânica da Defensoria Pública (Lei Complementar nº 80/94).

C) Cabe aos Estados estabelecer o modelo de assistência jurídica no âmbito de suas Justiças, mas caso seja adotado o modelo da Defensoria Pública, deverão ser respeitadas as regras gerais estabelecidas na Lei Orgânica da Defensoria Pública (Lei Complementar nº 80/94).

D) Sempre que o juiz constatar que a parte é hipossuficiente, deve nomear a Defensoria Pública para atuar no feito, que não poderá deixar de cumprir tal múnus nas comarcas onde está instalada.

E) O modelo de assistência jurídica gratuita no Brasil pressupõe a ampla e irrestrita atuação jurídica, que inclui a orientação e atuação extrajudicial, orientação e atuação em processos administrativos, além da orientação e atuação judicial.

Gabarito: letra E.

3. **Função essencial** à **Justiça e dever de aparelhamento – EC n. 80/2014:** a redação do artigo 134 traz importantes características acerca da Instituição. Primeiro, trata-se de **instituição essencial** à **função jurisdicional**, o que significa que sua criação e manutenção não são meras faculdades ou opções políticas dos governantes, que poderiam criar ou extinguir a Defensoria Pública, por conveniência e oportunidade. Diga-se que eventual tentativa de extinção da Defensoria representaria flagrante afronta à cláusula pétrea. As Funções Essenciais à Justiça (Ministério Público, Advocacia Pública, Advocacia privada e Defensoria Pública), previstas a partir

do artigo 127 da CRFB, são garantidoras do sistema democrático que é a base da Carta Magna de 1988.

Seguindo essa linha, o professor Marcos Vinícius Gomes ensina o seguinte: "Outro ponto que merece enorme destaque é a conceituação da Defensoria Pública como 'instituição permanente'. O fato de a Defensoria Pública ser permanente significa que ela não deve, nem pode, acabar, sendo considerada cláusula pétrea, na forma do art. 60, § 4°, IV, da Constituição Federal. A Defensoria Pública é uma cláusula pétrea da cidadania e da democracia. (...) Entrementes, não é só isso. Ser considerada permanente significa que a instituição não pode ter suas prerrogativas enfraquecidas, nem mesmo sua autonomia violada. Nesse sentido, ousamos ir além. Consoante o texto do art. 2º da Emenda Constitucional n. 80, ser permanente significa estar bem estruturada, com número adequado de defensores públicos e, no prazo de oito anos, estar estruturada em todas as unidades jurisdicionais, priorizando-se as regiões com maiores índices de exclusão social e adensamento populacional."[8]

A criação da Defensoria Pública é dever, é imposição constitucional, de modo que o chefe do Poder Executivo que não cria, nem a equipa adequadamente, está violando a Constituição da República.

Exatamente por isso, a EC n. 80/2014 inseriu regra expressa no Ato das Disposições Constitucionais Transitórias (ADCT) impondo que a Defensoria Pública seja devidamente organizada no prazo de 8 anos. Confira-se o artigo 98 do ADCT, inserido pela EC n. 80/2014:

> **Art. 98.** O número de defensores públicos na unidade jurisdicional será **proporcional** à **efetiva demanda** pelo serviço da Defensoria Pública e à respectiva população.
>
> § 1º No **prazo de 8 (oito) anos**, a União, os Estados e o Distrito Federal deverão contar com **defensores públicos em todas as unidades jurisdicionais**, observado o disposto no caput deste artigo.
>
> § 2º Durante o decurso do prazo previsto no § 1º deste artigo, a **lotação** dos defensores públicos ocorrerá, **prioritariamente**, atendendo as **regiões** com maiores índices de **exclusão social** e adensamento populacional.

Há três pontos a destacar do artigo acima transcrito. O primeiro é o dever de que todos os entes políticos possuam em seus quadros defensores

8 GOMES, Marcos Vinícius Manso Lopes. Defensoria Pública: ponto a ponto: direitos humanos e princípios institucionais da Defensoria Pública – 2a edição – São Paulo: Saraiva Educação, 2019, pág. 235.

públicos atendendo em todas as unidades jurisdicionais do país. Trata-se de um dever de *capilarizar* a carreira, ou seja, de levar às cidades mais distantes dos grandes centros um defensor público para efetivamente atender à população local. O segundo ponto é que essa imposição deve ser atendida no prazo máximo de 8 anos. Logicamente, a colocação de defensores públicos em todas as unidades jurisdicionais implica o dever de redistribuir lotações e também contratar novos defensores, aumentar o quadro das carreiras. Bem por isso, a EC n. 80/2014 fixa prazo de 8 anos para que os governantes planejem seus orçamentos. Por fim, cumpre destacar que durante esse período de transição para o atendimento pleno da Defensoria Pública em todo o País deve-se dar prioridade a áreas de maior exclusão social e adensamento populacional. De fato, essas são justamente as áreas em que o atendimento ao vulnerável é mais necessário.

Aplicação em concurso

- ***(UFMT – Defensor Público – DPE – MT/2016)*** *Sobre o perfil constitucional da Defensoria Pública, na Carta de 1988, assinale a afirmativa correta.*

  A) Durante o prazo de 8 (oito) anos, a lotação dos Defensores Públicos ocorrerá, prioritariamente, atendendo as regiões com maiores índices de exclusão social e adensamento populacional.

  B) Os recursos correspondentes às dotações orçamentárias, compreendidos os créditos suplementares e especiais, destinados à Defensoria Pública, ser-lhe-ão entregues até o dia 10 de cada mês, em duodécimos, na forma da lei complementar a que se refere o art. 165, § 9° da Constituição Federal.

  C) Compete privativamente à União legislar sobre a organização da Defensoria Pública do Distrito Federal e Territórios, bem como organização administrativa destes.

  D) A iniciativa privativa do Presidente da República, para propor leis, autoriza a utilização de medida provisória, que disponha sobre normas gerais para a organização da Defensoria Pública dos Estados, do Distrito Federal e dos Territórios.

  E) O número de Defensores Públicos na unidade jurisdicional será proporcional ao número de eleitores e à efetiva demanda pelo serviço da Defensoria Pública.

  Gabarito: letra A.

4. **Competência legislativa e EC n. 69/2012:** o § 1º do artigo 134 determina que cabe à Lei Complementar organizar a Defensoria Pública da União e do Distrito Federal, bem como estabelecer **normas gerais** para as Defensorias Públicas dos Estados. Trata-se precisamente da LC nº 80/1994, objeto de nosso estudo. Ao lado das normas gerais trazidas pela Lei Orgânica nacional, os **Estados** devem criar suas **legislações próprias** para reger a carreira.

   Esse dispositivo constitucional acabou parcialmente revogado de forma tácita pelas alterações implementadas pela **EC n. 69/2012**, que retirou a competência da União para legislar e manter a Defensoria Pública do Distrito Federal.

   Confira-se o quadro:

Redação original da CR (com renumeração do dispositivo pela EC n. 45/2004	Dispositivos modificados pela EC n. 69/2012
Art. 134. [...] § 1º Lei complementar organizará a Defensoria Pública da União e do Distrito Federal e dos Territórios e prescreverá normas gerais para sua organização nos Estados, em cargos de carreira, providos, na classe inicial, mediante concurso público de provas e títulos, assegurada a seus integrantes a garantia da inamovibilidade e vedado o exercício da advocacia fora das atribuições institucionais.	Art. 21. Compete à **União**: XIII – **organizar e manter** o Poder Judiciário, o Ministério Público do Distrito Federal e dos Territórios e a **Defensoria Pública dos Territórios**; Art. 22. Compete privativamente à **União legislar sobre**: XVII – organização judiciária, do Ministério Público do Distrito Federal e dos Territórios e da **Defensoria Pública dos Territórios**, bem como organização administrativa destes; Art. 48. Cabe ao Congresso Nacional, com a sanção do Presidente da República, não exigida esta para o especificado nos arts. 49, 51 e 52, dispor sobre todas as matérias de competência da União, especialmente sobre: IX – organização administrativa, judiciária, do Ministério Público e da **Defensoria Pública da União e dos Territórios** e organização judiciária e do Ministério Público do Distrito Federal;

Como se vê, a partir das modificações trazidas pela EC n. 69/2012, a União tem competência para legislar e manter a Defensoria Pública da União e dos Territórios. Já o Distrito Federal tem competência legislativa e material para organizar sua própria Defensoria Pública.

Inclusive, o art. 2º da Emenda prevê a aplicação à Defensoria do Distrito Federal das mesmas regras aplicáveis às Defensorias Públicas estaduais.

Aplicação em concurso

- *(UFG – Defensor Público – GO/2014) Segundo a Constituição Federal de 1988, a competência para legislar sobre assistência jurídica e Defensoria Pública é*

  A) privativa da União.

  B) comum da União e dos Municípios.

  C) privativa dos Municípios.

  D) concorrente da União, dos Estados e do Distrito Federal.

  E) comum da União, dos Estados, do Distrito Federal e dos Municípios.

  Gabarito: letra D

- *(DP-RR – 2013 – Cespe) À luz da CF, assinale a opção correta no que diz respeito à DP.*

  A) À União compete privativamente legislar sobre a organização da Defensoria Pública do Distrito Federal e dos Territórios.

  B) A competência para legislar sobre assistência jurídica e DP é concorrente entre a União, os estados e o DF.

  C) A incumbência da DP, como instituição essencial à função jurisdicional do Estado, é limitada à instrução jurídica dos processos movidos contra os incapazes.

  D) O Estado só prestará a gratuidade de justiça aos cidadãos brasileiros que comprovarem insuficiência de recursos.

  E) Os mesmos princípios e regras que, nos termos da CF, regem as DPs dos estados são aplicados à DPU.

  Gabarito: letra B

5. **Ingresso na carreira, garantias e vedação:** com relação ao ingresso na carreira, o § 1º do artigo 134 exige a aprovação em concurso público de provas e títulos. Além disso, foram estabelecidas uma garantia e uma ve-

dação. O defensor público tem garantida constitucionalmente sua **inamovibilidade**, o que se significa que não pode ser removido de seu posto de trabalho – ressalvadas hipóteses excepcionais. Além disso, foi vedado o exercício de advocacia fora das atribuições institucionais.

6. **Autonomia e Emendas Constitucionais:** a disciplina constitucional da Defensoria Pública segue com o § 2º do artigo 134, inserido pela Emenda Constitucional nº 45/2004, que promoveu a chamada *Reforma do Judiciário*. O § 2º garantiu às Defensorias Públicas dos Estados **autonomia funcional e administrativa**, bem como a **iniciativa de sua proposta orçamentária** – as Defensorias Públicas da União e do Distrito Federal não foram contempladas com tais autonomias em 2004. Por sua vez, o artigo 168 determina que *"os recursos correspondentes* às *dotações orçamentárias, compreendidos os créditos suplementares e especiais, destinados aos* órgãos *dos Poderes Legislativo e Judiciário, do Ministério Público e da Defensoria Pública, ser-lhes-ão entregues até o dia 20 de cada mês, em duodécimos".*

Aplicação em concurso

→ **(CESPE – Defensor Público – DF – 2019) A respeito da Defensoria Pública, julgue os itens a seguir:**

→ **A garantia de autonomia administrativa das Defensorias Públicas está estabelecida desde a promulgação da Constituição Federal de 1988.**

O Item está errado.

- **(FCC – Defensor Público – DPE – AM/2018 – Reaplicação)** *Com a promulgação da Emenda Constitucional nº 45, a Constituição Federal passou a prever a autonomia funcional, administrativa e a iniciativa de proposta orçamentária dentro dos limites estabelecidos na Lei de Diretrizes Orçamentárias*

A) apenas para a Defensoria Pública da União.

B) apenas para as Defensorias Públicas Estaduais.

C) apenas para as Defensorias Públicas Estaduais e do Distrito Federal.

D) para as Defensorias Públicas Estaduais, do Distrito Federal e da União.

E) apenas para as Defensorias Públicas Estaduais e da União.

Gabarito: letra B

A inserção desse dispositivo na Constituição significou conquista importante para a Defensoria Pública, pois lhe garante independência para atuar somente com os olhos voltados a seu objetivo constitucional, que é a prestação de serviços jurídicos aos necessitados.

Posteriormente, com a Emenda Constitucional n. 69/2012, a Defensoria Pública do Distrito Federal também passou a gozar de autonomia funcional, administrativa e iniciativa de proposta orçamentária, em razão do previsto em seu artigo 2º: *"Sem prejuízo dos preceitos estabelecidos na Lei Orgânica do Distrito Federal, aplicam-se à Defensoria Pública do Distrito Federal os mesmos princípios e regras que, nos termos da Constituição Federal, regem as Defensorias Públicas dos Estados."* Se as Defensorias Públicas estaduais detêm tal autonomia, esse mesmo regime passou a ser aplicável também a do Distrito Federal.

Por fim, foi promulgada nova Emenda Constitucional, a de n. 74/2013, que garantiu expressamente no texto constitucional a autonomia às Defensorias da União e do Distrito Federal. Confiram-se os dispositivos constitucionais pertinentes:

> Art. 134. [...]
>
> § 2º Às Defensorias Públicas Estaduais são asseguradas autonomia funcional e administrativa e a iniciativa de sua proposta orçamentária dentro dos limites estabelecidos na lei de diretrizes orçamentárias e subordinação ao disposto no art. 99, § 2º. **(Incluído pela Emenda Constitucional nº 45, de 2004)**
>
> § 3º Aplica-se o disposto no § 2º às Defensorias Públicas da União e do Distrito Federal. **(Incluído pela Emenda Constitucional nº 74, de 2013)**

Em conclusão, do quadro constitucional atual, extrai-se que a Defensoria Pública, em todas as esferas políticas, possui autonomia funcional, administrativa e iniciativa de lei orçamentária.

Frise-se que na ADI 5296 foi contestada a autonomia dada à Defensoria Pública da União. A tese do autor era a de usurpação da competência legislativa do Executivo, vez que a Emenda Constitucional tratou de matéria incluída na iniciativa reservada exposta no artigo 61 da CRFB (regime jurídico dos servidores públicos – § 1º, inciso II, alínea *c* do dispositivo citado acima).

Com o devido respeito que merece o autor da ação (Presidência da República), conferir autonomia a uma instituição não se confunde com o regime jurídico dos seus servidores. Trata-se, na verdade, do delineamento constitucional de uma instituição. Além disso, retirar a autonomia da

Defensoria Pública faz com que ela se submeta ao Poder Executivo que é justamente o maior alvo de suas ações. Fica claro o contrassenso.

A referida ADI foi julgada improcedente. Pela relevância do tema, transcreve-se abaixo a integralidade da ementa:

> AÇÃO DIRETA DE INCONSTITUCIONALIDADE. ART. 134, § 3º, DA CONSTITUIÇÃO DA REPÚBLICA, INCLUÍDO PELA EMENDA CONSTITUCIONAL Nº 74/2013. EXTENSÃO, ÀS DEFENSORIAS PÚBLICAS DA UNIÃO E DO DISTRITO FEDERAL, DA AUTONOMIA FUNCIONAL E ADMINISTRATIVA E DA INICIATIVA DE SUA PROPOSTA ORÇAMENTÁRIA, JÁ ASSEGURADAS ÀS DEFENSORIAS PÚBLICAS DOS ESTADOS PELA EMENDA CONSTITUCIONAL Nº 45/2004. EMENDA CONSTITUCIONAL RESULTANTE DE PROPOSTA DE INICIATIVA PARLAMENTAR. ALEGADA OFENSA AO ART. 61, § 1º, II, "c", DA CONSTITUIÇÃO DA REPÚBLICA. USURPAÇÃO DA RESERVA DE INICIATIVA DO PODER EXECUTIVO. INOCORRÊNCIA. ALEGADA OFENSA AOS ARTS. 2º E 60, § 4º, III, DA CONSTITUIÇÃO DA REPÚBLICA. SEPARAÇÃO DE PODERES. INOCORRÊNCIA. PRECEDENTES. IMPROCEDÊNCIA. 1. No plano federal, o poder constituinte derivado submete-se aos limites formais e materiais fixados no art. 60 da Constituição da República, a ele não extensível a cláusula de reserva de iniciativa do Chefe do Poder Executivo, prevista de modo expresso no art. 61, § 1º, apenas para o poder legislativo complementar e ordinário – poderes constituídos. 2. Impertinente a aplicação, às propostas de emenda à Constituição da República, da jurisprudência do Supremo Tribunal Federal quanto à inconstitucionalidade de emendas às constituições estaduais sem observância da reserva de iniciativa do Chefe do Poder Executivo, fundada na sujeição do poder constituinte estadual, enquanto poder constituído de fato, aos limites do ordenamento constitucional federal. 3. O conteúdo da Emenda Constitucional nº 74/2013 não se mostra assimilável às matérias do art. 61, § 1º, II, "c", da Constituição da República, considerado o seu objeto: a posição institucional da Defensoria Pública da União, e não o regime jurídico dos respectivos integrantes. 4. O art. 60, § 4º, da Carta Política não veda ao poder constituinte derivado o aprimoramento do desenho institucional de entes com sede na Constituição. A concessão de autonomia às Defensorias Públicas da União, dos Estados e do Distrito Federal encontra respaldo nas melhores práticas recomendadas pela comunidade jurídica internacional e não se mostra incompatível, em si, com a ordem constitucional. Ampara-se em sua própria teleologia, enquanto tendente ao aperfeiçoamento do sistema democrático e à concretização dos direitos fundamentais do amplo acesso à Justiça (art. 5º, XXXV) e da prestação de assistência jurídica aos hipossuficientes (art. 5º, LXXIV). 5. Ao reconhecimento da legitimidade, à luz da separação

dos Poderes (art. 60, § 4º, III, da Lei Maior), de emenda constitucional assegurando autonomia funcional e administrativa à Defensoria Pública da União não se desconsidera a natureza das suas atribuições, que não guardam vinculação direta à essência da atividade executiva. 6. Ação direta de inconstitucionalidade julgada improcedente. ADI 5296 Órgão julgador: Tribunal Pleno Relator(a): Min. ROSA WEBER Julgamento: 04/11/2020.

O STF, na linha do reconhecimento da autonomia administrativa, funcional e iniciativa da proposta orçamentária, promoveu julgamento conjunto de três Ações Diretas de Inconstitucionalidade e duas Arguições de Descumprimento de Preceito Fundamental. Todas estão noticiadas no informativo número 826, ao qual se recomenda a leitura. Faremos um resumo de tais julgamentos:

a) ADI 5286/AP: essa ação ataca lei do Estado do Amapá que conferia ao Chefe do Executivo local a incumbência de prover cargos e aplicar penalidades no âmbito da Defensoria Pública local. O Pretório Excelso julgou inconstitucional por afronta ao artigo 134 da CRFB, cujos parágrafos tratam da autonomia e também artigo 24, XIII da CRFB, pois a competência concorrente estipula que a União deve editar normas gerais e os Estados a suplementam. Logo, a lei estadual deveria ter seguido os preceitos gerais da Lei Nacional (LC 80/94), o que não ocorreu no caso concreto.

b) ADI 5287/PB: nessa ação era atacado ato do Governador da Paraíba que reduziu – unilateralmente –valores previstos na Lei Orçamentária Anual destinados à Defensoria Pública, ou seja, o Executivo alterou a proposta de lei orçamentária enviada pela própria Defensoria. O plenário julgou inconstitucional essa prática ao argumento de que eventuais reduções no orçamento devem ser pleiteadas junto ao Legislativo. Não quer isso dizer que a lei enviada pela Defensoria seria aprovada. O julgamento apenas ressalta que a sede adequada para a discussão da proposta orçamentária é o Legislativo e não o Executivo, na fase de envio da proposta. O STF ressaltou, entretanto, que a LOA deveria ser encaminhada com respeito ao estipulado pela Lei de Diretrizes Orçamentárias e em consonância com o artigo 99, parágrafo 2º da CRFB.

c) ADPF 339/PI: nessa ação foi atacada a omissão do Governador do Piauí que não repassou os duodécimos à Defensoria Pública. Aqui cabe uma breve explicação: duodécimo significa a décima segunda parte de algo. É uma fração. Podemos afirmar que um mês representa um duodécimo de ano. Assim também ocorre com o orçamento. A Lei Orçamentária Anual prevê um valor e esse quantitativo é entregue mensalmente. Dessa forma, se determinada Defensoria

Pública teve prevista a seu favor a quantia de R$ 12.000.000,00 (doze milhões de reais) na LOA, por cálculo simples concluímos que todo mês o Executivo deve repassar R$ 1.000.000,00 (um milhão) à Instituição, referente ao duodécimo. Voltando à análise da ADPF, o STF determinou que o Executivo repassasse os duodécimos à Defensoria Pública até o dia 20 de cada mês, na forma do artigo 168 da CRFB.

d) ADPF 384/MG– Referendo de Medida Cautelar que foi convertido em julgamento de mérito: o ponto em discussão diz respeito ao repasse de duodécimos à Defensoria Pública local. Trata-se da mesma questão jurídica analisada no item "c", ao qual nos reportamos, sendo esclarecedor o seguinte trecho da ementa: *"Referendo de medida liminar convertido em julgamento do mérito da arguição, para, diante da lesão aos arts. 134, § 2º, e 168 da CRFB/88, determinar ao Governador do Estado de Minas Gerais que proceda ao repasse, sob a forma de duodécimos e até o dia 20 de cada mês, da integralidade dos recursos orçamentários destinados à Defensoria Pública do Estado pela Lei Orçamentária Anual para o exercício financeiro de 2016, inclusive quanto às parcelas já vencidas, assim também em relação a eventuais créditos adicionais destinados à instituição."*

e) ADI 5381/PR – Referendo de Medida Cautelar: o caso trata da participação prévia da Defensoria Pública na formulação da Lei de Diretrizes Orçamentárias (vide artigo 165, § 2º da CRFB para melhor compreensão da LDO, que é diferente da Lei Orçamentária Anual – LOA). A cautelar foi referendada ao argumento da necessidade de participação da Defensoria Pública nas Leis Orçamentárias.

Portanto, vemos que os entendimentos emanados do STF dão concretude à autonomia que as Defensorias Públicas receberam da Constituição. Repetimos que a leitura do informativo 826 do Supremo é de suma importância para provas de concurso.

7. **Autonomia e crime de desobediência:** Abordando o tema da autonomia e suas consequências, o STJ proferiu interessante julgado sobre delito de desobediência. Vejamos (informativo 586):

DIREITO PENAL. NÃO CONFIGURAÇÃO DO CRIME DE DESOBEDIÊNCIA NA HIPÓTESE DE NÃO ATENDIMENTO POR DEFENSOR PÚBLICO GERAL DE REQUISIÇÃO JUDICIAL DE NOMEAÇÃO DE DEFENSOR.

Não configura o crime de desobediência (art. 330 do CP) a conduta de Defensor Público Geral que deixa de atender à requisição judicial de nomeação de defensor público para atuar em determinada ação penal. *De fato, a Carta Magna determina que: "Às Defensorias Públicas*

Estaduais são asseguradas autonomia funcional e administrativa e a iniciativa de sua proposta orçamentária dentro dos limites estabelecidos na lei de diretrizes orçamentárias e subordinação ao disposto no art. 99, § 2º" (art. 134, § 2º). Nesse contexto, a acusação sofrida por Defensor Público Geral, consistente em não designar um defensor para atuar em determinada ação penal, viola a autonomia da instituição. Isso porque, a autonomia administrativa e a independência funcional asseguradas constitucionalmente às defensorias públicas não permitem a ingerência do Poder Judiciário acerca da necessária opção de critérios de atuação por Defensor Público Geral e da independência da atividade da advocacia. Nessa moldura, o ato de não atendimento por parte de Defensor Público Geral de requisição emanada de juiz de direito para destacar um defensor para a ação penal que preside não se confunde com crime de desobediência por falta de cumprimento por autoridade pública de decisão legal ou judicial. ***HC 310.901-SC, Rel. Min. Nefi Cordeiro, julgado em 16/6/2016.***

Aplicação em concurso

- **(CESPE – Defensor Público – DF – 2019) A respeito da Defensoria Pública, julgue os itens a seguir:**
- *Lei estadual que vincule a Defensoria Pública do estado a secretaria desse mesmo estado não contraria dispositivo constitucional, pois a vinculação não impede a independência funcional.*
  O item está errado.

- **(FUNDEP – Defensor Público – MG – 2019)** *A propósito da autonomia constitucional das Defensorias Públicas Estaduais, assinale a alternativa incorreta.*

  A) A Defensoria Pública pode propor diretamente ao Poder Legislativo a alteração do número de membros da carreira e a remuneração destes, ainda que divirja o Poder Executivo.

  B) O Supremo Tribunal Federal reputa inconstitucional norma que imponha a celebração de convênio com a OAB para prestação de assistência jurídica, por limitação à autonomia das Defensorias Públicas.

  C) Se houver previsão na Constituição e Lei Orgânica Estaduais e se observada lista tríplice, pode o chefe do Poder Executivo nomear os ocupantes dos cargos de defensor público-geral, subdefensor público-geral e corregedor-geral.

  D) As decisões da Defensoria Pública do Estado, obedecidas as formalidades legais, têm eficácia plena e executoriedade imediata, mas estão sujeitas à fiscalização do Tribunal de Contas

  Gabarito: letra C – o enunciado pede a resposta incorreta.

- **(FCC – Defensor Público – DPE – MA/2018)** *Sobre a autonomia funcional, administrativa e financeira conferidas à Defensoria Pública dos Estados, é correto afirmar que*

  A) devem ser preservadas pelo Chefe do Poder Executivo, ainda que, em tese, seja admitida a vinculação da Defensoria Pública à Secretaria de Governo.

  B) compete à Defensoria Pública, independentemente da chancela de outro Poder, a abertura de concurso público, a criação e o provimento dos cargos de suas carreiras e dos serviços auxiliares.

  C) segundo previsão de sua Lei Orgânica Nacional, à Defensoria Pública dos Estados é assegurada autonomia funcional, administrativa e iniciativa para elaboração de sua proposta orçamentária, sendo-lhe, porém pela mesma lei, expressamente vedada a participação na elaboração da Lei de Diretrizes Orçamentárias, de iniciativa do Poder Executivo.

  D) a Defensoria Pública do Estado elaborará sua proposta orçamentária atendendo aos seus princípios, às diretrizes e aos limites definidos na lei de diretrizes orçamentárias, encaminhando-a diretamente ao Poder Legislativo, uma vez que não se encontra subordinada ao Poder Executivo.

  E) a Defensoria Pública do Estado encaminhará sua proposta orçamentária ao Chefe do Poder Executivo que, apesar de não poder realizar a redução unilateral do orçamento proposto, quando tenha sido elaborado em obediência à lei de diretrizes orçamentárias e enviado conforme as diretrizes constitucionais, poderá pleitear ao Poder Legislativo a redução eventualmente pretendida.

  Gabarito: letra E.

- *(Cespe – Defensor Público Federal – DPF/2017) Conforme o entendimento do STF, a autonomia funcional conferida pela CF às DPs, que lhes assegura a iniciativa de propor seu orçamento, não inclui a prévia participação desses órgãos na elaboração das respectivas leis de diretrizes orçamentárias.*

  Gabarito: o item está errado.

- *(UFG – Defensor Público – GO/2014) A Emenda Constitucional n. 45/2004 assegurou autonomia funcional e administrativa, e a iniciativa de sua proposta orçamentária*

  A) às Defensorias Públicas Municipais.

  B) ao Ministério Público.

  C) às Defensorias Públicas da União e do Distrito Federal.

D) às Defensorias Públicas Estaduais.

E) ao Poder Judiciário.

Gabarito: letra D.

- *(FMP – Defensor Público – PA/2015) Sobre a disciplina da Defensoria Pública no plano constitucional e da legislação federal, é CORRETO afirmar que:*

a) os Defensores Públicos, devido à característica de essencialidade da instituição em relação à função jurisdicional do estado, possuem garantia de inamovibilidade, vitaliciedade e irredutibilidade do subsídio.

b) a Lei Complementar 132/09 introduziu importantes alterações no conceito da instituição, designando-a, pela primeira vez, como expressão e instrumento do regime democrático, e atribuindo-lhe a promoção dos direitos humanos e a defesa dos direitos coletivos, características, entretanto, ainda não positivadas no plano constitucional.

c) incumbe à Defensoria Pública a defesa, em todos os graus, judicial e extrajudicial, de forma integral e gratuita, aos necessitados, assim considerados aqueles que auferem renda não superior a três salários mínimos mensais.

d) à Defensoria Pública do Estado é assegurada autonomia funcional, administrativa e iniciativa para elaboração de sua proposta orçamentária, dentro dos limites estabelecidos na lei de diretrizes orçamentárias.

e) são órgãos de Administração Superior da Defensoria Pública do Estado: a Defensoria Pública– Geral do Estado, o Conselho Superior da Defensoria Pública do Estado e a Ouvidoria-Geral da Defensoria Pública do Estado.

Gabarito: letra D.

8. **Autonomia e celebração compulsória de convênio com a OAB:**outra consequência da autonomia é a inviabilidade de obrigar a Defensoria Pública a celebrar convênio com a OAB a fim de prestar assistência jurídica de forma suplementar. O caso que chegou ao STF dizia respeito ao Estado de SP, em que a Defensoria era obrigada a celebrar tal convênio com a OAB. Ora, essa obrigatoriedade realmente fere o modelo público de assistência jurídica adotado na CRFB. Ademais, se é "obrigatório" não é um "convênio".

   Vejamos trecho da ementa da ADI 4163 de SP: "3. ADPF. Art. 109 da Constituição do Estado de São Paulo e art. 234 da Lei Complementar estadual nº 988/2006. Defensoria Pública. Assistência jurídica integral e gratuita aos necessitados. Previsões de obrigatoriedade de celebração de convênio exclusivo com a seção local da Ordem dos Advogados do Brasil – OAB-SP. Inadmissibilidade. Desnaturação do conceito de convênio. Mutilação da autonomia funcional, administrativa e financeira da Defensoria. Ofensa consequente ao art. 134, § 2º, cc. art. 5º, LXXIV, da CF. Inconstitucionalidade reconhecida à norma da lei complementar, ulterior à EC nº 45/2004, que introduziu o § 2º do art. 134 da CF, e interpretação conforme atribuída ao dispositivo constitucional estadual, anterior à emenda. Ação direta de inconstitucionalidade conhecida como ADPF e julgada, em parte, procedente, para esses fins. Voto parcialmente vencido, que acolhia o pedido da ação direta. É inconstitucional toda norma que, impondo a Defensoria Pública Estadual, para prestação de serviço jurídico integral e gratuito aos necessitados, a obrigatoriedade de assinatura de convênio exclusivo com a Ordem dos Advogados do Brasil, ou com qualquer outra entidade, viola, por conseguinte, a autonomia funcional, administrativa e financeira daquele órgão público."

9. **Princípios institucionais:** a EC n. 80/2014 inseriu o parágrafo 4º ao artigo 134 para consolidar no texto constitucional os princípios pertinentes à Defensoria Pública, quais sejam unidade, indivisibilidade e independência funcional (a explicação mais detalhada dos princípios institucionais está nos comentários ao artigo 3º da LC 80/94).

10. **Simetria constitucional entre Defensoria Pública, Magistratura e Ministério Público:** a EC n. 80/2014 previu ainda aplicação, no que couber, dos artigos 93 e 96, inc. II da Constituição Federal. Essa previsão importa na aplicação de um regime jurídico paritário entre Magistratura, Ministério Público e Defensoria Pública.

    Os artigos 93 e 96, II, da Constituição preveem o seguinte:

    > **Art. 93.** Lei complementar, de iniciativa do Supremo Tribunal Federal, disporá sobre o Estatuto da Magistratura, observados os seguintes princípios:
    >
    > I – ingresso na carreira, cujo cargo inicial será o de juiz substituto, mediante concurso público de provas e títulos, com a participação da Ordem dos Advogados do Brasil em todas as fases, exigindo-se do bacharel em direito, no mínimo, três anos de atividade jurídica e obedecendo-se, nas nomeações, à ordem de classificação; (Redação dada pela Emenda Constitucional nº 45, de 2004)
    >
    > II – promoção de entrância para entrância, alternadamente, por antiguidade e merecimento, atendidas as seguintes normas:
    >
    > a) é obrigatória a promoção do juiz que figure por três vezes consecutivas ou cinco alternadas em lista de merecimento;
    >
    > b) a promoção por merecimento pressupõe dois anos de exercício na respectiva entrância e integrar o juiz a primeira quinta parte da lista de

antiguidade desta, salvo se não houver com tais requisitos quem aceite o lugar vago;

c) aferição do merecimento conforme o desempenho e pelos critérios objetivos de produtividade e presteza no exercício da jurisdição e pela frequência e aproveitamento em cursos oficiais ou reconhecidos de aperfeiçoamento; (Redação dada pela Emenda Constitucional nº 45, de 2004)

d) na apuração de antiguidade, o tribunal somente poderá recusar o juiz mais antigo pelo voto fundamentado de dois terços de seus membros, conforme procedimento próprio, e assegurada ampla defesa, repetindo-se a votação até fixar-se a indicação; (Redação dada pela Emenda Constitucional nº 45, de 2004)

e) não será promovido o juiz que, injustificadamente, retiver autos em seu poder além do prazo legal, não podendo devolvê-los ao cartório sem o devido despacho ou decisão; (Incluída pela Emenda Constitucional nº 45, de 2004)

III o acesso aos tribunais de segundo grau far-se-á por antiguidade e merecimento, alternadamente, apurados na última ou única entrância; (Redação dada pela Emenda Constitucional nº 45, de 2004)

IV – previsão de cursos oficiais de preparação, aperfeiçoamento e promoção de magistrados, constituindo etapa obrigatória do processo de vitaliciamento a participação em curso oficial ou reconhecido por escola nacional de formação e aperfeiçoamento de magistrados; (Redação dada pela Emenda Constitucional nº 45, de 2004)

V – o subsídio dos Ministros dos Tribunais Superiores corresponderá a noventa e cinco por cento do subsídio mensal fixado para os Ministros do Supremo Tribunal Federal e os subsídios dos demais magistrados serão fixados em lei e escalonados, em nível federal e estadual, conforme as respectivas categorias da estrutura judiciária nacional, não podendo a diferença entre uma e outra ser superior a dez por cento ou inferior a cinco por cento, nem exceder a noventa e cinco por cento do subsídio mensal dos Ministros dos Tribunais Superiores, obedecido, em qualquer caso, o disposto nos arts. 37, XI, e 39, § 4º; (Redação dada pela Emenda Constitucional nº 19, de 1998)

VI – a aposentadoria dos magistrados e a pensão de seus dependentes observarão o disposto no art. 40; (Redação dada pela Emenda Constitucional nº 20, de 1998)

VII – o juiz titular residirá na respectiva comarca, salvo autorização do tribunal; (Redação dada pela Emenda Constitucional nº 45, de 2004)

VIII – o ato de remoção, disponibilidade e aposentadoria do magistrado, por interesse público, fundar-se-á em decisão por voto da maioria absoluta do respectivo tribunal ou do Conselho Nacional de Justiça, assegurada ampla defesa; (Redação dada pela Emenda Constitucional nº 45, de 2004)

VIII-A – a remoção a pedido ou a permuta de magistrados de comarca de igual entrância atenderá, no que couber, ao disposto nas alíneas a, b, c e e do inciso II; (Incluído pela Emenda Constitucional nº 45, de 2004)

IX – todos os julgamentos dos órgãos do Poder Judiciário serão públicos, e fundamentadas todas as decisões, sob pena de nulidade, podendo a lei limitar a presença, em determinados atos, às próprias partes e a seus advogados, ou somente a estes, em casos nos quais a preservação do direito à intimidade do interessado no sigilo não prejudique o interesse público à informação; (Redação dada pela Emenda Constitucional nº 45, de 2004)

X – as decisões administrativas dos tribunais serão motivadas e em sessão pública, sendo as disciplinares tomadas pelo voto da maioria absoluta de seus membros; (Redação dada pela Emenda Constitucional nº 45, de 2004)

XI – nos tribunais com número superior a vinte e cinco julgadores, poderá ser constituído órgão especial, com o mínimo de onze e o máximo de vinte e cinco membros, para o exercício das atribuições administrativas e jurisdicionais delegadas da competência do tribunal pleno, provendo-se metade das vagas por antiguidade e a outra metade por eleição pelo tribunal pleno; (Redação dada pela Emenda Constitucional nº 45, de 2004)

XII – a atividade jurisdicional será ininterrupta, sendo vedado férias coletivas nos juízos e tribunais de segundo grau, funcionando, nos dias em que não houver expediente forense normal, juízes em plantão permanente; (Incluído pela Emenda Constitucional nº 45, de 2004)

XIII – o número de juízes na unidade jurisdicional será proporcional à efetiva demanda judicial e à respectiva população; (Incluído pela Emenda Constitucional nº 45, de 2004)

XIV – os servidores receberão delegação para a prática de atos de administração e atos de mero expediente sem caráter decisório; (Incluído pela Emenda Constitucional nº 45, de 2004)

XV – a distribuição de processos será imediata, em todos os graus de jurisdição. (Incluído pela Emenda Constitucional nº 45, de 2004)

Art. 96. Compete privativamente:

II – ao Supremo Tribunal Federal, aos Tribunais Superiores e aos Tribunais de Justiça propor ao Poder Legislativo respectivo, observado o disposto no art. 169:

a) a alteração do número de membros dos tribunais inferiores;

b) a criação e a extinção de cargos e a remuneração dos seus serviços auxiliares e dos juízos que lhes forem vinculados, bem como a fixação do subsídio de seus membros e dos juízes, inclusive dos tribunais inferiores, onde houver; (Redação dada pela Emenda Constitucional nº 41, 19.12.2003)

c) a criação ou extinção dos tribunais inferiores;

d) a alteração da organização e da divisão judiciárias.

No que toca à aplicação do artigo 93, vale destacar que o ingresso na carreira da Defensoria Pública passa a exigir 3 anos de atividade jurídica (**esmiuçamos controvérsia sobre esse assunto nos comentários ao artigo 26, para onde remetemos o leitor**). As regras a respeito de vitaliciamento não são aplicáveis, pois os defensores públicos não possuem tal garantia – que está prevista para juízes no artigo 95 da Constituição da República.

Com essa alteração da EC n. 80/2014, as Defensorias Públicas passam a deter um grau de autonomia ainda maior, pois, nos termos do artigo 96, lhes compete privativamente propor ao respectivo Poder Legislativo alteração de número de membros, bem como a criação e extinção de carreiras de apoio. Isso significa que a Defensoria Pública agora não possui a garantia de iniciativa apenas de lei orçamentária, mas sim de leis que regem a carreira como um todo.

CARACTERÍSTICAS DA DEFENSORIA PÚBLICA NO PLANO CONSTITUCIONAL
Função essencial à Jurisdição;
Incumbida da orientação jurídica e defesa, em todos os graus, dos necessitados (art. 5º, LXXIV);
LC organiza Defensoria Pública da União e Territórios e estabelece normas gerais para as Defensorias Públicas dos Estados e do Distrito Federal;
Ingresso na carreira mediante aprovação em concurso público de provas e títulos;
Garantia da inamovibilidade;
Vedação de advocacia fora das atribuições institucionais;
Autonomia funcional e administrativa e iniciativa de sua proposta orçamentária para todas as Defensorias Públicas, devendo seus recursos ser repassados até o dia 20 de cada mês em duodécimos;
Princípios institucionais: unidade, indivisibilidade e independência funcional;
Aplicação dos artigos 93 e 96, inc. II da Constituição, no que couber.

LEI COMPLEMENTAR Nº 80, DE 12 DE JANEIRO DE 1994

Organiza a Defensoria Pública da União, do Distrito Federal e dos Territórios e prescreve normas gerais para sua organização nos Estados, e dá outras providências.

1. **Lei Complementar nº 80/1994:** a Lei Complementar que vamos estudar ingressou em nosso ordenamento jurídico em 12 de janeiro de 1994, com o objetivo de organizar a Defensoria Pública da União, do Distrito Federal e dos Territórios, além de prescrever **normas gerais** para a organização das Defensorias Públicas nos estados. Trata-se de hipótese de **legislação concorrente**.

   Ao longo de sua existência, a Lei Orgânica da Defensoria Pública passou por algumas alterações legislativas, sendo a mais recente a LC nº 132, de 7 de outubro de 2009.

   Essa configuração original acabou alterada em razão da Emenda Constitucional n. 69/2012, que retirou a competência da União para organizar e manter a Defensoria Pública do Distrito Federal, bem como legislar sobre a carreira. Como a União agora somente pode prever normas gerais, a LC n. 80/1994 terá de ser modificada na parte que regula a Defensoria Pública do Distrito Federal – artigos 52 a 96.

   O artigo 3º da EC n. 69 previu que *"Congresso Nacional e a Câmara Legislativa do Distrito Federal, imediatamente após a promulgação desta Emenda Constitucional e de acordo com suas competências, instalarão comissões especiais destinadas a elaborar, em 60 (sessenta) dias, os projetos de lei necessários à adequação da legislação infraconstitucional à matéria nela tratada."* Apesar da imposição da Emenda, a Lei Complementar n. 80/1994 ainda não foi alterada pelo Congresso Nacional.

DIVISÃO DE COMPETÊNCIA DA LC N. 80/1994
(sem alteração da EC n. 69/2012)

LC 80/94
- Organiza
  - Defensoria Pública da União
  - Defensoria Pública do Distrito Federal e Territórios
- Normas gerais → Defensoria Pública dos Estados

Essa é a forma como a LC n. 80/1994 está organizada. É preciso, portanto, fazer a leitura da Lei Orgânica com atenção às novas regras constitucionais que regulam a Defensoria Pública.

O novo quadro normativo seria o seguinte:

- LC 80/94
  - Organiza
    - Defensoria Pública da União
    - Defensoria Pública dos Territórios
  - Normas gerais
    - Defensoria Pública do Distrito Federal
    - Defensoria Pública dos Estados

Como a LC n. 80/1994 ainda não foi alterada, mantivemos o quadro do item 1 em seu formato original, mas fica o alerta ao leitor para essa importante mudança estrutural em nosso sistema jurídico.

Aplicação em concurso

- *(DP/SE – 2012 – Cespe) Assinale a opção correta com relação às disposições constitucionais acerca da DP.*

  E) A organização da DP é definida de forma expressa na CF, competindo à União aparelhar a DPU, a DP do DF e as DPEs.

  Gabarito: o item está errado.

- *(DP/SP – 2013 – FCC) Considerando a Defensoria Pública na Constituição Federal, é correto afirmar:*

  C) O ordenamento jurídico vigente prevê a Defensoria Pública municipal, porque a organização político-administrativa constitucional prevê a existência de municípios enquanto entes autônomos da Federação.

  Gabarito: o item está errado.

2. **Defensoria Pública e edição de medidas provisórias:** há discussão acerca da possibilidade de edição de medida provisória que trate da organização da Defensoria Pública. A Constituição da República veda a edição de medida provisória acerca do Poder Judiciário e do Ministério Público, no que se refira a sua organização, carreira e garantia de seus membros (art. 62, § 1º, inciso I, alínea "c"), mas não há dispositivo semelhante em relação à Defensoria Pública, o que levaria à conclusão de que é possível

a edição de medida provisória acerca da carreira. Entretanto, uma interpretação sistemática da Constituição da República leva a conclusão diversa, ou seja, leva à conclusão de que não é possível a edição de medida provisória para tratar da organização da Defensoria Pública. Isso porque o § 1º do artigo 134 determina que cabe à Lei Complementar organizar a Defensoria Pública da União e prescrever normas gerais para as Defensorias Públicas dos Estados. Por outro lado, a Constituição veda a edição de medida provisória sobre matéria reservada a lei complementar (art. 62, § 1º, inc. III). Portanto, a análise conjunta desses dispositivos leva à conclusão de que medida provisória não é instrumento adequado para disciplinar a organização da Defensoria Pública. Esse nos parece ser o entendimento mais correto.

Entretanto, na questão de concurso colhida sobre o assunto, verifica-se o entendimento do examinador ligado diretamente à previsão constitucional do art. 62, § 1º I, "c", que trata do Poder Judiciário e do Ministério Público, mas não da Defensoria Pública.

Aplicação em concurso

- *(DP/SE – 2005 – Cespe) É vedada a edição de medida provisória que disponha sobre a organização do Poder Judiciário, do Ministério Público e da Defensoria Pública da União, bem como sobre a carreira e as garantias de seus membros.*

  Gabarito: o item está errado.

3. **Divisão de artigos e temas na LC nº 80/94:** a Lei Complementar em exame disciplina a Defensoria Pública como um todo. Para isso, traz disposições gerais, aplicáveis a quaisquer das suas Instituições, nos artigos 1º a 4º.

   Em seguida, são apresentadas as normas pertinentes à Defensoria Pública da União nos artigos 5º a 51. A Defensoria Pública do Distrito Federal e Territórios é disciplinada nos artigos 52 a 96. Por fim, as normas gerais para as Defensorias Públicas estaduais estão previstas nos artigos 97 a 135. Os artigos 136 a 149 se referem a disposições finais e transitórias.

LC n. 80/94	
Tema	**Artigos**
Disposições gerais	1º a 4º
Defensoria Pública da União	5º a 51
Defensoria Pública do Distrito Federal e Territórios	52 a 96
Defensorias Públicas dos Estados	97 a 135
Disposições finais e transitórias	136 a 149

TÍTULO I
DAS DISPOSIÇÕES PRELIMINARES

Art. 1º A Defensoria Pública é instituição **permanente**, **essencial** à **função jurisdicional do Estado**, incumbindo-lhe, como expressão e instrumento do regime democrático, fundamentalmente, a **orientação jurídica**, a promoção dos direitos humanos e a defesa, em todos os graus, judicial e extrajudicial, dos direitos individuais e coletivos, de forma integral e gratuita, aos necessitados, assim considerados na forma do inciso LXXIV do art. 5º da Constituição Federal. (Redação dada pela Lei Complementar nº 132, de 2009).

1. **Defensoria Pública – conceito e características:** a norma prevista no art. 1º foi alterada pela LC nº 132/2009. A redação antiga era repetição da redação original da norma constitucional, que previa no artigo 134 o seguinte: "*A Defensoria Pública é instituição essencial à função jurisdicional do Estado, incumbindo-lhe a orientação jurídica e a defesa, em todos os graus, dos necessitados, na forma do art. 5º, LXXIV.*"

   O novo artigo 1º é mais extenso e traz uma série de características importantes sobre a Defensoria Pública. Já se tinha claro, anteriormente, que se trata de instituição essencial à função jurisdicional, à qual incumbe a prestação de serviços jurídicos aos necessitados. Da nova redação, extraem-se também três novos pontos que merecem destaque: expressão e instrumento do regime democrático; promoção dos direitos humanos; e defesa dos direitos individuais e coletivos.

   Regime democrático é aquele que permite a ampla participação da população nas decisões políticas do país, seja de forma direta (plebiscito, referendo) ou indireta (eleições), mediante mecanismos de escolha transparentes, honestos e livres. A construção de uma sociedade democrática passa necessariamente pela constante vigilância social de nossos governantes, através do controle de seus atos, de suas opções políticas. A busca por fazer valer um direito é, em última análise, uma forma de efetivar e reafirmar a Constituição da República e nossas instituições democráticas. Nesse ponto, o trabalho da Defensoria Pública é bastante significativo, porque, na medida em que presta a tutela dos direitos dos necessitados, leva democracia e cidadania aos marginalizados, àqueles que constantemente estão alijados dos processos decisórios – sendo lembrados, lamentavelmente, quase sempre, apenas em época de eleições.

Em doutrina, após detalhado estudo sobre o assunto, o professor Pedro González nos premia com a seguinte lição: *"Assim, após análise semântica das palavras empregadas e estudo do perfil e das atribuições da instituição pode-se afirmar que a Defensoria Pública é expressão e instrumento do regime democrático porque, respectivamente: (i) sua presença e atuação consistentes são manifestação do avanço da sociedade rumo à consolidação democrática, e (ii) no cumprimento das suas funções institucionais realiza os três princípios (ou valores) democráticos fundamentais – supremacia da vontade popular, preservação da liberdade e igualdade de direitos –, potencializando a democracia."*[9]

De igual modo, foi expressamente incluído no dispositivo a missão da Defensoria de **promover os direitos humanos**. Essa alteração faz parte de um movimento político-legislativo já bastante claro de priorização da tutela dos direitos humanos. A aprovação da EC nº 45/2004 acrescentou o § 3º ao artigo 5º da Constituição para prever que: *"Os tratados e convenções internacionais sobre direitos humanos que foram aprovados, em cada Casa do Congresso Nacional, em dois turnos, por três quintos dos votos dos respectivos membros, serão equivalentes às emendas constitucionais."* Além desse dispositivo, foi criado o incidente de deslocamento de competência da Justiça Estadual para a Federal em caso de violação dos direitos humanos (art. 109, V-A e § 5º). Mais uma vez, assim como na consolidação do regime democrático, a Defensoria Pública tem papel relevante na

9 GONZÁLEZ, Pedro. A definição constitucional da Defensoria Pública como expressão e instrumento do regime democrático: para além de sua função simbólica. In ALVES, Cléber Francisco. GONZÁLEZ, Pedro. Defensoria Pública no século XXI: Novos horizontes e desafios. 1. Ed. – Rio de Janeiro: Lumen Juris, 2017, p. 40.

promoção dos direitos humanos, pois é a Instituição que lida diariamente com aqueles que mais sofrem com a violação de seus direitos.

No que se refere aos direitos individuais e coletivos, a alteração consagra definitivamente a questão da legitimação da Defensoria Pública para a tutela coletiva. A Lei nº 11.448/2007 já havia efetivado a alteração na Lei de Ação Civil Pública. Agora a questão passa a figurar expressamente da Lei Orgânica da Defensoria Pública.

Aplicação em concurso

- *(DP/ES – 2009 – Cespe) A defensoria pública, na atual CF, é considerada como instituição permanente e essencial à função jurisdicional do Estado.*

  Gabarito: o item está certo.

- *(DP/SP – 2009 – FCC)O direito fundamental à assistência jurídica integral e gratuita, previsto constitucionalmente e instrumentalizado pela Defensoria Pública, compreende a:*

  A) atuação processual do Defensor Público do Estado até o segundo grau de jurisdição.

  Gabarito: o item está errado.

2. **Conceito de necessitado:** outro ponto de destaque trazido pela LC nº 132/2009 é a modificação da parte final do artigo 1º. Antes constava que a Defensoria Pública prestava assistência jurídica aos "necessitados, assim considerados na forma da lei." O paradigma agora é constitucional, pois o dispositivo remete ao inciso LXXIV do art. 5º da Constituição, que prescreve: "o Estado prestará assistência jurídica integral e gratuita aos que comprovarem insuficiência de recursos." A insuficiência de recursos deve ser analisada com base no princípio da dignidade da pessoa humana, de assento constitucional (art. 1º, III). A atuação da Defensoria Pública é voltada para a prestação de assistência jurídica ao **necessitado**, assim entendido aquele que **não tem condições de arcar** com as despesas inerentes aos serviços jurídicos de que necessita (contratação de advogado e despesas processuais) sem prejuízo de sua subsistência. Essa noção tradicional de vincular a Defensoria à carência econômica vem perdendo força. O que se entende atualmente é que a Defensoria atua em favor do vulnerável, sendo certo que a carência econômica é apenas uma das hipóteses de vulnerabilidade.

   A Lei nº 1.060/50, no parágrafo único do artigo 2º (dispositivo revogado pelo CPC de 2015), apresentava um conceito legal de necessitado:

"Considera-se necessitado, para os fins legais, todo aquele cuja situação econômica não lhe permita pagar as custas do processo e os honorários de advogado, sem prejuízo do sustento próprio ou da família." Esse dispositivo continha conceitos jurídicos abertos, que permitiam sua adequação a diversas situações concretas. Do mesmo modo, a LC nº 80/1994 não traz um critério objetivo de caracterização de necessitado. O CPC de 2015 trouxe parâmetros igualmente abertos para a aferição de quem pode ter direito à gratuidade de justiça. Vejamos o artigo 98: *"A pessoa natural ou jurídica, brasileira ou estrangeira, com insuficiência de recursos para pagar as custas, as despesas processuais e os honorários advocatícios tem direito à gratuidade da justiça, na forma da lei."*

Até recentemente, era comum verificar na legislação estadual que trata da Defensoria Pública a fixação de parâmetros objetivos para caracterização da hipossuficiência. Era o caso da Defensoria Pública do Espírito Santo, cuja Lei Complementar nº 55/94 estabelecia, em seu artigo 2º, § 1º, o seguinte: *"A insuficiência de recursos ou hipossuficiência, que coloca a pessoa física em situação de vulnerabilidade e, em relação à parte contrária, é assim considerada desde que o interessado: a) Tenha renda pessoal mensal inferior a três salários mínimos; b) Pertença a entidade familiar cuja média de renda per capita ou mensal não ultrapasse a metade do valor referido na alínea anterior."*

Essa disposição não estava em consonância com a Constituição da República, nem tampouco com a Lei Complementar nº 80/94. Afinal, é plenamente possível que uma pessoa receba mais de três salários mínimos e, ainda assim, necessite dos serviços da Defensoria Pública. Basta pensar em pessoa com doença grave, cujas despesas médicas sejam altas, ou aquele que sustenta família de muitos membros. Nesses casos, a pessoa faz jus ao atendimento da Defensoria Pública. Qualquer fixação, *a priori*, de parâmetro objetivo para caracterização da hipossuficiência não atende a Constituição da República. A avaliação da hipossuficiência deve ser feita no caso concreto, sendo possível ao defensor público recusar o patrocínio.

Por fim, deve-se ter presente que esse entendimento é válido e pertinente para uma prova discursiva em que o candidato possa demonstrar sua linha de raciocínio. Em prova objetiva, vale a previsão legal. Se a legislação estadual possuir previsão de parâmetro objetivo, como a percepção de salário mínimo, e a questão fizer referência a esse assunto, o candidato deve pautar sua resposta pela disposição legal.

O STJ enfrentou caso de ação de alimentos e afirmou que não se pode negar a gratuidade de justiça ao alimentando pelo fato de seu representante legal possuir condições financeiras. Vejamos trechos da ementa:

(...) EXAME DO PREENCHIMENTO DOS REQUISITOS AUTORIZADORES A PARTIR DA SITUAÇÃO ECONÔMICA DE PESSOA DISTINTA DA PARTE, COMO A REPRESENTANTE LEGAL DE MENOR. VÍNCULO forte ENTRE DIFERENTES SUJEITOS DE DIREITOS E OBRIGAÇÕES. DEPENDÊNCIA ECONÔMICA DO MENOR. AUTOMÁTICO EXAME DO DIREITO À GRATUIDADE DE TITULARIDADE DO MENOR À LUZ DA SITUAÇÃO ECONÔMICA DOS PAIS. IMPOSSIBILIDADE. CRITÉRIOS. TENSÃO ENTRE a natureza personalíssima do direito E incapacidade econômica do menor. PREVALÊNCIA Da regra do art. 99, §3º, do novo CPC. ACENTUADA PRESUNÇÃO DE INSUFICIÊNCIA DO MENOR. CONTROLE JURISDICIONAL POSTERIOR. possibilidade. preservação do acesso à justiça e contraditório. relevância do direito material. alimentos.(...)

2- O propósito recursal é definir se, em ação judicial que versa sobre alimentos ajuizada por menor, é admissível que a concessão da gratuidade de justiça esteja condicionada a demonstração de insuficiência de recursos de seu representante legal.

3- O direito ao benefício da gratuidade de justiça possui natureza individual e personalíssima, não podendo ser automaticamente estendido a quem não preencha os pressupostos legais para a sua concessão e, por idêntica razão, não se pode exigir que os pressupostos legais que autorizam a concessão do benefício sejam preenchidos por pessoa distinta da parte, como o seu representante legal.

4- Em se tratando de menores representados pelos seus pais, haverá sempre um forte vínculo entre a situação desses dois diferentes sujeitos de direitos e obrigações, sobretudo em razão da incapacidade civil e econômica do próprio menor, o que não significa dizer, todavia, que se deva automaticamente examinar o direito à gratuidade a que poderia fazer jus o menor à luz da situação financeira de seus pais.

5- A interpretação que melhor equaliza a tensão entre a natureza personalíssima do direito à gratuidade e a notória incapacidade econômica do menor consiste em aplicar, inicialmente, a regra do art. 99, §3º, do novo CPC, deferindo-se o benefício ao menor em razão da presunção de sua insuficiência de recursos, ressalvada a possibilidade de o réu demonstrar, com base no art. 99, §2º, do novo CPC, a posteriori, a ausência dos pressupostos legais que justificam a gratuidade, o que privilegia, a um só tempo, os princípios da inafastabilidade da jurisdição e do contraditório.(...)

7- O fato de o representante legal das partes possuir atividade remunerada e o elevado valor da obrigação alimentar que é objeto da execução não podem, por si só, servir de empeço à concessão da gratuidade de justiça aos menores credores dos alimentos. (...) (REsp 1807216/SP, Rel. Ministra NANCY ANDRIGHI, TERCEIRA TURMA, julgado em 04/02/2020.)

Como dito acima há entendimento que alarga o conteúdo do conceito para abarcar não só o carente financeiro, mas também o juridicamente vulnerável. Em outras palavras: a Defensoria atuaria em favor dos vulneráveis, sendo certo que a hipossuficiência financeira é apenas uma das formas de vulnerabilidade.

Em doutrina vale transcrever o elucidativo trecho da obra "Defensoria Pública e a tutela coletiva de direitos" de Edilson Santana Gonçalves Filho que trata também dos chamados "necessitados organizacionais":

> *"Cabe, portanto, à Defensoria Pública, por força de disposição constitucional, a defesa do necessitado que comprove a insuficiência de recursos. Tal carência (que não é só de ordem financeira) gera vulnerabilidade. Logo, a Defensoria Pública tem como missão constitucional a defesa dos vulneráveis.*
>
> *A presença (ou indícios dela) de vulneráveis é, portanto, apta a demonstrar a necessidade e legitimidade para atuação da Defensoria. No âmbito de demandas que envolvam coletividades, em razão da hipossuficiência organizacional, mostra-se ainda mais imperiosa a intervenção da instituição, com vistas a garantir que os princípios do acesso à justiça, contraditório e ampla defesa, dentre outros, sejam efetivamente garantidos a todos que, de alguma forma, possam ser atingidos, motivo pelo qual, quando já em juízo a questão, deve a Defensoria Pública ser intimada, quando não tenha ainda intervido no processo judicial."*[10]

Nesse particular é importante trazer decisão da Corte Especial do STJ noticiada no informativo 573 em que restou acolhido o conceito de necessitado jurídico para fins de atuação da Defensoria Pública. Embora o caso

10 Gonçalves Filho, Edilson Santana. Defensoria pública e a tutela coletiva de direitos – teoria e prática - Salvador: Juspodivm, 2016, p. 85/86.

se refira à atuação coletiva, é conveniente sua leitura nesse momento para que fique clara a noção de vulnerabilidade apta a atrair a atuação da Defensoria.

> **DIREITO CONSTITUCIONAL E PROCESSUAL CIVIL. LEGITIMIDADE DA DEFENSORIA PÚBLICA PARA PROPOR AÇÃO CIVIL PÚBLICA EM DEFESA DE JURIDICAMENTE NECESSITADOS.**
>
> **A Defensoria Pública tem legitimidade para propor ação civil pública em defesa de interesses individuais homogêneos de consumidores idosos que tiveram plano de saúde reajustado em razão da mudança de faixa etária, ainda que os titulares não sejam carentes de recursos econômicos.** A atuação primordial da Defensoria Pública, sem dúvida, é a assistência jurídica e a defesa dos necessitados econômicos. Entretanto, ela também exerce atividades de auxílio aos necessitados jurídicos, os quais não são, necessariamente, carentes de recursos econômicos. Isso ocorre, por exemplo, quando a Defensoria exerce as funções de curador especial (art. 9º, II, do CPC *[se refere ao CPC de 1973]*) e de defensor dativo (art. 265 do CPP). No caso, além do direito tutelado ser fundamental (direito à saúde), o grupo de consumidores potencialmente lesado é formado por idosos, cuja condição de vulnerabilidade já é reconhecida na própria Constituição Federal, a qual dispõe no art. 230 que: "A família, a sociedade e o Estado têm o dever de amparar as pessoas idosas, assegurando sua participação na comunidade, defendendo sua dignidade e bem-estar e garantindo-lhes o direito à vida". Dessa forma, nos termos do assentado no julgamento do REsp 1.264.116-RS (Segunda Turma, DJe 13/4/2012), "A expressão 'necessitados' (art. 134, *caput*, da Constituição), que qualifica, orienta e enobrece a atuação da Defensoria Pública, deve ser entendida, no campo da Ação Civil Pública, em sentido amplo, de modo a incluir, ao lado dos estritamente carentes de recursos financeiros – os miseráveis e pobres –, os hipervulneráveis (isto é, os socialmente estigmatizados ou excluídos, as crianças, os idosos, as gerações futuras), enfim, todos aqueles que, como indivíduo ou classe, por conta de sua real debilidade perante abusos ou arbítrio dos detentores de poder econômico ou político, 'necessitem' da mão benevolente e solidarista do Estado para sua proteção, mesmo que contra o próprio Estado". **EREsp 1.192.577-RS, Rel. Min. Laurita Vaz, julgado em 21/10/2015, DJe 13/11/2015.**

Importante deixar claro que essa decisão modificou o entendimento inicial da 4ª Turma do STJ que entendera ser a Defensoria parte ilegítima para atuar em favor de contratantes de plano de saúde ao argumento de que tais pessoas não se incluiriam no conceito de necessitado.

Considerando que a decisão final foi proferida pela Corte Especial do STJ vemos que a questão da legitimidade da Defensoria para casos tais já se encontra pacificada no âmbito da Corte a favor da possibilidade de atuação institucional.

Aplicação em concurso

- *(FCC – Defensor Público – DPE – ES/2016) No que tange à amplitude do conceito de necessitado:*

  A) A Lei nº 1.060/1950, LAJ - Lei de Assistência Judiciária, revogada parcialmente pelo Novo Código de Processo Civil (Lei nº 13.105/2015), está assentada em um conceito amplo de necessitado, para além do aspecto econômico.

  B) A Lei Complementar nº 80/1994 apresenta rol taxativo acerca dos grupos sociais vulneráveis beneficiários da assistência jurídica prestada pela Defensoria Pública.

  C) Em que pese entendimento doutrinário favorável ao conceito amplo de necessitado, tem prevalecido na jurisprudência do Supremo Tribunal Federal e do Superior Tribunal de Justiça o conceito limitado de necessitado, restringindo-o ao aspecto econômico.

  D) A Lei "Maria da Penha" de Proteção à Mulher Vítima de Violência Doméstica e Familiar (Lei nº 11.340/2006), muito embora reconheça o direito à assistência jurídica da mulher em situação de violência doméstica e familiar, exige expressamente a comprovação da condição econômica de necessitado da mesma para ter acesso aos serviços da Defensoria Pública.

  E) De acordo com a doutrina, existem os necessitados no plano econômico e também os necessitados do ponto de vista organizacional, ou seja, todos aqueles que são socialmente vulneráveis, como os consumidores, os usuários de serviços públicos, entre outros grupos sociais.

  Gabarito: letra E

- *(DP/BA – 2010 – Cespe) Para fins da isenção do pagamento de custas e outras despesas processuais previstas na Lei de Assistência Judiciária, considera-se necessitado todo aquele que ganha até três salários-mínimos.*
  Gabarito: o item está errado.

- *(DP/AC – 2012 – Cespe) Presume-se hipossuficiente a pessoa natural cuja renda familiar seja inferior a dois salários-mínimos vigentes.*
  Gabarito. O item está errado.

- *(FCC – Defensor Público – CE/2014) Interpretando-se sistematicamente a Constituição Federal, a Lei Complementar nº 80/94, a Lei Complementar Estadual nº 06/97, as Resoluções 2.656/11 e 2.714/12 da OEA e os tratados internacionais de direitos humanos, é correto afirmar:*

A) A atuação da Defensoria Pública dá-se, de forma típica, exclusivamente na tutela dos direitos de hipossuficientes econômicos, ressalvadas as hipóteses atípicas de atuação previstas em lei.

B) A atuação da Defensoria Pública não se dá de ofício, mas, uma vez provocada, pode atuar em casos que transcendem a hipossuficiência econômica, desde que evidente a vulnerabilidade do grupo ou do indivíduo.

C) Não obstante o conceito histórico de atuação da Defensoria Pública seja a hipossuficiência econômica, a atual interpretação de seu papel como instrumento democrático privilegia também a defesa de grupos vulneráveis, seja de forma coletiva ou individual, independentemente da situação econômica.

D) Quando afastada a hipossuficiência econômica do indivíduo, ainda que pertença a um grupo vulnerável e a atuação pretendida estiver diretamente relacionada à vulnerabilidade, a Defensoria Pública só pode atuar de maneira coletiva.

E) A atuação da Defensoria Pública é obrigatória sempre que se verificar a hipossuficiência econômica, ainda que a parte tenha constituído advogado particular para sua defesa.

Gabarito: letra C.

3. Atuação da Defensoria como *custos vulnerabilis*: não podemos deixar de mencionar entendimento em franca ascensão no sentido de que a Defensoria pode atuar de forma interventiva para cumprir sua missão constitucional. É o que se verifica, por exemplo, no artigo 554, § 1º do CPC, assim disposto: *"No caso de ação possessória em que figure no polo passivo grande número de pessoas, serão feitas a citação pessoal dos ocupantes que forem encontrados no local e a citação pessoal dos demais, determinando-se, ainda, a intimação do Ministério Público e, se envolver pessoas em situação de hipossuficiência econômica, da Defensoria Pública."*

O que se percebe no dispositivo é que a intimação da Defensoria ocorrerá mesmo que as partes interessadas não compareçam ao órgão. Trata-se de uma atuação interventiva da Defensoria em favor de pessoas que se encontram em situação de fragilidade/vulnerabilidade. De acordo com os professores Edilson Santana, Jorge Bheron e Maurilio Maia, "a Defensoria Pública brasileira – em seus moldes atuais – revela uma tentativa de dar voz aos vulneráveis."[11]

A atuação como *custos vulnerabilis* não se confunde com a atuação na qualidade de *amicus curiae*. Deveras, como explicam os autores acima citados, essas formas de intervenção se diferenciam nos seguintes aspectos:[12]

a) A legitimidade de ingresso do *amicus curiae* na demanda depende da comprovação da relevância da matéria, sua relação com a especificidade do tema objeto da demanda ou a representação social da controvérsia. Já para o ingresso da Defensoria Pública como *custos vulnerabilis* basta a demonstração, em tese, do interesse institucional na demanda, ou seja, que revele relação direta ou potencial com o plexo de direitos das pessoas em situação de vulnerabilidade;

b) Ocorrendo indeferimento de ingresso do *amicus curiae*, esta decisão é irrecorrível (art. 138, CPC), diferentemente em relação ao indeferimento do ingresso do *custos vulnerabilis*, haja vista que este ostenta todos os poderes no processo, inclusive amplo leque recursal;

c) Enquanto os poderes do *amicus curiae* são definidos pelo magistrado, os poderes do *custos vulnerabilis* decorrem do ordenamento jurídico, podendo-se aplicar por analogia o art. 179, II do CPC que se refere aos poderes do Ministério Público enquanto interveniente;

d) A intervenção do *custos vulnerabilis* se dá como guardiã dos vulneráveis e não como amiga da Corte, pois, não obstante a contribuição com o debate, o robustecimento das informações e argumentos, a real influência no contraditório e ampla defesa tem a finalidade de equilibrar a balança da justiça e trazer luzes para o caminho da concretização dos direitos fundamentais dos indivíduos e coletividades atingidas por vulnerabilidades, obtendo-se provimento e fixando-se precedentes que lhes sejam favoráveis.

Por fim, os autores explicam que "de comum entre o *custos vulnerabilis* e o *amicus curiae* é que ambos podem intervir no processo por requerimento das partes, de ofício ou por iniciativa própria."[13]

11 GONÇALVES FILHO, Edilson Santana; ROCHA, Jorge Bheron; MAIA, Maurílio Casas. CUSTOS VULNERABILIS: A Defensoria Pública e o equilíbrio nas relações político-jurídicas dos vulneráveis. Belo Horizonte: CEI, 2020, pág. 55.

12 Ibid, págs 92/94.

13 Ibid, pág. 94.

O STJ já abordou o tema e reconheceu a possibilidade de atuação da Defensoria como *custos vulnerabilis*:

(...). CONTROVÉRSIA ACERCA DA OBRIGATORIEDADE DE FORNECIMENTO DE MEDICAMENTO NÃO REGISTRADO PELA ANVISA. (...)

2. Na espécie, após análise acurada dos autos, verificou-se que o acórdão embargado deixou de analisar a possibilidade de admissão da Defensoria Pública da União como custos vulnerabilis.

3. Em virtude de esta Corte buscar a essência da discussão, tendo em conta que a tese proposta neste recurso especial repetitivo irá, possivelmente, afetar outros recorrentes que não participaram diretamente da discussão da questão de direito, bem como em razão da vulnerabilidade do grupo de consumidores potencialmente lesado e da necessidade da defesa do direito fundamental à saúde, a DPU está legitimada para atuar como quer no feito. (...)

7. **Embargos de declaração acolhidos, em parte, apenas para admitir a DPU como *custos vulnerabilis*.**

(EDcl no REsp 1712163/SP, Rel. Ministro MOURA RIBEIRO, SEGUNDA SEÇÃO, julgado em 25/09/2019 - grifamos).

4. **Justiça gratuita X assistência judiciária X assistência jurídica:** esses três conceitos não são sinônimos. A **justiça gratuita** se refere à isenção do pagamento das custas, taxas, emolumentos e despesas processuais. Por sua vez, a **assistência judiciária** engloba o patrocínio da causa por advogado e pode ser prestada por um órgão estatal ou por entidades não estatais, como os escritórios modelos das faculdades de Direito ou de ONGs. Esse conceito se limita à defesa dos direitos dos necessitados na esfera judicial. Por fim, o conceito mais amplo é o de assistência jurídica, que envolve não somente o patrocínio de demandas perante o Judiciário, mas também toda a assessoria fora do processo judicial – o que engloba desde procedimentos administrativos, até consultas pessoais do necessitado sobre contratos (locação, financiamento, consumo, etc).

   A atuação da Defensoria Pública não se limita à assistência judiciária. A previsão constitucional do inciso LXXIV, do art. 5º, estabelece a **assistência jurídica**, e não judiciária: "o Estado prestará assistência jurídica integral e gratuita aos que comprovarem insuficiência de recursos". O conceito de assistência jurídica é mais amplo do que assistência judiciária, pois compreende a assessoria dentro e fora do Poder Judiciário. Atualmente, a atuação da Defensoria Pública inegavelmente transborda os limites dos processos judiciais, o que se justifica pelo aumento da utilização de instrumentos não-judicias de tutela de direitos. Pretensões que antes eram levadas ao Judiciário agora recebem outro tipo de tratamento e solução. É o que ocorre com o inventário e a partilha, bem como a separação e o divórcio consensuais, que podem ser realizados por escritura pública (respectivamente, artigos 610 § 1º e 733 do CPC). De igual modo, meios alternativos de solução de controvérsias têm aplicação cada vez mais difundida, como a mediação e a arbitragem. Sendo a Defensoria Pública a instituição responsável pela prestação da assistência jurídica ao necessitado e sendo o conceito de assistência jurídica amplo, a conclusão é a de que a atuação da Defensoria Pública na tutela dos direitos deve ser a mais ampla possível. Inclusive, de forma expressa, o artigo 4º, inciso II, estabelece como função institucional a solução prioritariamente extrajudicial dos litígios.

Em consonância com essas lições vemos que o Código de Processo Civil (Lei 13.105 de 2015) dá especial valor às formas alternativas de solução de controvérsias. Já em seu artigo 3º, § 3º, no capítulo que trata das "Normas fundamentais e da aplicação das normas processuais" o texto legal diz *"A conciliação, a mediação e outros métodos de solução consensual de conflitos deverão ser estimulados por juízes, advogados, defensores públicos e membros do Ministério Público, inclusive no curso do processo judicial".* A Defensoria Pública já deveria buscar essas formas de solução, mas, atualmente, com o advento do CPC/2015 fica ainda mais clara a obrigação da Defensoria em perseguir os meios alternativos de resolução de controvérsias.

Aplicação em concurso

- *(DP/RO – 2012 – Cespe) Acerca do benefício da justiça gratuita e da assistência jurídica integral e gratuita, assinale a opção correta.*

  E) A pessoa jurídica à qual tenha sido deferido pelo juiz o benefício da justiça gratuita no curso da ação passará necessariamente a ser patrocinada pela DP, instituição à qual incumbe a prestação da assistência jurídica integral e gratuita fornecida pelo Estado.

  Gabarito: o item está errado.

- *(DP/PB – 2014 – FCC) Em relação às terminologias "assistência judiciária gratuita" e "assistência jurídica integral e gratuita", é correto afirmar que*

  A) são terminologias sinônimas.

  B) são terminologias antônimas.

  C) "assistência judiciária" contém a "assistência jurídica".

  D) a declaração de pobreza para concessão de benefícios de "assistência judiciária gratuita" presume-se absoluta.

  E) "assistência judiciária gratuita" refere-se à assistência processual gratuita.

  Gabarito: letra E.

- *(DP/MS – 2014 – Vunesp) Assinale a alternativa correta.*

  A) A assistência judiciária é um serviço público organizado, consistente na defesa em juízo do assistido, que deve ser oferecido pelo Estado, que não pode ser desempenhado por entidades não estatais, por impossibilidade de delegação, para o exercício de tal atividade perante o Poder Judiciário, podendo ser considerado serviço de assistência judiciária o patrocínio gratuito da causa colocado à disposição de pessoas determinadas.

  B) A justiça gratuita é um instituto estritamente da seara processual, sendo essencial para o desenvolvimento do processo, sem o qual o beneficiário não poderá ter uma efetiva participação no processo, pois não poderá convalidar os atos que dependam do pagamento de despesas judiciais.

  C) A expressão assistência jurídica integral e gratuita significa o atendimento profissional na esfera judicial, tutelando os interesses das pessoas necessitadas na esfera judicial, posto que na esfera administrativa não se exige capacidade postulatória.

  D) A assistência judiciária se confunde com justiça gratuita, abrangendo o acesso aos serviços profissionais do advogado e dos demais auxiliares da justiça, inclusive os peritos, seja mediante a Defensoria Pública ou da designação de um profissional liberal pelo Juiz.

  Gabarito: letra B.

- *(FCC – Defensor Público – CE/2014) Um jogador de futebol de um time da 3ª divisão do Campeonato Cearense será julgado pela Justiça Desportiva por ter sido expulso de uma partida, após fraturar a perna de um adversário. Caso condenado nesse processo disciplinar, pode receber uma pena de 6 meses a 2 anos de suspensão. Como sua agremiação não conta com advogado, o jogador procura a Defensoria Pública para que faça sua defesa, comprovando que aufere apenas um salário mínimo como atleta profissional. Diante desse requerimento, a melhor solução a ser adotada é:*

A) Arquivamento do pedido, pois juridicamente inviável, já que a Defensoria Pública não tem atribuição para atuar na Justiça Desportiva.

B) Comprovada a hipossuficiência, cabe ao Defensor prestar a assistência jurídica integral e gratuita, judicial e extrajudicial, o que inclui a atuação na Justiça Desportiva.

C) Embora caiba a prestação da assistência jurídica integral e gratuita, como a Justiça Desportiva não integra formalmente o Poder Judiciário, inviável a defesa no processo disciplinar, cabendo o ajuizamento de alguma medida judicial, perante a Justiça Estadual, caso algum direito do assistido venha a ser lesado e após o esgotamento da Justiça Desportiva.

D) Embora caiba a orientação jurídica do assistido, descabe a atuação no processo disciplinar, assim como nos processos administrativos, por não se tratar de processo judicial propriamente dito.

E) Como falece atribuição para atuação na Justiça Desportiva e eventual repercussão jurídica dar-se-ia na relação de emprego do assistido, o pedido deveria ser remetido para a Defensoria Pública da União, que tem atribuição para atuar na Justiça do Trabalho.

Gabarito: letra B.

- *(FMP – Defensor Público – PA/2015) Considerando as disposições das legislações federal e estadual pertinentes, são prerrogativas dos membros da Defensoria Pública do Estado do Pará:*

a) ser processado e julgado originariamente pelo Tribunal de Justiça de seu Estado, nos crimes comuns e de responsabilidade, ressalvada exceção de ordem constitucional.

b) receber, inclusive quando necessário, mediante entrega dos autos com vista, intimação pessoal em qualquer processo e grau de jurisdição ou instância administrativa, contando-se lhes em dobro o prazo para contestar e em quádruplo o prazo para recorrer.

c) deixar de patrocinar ação ou interpor recurso, quando for manifestamente incabível ou inconveniente aos interesses da parte sob seu patrocínio, comunicando o fato ao Corregedor– Geral da Defensoria Pública, com as razões da recusa.

d) ser custodiado ou recolhido à prisão domiciliar, por ordem e à disposição do Tribunal competente, quando sujeito a prisão antes do julgamento final.

e) agir, em juízo ou fora dele, na defesa de seu assistido, com dispensa de taxas, emolumentos e custas processuais, além de outras isenções previstas em lei.

Gabarito: letra E.

4.1. Justiça gratuita em doutrina: "A justiça gratuita pode, então, ser conceituada como instituição jurídica de acesso à Justiça que se consiste na concessão, pelo poder público, do benefício da isenção das custas, taxas, emolumentos e despesas processuais, bem como de honorários de advogado e perito, à pessoa que declarar seu estado de necessidade, na forma da lei." (CORGOSINHO, Gustavo. *Defensoria Pública: princípios institucionais e regime jurídico.* Belo Horizonte: Dictum, 2009, p. 41).

4.2. Assistência judiciária em doutrina: "[...] devemos compreender o conceito de assistência judiciária, além do órgão oficial, estatal, todo agente que tenha por finalidade principal essa prestação de serviço, seja por determinação judicial, seja por convênio com o Poder Público. Nesse caso, incluem-se os escritórios de advocacia que frequentemente prestam assistência judiciária, como escritórios modelos das faculdades de Direito, as fundações." (PIMENTA, Marília Gonçalves. *Acesso à Justiça em preto e branco: retratos institucionais da Defensoria Pública*. Rio de Janeiro: Lumen Juris, 2004, p. 102)

4.3. Assistência jurídica em doutrina: "De forma mais ampla se conceitua a **assistência jurídica**, que engloba a assistência judiciária, além de outros serviços jurídicos não relacionados ao processo, tais como orientar esclarecimentos de dúvidas e prestando orientação e auxílio à comunidade no que diz respeito à formalização de escrituras, obtenção de certidões, registros de imóveis." (PIMENTA, Marília Gonçalves. *Acesso à Justiça em preto e branco: retratos institucionais da Defensoria Pública*. Rio de Janeiro: Lumen Juris, 2004, p. 103, grifo do original)

Aplicação em concurso

- *(DP/MA – 2009 – FCC) Em virtude de a Defensoria Pública ser instituição essencial à função jurisdicional do Estado, é da sua incumbência prestar às pessoas necessitadas, de forma integral e gratuita:*

  A) assistência judicial.

  B) assistência judiciária.

  C) assistência jurídica, judicial e extrajudicial.

  D) assistência jurisdicional.

  E) assistência institucional.

  Gabarito: letra C.

4.4. Gratuidade de Justiça – abrangência: a gratuidade de justiça pode ser concedida a **nacionais ou estrangeiros (artigo 98 do CPC)**, que dela necessitem para ingressar na justiça penal, civil, militar e do trabalho.

Os dispositivos que tratam da gratuidade de justiça estão no CPC de 2015 que acabou por revogar boa parte da Lei 1.060 de 1950. O regramento da matéria foi minucioso e se recomenda ao candidato a leitura atenta da transcrição abaixo:

> Art. 98. A pessoa natural ou jurídica, brasileira ou estrangeira, com insuficiência de recursos para pagar as custas, as despesas processuais e os honorários advocatícios tem direito à gratuidade da justiça, na forma da lei.
>
> § 1º A gratuidade da justiça compreende:
>
> I – as taxas ou as custas judiciais;
>
> II – os selos postais;
>
> III – as despesas com publicação na imprensa oficial, dispensando-se a publicação em outros meios;
>
> IV – a indenização devida à testemunha que, quando empregada, receberá do empregador salário integral, como se em serviço estivesse;
>
> V – as despesas com a realização de exame de código genético – DNA e de outros exames considerados essenciais;
>
> VI – os honorários do advogado e do perito e a remuneração do intérprete ou do tradutor nomeado para apresentação de versão em português de documento redigido em língua estrangeira;
>
> VII – o custo com a elaboração de memória de cálculo, quando exigida para instauração da execução;
>
> VIII – os depósitos previstos em lei para interposição de recurso, para propositura de ação e para a prática de outros atos processuais inerentes ao exercício da ampla defesa e do contraditório;
>
> IX – os emolumentos devidos a notários ou registradores em decorrência da prática de registro, averbação ou qualquer outro ato notarial necessário à efetivação de decisão judicial ou à continuidade de processo judicial no qual o benefício tenha sido concedido.
>
> § 2º A concessão de gratuidade não afasta a responsabilidade do beneficiário pelas despesas processuais e pelos honorários advocatícios decorrentes de sua sucumbência.
>
> § 3º Vencido o beneficiário, as obrigações decorrentes de sua sucumbência ficarão sob condição suspensiva de exigibilidade e somente po-

derão ser executadas se, nos 5 (cinco) anos subsequentes ao trânsito em julgado da decisão que as certificou, o credor demonstrar que deixou de existir a situação de insuficiência de recursos que justificou a concessão de gratuidade, extinguindo-se, passado esse prazo, tais obrigações do beneficiário.

§ 4º A concessão de gratuidade não afasta o dever de o beneficiário pagar, ao final, as multas processuais que lhe sejam impostas.

§ 5º A gratuidade poderá ser concedida em relação a algum ou a todos os atos processuais, ou consistir na redução percentual de despesas processuais que o beneficiário tiver de adiantar no curso do procedimento.

§ 6º Conforme o caso, o juiz poderá conceder direito ao parcelamento de despesas processuais que o beneficiário tiver de adiantar no curso do procedimento.

§ 7º Aplica-se o disposto no art. 95, §§ 3º a 5º, ao custeio dos emolumentos previstos no § 1º, inciso IX, do presente artigo, observada a tabela e as condições da lei estadual ou distrital respectiva.

§ 8º Na hipótese do § 1º, inciso IX, havendo dúvida fundada quanto ao preenchimento atual dos pressupostos para a concessão de gratuidade, o notário ou registrador, após praticar o ato, pode requerer, ao juízo competente para decidir questões notariais ou registrais, a revogação total ou parcial do benefício ou a sua substituição pelo parcelamento de que trata o § 6º deste artigo, caso em que o beneficiário será citado para, em 15 (quinze) dias, manifestar-se sobre esse requerimento.

Art. 99. O pedido de gratuidade da justiça pode ser formulado na petição inicial, na contestação, na petição para ingresso de terceiro no processo ou em recurso.

§ 1º Se superveniente à primeira manifestação da parte na instância, o pedido poderá ser formulado por petição simples, nos autos do próprio processo, e não suspenderá seu curso.

§ 2º O juiz somente poderá indeferir o pedido se houver nos autos elementos que evidenciem a falta dos pressupostos legais para a concessão de gratuidade, devendo, antes de indeferir o pedido, determinar à parte a comprovação do preenchimento dos referidos pressupostos.

§ 3º Presume-se verdadeira a alegação de insuficiência deduzida exclusivamente por pessoa natural.

§ 4º A assistência do requerente por advogado particular não impede a concessão de gratuidade da justiça.

§ 5º Na hipótese do § 4º, o recurso que verse exclusivamente sobre valor de honorários de sucumbência fixados em favor do advogado de beneficiário estará sujeito a preparo, salvo se o próprio advogado demonstrar que tem direito à gratuidade.

§ 6º O direito à gratuidade da justiça é pessoal, não se estendendo a litisconsorte ou a sucessor do beneficiário, salvo requerimento e deferimento expressos.

§ 7º Requerida a concessão de gratuidade da justiça em recurso, o recorrente estará dispensado de comprovar o recolhimento do preparo, incumbindo ao relator, neste caso, apreciar o requerimento e, se indeferi-lo, fixar prazo para realização do recolhimento.

Art. 100. Deferido o pedido, a parte contrária poderá oferecer impugnação na contestação, na réplica, nas contrarrazões de recurso ou, nos casos de pedido superveniente ou formulado por terceiro, por meio de petição simples, a ser apresentada no prazo de 15 (quinze) dias, nos autos do próprio processo, sem suspensão de seu curso.

Parágrafo único. Revogado o benefício, a parte arcará com as despesas processuais que tiver deixado de adiantar e pagará, em caso de má-fé, até o décuplo de seu valor a título de multa, que será revertida em benefício da Fazenda Pública estadual ou federal e poderá ser inscrita em dívida ativa.

Art. 101. Contra a decisão que indeferir a gratuidade ou a que acolher pedido de sua revogação caberá agravo de instrumento, exceto quando a questão for resolvida na sentença, contra a qual caberá apelação.

§ 1º O recorrente estará dispensado do recolhimento de custas até decisão do relator sobre a questão, preliminarmente ao julgamento do recurso.

§ 2º Confirmada a denegação ou a revogação da gratuidade, o relator ou o órgão colegiado determinará ao recorrente o recolhimento das custas processuais, no prazo de 5 (cinco) dias, sob pena de não conhecimento do recurso.

Art. 102. Sobrevindo o trânsito em julgado de decisão que revoga a gratuidade, a parte deverá efetuar o recolhimento de todas as despesas de cujo adiantamento foi dispensada, inclusive as relativas ao recurso interposto, se houver, no prazo fixado pelo juiz, sem prejuízo de aplicação das sanções previstas em lei.

Parágrafo único. Não efetuado o recolhimento, o processo será extinto sem resolução de mérito, tratando-se do autor, e, nos demais casos, não poderá ser deferida a realização de nenhum ato ou diligência requerida pela parte enquanto não efetuado o depósito.

Além disso, o beneficiário da gratuidade de justiça pode utilizar os serviços da contadoria do Tribunal de Justiça, conforme pontuou o Superior Tribunal de Justiça. Confira-se [*os dispositivos mencionados na decisão se referem ao CPC de 1973]*:

> Informativo nº 0540
>
> Período: 28 de maio de 2014.
>
> 3ª Turma
>
> DIREITO PROCESSUAL CIVIL. UTILIZAÇÃO DA CONTADORIA JUDICIAL POR BENEFICIÁRIO DA ASSISTÊNCIA JUDICIÁRIA.
>
> O beneficiário da assistência judiciária, ainda que seja representado pela Defensoria Pública, pode se utilizar do serviço de contador judicial para apuração do crédito que será objeto de execução, independentemente da complexidade dos cálculos. De fato, desde 1994, quando se deu a primeira fase da reforma do CPC, passou a ser ônus do próprio credor a apresentação da memória com os cálculos discriminados do valor a ser executado na hipótese em que a determinação do valor da condenação dependesse apenas de cálculos aritméticos (art. 604 do CPC com redação dada pela Lei 8.898/1994). A jurisprudência do STJ, ao interpretar o art. 604 do CPC, alterado pela reforma de 1994, já reconhecia que não fora excluída a possibilidade de o hipossuficiente valer-se dos serviços da contadoria judicial (EREsp 472.867-RS, Corte Especial, DJ de 4/10/2004). Posteriormente, a Lei 11.232/2005 alterou novamente o CPC, para estabelecer a fase de cumprimento das sentenças no processo de conhecimento e revogar dispositivos relativos à execução fundada em título judicial, dentre eles, o arts. 604 do CPC. Entretanto, manteve-se a sistemática que atribuía ao credor o ônus de apresentação da memória discriminada e atualizada do cálculo, quando a determinação do valor da condenação dependesse apenas de cálculos aritméticos. Ressalte-se que as reformas processuais em nenhum momento excluíram a possibilidade de utilização do contador judicial, mas apenas reduziram a sua esfera de atuação às hipóteses em que (i) a memória apresentada pelo credor aparentemente exceder os limites da decisão exequenda e (ii) nos casos de assistência judiciária (art. 475-B, § 3º, do CPC). Especificamente no que tange às hipóteses de assistência judiciária, é importante consignar que a finalidade da norma é claramente a de facilitação da defesa daquele credor que não tem condições financeiras de contratar profissional para realização dos cálculos sem comprometimento do seu sustento ou de sua família. Com efeito, a busca pela maior agilidade no processo judicial, por meio da transferência do ônus de elaboração dos cálculos àquele que tem interesse no recebimento do crédito e, portanto, no

prosseguimento célere da execução, não pode prejudicar o hipossuficiente que antes já se valia dos serviços da contadoria judicial para liquidar o valor devido. Assim, embora o art. 3º da Lei 1.060/1950 disponha somente que a assistência judiciária gratuita compreende isenções de taxas judiciárias e dos selos, emolumentos e custas, despesas com publicação, indenizações devidas com testemunhas, honorários de advogados e peritos, não havendo previsão no sentido de que o Estado elaborará os cálculos dos exequentes que litigam sob o pálio da assistência judiciária, o CPC, no art. 475-B, § 3º, conferiu-lhes essa possibilidade. Além disso, o fato de o beneficiário da assistência judiciária ser representado pela Defensoria Pública não lhe retira a possibilidade utilizar-se dos serviços da contadoria judicial, pois não se pode presumir que a Defensoria Pública esteja ou deva estar aparelhada para a execução desses cálculos. Também não pode ser invocada a complexidade dos cálculos do valor da condenação como uma condição imprescindível para que os serviços do contador judicial possam ser utilizados, uma vez que o art. 475-B, § 3º, do CPC, ao permitir a utilização da contadoria, não faz essa exigência. Cabe ressaltar que, se o pedido fosse negado, representaria entrave para o amplo e integral acesso à tutela jurisdicional pelo beneficiário da assistência judiciária. Por fim, há que se fazer uma interpretação teleológica do referido benefício, bem como de caráter conforme a própria garantia prevista no art. 5º, LXXIV, da CF ("O Estado prestará assistência judiciária integral e gratuita aos que comprovarem a insuficiência de recursos"), a fim de lhe outorgar plena eficácia. REsp 1.200.099-SP, Rel. Min. Nancy Andrighi, julgado em 6/5/2014.

Aplicação em concurso

- *(DP/ES – 2012 – Cespe) A assistência judiciária compreende as isenções de despesas com peritos e com a realização do exame de código genético (DNA) requisitado pela autoridade judiciária nas ações de investigação de paternidade ou maternidade.*

  Gabarito: o item está certo.

- *(DP/PR – 2014 – UFPR) Assinale a alternativa correta.*

A) Nos casos de assistência judiciária, é vedado ao Juízo valer-se do contador do Juízo para elaboração de memória do cálculo na execução por quantia certa, eis que tal elaboração seria ônus da Defensoria Pública, órgão incumbido da função constitucional de prestar a assistência judiciária gratuita.

Gabarito: o item está errado.

- *(Fundep – Defensor Público – MG/2014) Analise a situação a seguir.*

  Durante o curso de um processo, houve a necessidade de produção de prova pericial. Contudo, o juiz determinou ao assistido da Defensoria Pública a antecipação dos honorários do perito.

  A esse respeito, assinale a assertiva CORRETA.

  A) O Defensor deve buscar, junto ao assistido, o pagamento dos honorários, já que a prova pericial não pode ser suprida por outro meio de prova.

  B) O Defensor deve buscar, junto ao assistido, a antecipação dos honorários porque, se vitorioso na ação, tais valores serão restituídos pela via da verba de sucumbência.

  C) O Defensor deve recorrer da decisão, já que o beneficiário de gratuidade de justiça goza de isenção de honorários de perito.

  D) O Defensor deve recorrer da decisão, já que cabe à outra parte não hipossuficiente antecipar os honorários de perito.

  Gabarito: letra C.

4.5. Gratuidade de Justiça – forma de concessão: para concessão do benefício, basta a **afirmação da parte** no corpo da própria **petição inicial, na contestação, na petição de ingresso de terceiro no processo ou em recurso** (artigo 99 do CPC). A alegação de insuficiência deduzida exclusivamente por pessoa natural se presume verdadeira (artigo 99, § 3º do CPC). *A contrario sensu*, se o pedido de gratuidade for feito por pessoa jurídica se faz necessária comprovação da insuficiência.

A presunção de insuficiência oriunda da declaração de pessoa física é *juris tantum*, ou seja, admite prova em contrário. É possível que a outra parte ofereça impugnação na contestação, na réplica, nas contrarrazões de recurso ou, nos casos de pedido superveniente ou formulado por terceiro, por meio de petição simples, a ser apresentada no prazo de 15 (quinze) dias, nos autos do próprio processo, sem suspensão do seu curso (artigo 100 do CPC de 2015). O CPC deixou claro que a impugnação é feita nos autos do próprio processo, restando superada a necessidade de autuação em apartado, como previam os artigos 7º, parágrafo único e 6º da Lei 1.060 (ambos revogados).

Caso seja demonstrada a capacidade econômica da parte, esta pode ser condenada até o décuplo do valor das despesas processuais (artigo 100, parágrafo único do CPC).

Aplicação em concurso

- *(DP/ES – 2012 – Cespe) Presume-se ser pobre, até que se prove o contrário, aquele que afirma não estar em condições de pagar as custas do processo e os honorários de advogado, sem prejuízo próprio ou de sua família, sob pena de pagamento de até dez salários mínimos.*

Gabarito: o item está errado.

- *(DP/MS – 2014 – Vunesp) Sobre a concessão de assistência judiciária em ação judicial, assinale a alternativa correta.*

  A) A parte gozará do referido benefício mediante simples afirmação, com presunção *iuris tantum* de veracidade.

  C) Independe de qualquer requerimento, bastando estar representada pela Defensoria Pública, que já estabeleceu critérios para atendimento.

  Gabarito: letra A está certa; letra C, errada.

- *(DP/DF – 2013 – Cespe) Julgue os itens seguintes, que versam sobre a concessão de assistência judiciária aos necessitados.*

  A parte que requerer benefício da assistência judiciária poderá fazê-lo na própria petição inicial ou a qualquer momento nos autos, podendo a parte contrária, em qualquer fase da lide, pedir sua revogação, se a requerente não tiver apresentado firma reconhecida no pedido.

  Gabarito: o item está errado.

4.6. Recurso cabível contra o indeferimento da gratuidade de justiça: o artigo 17 da Lei 1.060/50 previa o recurso de apelação contra decisão que indeferia a gratuidade de justiça: "Caberá apelação das decisões proferidas em consequência da aplicação desta Lei; a apelação será recebida somente no efeito devolutivo, quando a sentença conceder o pedido." Tal regramento gerava intensa controvérsia, já que a apelação no direito brasileiro é historicamente um recurso contra a sentença e muitas vezes a análise sobre a gratuidade não vinha em sentença, mas sim em decisão interlocutória que, portanto, desafiaria recurso de agravo. O CPC de 2015 revogou o artigo 17 da Lei 1.060 e resolveu a controvérsia nos seguintes termos: *"Contra a decisão que indeferir a gratuidade ou a que acolher pedido de sua revogação caberá agravo de instrumento, exceto quando a questão for resolvida na sentença, contra a qual caberá apelação"* (artigo 101 do CPC de 2015).

4.7. Momento para concessão da gratuidade de justiça – posição do STJ: o benefício da gratuidade de justiça **pode ser concedido a qualquer tempo**, desde que comprovada a impossibilidade de pagamento das custas processuais. Se a matéria já foi apreciada nos tribunais inferiores e restou indeferida, não poderá ser reexaminada em sede de recurso especial, por demandar análise de provas. Nada impede, porém, que a gratuidade venha a ser requerida e concedida apenas em sede de recursos aos **Tribu-**

nais Superiores. Nesse caso, o requerimento era feito em **petição avulsa,** conforme o revogado artigo 6º da Lei 1.060. Vejamos o entendimento do STJ à época em que ainda vigente a Lei 1.060:

> I – A gratuidade da justiça pode ser concedida em qualquer fase do processo, dada a imprevisibilidade dos infortúnios financeiros que podem atingir as partes, impossibilitando-as de suportar as custas da demanda.
>
> II – [...] (STJ – AgRg no Ag 979.812-SP – 3ª Turma, rel. Min. Sidnei Benetti – j. em 21/10/2008, DJ em 05/11/2008)
>
> 2. O art. 6º da Lei 1.060/1950 exige que o benefício de gratuidade de justiça, quando pleiteado no curso do processo, seja formalizado em petição avulsa, que será autuada em apenso aos autos principais.
>
> (AgRg nos EAg 1345775/PI, Rel. Min. João Otávio de Noronha, Corte Especial, julgado em 07/11/2012, DJe 21/11/2012)

Aplicação em concurso

- *(DP/AL – 2009 – Cespe) O pedido de assistência judiciária deve ser feito na petição inicial, de forma que, depois de estabilizada a relação processual, não será lícito a qualquer das partes requerê-lo ao juiz.*

  Gabarito: o item está errado.

Com o advento do CPC de 2015 o entendimento jurisprudencial tende a ser superado, vez que o artigo 99, § 1º da lei de ritos dispensa petição avulsa: *"§ 1º Se superveniente à primeira manifestação da parte na instância, o pedido poderá ser formulado por petição simples, nos autos do próprio processo, e não suspenderá seu curso."*

Vale ressaltar que requerida e deferida a gratuidade, a parte não precisa reiterar o pedido a cada recurso interposto ou ato processual praticado. Após o deferimento da gratuidade somente decisão judicial expressa pode revogá-la. Esse é o entendimento da Corte Especial do STJ, como noticia o informativo 557 [*a decisão faz menção a alguns artigos da Lei 1.060 de 1950 que foi revogada em sua quase totalidade, mas o entendimento jurisprudencial permanece]*:

> **DIREITO PROCESSUAL CIVIL. EFICÁCIA DA CONCESSÃO DE ASSISTÊNCIA JUDICIÁRIA GRATUITA.**
>
> **Quando a assistência judiciária gratuita for deferida, a eficácia da concessão do benefício prevalecerá, independentemente de renovação de seu pedido, em todas as instâncias e para todos os atos do processo – alcançando, inclusive, as ações incidentais ao processo de conheci-**

mento, os recursos, as rescisórias, assim como o subsequente processo de execução e eventuais embargos à execução –, somente perdendo sua eficácia por expressa revogação pelo Juiz ou Tribunal. Isso porque não há previsão legal que autorize a exigência de renovação do pedido de assistência judiciária gratuita em cada instância e a cada interposição de recurso, mesmo na instância extraordinária. Ao contrário, o art. 9º da Lei 1.060/1950 estabelece expressamente a eficácia da decisão deferitória do benefício em todas as instâncias e graus de jurisdição. Com efeito, a concessão do benefício, por compor a integralidade da tutela jurídica pleiteada, comporta eficácia para todos os atos processuais, em todas as instâncias, alcançando, inclusive, as ações incidentais ao processo de conhecimento, os recursos, as rescisórias, assim como o subsequente processo de execução e eventuais embargos à execução, sendo despicienda a constante renovação do pedido a cada instância e para a prática de cada ato processual. Essa é a interpretação mais adequada da legislação, especialmente da Lei 1.060/1950 (arts. 4º, 6º e 9º), e consentânea com os princípios constitucionais da inafastabilidade da tutela jurisdicional e do processo justo, com garantia constitucional de concessão do benefício da assistência judiciária gratuita ao necessitado (art. 5º, XXXV, LIV e LXXIV, da CF). Assim, desde que adequadamente formulado o pedido e uma vez concedida, a assistência judiciária gratuita prevalecerá em todas as instâncias e para todos os atos do processo, nos expressos termos assegurados no art. 9º da Lei 1.060/1950 (reiterado no parágrafo único do art. 13 da Lei 11.636/2007). Contudo, perderá eficácia a concessão do benefício em caso de expressa revogação pelo Juiz ou Tribunal, quando comprovada a mudança da condição econômico-financeira do beneficiário. Isso porque a decisão que concede a gratuidade está condicionada à cláusula *rebus sic standibus*, primando pela precariedade e não gerando preclusão *pro judicato*. Dessa maneira, a renovação do pedido de gratuidade da justiça somente se torna necessária quando houver anterior indeferimento do pleito ou revogação no curso do processo. Por fim, cabe ressaltar que não se faz necessário, para o processamento de eventual recurso, que o beneficiário faça expressa remissão na petição recursal acerca do anterior deferimento da assistência judiciária gratuita, embora seja evidente a utilidade dessa providência facilitadora. Basta, portanto, que constem dos autos os comprovantes de que já litiga na condição de beneficiário da justiça gratuita. **AgRg nos EAREsp 86.915-SP, Rel. Min. Raul Araújo, julgado em 26/2/2015, DJe 4/3/2015.**

4.8. **Falecimento do beneficiário da gratuidade e concessão aos herdeiros:** os benefícios da gratuidade de justiça são concedidos àquele que afirma sua condição de pobreza. Diante de seu **falecimento, o benefício cessa**, mas nada impede que seus sucessores também venham a requerer a concessão da gratuidade de justiça. É o que prevê o, **ainda vigente**, artigo 10 da Lei 1.060/50: *"São individuais e concedidos em cada caso ocorrente os benefícios de assistência judiciária, que não se transmitem ao cessionário de direito e se extinguem pela morte do beneficiário, podendo, entretanto, ser concedidos aos herdeiros que continuarem a demanda, e que necessitarem de tais favores na forma estabelecida nesta Lei."*

O Código de Processo Civil de 2015 manteve o caráter pessoal da gratuidade de justiça como fica claro em seu artigo 99, § 6º, nestes termos: *"O direito à gratuidade da justiça é pessoal, não se estendendo a litisconsorte ou a sucessor do beneficiário, salvo requerimento e deferimento expressos."*

Aplicação em concurso

- *(DP/AL – 2009 – Cespe) Os benefícios da assistência judiciária são concedidos individualmente em cada caso concreto e se extinguem com a morte do beneficiário. No entanto, tal benefício pode ser concedido aos herdeiros que continuarem na demanda.*

  Gabarito: o item está certo.

- *(DP/SE – 2012 – Cespe) Com base na lei que disciplina a concessão de assistência judiciária aos necessitados, assinale a opção correta.*

  B) Os benefícios da assistência judiciária, que compreendem todos os atos do processo, até decisão final do litígio, em todas as instâncias, são individuais, concedidos em cada caso, total ou parcialmente, não se transmitindo ao cessionário de direito.

  Gabarito: o item está certo.

4.9. Beneficiário da gratuidade de justiça e condenação em ônus sucumbenciais: aquele que sai vencido em uma demanda é condenado ao pagamento de custas processuais e dos honorários advocatícios (CPC, artigos 82, § 2° e 85 do CPC). A situação não se altera quando o vencido é beneficiário da gratuidade de justiça, ou seja, a sentença deve impor a condenação também em ônus sucumbenciais. Todavia, as obrigações oriundas da sucumbência ficam suspensas por 5 anos após o trânsito em julgado, cabendo ao credor demonstrar que a situação de insuficiência de recursos cessou. O CPC de 2015 regula a matéria em seu artigo 98, § 3º: *"Vencido o beneficiário, as obrigações decorrentes de sua sucumbência ficarão sob condição suspensiva de exigibilidade e somente poderão ser executadas* *se, nos 5 (cinco) anos subsequentes ao trânsito em julgado da decisão que as certificou, o credor demonstrar que deixou de existir a situação de insuficiência de recursos que justificou a concessão de gratuidade, extinguindo-se, passado esse prazo, tais obrigações do beneficiário"*

Aplicação em concurso

- *(DP/DF – 2006 – Cespe) O beneficiário da justiça gratuita, quando vencido na ação, não é isento de condenação nos ônus da sucumbência, devendo ser condenado ao pagamento da verba honorária. Entretanto, essa obrigação fica suspensa pelo período de até cinco anos, caso persista o estado de miserabilidade, extinguindo-se após findo esse prazo.*

  Gabarito: o item está certo.

4.10. Gratuidade de justiça X advocacia *pro bono*: outro ponto que não deve ser confundido são os conceitos de gratuidade de justiça e advocacia *pro bono*. O primeiro se refere ao não pagamento de custas para propositura de ação no Judiciário; já a segunda está ligada à remuneração do advogado que patrocina a ação. O STJ já consolidou o entendimento de que é possível que o advogado atue em causas que tramitam sob o pálio da gratuidade de justiça e firmem contrato de honorários no êxito da demanda. Confira-se:

> 1. A declaração de pobreza, com o intuito de obter os benefícios da assistência judiciária gratuita, goza de presunção relativa, admitindo, portanto, prova em contrário.
>
> 2. Para o deferimento da gratuidade de justiça, não pode o juiz se balizar apenas na remuneração auferida, no patrimônio imobiliário, na contratação de advogado particular pelo requerente (gratuidade de justiça difere de assistência judiciária), ou seja, apenas nas suas receitas. Imprescindível fazer o cotejo das condições econômico-financeiras com as despesas correntes utilizadas para preservar o sustento próprio e o da família.
>
> 3. Dessa forma, o magistrado, ao analisar o pedido de gratuidade, nos termos do art. 5º da Lei 1.060/1950 [*dispositivo ainda vigente*], perquirirá sobre as reais condições econômico-financeiras do requerente, podendo solicitar que comprove nos autos que não pode arcar com as despesas processuais e com os honorários de sucumbência. Precedentes do STJ.
>
> 4. Agravo Regimental não provido.

(AgRg no AREsp 257.029/RS, Rel. Min. Herman Benjamin, 2ª Turma, julgado em 05/02/2013, DJe 15/02/2013)

Nada impede a parte de obter os benefícios da assistência judiciária e ser representada por advogado particular que indique, hipótese em que, havendo a celebração de contrato com previsão de pagamento de honorários *ad exito*, estes serão devidos, independentemente da sua situação econômica ser modificada pelo resultado final da ação, não se aplicando a isenção prevista no art. 3º, V, da Lei nº 1.060/50 *[dispositivo revogado]*, presumindo-se que a esta renunciou.

(REsp 1.153.163/RS, Rel. Ministra Nancy Andrighi, 3ª Turma, julgado em 26/6/2012, DJe 2/8/2012)

Aplicação em concurso

- *(DP/PR – 2014 – UFPR) Com base na jurisprudência dos Tribunais Superiores, assinale a alternativa correta.*

  B) Na hipótese de ser deferido o benefício da gratuidade de justiça, a atuação de advogado particular exige comprovação de contratação *pro bono* do profissional, sob pena de cassação do benefício.

  C) A declaração de pobreza goza de presunção "juris tantum", não podendo o juiz ordenar a comprovação do estado de miserabilidade da parte requerente do benefício.

  Gabarito: os itens estão errados.

- *(DP/PR – 2014 – UFPR) Com referência ao exercício da curadoria especial e ao pagamento de honorários, assinale a alternativa correta.*

  A) O deferimento do benefício da gratuidade de justiça isenta o beneficiário do pagamento de custas e honorários advocatícios, exceto se o mesmo houver celebrado contrato com advogado particular, hipótese em que presume-se que o hipossuficiente renunciou ao benefício da isenção no que tange aos honorários advocatícios contratuais.

  Gabarito: o item está certo.

Art. 2º A Defensoria Pública abrange:

I – a Defensoria Pública da União;

II – a Defensoria Pública do Distrito Federal e dos Territórios;

III – as Defensorias Públicas dos Estados.

1. **Defensoria Pública – composição:** o artigo 2º estabelece que a Defensoria Pública é uma instituição que abrange a Defensoria Pública da União, a Defensoria Pública do Distrito Federal e dos Territórios e a Defensoria Pública dos Estados.

Defensoria Pública {
- Defensoria Pública da União
- Defensoria Pública do Distrito Federal e dos Territórios
- Defensoria Pública dos Estados

É preciso observar que esse dispositivo não está mais em perfeita consonância com o quadro constitucional da Defensoria Pública, em razão da EC n. 69/2012. A Defensoria Pública dos Territórios deve ficar agrupada com a Defensoria Pública da União, pois ambas são incumbência da União, ao passo em que o Distrito Federal é o responsável por organizar sua própria Defensoria.

2. **Competência legislativa:** compete ao Congresso Nacional a organização administrativa da Defensoria Pública da União e dos Territórios (artigo 48, IX da CR). Lei complementar prescreverá normas gerais a serem seguidas pelos estados membros e pelo Distrito Federal em suas Defensorias, conforme previsão do art. 134, § 1º da Constituição da República e alterações promovidas pela EC n. 69/2012. Assim, em relação às Defensorias Públicas estaduais e do Distrito Federal, a **competência legislativa é concorrente** (CR, art. 24, XIII). Quanto à Defensoria Pública da **União** e dos Territórios, a competência é **privativa** (CR, art. 22, XVII).

> Art. 3º São **princípios institucionais** da Defensoria Pública a **unidade**, a **indivisibilidade** e a **independência funcional.**
> **Parágrafo único.** (VETADO)

1. **Princípios institucionais:** o artigo 3º elenca os três princípios fundamentais da Defensoria Pública: **unidade, indivisibilidade e independência funcional**. Dentro do constitucionalismo moderno, entende-se que as normas se subdividem em regras e princípios. Regras são dotadas de menor grau de abstração e têm sua aplicação integral a uma situação concreta. Princípios, por sua vez, são normas deveras abstratas, cuja aplicação a um caso concreto pode-se dar em maior ou menor grau.

Ao analisar um determinado caso concreto, o intérprete pode analisar mais de uma regra para regular a situação. No momento de aplicá-la, porém, apenas uma há de incidir, sendo a outra descartada. Entre princípios, é possível a ponderação de sua aplicação, e um caso concreto pode sofrer a incidência de mais de um princípio.

1.1. Regras e princípios em doutrina: "É importante assinalar, logo de início, que já se encontra superada a distinção que outrora se fazia entre norma e princípio. A dogmática moderna avaliza o entendimento de que as normas jurídicas, em geral, e as normas constitucionais, em particular, podem ser enquadradas em duas categorias diversas: as normas-princípio e as normas-disposição. As normas-disposição, também referidas como regras, têm eficácia restrita às situações específicas às quais se dirigem. Já as normas-princípio, ou simplesmente princípio, têm, normalmente, maior teor de abstração e uma finalidade mais destacada dentro do sistema." (BARROSO, Luís Roberto. *Interpretação e aplicação da Constituição.* 5ª edição. São Paulo: Saraiva, 2003, p. 151).

1.2. Unidade: O princípio da unidade atualmente é visto sob três perspectivas: a) unidade hierárquico-administrativa; b) unidade funcional; c) unidade normativa. Valendo-nos da doutrina de Caio Paiva e Tiago Fensterseifer[14], define-se **unidade hierárquico-administrativa,** como aquela existente em cada ramo da Defensoria, de forma que "coexistem as Defensorias Públicas da União, do Distrito Federal e de cada Estado de forma harmônica, sem qualquer vinculação hierárquico-administrativa, tratando-se ramificações de um *todo* orgânico maior, mas com chefias independentes e autônomas. Já a **unidade funcional** "indica que as Defensorias Públicas devem se empenhar para que os objetivos institucionais (LC 80, art. 3º-A), comuns a todas elas, façam parte de uma atuação nacional conjunta e programada, o que contribui para o fortalecimento do acesso à justiça no Brasil. Por fim, de acordo com a doutrina citada acima, a **unidade normativa** decorre "do artigo 134, § 1º, da CF, que estabelece que *"Lei complementar organizará a Defensoria Pública da União e do Distrito Federal e dos Territórios e prescreverá normas gerais para sua organização nos Estados (...)",* sendo que extraímos desse dispositivo a conclusão de que tanto a organização da DPU quanto as normas gerais prescritas

14 PAIVA, Caio. FENSTERSEIFER, Tiago. Comentários à Lei Nacional da Defensoria Pública. Op.cit. páginas 119/122.

para as Defensorias dos Estados e do Distrito Federal devem observar uma singularidade normativa."

1.3. **Indivisibilidade: é a possibilidade de substituição de Defensores Públicos de forma que o serviço não se interrompa mesmo na ausência de um profissional específico. Exemplo: se um Defensor Público está de licença médica, outro o substituirá nos mesmos processos e atribuições desempenhadas pelo Defensor afastado. A Defensoria Pública permanece prestando seus serviços. Isso também ocorre em outros casos de afastamento, como, por exemplo, férias, licença maternidade, afastamento para estudos no exterior, etc. Em todos esses casos, outro Defensor atuará no período dos afastamentos.**

1.4. **Independência funcional em doutrina:** "A independência funcional assegura a plena liberdade de ação do defensor público perante todos os órgãos da administração pública, especialmente o judiciário. O princípio em destaque elimina qualquer possibilidade de hierarquia diante dos demais agentes políticos do Estado, incluindo os magistrados, promotores de justiça, parlamentares, secretários de estado e delegados de polícia." (GALLIEZ, Paulo Cesar Ribeiro. *Princípios institucionais da Defensoria Pública.* Rio de Janeiro: Lumen Juris, 2007, p. 41)

Todavia, é importante destacar que a independência funcional é relacionada à atividade-fim da Defensoria e não pode ser confundida com independência administrativa. Vejamos o que ensina o professor Caio Paiva: *"Importante observar que, como garantia dos membros da Defensoria Pública, a independência funcional, conforme a redação prevista na LC 80, relaciona-se apenas com o 'desempenho de suas atribuições', ou seja, para o exercício da atividade-fim ou funcional: a prestação de assistência jurídica integral e gratuita. Logo, não há que se confundir independência funcional com independência administrativa. Os defensores públicos estão vinculados a uma estrutura hierárquica administrativa, sujeitos, portanto, a uma divisão de tarefas, fixação de atribuições, expedientes organizacionais internos, dever de prestar informações aos órgãos de administração superior da instituição etc."*[15]

Vale destacar que a independência funcional é um princípio institucional, mas também uma garantia dos membros da Defensoria (artigo 43, I; 88, I e 127, I, todos da LC 80/94).

Independência funcional e princípio do defensor natural: o defensor com atribuição para a defesa do necessitado pode, com base em sua indepen-

15 PAIVA, Caio Cezar. Prática penal para defensoria pública. Rio de Janeiro: Forense, 2016. P. 46.

dência funcional, concluir pela impossibilidade de interposição de recurso. Entretanto, no âmbito do processo penal, há previsão de que o réu pode manifestar seu desejo de recorrer. Caso isso ocorra, não se pode obrigar o defensor público que atuava no processo a recorrer, pois já formou seu convencimento acerca da matéria – sob pena de violação de sua independência funcional. Por outro lado, deve-se respeitar o direito do réu, que expressamente manifestou o desejo de recorrer da sentença. Nesse caso, a solução é a designação de outro defensor público para atuar no processo, sem que se configure violação do princípio do defensor natural. Dessa forma, consegue-se conciliar o direito de recorrer do réu e o princípio da independência funcional do defensor público natural.

Aplicação em concurso

- **(CESPE – Defensor Público – DF – 2019) Ainda no que se refere à Defensoria Pública, julgue os itens seguintes:**

  A independência funcional da Defensoria Pública depende de lei, estabelecendo os limites da respectiva atuação.

  O item está errado.

- *(DP/ES – 2009 – Cespe) A designação de defensor público para atuar em processo criminal no qual haja manifestação do sentenciado no intuito de apelar da sentença, com posição contrária à do defensor natural no sentido de não recorrer, não ofende os princípios e as regras consagradas nas legislações complementares, especificamente, o princípio da independência funcional.*

  Gabarito: o item está certo.

- *(DP/SC – 2012 – Fepese) Assinale a alternativa correta acerca da Defensoria Pública do Estado de Santa Catarina.*

  A) São princípios institucionais da Defensoria Pública a inamovibilidade, a indivisibilidade e a independência funcional.

  Gabarito: o item está errado.

- *(DP/MS – 2012 – Vunesp) Conforme dispõe, expressamente, a Lei Complementar Federal nº 80/94, são todos princípios institucionais da Defensoria Pública:*

  A) a unidade, a inamovibilidade dos seus membros e a descentralização.

  B) a inamovibilidade dos seus membros, a vitaliciedade e a independência funcional.

  C) a indivisibilidade, a inamovibilidade dos seus membros e a descentralização.

D) a unidade, a indivisibilidade e a independência funcional.

Gabarito: letra D.

- *(DP/SP – 2013 – FCC) Um Defensor Público, (1) principiando seu expediente verifica no correio eletrônico convocação para participar de reunião com a Subdefensoria Pública-Geral competente, por meio de videoconferência. Em seguida, (2) passa a analisar autos judiciais que vieram em carga para ciência de decisões judiciais, refletindo sobre a utilidade de se interpor recurso em cada caso. Após o almoço, (3) dirige-se ao Fórum para realizar audiências em substituição de outro Defensor Público licenciado por saúde. O princípio institucional que, preponderantemente, incidiu sobre cada fato é, respectivamente,*

a) indivisibilidade, independência funcional, indivisibilidade.
b) independência funcional, unidade, indivisibilidade.
c) unidade, independência funcional, unidade.
d) unidade, independência funcional, indivisibilidade.
e) indivisibilidade, independência funcional, unidade.

Gabarito: letra D.

- *(DP/PR – 2014 – UFPR) Assinale a alternativa correta.*

D) Em caso de atuação de Defensor Público diverso daquele que ajuizou a demanda, é imprescindível que haja autorização da parte assistida.

Gabarito: o item está errado.

- *(DP/PR – 2014 – UFPR) À luz da LC 80/94, assinale a alternativa correta no que diz respeito à Defensoria Pública.*

B) São princípios institucionais da Defensoria Pública a unidade, a inamovibilidade e a independência funcional.

Gabarito: o item está errado.

- *(FCC – Defensor Público – CE/2014) Após sentença de improcedência que contrariava jurisprudência pacífica do Superior Tribunal de Justiça, estabelecida em julgamento pelo procedimento dos recursos repetitivos, o Defensor Público, intimado pessoalmente, deixa transcorrer* in albis *o prazo recursal, sem justificar a falta de interposição do recurso e sem comunicar o fato ao assistido. Dois meses depois, o assistido comparece à Defensoria Pública para consultar o andamento de seu processo e, indignado, requer que outro Defensor Público ajuíze ação pleiteando indenização em face do Estado do Ceará e em face do Defensor que deixou de recorrer. Nesse caso, ao receber o pleito indenizatório, a melhor solução a ser adotada pelo segundo Defensor é:*

A) Com base na independência funcional, ajuizar ação com pedido de indenização em face do Estado, com fundamento na teoria da falta do serviço, mas não contra o Defensor Público que atuou originariamente, já que sua responsabilidade é subjetiva enquanto que a do Estado é objetiva.

B) Ajuizar ação nos exatos termos requeridos pelo assistido, já que a independência funcional não é garantia do Defensor Público, mas sim do assistido, só podendo o Defensor natural recusar-se a adotar alguma providência quando essa se mostrar juridicamente inviável.

C) Recusar-se a atuar, mesmo que não conheça pessoalmente o Defensor que atuou originariamente, com base na independência funcional, por entender indevida uma ação judicial contra membro da carreira patrocinada pela própria Defensoria Pública.

D) Ajuizar ação rescisória por ofensa à jurisprudência consolidada, mas não a ação indenizatória, por entender, com base na independência funcional, que não houve falha no serviço.

E) Remeter o caso ao Defensor que originariamente atuou, já que ele é o Defensor natural para qualquer pretensão do assistido.

Gabarito: letra A.

- *(UFG – Defensor Público – GO/2014) De acordo com a Lei Complementar Federal n. 80/1994, são princípios institucionais da Defensoria Pública:*

A) inamovibilidade de seus membros e descentralização.

B) unidade, indivisibilidade e independência funcional.

C) estabilidade, vitaliciedade e descentralização.

D) irredutibilidade de subsídios e estabilidade.

E) impessoalidade e moralidade.

Gabarito: Letra B.

2. **Autonomia administrativa e funcional:** no projeto de lei que deu origem à Lei Complementar 80/94, constava no parágrafo único do art. 3º que a Defensoria Pública gozava de autonomia administrativa e funcional, com a seguinte redação: "À Defensoria Pública é assegurada autonomia administrativa e funcional". O projeto restou assim aprovado, mas recebeu veto presidencial, aos argumentos de que (i) a Constituição da República concedeu autonomia apenas a dois entes, administrativa e financeira ao Poder Judiciário (art. 99) e administrativa e funcional ao Ministério Público (art. 127, § 2º); e (ii) a Defensoria Pública não pode ter autonomia administrativa e funcional, na medida em que se trata de órgão que deve estar sob o comando do Chefe do Poder Executivo.

Posteriormente, dentro da Reforma do Poder Judiciário levada a efeito pela Emenda Constitucional 45/2004, foi acrescentado o § 2º ao artigo 134, que concedeu expressamente às Defensorias Públicas Estaduais autonomia funcional e administrativa. Posteriormente, a Defensoria Pública da União e do Distrito Federal tiveram garantida a autonomia administrativa e funcional, por meio das Emendas Constitucionais ns. 69 e 74.

Por sua vez, a LC nº 132/2009, normatizou a autonomia prevista na Constituição, através dos artigos 97-A e 97-B da LC nº 80/1994.

Sobre o assunto nos debruçamos com mais vagar no início dessa obra, item "6" que trata dos comentários acerca da Defensoria Pública na Constituição.

Aplicação em concurso

- *(DP/ES – 2009 – Cespe) A autonomia funcional e administrativa e a iniciativa da própria proposta orçamentária dentro dos limites estabelecidos na lei de diretrizes orçamentárias são asseguradas às defensorias públicas estaduais e afiançam a legitimidade destas para iniciativa de projeto de lei para criação e extinção de seus cargos e serviços auxiliares, política remuneratória e plano de carreira.*

  Gabarito: o item está certo [importante destacar que a questão foi formulada quando o texto constitucional só previa expressamente a autonomia das Defensorias Estaduais. Com a EC 69 de 2012 e 74 de 2013, a Defensoria do DF e a Defensoria da União também foram reconhecidas constitucionalmente como autônomas].

3. **Iniciativa de proposta orçamentária:** o parágrafo segundo do artigo 134 da Constituição da República, incluída pela Emenda Constitucional 45/2004, estabeleceu que à Defensoria Pública compete a iniciativa de sua proposta orçamentária: *"§ 2º Às Defensorias Públicas Estaduais são asseguradas autonomia funcional e administrativa e a iniciativa de sua proposta orçamentária dentro dos limites estabelecidos na lei de diretrizes orçamentárias e subordinação ao disposto no art. 99, § 2º."* Logicamente, sua proposta deve atender aos parâmetros fixados pela Lei de Responsabilidade Fiscal.

   Sobre o assunto nos debruçamos com mais vagar no início dessa obra, item "6" que trata dos comentários acerca da Defensoria Pública na Constituição.

Aplicação em concurso

- *(DP/ES – 2009 – Cespe) No exercício da autonomia funcional, administrativa e orçamentária, as defensorias públicas submetem-se ao limite de gastos com pessoal estabelecidos pela Lei de Responsabilidade Fiscal.*

  Gabarito: o item está certo.

> Art. 3º-A. São **objetivos** da Defensoria Pública: (Incluído pela Lei Complementar nº 132, de 2009).
>
> I – a **primazia da dignidade da pessoa humana** e a redução das desigualdades sociais; (Incluído pela Lei Complementar nº 132, de 2009).
>
> II – a afirmação do Estado Democrático de Direito; (Incluído pela Lei Complementar nº 132, de 2009).
>
> III – a **prevalência e efetividade dos direitos humanos**; e (Incluído pela Lei Complementar nº 132, de 2009).
>
> IV – a garantia dos princípios constitucionais da **ampla defesa** e do **contraditório**. (Incluído pela Lei Complementar nº 132, de 2009).

1. **Objetivos da Defensoria Pública:** como destacado anteriormente, a LC nº 132/2009 alterou o artigo 1º da LC nº 80/1994 para destacar o papel da Defensoria Pública na democracia e na promoção dos direitos humanos. Nessa linha de princípio, foi incluído o artigo 3º-A, que aponta objetivos da instituição:

Objetivos da Defensoria Pública:
- primazia da dignidade da pessoa humana e redução das desigualdades sociais;
- afirmação do Estado Democrático de Direito
- prevalência e efetividade dos direitos humanos
- garantia dos princípios constitucionais da ampla defesa e do contraditório

Aplicação em concurso

- *(DP/SP – 2010 – FCC) Entre os objetivos e fundamentos de atuação da Defensoria Pública, previstos na legislação federal e estadual, encontra-se*

  A) a garantia do desenvolvimento nacional.

  B) a afirmação dos valores sociais do trabalho e da livre iniciativa.

  C) a judicialização dos conflitos.

  D) a primazia da dignidade da pessoa humana.

  E) o repúdio ao terrorismo e ao racismo.

  Gabarito: letra D.

2. **Defesa dos direitos humanos:** o artigo 3º-A, inserido pela LC nº 132/2009, estabelece, como objetivo da atuação da Defensoria Pública, a prevalência e a efetividade dos direitos humanos. Trata-se da normatização de algo que já era compreendido no seio acadêmico. É inegável que os casos mais flagrantes e recorrentes de violação dos direitos humanos ocorrem nos bolsões de pobreza de nosso País. Exemplos emblemáticos são as chacinas em favelas de grandes cidades, como Rio de Janeiro e São Paulo, e a situação caótica do sistema penitenciário. São os marginalizados aqueles que mais têm seus direitos violados. Como a Defensoria Pública tem a missão constitucional de tutelar os direitos dos necessitados, intuitivamente se conclui que o exercício de suas atribuições inclui a tutela dos direitos humanos.

Aplicação em concurso

- *(DP/MG – 2009 – FUMARC) Sobre os aspectos principiológicos afetos à Defensoria Pública, assinale a alternativa INCORRETA:*

  A) A Defensoria Pública é uma instituição de promoção, proteção, defesa e reparação dos direitos humanos, pois desempenha função constitucionalmente prevista: o acesso à justiça, que é um dos requisitos da dignidade da pessoa humana.

  Gabarito: o item está certo.

- *(FCC – Defensor Público – CE/2014) São funções institucionais da Defensoria Pública, EXCETO*

  A) promover a difusão e a conscientização dos direitos humanos, da cidadania e do ordenamento jurídico.

B) prestar atendimento interdisciplinar, por meio de órgãos ou de servidores de suas carreiras de apoio para o exercício de suas atribuições.

C) representar aos sistemas internacionais de proteção dos direitos humanos, postulando perante seus órgãos.

D) realizar plantão durante os julgamentos do Tribunal do Júri, para garantia da ampla defesa dos acusados caso o réu torne-se, de qualquer forma, indefeso.

E) patrocinar ação penal privada e a subsidiária da pública.

Gabarito: letra D.

2.1. Direitos humanos em doutrina: "Dessa forma, direitos humanos são direitos fundamentais da pessoa humana. São aqueles direitos mínimos para que o homem viva em sociedade. [...] Os direitos humanos são aquelas cláusulas básicas, superiores e supremas que todo o indivíduo deve possuir em face da sociedade em que está inserido. São oriundos das reivindicações morais e políticas que todo ser humano almeja perante a sociedade e o governo. Nesse prisma, esses direitos dão ensejo aos denominados direitos subjetivos públicos, sendo em especial o conjunto de direitos subjetivos que em cada momento histórico concretiza as exigências da dignidade, igualdade e liberdade humanas. Essa categoria especial de direito subjetivo público (direitos humanos) é reconhecida positivamente pelos sistemas jurídicos nos planos nacional e internacional." (SIQUEIRA JUNIOR, Paulo Hamilton; OLIVEIRA, Miguel Augusto Machado de. *Direitos humanos e cidadania*. 2ª ed. São Paulo: RT, 2009, p. 22)

> Art. 4º São **funções institucionais** da Defensoria Pública, dentre outras:

1. **Funções institucionais:** o artigo 4º apresenta um rol de incisos com atribuições que competem à Defensoria Pública. Primeiramente, é preciso dizer que o rol é exemplificativo, *numerus apertus*. Outras tarefas ligadas à prestação da assistência jurídica ao necessitado, embora não elencadas no dispositivo, também competem à Defensoria Pública.

   Tradicionalmente houve classificação dividindo as funções institucionais em típicas e atípicas. As funções típicas seriam aquelas vinculadas à hipossuficiência financeira do assistido. As funções atípicas seriam as que desconsideram a hipossuficiência financeira (defesa em processo criminal, por exemplo). Atualmente, essa divisão perde força porque a Defensoria atua de forma mais ampla, buscando resguardar os grupos vulneráveis.

Logo, a atuação da Instituição sempre será voltada a alguma vulnerabilidade, seja ela financeira ou de outra ordem.

A seguir, vamos analisar alguns dos incisos referentes às atribuições da Defensoria Pública, notadamente aqueles que já foram objeto de questionamento em concurso ou matéria de informativos de jurisprudência.

Destacamos também alterações relevantes no rol das funções institucionais, que foi substancialmente modificado pela LC nº 132/2009.

> I – prestar **orientação jurídica** e exercer a **defesa** dos necessitados, **em todos os graus;** (Redação dada pela Lei Complementar nº 132, de 2009).

1. **Amplitude do rol de assistidos:** o inciso I do artigo 4º estabelece que a Defensoria Pública deve prestar assistência jurídica aos necessitados, **em todos os graus**. O conceito de necessitado para fins de atuação da Defensoria Pública é o amplo, incluindo pessoas naturais e jurídicas, nacionais e estrangeiras, bem como índios.

Aplicação em concurso

- *(DP/RS – 2011 – FCC) O direito fundamental à assistência jurídica integral e gratuita, previsto constitucionalmente e instrumentalizado pela Defensoria Pública, compreende:*

  A) prestar orientação jurídica e exercer a defesa dos necessitados, somente no segundo grau de jurisdição.

  C) a impossibilidade de denegação ao atendimento do cidadão, tendo em vista a universalidade do direito prestado, desimportando que se trata de pessoa com elevado poder aquisitivo.

  Gabarito: os itens estão errados.

2. **Patrocínio de pessoa jurídica pela Defensoria Pública:** a função institucional da Defensoria Pública é prestar assistência jurídica aos necessitados, nos termos do art. 134 da Constituição da República. A norma constitucional **não limitou** a atuação da Instituição à pessoa natural. Por sua vez, o inciso V do artigo 4º, ao se referir à ampla defesa e ao contraditório, expressamente declara a atuação da Defensoria em favor de pessoas naturais e jurídicas.

   Assim, é **possível** o patrocínio de demandas de pessoas jurídicas, desde que se comprove a situação de carência de recursos. Em relação à concessão da gratuidade de justiça, a matéria está, inclusive, sumulada:

> **Súmula 481.** Faz jus ao benefício da justiça gratuita a pessoa jurídica com ou sem fins lucrativos que demonstrar sua impossibilidade de arcar com os encargos processuais.

A leitura da súmula não deve induzir o leitor a erro, já que seu texto poderia ser interpretado de forma limitada, ou seja, no sentido de que pessoas jurídicas só têm direito à justiça gratuita, mas não aos serviços da Defensoria. A sua transcrição nesse ponto serve para destacar como já se consagrou na jurisprudência a possibilidade de a gratuidade alcançar tanto pessoas físicas como jurídicas. A atuação da Defensoria também é prestada em sua plenitude a todas as pessoas (físicas ou jurídicas) com insuficiência de recursos, o que significa atendimento judicial e extrajudicial.

Por fim, vale mencionar que o STF, na ADI 4636, já formou ampla maioria para permitir que a Defensoria Pública atue em favor de pessoas jurídicas.[16]

Aplicação em concurso

- *(DP/RS – 2011 – FCC) São funções institucionais da Defensoria Pública, dentre outras:*

  II. exercer, mediante recebimento dos autos com vista, a ampla defesa e contraditório em favor de pessoas naturais, sendo vedada a sua atuação em defesa de pessoas jurídicas, sob quaisquer circunstâncias;

  Gabarito: o item está errado.

- *(DP/AC – 2012 – Cespe) Com referência à DP e à justiça gratuita, a presunção de hipossuficiência e o patrocínio de pessoas jurídicas pela DP, assinale a opção correta.*

  A) Apesar de não haver previsão legal expressa, admite-se o patrocínio de pessoa jurídica pela DP, desde que comprovada a sua hipossuficiência.

  B) Por suas características e natureza, as pessoas jurídicas sem fins lucrativos não necessitam comprovar a insuficiência econômica para gozar da benesse da gratuidade da justiça.

  Gabarito: os itens estão errados.

- *(DP/DF – 2013 – Cespe) Julgue os itens seguintes, que versam sobre a concessão de assistência judiciária aos necessitados.*

  À DP, instituição essencial à função jurisdicional do Estado, incumbem a orientação jurídica e a defesa, em todos os graus, dos necessitados, o que

16 Até o fechamento dessa edição o feito estava com vista ao Ministro Dias Toffoli.

inclui a prestação de assistência judicial e extrajudicial a pessoa física, mas somente assistência judicial a pessoa jurídica, conforme matéria sumulada pelo STJ.

Gabarito: o item está errado.

- *(Cespe – Defensor Público – PR/2015) Com base na Lei Complementar n.º 80/1994, que organiza a DP, julgue os itens subsequentes.*

  Pessoas jurídicas podem ser atendidas pela DP, portanto, de acordo com a jurisprudência, podem ser beneficiárias da justiça gratuita, porém a mera declaração acerca da insuficiência de recursos não gera presunção *juris tantum*, que tem de ser comprovada conforme matéria sumulada pelo STJ.

  Gabarito: o item está certo.

3. **Patrocínio de estrangeiro pela Defensoria Pública:** o raciocínio é o mesmo do item anterior. O requisito para a atuação da Defensoria Pública é ser necessitado, hipossuficiente. Não importa se a pessoa é cidadã brasileira ou estrangeira.

Aplicação em concurso

- *(DP/AL – 2009 – Cespe) Considere que Pablo, chileno residente no Brasil, tenha procurado a DP para ajuizar ação visando ser ressarcido de danos morais que lhe foram causados por Rodrigo. Nesse caso, é defeso à DP promover a ação pretendida por Pablo, já que, por disposição legal expressa, os benefícios da assistência judiciária têm como destinatários os brasileiros.*

  Gabarito: o item está errado.

- *(DP/RS – 2011 – FCC) O direito fundamental à assistência jurídica integral e gratuita, previsto constitucionalmente e instrumentalizado pela Defensoria Pública, compreende:*

  B) prestar orientação jurídica a todos os beneficiados pela Lei n. 1.060/50, assim considerados os nacionais ou estrangeiros, residentes no país, que necessitarem recorrer à Justiça penal, civil ou do trabalho, excluída a Justiça Militar.

  Gabarito: o item está errado.

4. **Assistência jurídica ao índio:** a Constituição traz previsão expressa acerca dos direitos dos índios nos artigos 231 e 232. Bem assim, é da competência da Justiça Federal o julgamento de causas sobre direitos indígenas. A esse respeito, o STJ faz distinção entre ações que envolvem direitos indígenas, de suas terras e de suas comunidades, e direitos individuais, pessoais, particulares de um índio. No primeiro caso, a competência é da Justiça

Federal, com participação obrigatória do Ministério Público, ao passo em que na segunda hipótese, a competência é da Justiça estadual.

Em ambas as situações, nada obsta que o patrocínio da demanda seja feito pela Defensoria Pública. Se a comunidade indígena ou o índio for necessitado, é dever constitucional da Defensoria a tutela de seus interesses. Entretanto, não há obrigatoriedade, constitucional ou legal, de que haja membro permanente da Defensoria designado para a prestação de assistência jurídica a esse grupo.

Aplicação em concurso

- *(DP/ES – 2009 – Cespe) A CEES [Constituição do Estado do Espírito Santo], da mesma forma que o previsto expressamente pela CF com relação ao assunto, assegura a necessidade de designação de membro permanente da defensoria pública para prestar assistência integral e gratuita aos índios do estado, a suas comunidades e organizações.*

  Gabarito: o item está errado.

5. **Atuação como *amicus curiae* – posição do STJ:** em processo submetido ao rito do recurso repetitivo, o STJ entendeu que a Defensoria Pública da União não detém legitimidade para atuar como *amicus curiae*, ainda que a Instituição atue em diversas demandas sobre o tema do repetitivo. Confira-se:

> 1. A mera afirmação da Defensoria Pública da União – DPU de atuar em vários processos que tratam do mesmo tema versado no recurso representativo da controvérsia a ser julgado não é suficiente para caracterizar-lhe a condição de *amicus curiae*. Precedente: REsp. 1.333.977/MT, Segunda Seção, Rel. Min. Isabel Gallotti, julgado em 26.02.2014.
>
> (REsp 1371128/RS, Rel. Min. Mauro Campbell Marques, 1ª Seção, julgado em 10/09/2014, DJe 17/09/2014)

> II – promover, **prioritariamente**, a **solução extrajudicial** dos litígios, visando à composição entre as pessoas em conflito de interesses, por meio de mediação, conciliação, arbitragem e demais técnicas de composição e administração de conflitos; (Redação dada pela Lei Complementar nº 132, de 2009).

1. **Prioridade pela solução extrajudicial dos litígios:** pela redação original do artigo 4º, inciso I, uma das funções institucionais da Defensoria Pública era promover extrajudicialmente a conciliação entre as partes. Com as modi-

ficações trazidas pela LC 132/2009, a norma correspondente é a do inciso II do artigo 4º, que impõe ao defensor público a busca, **prioritária**, de **solução extrajudicial** dos litígios, a fim de compor as partes, o que pode ser alcançado *"por meio de mediação, conciliação, arbitragem e demais técnicas de composição e administração de conflitos"*. Para atender ao comando da lei orgânica, é importante que as Defensorias Públicas criem núcleos de composição extrajudicial de conflitos, de modo que, antes da propositura de ações, sejam buscadas soluções alternativas. Inclusive, para dar maior impulso a essas modalidades alternativas de solução de conflitos, foi inserido o § 4º no artigo 4º para determinar que o instrumento de transação, mediação ou conciliação referendado pelo Defensor Público valha como título executivo extrajudicial, inclusive quando celebrado com a pessoa jurídica de direito público.

Essa atuação da Defensoria tende a se ampliar por força do CPC/2015 que é enfático em seu artigo 3º, § 3º nos seguintes termos: *"A conciliação, a mediação e outros métodos de solução consensual de conflitos deverão ser estimulados por juízes, advogados, defensores públicos e membros do Ministério Público, inclusive no curso do processo judicial."*

Há vários outros dispositivos no CPC/2015 que tratam de formas alternativas de resolução de controvérsias. Podemos destacar o artigo 166 (princípios da mediação e conciliação); 334 (audiência de conciliação ou mediação); 565 (mediação em ação possessória – tema esse de interesse direto da Defensoria Pública); 694 (mediação e conciliação nas ações referentes a direito de família – tema também de interesse direto da Defensoria Pública).

Portanto, a solução extrajudicial de conflitos já era matéria com extrema importância nos concursos da Defensoria Pública e atualmente, com o advento do CPC/2015, a tendência é que questões sobre o tema sejam muito cobradas.

2. Acordo de alimentos celebrado na Defensoria Pública e prisão civil: o STJ entende que acordo de alimentos celebrado pela Defensoria Pública pode dar ensejo à execução tomando como base o rito da prisão civil (o acórdão traz dispositivo do CPC/73):

(...) EXECUÇÃO DE ALIMENTOS - ACORDO REFERENDADO PELA DEFENSORIA PÚBLICA ESTADUAL - AUSÊNCIA DE HOMOLOGAÇÃO JUDICIAL - OBSERVÂNCIA DO RITO DO ARTIGO 733 E SEGUINTES DO CÓDIGO DE PROCESSO CIVIL - POSSIBILIDADE, NA ESPÉCIE - RECURSO ESPECIAL PROVIDO.

(...)

2. O acordo referendado pela Defensoria Pública estadual, além de se configurar como título executivo, pode ser executado sob pena de prisão civil.

(...)

(REsp 1117639/MG, Rel. Ministro MASSAMI UYEDA, TERCEIRA TURMA, julgado em 20/05/2010)

Aplicação em concurso

- **(CESPE – Defensor Público – DF – 2019)** Ainda no que diz respeito à Defensoria Pública, julgue os itens subsequentes:

  A atuação dos defensores públicos do DF compreende a prevenção extrajudicial de litígios, bem como a prestação de consultoria ou orientação jurídica.

  O item está certo.

- *(Cespe – Defensor Público Federal – DPF/2017) As funções institucionais da DP incluem a promoção prioritária da solução extrajudicial de conflitos por meio de mediação, conciliação e arbitragem, tendo natureza jurídica de título executivo extrajudicial o instrumento resultante da composição referendado pelo DP.*

  Gabarito: o item está certo. Sobre a natureza de título executivo extrajudicial, vide artigo 4º, § 4º da LC 80/94.

- *(DP/AC – 2012 – Cespe) De acordo com o que dispõe a Lei Complementar n.º 80/1994, é função da DP*

  B) promover, prioritariamente, a solução judicial dos litígios, mediante todas as espécies de ações capazes de propiciar a adequada tutela dos direitos de seus assistidos.

  Gabarito: o item está errado.

- *(DP/SC – 2012 – Fepese) Assinale a alternativa correta acerca da Defensoria Pública do Estado de Santa Catarina.*

C) A Defensoria Pública deve promover, prioritariamente, a solução extrajudicial dos litígios, com vistas à composição entre as pessoas em conflito de interesses, por meio de técnicas de composição e administração de conflitos.

Gabarito: o item está certo.

- *(DP/DF – 2013 – Cespe) Julgue os itens seguintes, relativos aos princípios institucionais e às funções da DP/DF.*

  A DP deve priorizar a solução extrajudicial de litígios, contando, para isso, com o instituto da arbitragem como técnica de composição e administração de conflito.

  Gabarito: o item está certo.

> III – promover a difusão e a conscientização dos **direitos humanos**, da cidadania e do ordenamento jurídico; (Redação dada pela Lei Complementar nº 132, de 2009).

1. **Direitos humanos, cidadania e ordenamento jurídico:** o novo inciso III do artigo 4º (redação dada pela LC nº 132/2009) determina que compete à Defensoria Pública promover a difusão e a conscientização dos **direitos humanos**, da cidadania e do ordenamento jurídico. Denota-se aqui a preocupação do legislador reformista com a atuação da Defensoria no âmbito dos direitos humanos e da cidadania. Por ter como função constitucional a assistência jurídica do hipossuficiente, a Defensoria Pública está sempre em contato direto com o marginalizado, o pobre, o favelado, o carente, o analfabeto. A Defensoria Pública é a instituição com melhores condições de perceber as violações dos direitos humanos e da cidadania, devendo lutar para tutelar esses direitos dos assistidos. Nessa linha de raciocínio, o inciso VI do artigo 4º estabelece, como função da Defensoria Pública, o dever de representar aos sistemas internacionais de proteção dos direitos humanos.

   O trabalho de promover a difusão e a conscientização dos direitos humanos e da cidadania pela Defensoria Pública deve ser levado a cabo em duas frentes distintas. Primeiro, junto aos necessitados, com campanhas informativas acerca de seus direitos, dirigidas às comunidades carentes, à população carcerária e ao público hipossuficiente em geral. Paralelamente, a atuação da Defensoria deve ser dirigida aos órgãos públicos e instituições privadas que lidam ou prestam serviços ao hipossuficiente, no sentido de conscientizar as entidades que o desfavorecido deve ser tratado com dignidade e respeito.

IV – prestar **atendimento interdisciplinar**, por meio de órgãos ou de servidores de suas Carreiras de apoio para o exercício de suas atribuições; (Redação dada pela Lei Complementar nº 132, de 2009).

V – exercer, mediante o **recebimento dos autos com vista**, a **ampla defesa** e o **contraditório** em favor de pessoas naturais e jurídicas, em processos **administrativos** e judiciais, perante **todos os órgãos e em todas as instâncias**, ordinárias ou extraordinárias, utilizando todas as medidas capazes de propiciar a adequada e efetiva defesa de seus interesses; (Redação dada pela Lei Complementar nº 132, de 2009).

1. **Recebimento dos autos com vista:** o inciso V do artigo 4º estabelece como função da Defensoria Pública o exercício da ampla defesa e do contraditório em favor das pessoas naturais e jurídicas. Importante alteração diz respeito ao recebimento dos autos com vista. Trata-se de medida que facilita muito o trabalho do defensor público e lhe permite uma atuação mais eficiente na tutela dos interesses dos assistidos. Isso porque, com os autos em mãos, o defensor público pode realizar minuciosa análise dos documentos que instruem o processo e tomar providências mais rápidas. Sem a entrega dos autos ao defensor, é necessário obter cópias, o que torna a tutela menos ágil.

Na verdade, o recebimento dos autos com vista é uma prerrogativa do defensor público, que visa a possibilitar a adequada prestação dos serviços jurídicos aos assistidos. A LC nº 132 alterou também os incisos que tratam da intimação pessoal para incluir o recebimento dos autos com vista (artigos 44, I, 89, I e 128, I).

Entendimento interessante que vem se consolidando nos Tribunais brasileiros diz respeito à necessidade de entrega dos autos com vista mesmo quando o Defensor Público está presente na audiência onde é proferida uma decisão. Em um primeiro momento poderíamos chegar à conclusão de que a intimação estaria realizada, mas tal raciocínio é equivocado tendo em vista que no ato pode ter ocorrido intimação pessoal, porém não houve entrega dos autos.

Nesse sentido trazemos à colação o seguinte julgado da 2ª Turma do STF (informativo 791):

Defensoria Pública e intimação pessoal

A intimação da Defensoria Pública, a despeito da presença do defensor na audiência de leitura da sentença condenatória, se aperfeiçoa com

> sua intimação pessoal, mediante a remessa dos autos. Com base nessa orientação, a Segunda Turma concedeu a ordem em "habeas corpus" para determinar que a apelação alusiva ao paciente seja submetida a novo julgamento. Entendeu que a intimação pessoal, para todos os atos do processo e com a remessa dos autos, constitui prerrogativa da Defensoria Pública, conforme estabelecido no art. 370, § 4º, do CPP; art. 5º, § 5º, da Lei 1.060/1950; e art. 44, I, da LC 80/1994, bem como que sua não observância acarretaria nulidade processual.
>
> **HC 125270/DF, rel. Min. Teori Zavascki, 23.6.2015. (HC-125270)**

Por outro lado, caso a intimação pessoal com recebimento de autos não seja observada, deve a Defensoria suscitar tal nulidade na primeira oportunidade processual, sob pena de preclusão. Foi esse o entendimento da 2ª Turma do STF no HC 133476, relator Min Teori Zavascki. Vejamos o teor na notícia veiculada no informativo 830:

> **Intimação pessoal da Defensoria Pública e preclusão**
>
> A não observância da intimação pessoal da Defensoria Pública – prerrogativa para o efetivo exercício de sua missão institucional – deve ser impugnada, imediatamente, na primeira oportunidade processual, sob pena de preclusão. Com base nesse entendimento, a Segunda Turma indeferiu a ordem de "habeas corpus". No caso, no julgamento da apelação, não teria havido intimação pessoal da Defensoria Pública. No entanto, tal insurgência somente fora veiculada no recuso especial, não obstante a Defensoria anteriormente houvesse oposto embargos de declaração.
>
> **HC 133476, rel. Min. Teori Zavascki, 14.6.2016. (HC-133476)**

Vale registrar dispositivo do CPC/2015 que trata do assunto: "Art. 1.003. O prazo para interposição de recurso conta-se da data em que os advogados, a sociedade de advogados, a Advocacia Pública, a Defensoria Pública ou o Ministério Público são intimados da decisão. § 1º Os sujeitos previstos no caput considerar-se-ão intimados em audiência quando nesta for proferida a decisão."

A disciplina acima transcrita pode levar ao entendimento oposto ao que havia sido firmado pela jurisprudência.

Entretanto, o STJ – em feito criminal - manteve a posição de que a contagem dos prazos para a Defensoria Pública começa com o ingresso dos autos na repartição. A Corte Superior fez uma diferenciação entre intimação e contagem de prazo. A primeira – intimação – ocorre na própria audiência, ao passo que a segunda – contagem do prazo – só inicia com a entrega dos autos.

Vejamos trechos da ementa do acórdão (com grifos nossos) e após teceremos algumas considerações:

> *RECURSO ESPECIAL. RECURSO SUBMETIDO AO RITO DOS REPETITIVOS (ART.1.036 DO CPC C/C O ART. 256, I, DO RISTJ). PROCESSO PENAL E PROCESSO CIVIL. INTIMAÇÃO DO MINISTÉRIO PÚBLICO. CONTAGEM DOS PRAZOS. INÍCIO.NECESSIDADE DE REMESSA DOS AUTOS À INSTITUIÇÃO. INTIMAÇÃO E CONTAGEM DE PRAZO PARA RECURSO. DISTINÇÕES. PRERROGATIVA PROCESSUAL. NATUREZA DAS FUNÇÕES DO MINISTÉRIO PÚBLICO. PECULIARIDADES DO PROCESSO PENAL. REGRA DE TRATAMENTO DISTINTA. RAZOABILIDADE. INTERPRETAÇÃO DOS ARTS.*
>
> *18, II, "h", DA LC N. 75/1993 e 41, IV, DA LEI N. 8.625/1993.*
>
> *1(...)*
>
> *2. Na estrutura dialética do processo penal brasileiro, o Ministério Público desempenha suas funções orientado por princípios constitucionais expressos, entre os quais se destacam o da unidade e o da indivisibilidade, que engendram a atuação, em nome da mesma instituição, de diversos de seus membros, sem que isso importe em fragmentação do órgão, porquanto é a instituição, presentada por seus membros, que pratica o ato. 3. Incumbe ao Ministério Público a preservação da ordem jurídica, do regime democrático e dos interesses sociais e individuais indisponíveis (art. 127 da CF), o que autoriza a otimização da eficiência dos serviços oficiais, dependentes do acompanhamento e da fiscalização de vultosa quantidade de processos. Daí a necessidade e a justificativa para que a intimação pessoal seja aperfeiçoada com a vista dos autos (conforme disposto expressamente no art. 41, IV, da Lei n.8.625/1993 e no art. 18, II, "h", da LC n. 75/1993).* ***Raciocínio válido também para a Defensoria Pública (arts. 4º, V, e 44, I, da LC n. 80/1994), dada sua equivalente essencialidade à função jurisdicional do Estado (art. 134 da CF) e as peculiaridades de sua atuação.***
>
> *4. (...)*
>
> *5. A distinção entre intimação do ato e início da contagem do prazo processual permite que se entenda indispensável - para o exercício do contraditório e a efetiva realização da missão constitucional do Ministério Público - que a fluência do prazo para a prática de determinado prazo peremptório somente ocorra a partir do ingresso dos autos na secretaria do órgão destinatário da intimação.Precedentes.*
>
> *6. Assim,* ***a não coincidência entre a intimação do ato decisório (em audiência ou por certidão cartorial) e o início do prazo para sua eventual impugnação é a única que não sacrifica, por meio reflexo, os direitos daqueles que, no âmbito da jurisdição criminal, dependem***

> ***da escorreita e eficiente atuação do Ministério Público*** *(a vítima e a sociedade em geral(...).*
>
> *7. É natural que, nos casos em que haja ato processual decisório proferido em audiência, as partes presentes (defesa e acusação) dele tomem conhecimento. Entretanto, essa ciência do ato não permite ao membro do Ministério Público* ***(e também ao integrante da Defensoria Pública)*** *o exercício pleno do contraditório, seja porque o órgão Ministerial não poderá levar consigo os autos, seja porque não necessariamente será o mesmo membro que esteve presente ao ato a ter atribuição para eventualmente impugná-lo.*
>
> *8. Recurso especial provido para reconhecer a tempestividade da apelação interposta pelo Ministério Público Federal e determinar ao Tribunal Regional Federal da 5ª Região que julgue o recurso ministerial.*
>
> ***TESE:*** *O termo inicial da contagem do prazo para impugnar decisão judicial é, para o Ministério Público, a data da entrega dos autos na repartição administrativa do órgão, sendo irrelevante que a intimação pessoal tenha se dado em audiência, em cartório ou por mandado.*
>
> *(REsp 1349935/SE, Rel. Ministro ROGERIO SCHIETTI CRUZ, TERCEIRA SEÇÃO, julgado em 23/08/2017)*

De plano o que se verifica é que o julgado foi submetido ao rito dos recursos repetitivos e ao final foi firmada tese no âmbito do STJ.

Percebe-se também que o caso tratado diz respeito especificamente ao Ministério Público. Todavia, durante todo o voto, o Ministro faz questão de esclarecer que o mesmo entendimento se aplica à Defensoria Pública.

Sobre a atuação em favor das pessoas jurídicas, vale destacar que a OAB ingressou com ADI, tombada sob o número 4636, contestando tal atribuição. De acordo com o autor, a defesa de pessoas jurídicas estaria fora das atribuições constitucionais da Defensoria, que se limitaria a defender hipossuficientes financeiros. O STF formou ampla maioria pela improcedência do pedido, ou seja, ratificando a possibilidade da Defensoria patrocinar pessoas jurídicas. Até o fechamento dessa edição o feito estava com vista para o Ministro Dias Toffoli.

2. **Atuação em processo administrativo disciplinar e súmula vinculante – posições do STF e do STJ:** a atuação da Defensoria é ampla, a abarcar tanto a defesa judicial, quanto a administrativa. Acerca dos processos administrativos, o STF editou a súmula vinculante n. 5, cuja redação é a seguinte:

> **Súmula Vinculante n. 5.** A falta de defesa técnica por advogado no processo administrativo disciplinar não ofende a Constituição.

Após a edição da súmula, o STF foi chamado a se manifestar sobre sua aplicação em processos administrativos de natureza penal, notadamente no que se refere a processos no curso da execução da pena. Delimitando melhor o seu cabimento, o STF fixou que em processo administrativo de natureza penal não se aplica a súmula. Confira-se: "a Súmula Vinculante 5 é aplicada apenas aos procedimentos administrativos de natureza cível, sendo incorreta a sua observância em procedimentos administrativos de natureza penal" (STF, HC 104.801, Rel. Ministro Gilmar Mendes, 2ª Turma, DJe de 20/05/2011).

Essa posição do Supremo Tribunal Federal é relevante principalmente para consolidar o entendimento de que é preciso garantir defesa técnica por advogado ou defensor público ao preso condenado processado por prática de falta disciplinar.

O STJ segue o posicionamento do STF e sumulou o tema no verbete de número 533: *"Para o reconhecimento da prática de falta disciplinar no âmbito da execução penal, é imprescindível a instauração de procedimento administrativo pelo diretor do estabelecimento prisional, assegurado o direito de defesa, a ser realizado por advogado constituído ou defensor público nomeado".*

Aplicação em concurso

- *(DP/PR – 2014 – UFPR) Assinale a alternativa correta.*

  B) O verbete sumular vinculante de n. 5, que dispõe que "a falta de defesa técnica por advogado no processo administrativo disciplinar não ofende a Constituição" somente é aplicável ao procedimento disciplinar na esfera cível-administrativa, não sendo aplicável no procedimento disciplinar no âmbito da execução penal.

  Gabarito: o item está certo.

- *(Fundep – Defensor Público – MG/2014) A respeito das prerrogativas processuais do Defensor Público, este considera-se intimado*

A) após a publicação da decisão no Diário Oficial, já que há de ser dado tratamento isonômico entre a parte representada por advogado e a assistida pela Defensoria Pública.

B) após vista dos autos, já que a intimação do Defensor Público é pessoal, e zelar pelo exercício de tal prerrogativa constitui dever funcional.

C) após o recebimento de mandado judicial de intimação, pois é dispensável a carga com vistas dos autos a fim de garantir a duração razoável do processo.

D) após a disponibilização dos autos em secretaria, pois é dever funcional do Defensor Público comparecer diariamente às dependências do fórum local.
Gabarito: letra B.

- *(FMP – Defensor Público – PA/2015) Sobre a atuação e formas de atendimento das Defensorias Públicas dos Estados, é CORRETO afirmar que:*

a) a Defensoria Pública do Estado prestará assistência jurídica aos necessitados, em todos os graus de jurisdição e instâncias administrativas do Estado, exceto no que se refere à interposição de recursos aos Tribunais Superiores, cuja atribuição é afeta à Defensoria Pública da União.
b) a organização da Defensoria Pública do Estado deve primar pela descentralização, e sua atuação deve incluir atendimento interdisciplinar.
c) a Defensoria Pública do Estado poderá atuar por intermédio de núcleos ou núcleos especializados, dando-se prioridade às comarcas de maiores índices de litigiosidade.
d) são funções institucionais da Defensoria Pública estadual, dentre outras: promover a ação de inconstitucionalidade ou representação para fins de intervenção da União e dos Estados, nos casos previstos na Constituição; promover, prioritariamente, a solução extrajudicial dos litígios, visando à composição entre as pessoas em conflito de interesses, por meio de mediação, conciliação, arbitragem e demais técnicas de composição e administração de conflitos, e representar aos sistemas internacionais de proteção dos direitos humanos, postulando perante seus órgãos.
e) são direitos dos assistidos da Defensoria Pública, entre outros: direito à informação sobre a tramitação dos processos, direito à qualidade no atendimento e direito de ter sua pretensão atendida por defensor dativo no caso de insatisfação ante a atuação do Defensor Público.
Gabarito: letra B.

VI – representar aos **sistemas internacionais de proteção dos direitos humanos**, postulando perante seus órgãos; (Redação dada pela Lei Complementar nº 132, de 2009).

1. **Representação aos sistemas internacionais:** é garantida a atuação da Defensoria Pública perante organismos internacionais, inclusive com a capacidade postulatória.

Aplicação em concurso

- *(FCC – Defensor Público – DPE – ES/2016) A Lei Complementar nº 132/2009 estabeleceu profunda reforma na Lei Complementar nº 80/1994 (Lei Orgânica Nacional da Defensoria Pública), destacando-se, entre inúmeras inova-*

ções importantes, o novo rol de atribuições institucionais estabelecido no art. 4º do referido diploma. A respeito das atribuições institucionais da Defensoria Pública estabelecidas expressamente no dispositivo em destaque, é correto afirmar que:

A) É função institucional da Defensoria Pública promover, subsidiariamente, a solução extrajudicial dos litígios, visando à composição entre as pessoas em conflito de interesses, por meio de mediação, conciliação, arbitragem e demais técnicas de composição e administração de conflitos.

B) É função institucional da Defensoria Pública representar aos sistemas internacionais de proteção dos direitos humanos, postulando perante seus órgãos.

C) O instrumento de transação, mediação ou conciliação referendado pelo Defensor Público valerá como título executivo judicial, inclusive quando celebrado com pessoa jurídica de direito público.

D) As funções institucionais da Defensoria Pública serão exercidas inclusive contra as pessoas jurídicas de direito público, com exceção do ente federativo a que pertença a instituição.

E) Muito embora defendida por parte da doutrina, a Lei Complementar nº 80/1994 não estabelece expressamente a atribuição da Defensoria Pública de promover a proteção dos direitos ambientais ou ecológicos das pessoas necessitadas.

Gabarito: letra B.

- *(DP/RS – 2011 – FCC) São funções institucionais da Defensoria Pública, dentre outras:*

I. representar aos sistemas internacionais de proteção dos direitos humanos, ainda que apenas em caráter consultivo, sem poder postulatório aos seus órgãos;

Gabarito: o item está errado.

- *(DP/SE – 2012 – Cespe) Com base na Lei Complementar Federal n.º 80/1994, que dispõe sobre a organização da DP, assinale a opção correta.*

B) É prerrogativa privativa do DPG federal representar aos sistemas internacionais de proteção dos direitos humanos e postular perante seus órgãos.

Gabarito: o item está errado.

- *(DP/PB – 2014 – FCC) Quanto ao tema da Defensoria Pública na Constituição Federal, considere as seguintes afirmativas:*

II. A função institucional de representar aos sistemas internacionais de proteção dos direitos humanos, postulando perante seus órgãos, confirma a

Defensoria Pública como órgão destinado à defesa de direitos fundamentais, considerando não só a Constituição de 1988, mas o bloco que abrange tratados internacionais de direitos humanos e sua respectiva jurisprudência. *Gabarito: o item está certo.*

- *(UFG – Defensor Público – GO/2014) É função institucional da Defensoria Pública, nos termos do artigo 4º, da Lei Complementar Federal n. 80/1994:*

A) exercer o controle externo da atividade policial, nos limites da lei.

B) convocar audiências públicas para discutir quaisquer matérias sem pertinência com as funções institucionais.

C) representar aos sistemas internacionais de proteção dos direitos humanos, postulando perante seus órgãos.

D) acompanhar inquérito policial, inclusive com a comunicação imediata da prisão em flagrante pela autoridade policial, caso o preso tenha advogado constituído.

E) promover, privativamente, a ação penal pública, na forma da lei.

Gabarito: letra C.

> VII – promover **ação civil pública** e **todas as espécies de ações** capazes de propiciar a adequada **tutela dos direitos difusos, coletivos ou individuais homogêneos** quando o resultado da demanda puder **beneficiar grupo de pessoas hipossuficientes;** (Redação dada pela Lei Complementar nº 132, de 2009).
>
> VIII – exercer a defesa dos direitos e interesses individuais, difusos, coletivos e individuais homogêneos e dos direitos do consumidor, na forma do inciso LXXIV do art. 5º da Constituição Federal; (Redação dada pela Lei Complementar nº 132, de 2009).

1. **Legitimidade para ações coletivas – histórico:** no projeto de lei que deu origem à Lei Complementar 80/94, o inciso XII do art. 4º previa a legitimidade da Defensoria Pública para patrocínio de Ação Civil Pública nos seguintes termos: *"XII – patrocinar ação civil pública, em favor das associações que incluam entre suas finalidades estatutárias a defesa do meio ambiente e a proteção de outros interesses difusos e coletivos."*

   O inciso foi aprovado no Congresso Nacional, mas acabou vetado pela presidência da República, ao argumento de desvio de finalidade das funções da Defensoria Pública, na medida em que uma associação não é necessariamente um ente necessitado. Durante anos, a Defensoria Pública batalhou para conseguir ver consagrado seu direito de legitimação para ações coletivas.

O Superior Tribunal de Justiça aceitava a legitimação da Defensoria Pública para ações coletivas quando atuava através de seus núcleos, conforme se verifica do informativo a seguir:

> Informativo 295
>
> AÇÃO CIVIL PÚBLICA. LEGITIMIDADE. DEFENSORIA PÚBLICA. INTERESSE. CONSUMIDORES.
>
> A Turma, por maioria, entendeu que a defensoria pública tem legitimidade para propor ação civil pública na defesa do interesse de consumidores. Na espécie, o Nudecon, órgão vinculado à defensoria pública do Estado do Rio de Janeiro, por ser órgão especializado que compõe a administração pública direta do Estado, perfaz a condição expressa no art. 82, III, do CDC. Precedente citado: REsp 181.580-SP, DJ 22/3/2004. REsp 555.111-RJ, Rel. Min. Castro Filho, julgado em 5/9/2006.

Finalmente, foi promulgada a Lei n. 11.448/2007, que alterou a redação do inciso II do art. 5º da Lei 7.347/1985, para inserir a Defensoria Pública no rol de legitimados para a propositura de ações coletivas.

Com as alterações promovidas pela LC nº 132/2009, a Lei Orgânica da Defensoria Pública passou a prever expressamente sua legitimidade para propositura de demandas coletivas *lato sensu*. O artigo 1º já destaca que a Defensoria está incumbida da *"defesa, em todos os graus, judicial e extrajudicial, dos direitos individuais e coletivos, de forma integral e gratuita, aos necessitados"*. A atuação da Defensoria Pública em matéria de direitos metaindividuais deve se pautar pela defesa dos interesses de seu público alvo, o vulnerável. Não importa que o direito em exame se caracterize como difuso, coletivo em sentido estrito ou individual homogêneo. O norte para atuação do defensor público é a tutela do direito de seus assistidos.

Na ADI 3943/DF a CONAMP – Associação Nacional dos Membros do Ministério Público – buscava a inconstitucionalidade do patrocínio de ações civis públicas pela Defensoria. Os argumentos eram no sentido de que a defesa de interesses difusos, por ter beneficiários indetermináveis, acabaria por abarcar pessoas não hipossuficientes e isso fugiria do escopo da Defensoria Pública. Alegava-se também que a atuação da Defensoria invadia atribuição do Ministério Público.

Com o devido respeito que merece a CONAMP, ao que parece estava em jogo muito mais uma luta corporativa do que uma efetiva busca de justiça.

De fato, as ações coletivas são instrumentos de extrema importância no cenário jurídico nacional. O argumento de que a Defensoria invadia atribuição do Ministério Público não encontra qualquer fundamento constitucional, pois não existe cláusula de exclusividade para o MP manejar ação civil pública.

Dessa forma, a legitimidade da Defensoria deve ser analisada caso a caso e só será considerada parte ilegítima se ficar evidente que a ação não atinge pessoas consideradas necessitadas, seja sob o prisma financeiro, seja sob o prisma da vulnerabilidade[17]. Um exemplo pode esclarecer a questão: se a Defensoria ingressar com ação coletiva para resguardar os direitos de sócios de clube frequentado somente por pessoas de extrema riqueza ficará evidente a ilegitimidade.

Em boa hora o STF pacificou a questão nos seguintes termos (informativo 784):

> **PLENÁRIO**
>
> **Defensoria Pública e ação civil pública – 1**
>
> A Defensoria Pública tem legitimidade para propor ação civil pública, na defesa de interesses difusos, coletivos ou individuais homogêneos. Com base nessa orientação, o Plenário julgou improcedente pedido formulado em ação direta ajuizada contra o art. 5º, II, da Lei 7.347/1985, alterada pela Lei 11.448/2007 ("Art. 5º – Têm legitimidade para propor a ação principal e a ação cautelar: ... II – a Defensoria Pública"). De início, o Colegiado, por maioria, reconheceu preenchidos os requisitos de pertinência temática e de legitimidade ativa da Associação Nacional dos Membros do Ministério Público – Conamp para propor a presente ação. O Estatuto da Conamp preveria a legitimidade para ajuizamento de ação de controle abstrato perante o STF, especificamente naquilo que dissesse respeito às atribuições da própria instituição. Vencido, no ponto, o Ministro Marco Aurélio. Apontava haver pertinência temática se se tratasse não da ação civil pública, mas da ação penal pública incondicionada. Asseverava não haver direito específico, peculiar e exclusivo dos representados e, por isso, estaria ausente de pertinência temática. Não estendia, às associações, a legitimação universal. Também por maioria, o Tribunal rejeitou preliminar de prejudicialidade da ação. Para o Colegiado, o que se pusera em discussão fora a própria lei da ação civil pública com consequências para as atribuições dos agentes indicados, e não a Lei da Defensoria. Em outras palavras, estaria em discussão a

17 Vide comentários que fizemos ao artigo 1o dessa lei, no item 2, acerca do conceito de necessitado.

própria concepção do que seria ação civil pública, do que resultaria a desnecessidade de aditamento da petição inicial. Embora a norma constitucional tida por contrariada tivesse nova redação, a alteração do parâmetro do controle de constitucionalidade não teria sido substancial a ponto de obstar a atuação jurisdicional do STF. Seria importante apreciar a questão constitucional posta em apreciação, porque significaria delinear o modelo constitucional de acesso à justiça, além de se delimitar as atribuições da Defensoria Pública, instituição essencial à construção do Estado Democrático de Direito. A jurisprudência clássica do STF exigiria a emenda à inicial, porém, a questão jurídica continuaria em aberto. Além do mais, o interesse público em sanar a questão sobrepujaria o formalismo de se exigir petição a emendar a inicial. As normas posteriores não alteraram, mas confirmaram o tema ora questionado. Vencido, no ponto, o Ministro Teori Zavascki, que julgava prejudicada a ação. Destacava que o inciso II do art. 5º da Lei 7.347/1985 teria sido revogado pela superveniente LC 132/2009, que dera outro tratamento ao tema. De nada adiantaria fazer juízo sobre a inconstitucionalidade desse dispositivo se não fosse feito juízo semelhante aos demais dispositivos da superveniente LC 80/1994, com as modificações da LC 132/2009. Assim, sem emenda à petição inicial para nela incluir esses dispositivos, a presente ação direta estaria prejudicada.

ADI 3943/DF, rel. Min. Cármen Lúcia, 6 e 7.5.2015. (ADI-3943)

Defensoria Pública e ação civil pública – 2

No mérito, o Plenário assentou que a discussão sobre a validade da norma que reconhecera a legitimidade da Defensoria Pública para ajuizar ação civil pública, em típica tutela dos direitos transindividuais e individuais homogêneos, ultrapassaria os interesses de ordem subjetiva e teria fundamento em definições de natureza constitucional-processual, afetos à tutela dos cidadãos social e economicamente menos favorecidos da sociedade. Ao aprovar a EC 80/2014, o constituinte derivado fizera constar o papel relevante da Defensoria Pública ("Art. 134. A Defensoria Pública é instituição permanente, essencial à função jurisdicional do Estado, incumbindo-lhe, como expressão e instrumento do regime democrático, fundamentalmente, a orientação jurídica, a promoção dos direitos humanos e a defesa, em todos os graus, judicial e extrajudicial, dos direitos individuais e coletivos, de forma integral e gratuita, aos necessitados, na forma do inciso LXXIV do art. 5º desta Constituição Federal"). Em Estado marcado por inegáveis e graves desníveis sociais e pela concentração de renda, uma das grandes barreiras para a implementação da democracia e da cidadania ainda seria o efetivo acesso à Justiça. Além disso, em Estado no qual as relações jurídicas importariam em danos patrimoniais e morais de massa por causa do desrespeito aos direitos de conjuntos de indivíduos que, consciente ou inconscientemente, experimentariam viver, o dever de promover políticas públicas tendentes a reduzir ou suprimir essas enormes diferenças passaria pela operacionalização de instrumentos que atendessem com eficiência às necessidades dos seus cidadãos. A interpretação sugerida pela autora desta ação tolheria, sem razões de ordem jurídica, a possibilidade de utilização de importante instrumento processual – a ação civil pública – capaz de garantir a efetividade de direitos fundamentais de pobres e ricos a partir de iniciativa processual da Defensoria Pública. Não se estaria a afirmar a desnecessidade de a Defensoria Pública observar o preceito do art. 5º, LXXIV, da CF, reiterado no art. 134 – antes e depois da EC 80/2014. No exercício de sua atribuição constitucional, seria necessário averiguar a compatibilidade dos interesses e direitos que a instituição protege com os possíveis beneficiários de quaisquer das ações ajuizadas, mesmo em ação civil pública. Condicionar a atuação da Defensoria Pública à comprovação prévia da pobreza do público-alvo diante de situação justificadora do ajuizamento de ação civil pública – conforme determina a Lei 7.347/1985 – não seria condizente com princípios e regras norteadores dessa instituição permanente e essencial à função jurisdicional do Estado, menos ainda com a norma do art. 3º da CF. Se não fosse suficiente a ausência de vedação constitucional da atuação da Defensoria Pública na tutela coletiva de direitos, inexistiria também, na Constituição, norma a assegurar exclusividade, em favor do Ministério Público, para o ajuizamento de ação civil pública. Por fim, a ausência de demonstração de conflitos de ordem objetiva decorrente da atuação dessas duas instituições igualmente essenciais à justiça – Defensoria Pública e Ministério Público – demonstraria inexistir prejuízo institucional para a segunda, menos ainda para os integrantes da Associação autora.

ADI 3943/DF, rel. Min. Cármen Lúcia, 6 e 7.5.2015. (ADI-3943)

Aplicação em concurso

- *(Cespe – Defensor Público Federal – DPF/2017) De acordo com o entendimento do STF, a legitimidade da DP para atuar em ações que visem resguardar o interesse de pessoas necessitadas limita-se à tutela de direitos coletivos e individuais homogêneos.*

  Gabarito: o item está errado.

- *(DP/AC – 2012 – Cespe) De acordo com o que dispõe a Lei Complementar n.º 80/1994, é função da DP*

  D) promover, nos casos em que o resultado da demanda possa beneficiar grupo de pessoas hipossuficientes, ação civil pública para a tutela de direitos difusos e coletivos, mas não de direitos individuais homogêneos.

  Gabarito: o item está errado.

- *(DP/PR – 2012 – FCC) A legitimidade da Defensoria Pública para a propositura de Ação Civil Pública*

  A) antecede a Lei Federal nº 11.448/07, já sendo anteriormente reconhecida na defesa dos direitos do consumidor e como decorrência da assistência jurídica integral.

  B) apenas surge com o advento da Lei Federal nº 11.448/07, não tendo sido reiterada na Lei Orgânica Nacional em vigor (Lei Complementar Federal nº 80/94).

  C) restringe-se aos direitos coletivos e individuais homogêneos de pessoas economicamente necessitadas, excluindo os de natureza difusa.

  D) é ampla e irrestrita, não estando sujeita a análise de compatibilidade com as finalidades institucionais.

  E) exige prévia autorização do Defensor Público-Geral do Estado ou, tratando-se de interesse difuso, do Conselho Superior.

  Gabarito: letra A.

- *(FCC – Defensor Público – CE/2014) Após um acidente com um navio petroleiro próximo ao litoral do Ceará, que causou grande derramamento de óleo, um grupo de proprietários de casas de veraneio de alto luxo, afetados pelo desastre, procurou a Defensoria Pública para que fosse ajuizada uma ação civil pública. Durante a entrevista, os proprietários relataram que uma comunidade tradicional de pescadores, vizinha do condomínio de alto luxo, foi gravemente afetada, o que inviabilizou sua única atividade econômica relevante, e que estariam passando por grandes dificuldades. Como Defensor Público, a melhor solução a ser adotada é:*

  A) Ajuizamento de ação civil pública em benefício de todos, já que a legitimidade da Defensoria Pública é ampla e irrestrita.

  B) Ajuizamento de ação civil pública para tutelar os direitos difusos de todos e os direitos coletivos e individuais homogêneos dos pescadores, em razão de a legitimidade da Defensoria Pública estar limitada à possibilidade de beneficiar grupos de pessoas hipossuficientes, mesmo que beneficie também os proprietários das casas de veraneio.

  C) Ajuizamento de ação civil pública em relação aos direitos coletivos e individuais homogêneos dos pescadores, já que eventual ação que versasse sobre direito difuso poderia beneficiar os proprietários das casas de veraneio, o que não se pode admitir pela limitação da legitimidade da Defensoria Pública.

  D) Arquivamento do pedido, pois formulado pelos proprietários das casas de veraneio, descabendo a atuação da Defensoria Pública em benefício deles e em razão da vedação à atuação de ofício para a comunidade de pescadores, que só seria possível após provocação dos interessados.

E) Arquivamento do pedido, pois qualquer medida judicial coletiva a ser ajuizada em benefício dos pescadores beneficiaria, de algum modo, o grupo de proprietários das casas de veraneio, o que é vedado pela legitimidade restrita da Defensoria Pública, sem prejuízo de eventual atuação individual em favor de cada um dos pescadores atingidos.

Gabarito: letra B.

- *(UFG – Defensor Público – GO/2014) Considerando a segunda onda renovatória de acesso à Justiça, nas formulações de Mauro Cappelletti e Bryant Garth, a legitimidade da Defensoria Pública para a propositura da ação civil pública*

A) decorre da Lei Federal n. 11.448 de 2007, sem previsão expressa na Lei Complementar Federal n. 80 de 1994.

B) exige prévia autorização do Defensor Público-Geral do Estado ou do Conselho Superior, em se tratando de interesse difuso.

C) antecede a Lei Federal n. 11.448 de 2007, pois já era admitida na defesa dos direitos do consumidor e como decorrência da assistência jurídica integral.

D) é ampla e irrestrita, independente de pertinência com as finalidades institucionais e do favorecimento a grupo de pessoas hipossuficientes.

E) está restrita aos direitos coletivos e individuais homogêneos de pessoas economicamente necessitadas, excluindo os de natureza difusa.

Gabarito: letra C.

1.1. Legitimidade para ações coletivas – posição do STJ: importante destacar que o STJ teve entendimento no sentido de que o inciso VIII em exame permitia a propositura de ações coletivas pela Defensoria Pública, desde que ligadas à defesa de hipossuficientes. Do contrário, faltaria legitimidade à Instituição.

A esse respeito, confira-se informativo do Superior Tribunal de Justiça:

> Informativo nº 0541
>
> Período: 11 de junho de 2014.
>
> Quarta Turma
>
> DIREITO PROCESSUAL CIVIL. LEGITIMIDADE DA DEFENSORIA PÚBLICA EM AÇÕES COLETIVAS EM SENTIDO ESTRITO.
>
> **A Defensoria Pública não possui legitimidade extraordinária para ajuizar ação coletiva em favor de consumidores de determinado plano de saú-**

de particular que, em razão da mudança de faixa etária, teriam sofrido reajustes abusivos em seus contratos. A Defensoria Pública, nos termos do art. 134 da CF, "é instituição essencial à função jurisdicional do Estado, incumbindo-lhe a orientação jurídica e a defesa, em todos os graus, dos necessitados, na forma do art. 5º, LXXIV". Assim, a Defensoria Pública é vertida na prestação de assistência jurídica ao necessitado que comprovar "insuficiência de recursos" (CF, art. 5º, LXXIV), isto é, aquele que, sem prejuízo da sua subsistência, não possuir meios de arcar com as despesas atinentes aos serviços jurídicos de que precisa – contratação de advogado e despesas processuais. Verifica-se que o legislador infraconstitucional, por meio da LC 80/1994 – responsável por organizar a Defensoria Pública da União, do Distrito Federal e dos Territórios e prescrever normas gerais para sua organização nos Estados – também vincula a atuação da instituição em comento à defesa em prol dos necessitados. Portanto, diante das funções institucionais da Defensoria Pública, há, sob o aspecto subjetivo, limitador constitucional ao exercício de sua finalidade específica, devendo todos os demais normativos serem interpretados à luz desse parâmetro, inclusive no tocante aos processos coletivos, restringindo, assim, a legitimidade ativa dessa instituição para atender efetivamente as suas funções institucionais conferidas pela CF. Diante disso, conforme entendimento doutrinário, a Defensoria Pública tem pertinência subjetiva para ajuizar ações coletivas em defesa de interesses difusos, coletivos ou individuais homogêneos, sendo que, no tocante aos difusos, sua legitimidade será ampla, bastando, para tanto, que beneficie grupo de pessoas necessitadas, haja vista que o direito tutelado é pertencente a pessoas indeterminadas, e, mesmo que indiretamente venham a ser alcançadas pessoas que tenham "suficiência" de recursos, isso, por si só, não irá elidir essa legitimação. No entanto, em se tratando de interesses coletivos em sentido estrito ou individuais homogêneos, diante de grupos determinados de lesados, a legitimação deverá ser restrita às pessoas notadamente necessitadas. Posto isso, deve-se considerar que, **ao optar por contratar plano particular de saúde, parece intuitivo que não se está diante de consumidor que possa ser considerado necessitado, a ponto de ser patrocinado, de forma coletiva, pela Defensoria Pública**. Ao revés, trata-se de grupo que, ao demonstrar capacidade para arcar com assistência de saúde privada, acabou como em condições de arcar com as despesas inerentes aos serviços jurídicos de que necessita, sem prejuízo de sua subsistência, não havendo falar em necessitado. Assim, o grupo em questão não é apto a conferir legitimidade ativa adequada à Defensoria Pública, para fins de ajuizamento de ação civil. Precedente citado do STF: ADI 558-MC, Tribunal Pleno, DJ 26/3/1993. REsp 1.192.577-RS, Rel. Min. Luis Felipe Salomão, julgado em 15/5/2014.

Após a decisão do STF transcrita no item anterior, o STJ mudou sua posição e ampliou a legitimidade da Defensoria Pública, como se vê no julgado proferido pelo Corte Especial (já mencionado nos comentários ao artigo 1º, item 2, quando foi abordado o conceito de necessitado) e noticiado no informativo 573:

> **DIREITO CONSTITUCIONAL E PROCESSUAL CIVIL. LEGITIMIDADE DA DEFENSORIA PÚBLICA PARA PROPOR AÇÃO CIVIL PÚBLICA EM DEFESA DE JURIDICAMENTE NECESSITADOS.**
>
> **A Defensoria Pública tem legitimidade para propor ação civil pública em defesa de interesses individuais homogêneos de consumidores idosos que tiveram plano de saúde reajustado em razão da mudança de faixa etária, ainda que os titulares não sejam carentes de recursos econômicos.** A atuação primordial da Defensoria Pública, sem dúvida, é a assistência jurídica e a defesa dos necessitados econômicos. Entretanto, ela também exerce atividades de auxílio aos necessitados jurídicos, os quais não são, necessariamente, carentes de recursos econômicos. Isso ocorre, por exemplo, quando a Defensoria exerce as funções de curador especial (art. 9º, II, do CPC) e de defensor dativo (art. 265 do CPP). No caso, além do direito tutelado ser fundamental (direito à saúde), o grupo de consumidores potencialmente lesado é formado por idosos, cuja condição de vulnerabilidade já é reconhecida na própria Constituição Federal, a qual dispõe no art. 230 que: "A família, a sociedade e o Estado têm o dever de amparar as pessoas idosas, assegurando sua participação na comunidade, defendendo sua dignidade e bem-estar e garantindo-lhes o direito à vida". Dessa forma, nos termos do assentado no julgamento do REsp 1.264.116-RS (Segunda Turma, DJe 13/4/2012), "A expressão 'necessitados' (art. 134, *caput*, da Constituição), que qualifica, orienta e enobrece a atuação da Defensoria Pública, deve ser entendida, no campo da Ação Civil Pública, em sentido amplo, de modo a incluir, ao lado dos estritamente carentes de recursos financeiros – os miseráveis e pobres –, os hipervulneráveis (isto é, os socialmente estigmatizados ou excluídos, as crianças, os idosos, as gerações futuras), enfim, todos aqueles que, como indivíduo ou classe, por conta de sua real debilidade perante abusos ou arbítrio dos detentores de poder econômico ou político, 'necessitem' da mão benevolente e solidarista do Estado para sua proteção, mesmo que contra o próprio Estado". **EREsp 1.192.577-RS, Rel. Min. Laurita Vaz, julgado em 21/10/2015, DJe 13/11/2015.**

1. *Defensoria Pública e Mandado de Segurança Coletivo: no que toca à legitimidade para impetrar mandado de segurança coletivo, pode surgir dúvida, já que o texto constitucional faz enumeração de legitimados. De acordo com o artigo 5º, inciso LXX da CRFB: o mandado de segurança cole-*

tivo pode ser impetrado por: a) partido político com representação no Congresso Nacional; b) organização sindical, entidade de classe ou associação legalmente constituída e em funcionamento há pelo menos um ano, em defesa dos interesses de seus membros ou associados;

Seguindo a literalidade da Constituição, a Defensoria Pública e Ministério Público não teriam legitimidade para o Mandado de Segurança Coletivo. Entretanto, há entendimento, com o qual concordamos, que afirma ser o rol constitucional apenas um mínimo de legitimados; não seria um rol exaustivo de legitimados.

Vale transcrever trecho da obra de Edilson Santana Gonçalves Filho:

> *"O remédio constitucional, ademais, é direito e garantia fundamental, voltado à instrumentalização, inclusive, do acesso à justiça. Assim é que, restringir esse direito, afastando a legitimidade daqueles legitimados para o ajuizamento de outras ações coletivas revela-se contraditório, ferindo o próprio direito ao acesso à justiça. Destarte, qualquer interpretação do artigo 21 da lei 12.016/2009 nesse sentido (restritivo) é inconstitucional. Em se tratando de garantias fundamentais, não se deve admitir interpretações restritivas, mas tão somente ampliativas, visando garantir a melhor carga de eficácia social ao instrumento.*
>
> *Seguindo essa linha, tratando-se de garantia mínima e de ação coletiva aplica-se o microssistema processual coletivo, de forma a se encontrar, legalmente, a atribuição da Defensoria Pública. O mesmo raciocínio se aplica ao Ministério Público, associações civis e outros legitimados não mencionados no inciso LXX do artigo 5º da Constituição Federal."*[18]

2. **Defensoria e ação de improbidade administrativa: questão tormentosa diz respeito à possibilidade da Defensoria Pública ajuizar ação de improbidade administrativa. Como se sabe, a ação de improbidade administrativa vem regulamentada na Lei 8.429/92. Seu artigo 17 afirma que "a** *ação principal, que terá o rito ordinário, será proposta pelo Ministério Público ou pela pessoa jurídica interessada, dentro de trinta dias da efetivação da medida cautelar."*[19]

   Fica claro que o dispositivo legal não indica a Defensoria como uma legitimidade à ação de improbidade.

---

18 GONÇALVES FILHO, Edilson Santana. Defensoria Pública e a tutela coletiva de direitos – teoria e prática – Salvador: Juspodivm, 2016, págs. 122/123.

19 Até o fechamento dessa edição esse era o texto legal. Todavia, há projeto de lei em estágio avançado que limita a legitimidade ativa ao Ministério Público.

Todavia, a ação de improbidade administrativa nada mais é do que uma ação coletiva. O nome jurídico mais adequado para essa ação é "ação civil pública por ato de improbidade administrativa". Logo, percebendo esse instrumento processual como espécie de ação civil pública é viável que a Defensoria figure como legitimada.

Além disso, "o próprio art. 4º, VII, da LC nº 80/1994, ao se utilizar da expressão 'todas as espécies de ações capazes de propiciar a adequada tutela dos direitos difusos, coletivos ou individuais homogêneos,' confere a legitimidade para a Ação de Improbidade Administrativa."[20]

Em reforço temos a posição dos promotores de justiça que escreveram a obra mais aprofundada sobre improbidade administrativa:

> "É bem verdade que o art. 17 da Lei 8.429/92 legitima apenas o Ministério Público e a 'pessoa jurídica interessada' à propositura de ações civis públicas por ato de improbidade administrativa, expressões cuja compreensão não autoriza, em princípio, o atuar da Defensoria Pública nem tampouco do cidadão. Mas é preciso rememorar a existência de um sistema de mútua complementariedade entre LACP e a LIA, atualmente enriquecido com a possibilidade de atuação da Defensoria Pública em favor dos direitos coletivos dos necessitados. Ou seja, o sistema de mútua complementariedade comporta, atualmente, a atuação desta importante instituição, parecendo claro que também o texto constitucional deve participar e conduzir a compreensão de referido sistema (ou microssistema de tutela coletiva). Assim, as limitações redacionais do art. 17 da Lei n. 8.429/92 devem ser atualmente superadas, em homenagem às ideias de supremacia da constituição e de sua força vinculante."[21]

IX – impetrar habeas corpus, mandado de injunção, habeas data e mandado de segurança ou qualquer outra ação em **defesa das funções institucionais e prerrogativas** de seus órgãos de execução; (Redação dada pela Lei Complementar nº 132, de 2009).

1. **Defesa das funções institucionais e prerrogativas:** o inciso IX do artigo 4º, com redação dada pela LC nº 132/2009, estabelece que a Defensoria

20 ESTEVES, Diogo. SILVA, Franklyn Roger Alves. Princípios institucionais da Defensoria Pública – 2 ed. rev., atual. e ampl. – Rio de Janeiro: Forense, 2017, pág 442.

21 GARCIA, Emerson. ALVES, Rogério Pacheco. Improbidade administrativa – 9 ed. São Paulo: Saraiva, 2017, págs. 957 e 958.

Pública deve fazer valer suas funções institucionais e suas prerrogativas através de *habeas corpus*, mandado de injunção, *habeas data*, mandado de segurança ou qualquer outra ação. A Defensoria Pública é instituição independente, autônoma, com papel constitucional próprio e bem definido. Por isso, não está subordinada, nem deve obediência hierárquica a outros entes, como o Ministério Público, o Poder Judiciário e o Executivo. Quaisquer atitudes de entidades públicas ou privadas que tentem interferir indevidamente na Defensoria, ou lhe tolher as garantias, devem ser combatidas e repelidas.

2. Mandado de injunção coletivo: a Lei 13.300 de 2016, que disciplinou o mandado de injunção, fez previsão expressa da legitimidade da Defensoria para o mandado de injunção coletivo, no artigo 12, inciso IV: *"Art.12. O mandado de injunção coletivo pode ser promovido: (...) IV – pela Defensoria Pública, quando a tutela requerida for especialmente relevante para a promoção dos direitos humanos e a defesa dos direitos individuais e coletivos dos necessitados, na forma do inciso LXXIV do art. 5o da Constituição Federal.*

Tal previsão não se confunde com a do dispositivo em comento. Isso porque a LC 80 fez previsão do uso do instrumento para defesa das próprias prerrogativas e funções institucionais da Defensoria, ao passo que a Lei 13.300 de 2016 regulou o uso da ação para salvaguardar os interesses dos destinatários dos serviços defensoriais, que são os necessitados (aqui abrangidos os hipossuficientes e os vulneráveis). Mesmo antes da previsão legal a Defensoria já poderia manejar o mandado de injunção coletivo para defesa dos necessitados, pois a rigor, trata-se somente de uma face da legitimação coletiva atribuída ao órgão e já *supra* comentada.

Aplicação em concurso

- *(DP/AC – 2012 – Cespe) De acordo com o que dispõe a Lei Complementar n.º 80/1994, é função da DP*

  A) impetrar habeas corpus, mandado de injunção, habeas data e mandado de segurança ou qualquer outra ação em defesa das funções institucionais e prerrogativas de seus órgãos de execução.

  Gabarito: o item está certo.

- *(DP/RO – 2012 – Cespe) Acerca do poder de requisição do DP e das funções institucionais da DP, assinale a opção correta.*

A) Com exceção do habeas corpus, do mandado de injunção, do habeas data e do mandado de segurança, qualquer outra ação em defesa das funções institucionais e prerrogativas dos órgãos de execução da DP deve ser promovida pelo órgão responsável pela representação judicial do respectivo ente federativo.

Gabarito: o item está errado.

- *(DP/SP – 2013 – FCC) Considerando a Defensoria Pública na Constituição Federal, é correto afirmar:*

E) A possibilidade de se impetrar mandado de segurança em defesa de prerrogativas de seus órgãos de execução constitui função institucional que confirma a autonomia constitucional da Defensoria Pública.

Gabarito: o item está certo.

- *(DP/PB – 2014 – FCC) A Lei Complementar nº 80/94 dispõe que é função institucional "impetrar* habeas corpus, *mandado de injunção,* habeas data *e mandado de segurança ou qualquer outra ação em defesa das funções institucionais e prerrogativas de seus órgãos de execução". (Redação dada pela Lei Complementar nº 132/09).*

Considere o texto acima e analise as afirmativas a seguir.

I. A Defensoria Pública Geral possui legitimidade exclusiva para tais medidas judiciais, uma vez que lhe cabe a representação judicial da Defensoria Pública.

II. Os órgãos de execução, sem exclusão da Defensoria Pública Geral, possuem legitimidade para tais medidas judiciais, pois as garantias do cargo servem inclusive para neutralização de eventuais abusos de outros órgãos.

III. Conquanto o dispositivo esteja na lista de funções institucionais, pode ser considerada uma prerrogativa institucional a consolidar a autonomia constitucional da Defensoria Pública.

IV. "Qualquer outra ação em defesa das funções institucionais e prerrogativas de seus órgãos de execução" admitiria, por exemplo, o interdito proibitório para garantir a inviolabilidade do local de trabalho do Defensor Público.

Estão corretas APENAS as afirmativas

A) I e II.

B) II e III.

C) III e IV.

D) I, II e III.

E) II, III e IV.

Gabarito: letra E.

X – promover a mais **ampla defesa dos direitos fundamentais dos necessitados**, abrangendo seus direitos individuais, coletivos, sociais, econômicos, culturais e ambientais, sendo admissíveis todas as espécies de ações capazes de propiciar sua adequada e efetiva tutela; (Redação dada pela Lei Complementar nº 132, de 2009).

1. **Legitimidade em ação civil para tutela de direito individual – posições do STF e do STJ:** o art. 4º, inciso X estabelece como atribuição da Defensoria Pública a mais ampla defesa dos direitos fundamentais dos necessitados, abrangendo seus direitos individuais, coletivos, sociais, econômicos, culturais e ambientais, sendo admissíveis todas as espécies de ações capazes de propiciar sua adequada e efetiva tutela. A tutela do direito do necessitado, seja do ponto de vista individual ou coletivo, é função institucional da Defensoria Pública.

Aplicação em concurso

- *(DP/PR – 2014 – UFPR) À luz da LC 80/94, assinale a alternativa correta no que diz respeito à Defensoria Pública.*

  c) É função institucional da Defensoria Pública promover a mais ampla defesa dos direitos fundamentais dos necessitados, abrangendo seus direitos individuais, coletivos, sociais, econômicos, culturais e ambientais, sendo admissíveis todas as espécies de ações capazes de propiciar sua adequada e efetiva tutela.

  Gabarito: o item está certo.

2. **Ação Civil *ex delicto* – LC 80/94 X CPP – posições do STF e do STJ:** o art. 4º, inciso X da LC 80/94 prevê como função institucional da Defensoria Pública o patrocínio da ação civil – dentro da qual se inclui a ação civil em decorrência de dano causado por crime.

   Por sua vez, o art. 68 do Código de Processo Penal estabelece: *"Quando o titular do direito à reparação do dano for pobre (art. 32, §§ 1º e 2º), a execução da sentença condenatória (art. 63) ou a ação civil (art. 64) será promovida, a seu requerimento, pelo Ministério Público."* Apesar do aparente conflito de normas, não houve revogação do dispositivo do CPP pela LC 80/94, pois a Defensoria Pública ainda não conta com uma estrutura condizente com sua importância – sequer está devidamente estabelecida em todos os estados da federação –, de modo que a revogação imediata do artigo da lei processual implicaria em prejuízo para o necessitado, objeto de proteção da norma. Por isso, subsiste a legitimidade do Ministério Público para propositura de ação em defesa de direitos do hipossuficiente.

Somente nos estados em que a Defensoria Pública está devidamente instalada e em funcionamento é que o Ministério Público não terá a legitimidade que lhe outorgou o Código de Processo Penal. Inclusive, é possível ocorrer o patrocínio da Defensoria Pública em ambos os polos da demanda, naturalmente com defensores distintos para cada parte.

O Supremo Tribunal Federal já se manifestou sobre a questão da legitimidade do Ministério Público quando a Defensoria Pública está instalada:

> Informativo nº 219
>
> Ação Civil Ex-delicto e Legitimidade do MP
>
> O Ministério Público continua parte legítima para promover, em juízo, a reparação do dano de que trata o art. 68 do CPP ["Quando o titular do direito à reparação do dano for pobre (art. 32, §§ 1º e 2º), a execução da sentença condenatória (art. 63) ou a ação civil (art. 64) será promovida, a seu requerimento, pelo Ministério Público."], até que se viabilize, em cada Estado, a implementação da Defensoria Pública, nos termos do art. 134, parágrafo único, da CF. Com esse entendimento, a Turma negou provimento a agravo regimental interposto pelo Estado de São Paulo, no qual se pretendia o reconhecimento da competência da Procuradoria de Assistência Judiciária da Procuradoria-Geral do Estado de São Paulo para prestar os serviços da Defensoria Pública do mencionado Estado. Precedentes citados: REED 147.776-SP (DJU de 28.5.99) e RE 135.328-SP (julgado em 26.9.94, acórdão pendente de publicação). RE (AgRg) 196.857-SP, rel. Ministra Ellen Gracie, 6.3.2001.(RE-196857)

Aplicação em concurso

- *(DP/MG – 2009 – FUMARC) São funções institucionais da Defensoria Pública, EXCETO:*

  A) Promover, extrajudicialmente, a conciliação entre as partes em conflito de interesses.

  B) Assegurar aos seus assistidos, em processo judicial ou administrativo, e aos acusados em geral, o contraditório e a ampla defesa, com recursos e meios a ela inerentes.

  C) Patrocinar ação civil, inclusive contra as pessoas jurídicas de direito público.

D) Exercer a promoção e a defesa dos direitos humanos.

E) Patrocinar a ação penal de iniciativa privada, a subsidiária da pública, bem como a ação civil "ex delicto", não podendo, nesses casos, a Defensoria Pública atuar no polo passivo.

Gabarito: letra E.

- *(DPU – 2010 – Cespe) Segundo o art. 68 do CPP, quando o titular do direito à reparação do dano for pobre, a execução da sentença condenatória ou a ação civil será promovida, a seu requerimento, pelo MP. A jurisprudência já se assentou no sentido de que, apesar de a CF ter afastado das atribuições do MP a defesa dos hipossuficientes, pois a incumbiu às defensorias públicas, há apenas inconstitucionalidade progressiva do art. 68 do CPP, enquanto não criada e organizada a defensoria no respectivo estado. Assim, o MP detém legitimidade para promover, como substituto processual de necessitados, a ação civil por danos resultantes de crime nos estados em que ainda não tiver sido instalada Defensoria Pública.*

  Gabarito: o item está certo.

3. **Tutela ampla:** o dispositivo deixa claro que a Defensoria pode utilizar quaisquer instrumentos hábeis à ampla defesa dos direitos dos hipossuficientes.

Aplicação em concurso

- *(DP/RS – 2011 – FCC) O direito fundamental à assistência jurídica integral e gratuita, previsto constitucionalmente e instrumentalizado pela Defensoria Pública, compreende:*

  E) promover a mais ampla defesa dos direitos fundamentais dos necessitados, abrangendo seus direitos individuais, coletivos, sociais, econômicos, culturais e ambientais, sendo admissíveis todas as espécies de ações capazes de propiciar sua adequada e efetiva tutela.

  Gabarito: o item está certo.

> XI – exercer a defesa dos interesses individuais e coletivos da **criança e do adolescente**, do **idoso**, da pessoa **portadora de necessidades especiais**, da mulher vítima de **violência doméstica** e familiar e de outros grupos sociais vulneráveis que mereçam proteção especial do Estado; (Redação dada pela Lei Complementar nº 132, de 2009).

1. **Defesa da criança e do adolescente:** a atuação da Defensoria Pública compreende a atuação em favor de crianças e adolescentes, como indica o dispo-

sitivo em análise. Questão que gera divergência a esse respeito toca à atuação da Instituição em casos de ação de destituição do poder familiar ajuizada pelo Ministério Público.

Após alguma divergência, o STJ entendeu que o juízo pode considerar necessária a atuação da Defensoria na qualidade de curadora especial da criança/adolescente. Assim, o STJ considera que a atuação do órgão não é automática nem obrigatória, mas pode acontecer diante das peculiaridades do caso e mediante chamamento do juízo.

O trecho do acórdão que se refere a essa possibilidade vem assim disposto:

> Resp 1.296.155/RJ:
>
> "(...)
>
> 3. Não há previsão legal para intervenção obrigatória da Defensoria Pública, como curadora especial, sob a invocação do disposto nos arts. 9º, I, do CPC, e 148, parágrafo único, letra f, do ECA. Embora a Lei Complementar n. 80/1994 estipule ser função institucional da Defensoria Pública exercer a curadoria especial nos casos previstos em lei, não é possível à instituição ser nomeada como curadora especial em processo instaurado de ofício por ela, em que não é parte criança ou adolescente. 4. **A atuação da Defensoria Pública como curadora especial no que se refere ao Estatuto da Criança e do Adolescente deve se dar somente quando chamada ao feito pelo Juiz da Vara da Infância e Juventude em processos em que a criança ou adolescente seja parte na relação processual, e desde que vislumbrada tal necessidade, sob pena de violação princípio da intervenção mínima previsto no art. 100, inc. VII, do ECA**. 5. Recurso Especial provido. (grifamos)
>
> **Todavia, a lei 13.509/2017 afastou a posição estampada pelo STJ, já que incluiu o § 4º no artigo 162 do ECA, com a seguinte redação: "Quando o procedimento de destituição de poder familiar for iniciado pelo Ministério Público, não haverá necessidade de nomeação de curador especial em favor da criança ou adolescente."**

Aplicação em concurso

- *(DP/SE – 2012 – Cespe) Com base na Lei Complementar Federal nº 80/1994, que dispõe sobre a organização da DP, assinale a opção correta.*

  C) É função institucional expressa da DP o exercício da defesa dos interesses individuais e coletivos da criança e do adolescente e do idoso.

  Gabarito: o item está certo.

- *(Cespe – Defensor Público – PR/2015) Julgue os itens a seguir, com base nas normas regentes da DP.*

  Considere que a DP tenha sido chamada pelo juiz da Vara da Infância e da Juventude para atuar como curadora especial em feito no qual um menor tenha sido parte da relação processual. Nessa situação, de acordo com o entendimento do STJ, além da decisão de atuação da DP em casos como o descrito, que envolvem crianças ou adolescentes, é necessário que se vislumbre a real necessidade dessa intervenção para que ela se efetive.

  Gabarito: a assertiva está certa.

XII – (VETADO);

XIII – (VETADO);

XIV – acompanhar **inquérito policial**, inclusive com a **comunicação imediata da prisão** em flagrante pela autoridade policial, quando o **preso não constituir advogado;** (Incluído pela Lei Complementar nº 132, de 2009).

1. **Acompanhamento de inquérito policial:** o inciso XIV do artigo 4º prevê que cabe à Defensoria Pública o acompanhamento de inquérito policial quando o preso não constituir advogado, caso em que a comunicação do flagrante deve ser encaminhada à Instituição. O dispositivo está em consonância com o § 1º do artigo 306 do Código de Processo Penal, que prescreve: *"Dentro em 24h (vinte e quatro horas) depois da prisão, será encaminhado ao juiz competente o auto de prisão em flagrante acompanhado de todas as oitivas colhidas e, caso o autuado não informe o nome de seu advogado, cópia integral para a Defensoria Pública."* A redação do Código de Processo Penal é melhor do que a da LC n. 80/1994, pois determina expressamente que deve ser encaminhada à Defensoria Pública, quando o indiciado não indicar advogado, cópia integral do auto de prisão em flagrante, o que inclui não só a nota de culpa, mas também o relatório da ocorrência e os depoimentos colhidos pela autoridade policial. Infelizmente, há casos em que, em desrespeito ao dispositivo do CPP, a Defensoria Pública recebe apenas a nota de culpa ou o relatório do auto de prisão em flagrante, o que dificulta sobremaneira a análise da legalidade daquela prisão, bem como a adoção de medidas em favor do autuado. Para contornar isso, os defensores públicos devem-se valer de ações que garantam a defesa de suas funções institucionais e suas prerrogativas (art. 4º, inc. IX).

Aplicação em concurso

- *(DP/AC – 2012 – Cespe) De acordo com o que dispõe a Lei Complementar n.º 80/1994, é função da DP*

E) acompanhar inquérito policial, inclusive com a comunicação imediata da prisão em flagrante pela autoridade policial, tendo ou não o preso constituído advogado.

Gabarito: o item está errado.

- *(DP/PR – 2014 – UFPR) Assinale a alternativa correta.*

E) A autoridade policial após lavrar a prisão em flagrante sempre deverá remeter cópia integral do auto de prisão em flagrante à Defensoria Pública no prazo de 24 horas.

Gabarito: o item está errado.

> XV – patrocinar **ação penal privada e a subsidiária da pública;** (Incluído pela Lei Complementar nº 132, de 2009).

1. **Ação penal privada e subsidiária da pública:** o artigo 4º, inciso XV estabelece como função da Defensoria Pública a propositura da ação penal privada e da privada subsidiária da pública. Como já destacado, a atuação da Defensoria é ampla, tanto no plano extrajudicial, quanto no judicial. A prestação dos serviços jurídicos da Instituição deve alcançar a defesa dos direitos do necessitado em qualquer circunstância. Exemplificando, um hipossuficiente que tem sua honra subjetiva ou objetiva violada, foi vítima de crime contra honra, cuja persecução é obtida através de ação penal privada (Código Penal, artigos 138 a 145). Nesse caso, ele pode buscar junto à Defensoria Pública a propositura da queixa-crime.

Aplicação em concurso

- *(DP/AM – 2011 – Instituto Cidades) São prerrogativas e garantias do defensor público, para sua lídima atuação processual, EXCETO:*

B) patrocinar ação penal privada.

Gabarito: o item está certo, por isso não deve ser assinalado.

- *(DP/RS – 2011 – FCC) O direito fundamental à assistência jurídica integral e gratuita, previsto constitucionalmente e instrumentalizado pela Defensoria Pública, compreende:*

D) a função institucional da Defensoria Pública para propositura da ação penal pública, naqueles casos em que não houver órgão de atuação do Ministério Público na Comarca.

Gabarito: o item está errado.

2. **Assistente de acusação – posição do STJ:** a atuação da Defensoria Pública como assistente de acusação é permitida, a exemplo do que ocorre com o patrocínio de ação penal privada e subsidiária da pública (inciso XV). É a posição do Superior Tribunal de Justiça: HC 24.079-PB, Rel. Min. Felix Fischer, julgado em 19/8/2003. Ademais, não há necessidade de procuração com poderes específicos para tal fim.

Aplicação em concurso

- **Cespe – Defensor Público – DPE – PE/2018)** *Os familiares de uma vítima de delito de homicídio procuraram a Defensoria Pública a fim de que o órgão os representasse como assistente de acusação nos autos da respectiva ação penal em curso, cujo réu também é assistido pela Defensoria Pública.*

  À luz das atribuições legais do órgão e do entendimento jurisprudencial sobre o assunto, o defensor público responsável pelo atendimento dos familiares da vítima deve

  A) deferir o patrocínio, independentemente da aferição da hipossuficiência econômica dos familiares da vítima, por se tratar a hipótese de atribuição institucional do órgão.

  B) deferir o patrocínio, devendo juntar aos autos procuração judicial com poderes específicos para atuação no processo, na hipótese de os familiares da vítima não serem economicamente hipossuficientes.

  C) deferir o patrocínio, com aferição da hipossuficiência econômica dos familiares da vítima, sendo desnecessária a juntada aos autos de procuração com poderes específicos para atuação no processo.

  D) recusar o patrocínio, haja vista a incompatibilidade de atuação do órgão na função acusatória.

  E) recusar o patrocínio, visto que o réu na referida ação penal já se encontra assistido pela Defensoria Pública.

  Gabarito: letra C.

- *(DP/AL – 2009 – Cespe) É função institucional da DP patrocinar tanto a ação penal privada quanto a subsidiária da pública, não havendo nenhuma incompatibilidade com a função acusatória, mais precisamente a de assistência da acusação.*

  Gabarito: o item está certo.

XVI – exercer a **curadoria especial** nos casos previstos em lei; (Incluído pela Lei Complementar nº 132, de 2009).

1. **Curador especial:** o art. 4º, inciso XVI determina a atuação da Defensoria Pública como curador especial. Por sua vez, o art. 9º do Código de Processo Civil de 1973 estabelecia as hipóteses em que seria dado curador especial: (i) ao incapaz, se não tiver representante legal, ou se os interesses deste colidirem com os daquele; (ii) ao réu preso, bem como ao revel citado por edital ou com hora certa. O artigo 72 doCPC/2015 trata da curadoria especial da seguinte forma: *"Artigo 72. O juiz nomeará curador especial ao: I. incapaz, se não tiver representante legal ou se os interesses deste colidirem com os daquele,* ***enquanto durar a incapacidade*** *(essa ressalva não era feita no CPC/73); II. Réu preso revel, bem como ao réu revel citado por edital ou com hora certa, enquanto não for constituído advogado. Parágrafo único. A curatela especial será exercida pela Defensoria Pública, nos termos da lei."*.

   Outros dispositivos que tratam da curadoria especial no CPC/2015 são os artigos 671 e o artigo 752, § 2º.

   Vale lembrar que na atuação como curador especial o Defensor Público fica isento de responder à petição inicial de forma especificada. Em outras palavras: o ônus da impugnação especificada dos fatos não se aplica ao curador especial (artigo 341, parágrafo único do CPC/2015). Todavia, trata-se de faculdade, pois o Defensor pode formular impugnação específica caso veja tal possibilidade na hipótese concreta. Um exemplo claro seria a hipótese em que o Defensor percebe que os documentos acostados à inicial contrariam a afirmativa feita na peça. Diante dessa situação o Defensor Público terá base para responder à petição inicial com mais profundidade. Assim, conclui-se que a desnecessidade de impugnação especificada dos fatos é uma faculdade e não uma obrigação.

   Importante mencionar que o exercício da curadoria especial não está relacionado ao fator hipossuficiência financeira.

Aplicação em concurso

- *(DP/RS – 2011 – FCC) São funções institucionais da Defensoria Pública, dentre outras:*

  V. exercer a curadoria especial nos casos previstos em lei, uma vez comprovada, rigorosamente, a hipossuficiência financeira e o estado de miserabilidade do curatelado.

  Gabarito: o item está errado.

- *(DP/RO – 2012 – Cespe) Acerca do poder de requisição do DP e das funções institucionais da DP, assinale a opção correta.*

  E) São funções institucionais da DP, entre outras, o exercício da curadoria especial nos casos previstos em lei e a promoção prioritária da solução extrajudicial dos litígios, com vistas à composição entre os conflitos de interesses, por meio de mediação, conciliação, arbitragem e demais técnicas de composição e administração de conflitos.

  Gabarito: o item está certo.

- *(Fundep – Defensor Público – MG/2014) Considere a situação a seguir.*

  Em uma ação de cobrança, o representante legal da empresa ré não é localizado para ser citado. Diante disso, é requerida e deferida a citação, por editais, da empresa. Mesmo assim, não há apresentação de defesa no prazo legal.

  Diante de tal situação, abrem-se vistas dos autos ao Defensor Público, que deverá

  A) atuar no feito como Curador Especial, sendo-lhe facultada a apresentação de contestação por negativa geral.

  B) requerer ao Juiz a sua nomeação como Curador Especial, sendo-lhe vedada a apresentação de preliminares ao mérito em contestação.

  C) atuar no feito como Curador Especial, se entender que a ação de cobrança é ilegal e injusta.

  D) negar-se a atuar no feito, já que é vedado ao Defensor Público atuar em favor de pessoa jurídica com finalidade de lucro.

  Gabarito: letra A.

2. **Curadoria e cobrança de honorários – posição do STJ:** o STJ consolidou o entendimento de que o defensor público não faz jus ao recebimento de honorários quando atua no exercício da curatela especial. Os honorários a serem percebidos nessa hipótese ocorrem quando há vitória na demanda - sucumbência da parte vencida. Não se trata de despesa judicial que teria de ser antecipada, como no caso da perícia. Confira-se:

> Informativo nº 499
>
> Período: 4 a 15 de junho de 2012.
>
> Corte Especial
>
> CURADORIA ESPECIAL EXERCIDA PELA DEFENSORIA PÚBLICA. DESEMPENHO DE FUNÇÃO INSTITUCIONAL. HONORÁRIOS.
>
> O defensor público não faz jus ao recebimento de honorários pelo exercício da curatela especial, por estar no exercício das suas funções institucionais, para o que já é remunerado mediante o subsídio em parcela única. *In casu*, trata-se de recurso interposto pela Defensoria Pública estadual contra a decisão que indeferiu o pleito de antecipação da verba honorária a ser paga pela recorrida relativa ao desempenho da função de curadoria especial para réu revel citado por hora certa. Em

síntese, a recorrente sustenta violação do art. 19, § 2º, do CPC, além de divergência jurisprudencial ao argumento de que a verba prevista nesse dispositivo legal ostenta a natureza de despesa judicial, e não de verba sucumbencial, tendo a autora (ora recorrida) interesse no prosseguimento do feito, o qual não é possível sem curador especial. A Corte Especial negou provimento ao recurso por entender que a remuneração dos membros da Defensoria Pública ocorre mediante subsídio em parcela única mensal, com expressa vedação a qualquer outra espécie remuneratória, nos termos dos arts. 135 e 39, § 4º, da CF c/c com o art. 130 da LC n. 80/1994. Todavia, caberão à Defensoria Pública, se for o caso, os honorários sucumbenciais fixados ao final da demanda (art. 20 do CPC), ressalvada a hipótese em que ela atue contra pessoa jurídica de direito público à qual pertença (Súm. n. 421/STJ). REsp 1.201.674-SP, Rel. Min. Luis Felipe Salomão, julgado em 6/6/2012 *[o julgado faz referência a dispositivos do CPC/1973].*

Aplicação em concurso:

- **(Defensoria do RJ – 2021 – banca própria)** *Em pleito indenizatório, Joana, bem sucedida empresária, foi citada por hora certa, tendo sido nomeada, para a sua defesa, a curadoria especial, que apresentou contestação por negação geral. A sentença deu procedência integral ao pedido em desfavor de Joana.*

  Quanto ao capítulo dos honorários, é correto afirmar que:

  A) Devem ser fixados honorários para a Defensoria Pública em decorrência da atuação da curadoria especial, a serem adiantados pelo autor da demanda, seguindo-se o regime dos honorários de perito;

  B) Embora os honorários decorrentes da atuação da curadoria especial sigam o regime dos honorários de perito, no caso concreto não deve haver fixação em favor da Defensoria tendo-se em vista que a contestação foi por mera negação geral;

  C) Embora os honorários decorrentes da atuação da curadoria especial sigam o regime dos honorários de perito, no caso concreto não deve haver fixação em favor da Defensoria, tendo-se em vista a condição econômica de Joana, pessoa não necessitada;

  D) Não deve haver fixação de honorários em favor da Defensoria quando a curadoria especial oficia, tendo-se em vista que a atuação se insere no âmbito das funções institucionais da Defensoria e os Defensores são remunerados mediante subsídio;

  E) Não deve haver fixação de honorários em favor da Defensoria no caso concreto, tendo-se em vista a sucumbência integral da pessoa cujos interesses foram defendidos pela curadoria especial.

  Gabarito: letra E.

3. Curadoria especial e preparo de recurso - STJ: A Corte Especial do STJ, no EAREsp 978.895-SP decidiu que "o recurso interposto pela Defensoria Pública, na qualidade de curadora especial, está dispensado do pagamento de preparo". Transcreve-se a notícia divulgada no informativo 641 (março de 2019):

"A Corte Especial, em apreciação aos embargos de divergência, pacificou o entendimento que encontrava dissonância no âmbito do Tribunal com relação à isenção do recolhimento do preparo recursal nos casos em que a Defensoria Pública, no exercício de suas funções institucionais, atua como curadora especial. O acórdão embargado entendeu que "não é possível a concessão de assistência judiciária gratuita ao réu citado por edital que, quedando-se revel, passou a ser defendido por Defensor Público na qualidade de curador especial, pois inexiste nos autos a comprovação da hipossuficiência da parte". Ao revés, o aresto paradigma perfilhou o entendimento de que "quando há a atuação da Defensoria Pública, há a presunção de hipossuficiência". Deve-se observar que se o réu é revel e está sendo assistido pela Defensoria Pública, a exigência do pagamento das custas processuais implica, na prática, a impossibilidade de interposição do recurso, uma vez que não se pode esperar tampouco exigir que o curador especial efetue o pagamento do preparo por sua conta. Aliás, não é essa a sua função. A Defensoria Pública tão somente tem o munus público de exercer a curadoria especial nos casos previstos em lei. Desse modo, tendo em vista os princípios do contraditório e da ampla defesa, o recurso interposto pela Defensoria Pública, na qualidade de curadora especial, está dispensado do pagamento de preparo."

Aplicação em concurso

- *(Cespe – Defensor Público Federal – DPF/2017) De acordo com o entendimento do STJ, apesar de ser função institucional do órgão, a função de curador especial é hipótese de atuação atípica, desvinculada da comprovação de pobreza pelo beneficiário, razão por que a DP faz jus a honorários advocatícios pelo seu exercício.*

  Gabarito: o item está errado.

- *(DP/PR – 2014 – UFPR) Com referência ao exercício da curadoria especial e ao pagamento de honorários, assinale a alternativa correta.*

  B) Na hipótese da atuação excepcional da Defensoria Pública no desempenho da função de curadoria especial para réu revel citado por hora certa, serão devidos honorários.

  Gabarito: o item está errado.

Em contrapartida, nos casos em que a Defensoria Pública não estiver devidamente instalada e o juízo fizer a nomeação de advogado particular para atuar como dativo na causa, serão devidos honorários ao causídico, a serem pagos pelo Estado respectivo ou pela parte sucumbente. Sobre o tema, confira-se manifestação do STJ:

> 2. São devidos honorários advocatícios pelo Estado ou pela parte sucumbente ao advogado que atuou como defensor dativo, em face da inexistência ou insuficiência da Defensoria Pública na região.
>
> 4. Agravo regimental a que se nega provimento.
>
> (AgRg no AREsp 596.849/PE, Rel. Min. Sérgio Kukina, 1ª Turma, julgado em 18/11/2014, DJe 24/11/2014)

> XVII – atuar nos **estabelecimentos policiais, penitenciários e de internação de adolescentes**, visando a assegurar às pessoas, sob quaisquer circunstâncias, o exercício pleno de seus direitos e garantias fundamentais; (Incluído pela Lei Complementar nº 132, de 2009).

1. **Atendimento junto ao sistema carcerário:** o inciso XVII determina que a Defensoria Pública deve atuar junto aos estabelecimentos policiais, penitenciário e de internação de adolescentes, para assegurar às pessoas o exercício de seus direitos e garantias fundamentais. Antes da LC nº 132/2009, o artigo 4º já previa como função institucional a atuação em estabelecimentos policiais e penitenciários (antigo inciso VIII). A novidade é a inclusão expressa dos estabelecimentos de internação de adolescentes. Além disso, foi incluído o § 11 ao artigo 4º para determinar que esses estabelecimentos devem possuir instalações adequadas para o atendimento jurídico dos presos e dos adolescentes internados, bem como prestar todas as informações e documentações sobre a situações daquelas pessoas. O objetivo de normatizar essa matéria é garantir ao defensor público as ferramentas necessárias para atender adequadamente seus assistidos. Vale lembrar a preocupação do legislador com a promoção dos direitos humanos, e o sistema carcerário é foco constante de violação desses direitos.

2. **Defensoria e acesso a autos de procedimento verificatório de entidade de atendimento socioeducativo – STJ:** o STJ enfrentou caso em que negado direito à acesso de autos de fiscalização de entidade de atendimento socioeducativo à Defensoria. O argumento para a

negativa foi no sentido de que o procedimento, apesar de tramitar no Judiciário, é administrativo e que a Defensoria não representava nenhum adolescente específico. O STJ refutou a tese e entendeu que a Defensoria deve ter acesso aos autos:

RECURSO EM MANDADO DE SEGURANÇA. DEFENSORIA PÚBLICA. PROMOÇÃO DOS DIREITOS HUMANOS E DEFESA DOS DIREITOS INDIVIDUAIS E COLETIVOS. ACESSO AOS AUTOS DE PROCEDIMENTO VERIFICATÓRIO. POSSIBILIDADE. RECURSO PROVIDO. 1- A Lei Complementar n. 80/94, ao estabelecer os objetivos da Defensoria Pública, elenca, dentre outros, a primazia da dignidade da pessoa humana e a prevalência e efetividade dos direitos humanos e, para tanto, indica, como função institucional, a promoção da difusão e da conscientização dos direitos humanos, da cidadania e do ordenamento jurídico, além da prestação de orientação jurídica e defesa dos necessitados, e, especificamente quanto ao tema em debate, o exercício da defesa dos interesses individuais e coletivos da criança e do adolescente e a atuação na preservação e reparação dos direitos de pessoas vítimas de tortura, abusos sexuais, discriminação ou qualquer outra forma de opressão ou violência, propiciando o acompanhamento e o atendimento interdisciplinar das vítimas (Arts. 3º e 4º).

Nessa linha, a despeito de a legislação não incluir, no rol de competências da Instituição, a atribuição para fiscalizar as unidades de internação, estabelece, expressamente, a função de atuar na preservação e na reparação dos direitos de pessoas vítimas de violência e opressão, do que decorre ser imperioso o acesso a informações decorrentes de registros de eventuais ocorrências que possam ensejar a sua atuação.

O art. 128 da LC 80/94 elenca como prerrogativa dos membros da Defensoria Pública dos Estados: VII - ter vista pessoal dos processos fora dos cartórios e secretarias, ressalvadas as vedações legais; e VIII - examinar, em qualquer repartição pública, autos de flagrantes, inquéritos e processos, assegurada a obtenção de cópias e podendo tomar apontamentos.

Na ausência de vedação legal, não há falar em impedimento de acesso da Defensoria Pública aos autos de Procedimento Verificatório instaurado para inspeção judicial e atividade correcional de unidade de execução de medidas socioeducativas, após relatos e denúncias de agressões sofridas pelos adolescentes internados e de outras irregularidades no processo ressocializador.

Recurso ordinário provido para garantir à Defensoria Pública o acesso aos autos do Procedimento Verificatório de n. 20/06. (RMS 52.271/SP, Rel. Ministro NEFI CORDEIRO, SEXTA TURMA, julgado em 19/06/2018).

Fazemos uma ressalva ao posicionamento do STJ. De acordo com a Corte Superior, a Defensoria não teria atribuição para fiscalizar unidade de internação. Todavia, o inciso em comento é enfático ao conferir à Defensoria a atuação "nos **estabelecimentos policiais, penitenciários e de internação de adolescentes, visando a assegurar às pessoas, sob quaisquer circunstâncias, o exercício pleno de seus direitos e garantias fundamentais**" Ora, se cabe à Defensoria assegurar os direitos e garantias fundamentais dos adolescentes internados, fica clara a possibilidade (*rectius,* necessidade) de fiscalização das entidades para que elas não deixem de observar os direitos constitucionais daqueles que estão em privação de liberdade.

XVIII – atuar na preservação e reparação dos direitos de pessoas **vítimas de tortura, abusos** sexuais, discriminação ou qualquer outra forma de opressão ou violência, propiciando o acompanhamento e o **atendimento interdisciplinar** das vítimas; (Incluído pela Lei Complementar nº 132, de 2009).

1. **Atuação junto a vítimas:** o inciso XVIII é novo e estabelece o dever da Defensoria Pública na preservação e reparação dos direitos das vítimas de tortura, abusos sexuais, discriminação, opressão e violência, através de acompanhamento e atendimento interdisciplinar. Para atender a essa função, a Defensoria Pública precisa dispor de profissionais de outras áreas do saber, como médicos e psicólogos, que prestem auxílio às vítimas. Diante da autonomia funcional e administrativa e de iniciativa de proposta orçamentária, compete à própria Defensoria Pública organizar seus quadros profissionais, que devem contemplar equipe de apoio para prestação dessa função.

Aplicação em concurso

- *(DP/PI – 2009 – Cespe) A atuação da DP na preservação e reparação dos direitos de pessoas vítimas de discriminação ou qualquer outra forma de opressão ou violência ocorre somente na ação de execução civil* ex delicto.

  Gabarito: o item está errado.

- *(DP/RS – 2011 – FCC) São funções institucionais da Defensoria Pública, dentre outras:*

IV. atuar na preservação e reparação das pessoas vítimas de tortura, abusos sexuais, discriminação ou qualquer outra forma de opressão ou violência, propiciando o acompanhamento e o atendimento interdisciplinar das vítimas;

Gabarito: o item está certo.

> XIX – atuar nos **Juizados Especiais;** (Incluído pela Lei Complementar nº 132, de 2009).
>
> XX – **participar**, quando tiver assento, dos **conselhos** federais, estaduais e municipais afetos às funções institucionais da Defensoria Pública, respeitadas as atribuições de seus ramos; (Incluído pela Lei Complementar nº 132, de 2009).

1. **Participação em conselhos afetos às funções institucionais:** o inciso XX determina que a Defensoria deve participar dos conselhos federais, estaduais e municipais afetos às suas funções institucionais, quando tiver assento. Mais importante do que participar, quando tiver é assento, é lutar para ter assento e voz nesses conselhos. Se há um conselho estadual ou federal sobre questões ligadas ao sistema carcerário, por exemplo, a Defensoria deve pleitear seu assento, pois é sua função atuar junto à população carcerária, especialmente no que se refere à promoção dos direitos humanos. Inclusive, a esse respeito, há disposição expressa no artigo 18, inciso VIII, que garante ao defensor público federal a participação, com direito de voz e voto, no Conselho Penitenciário.

> XXI – executar e receber as **verbas sucumbenciais decorrentes de sua atuação, inclusive** quando devidas por quaisquer **entes públicos**, destinando-as a fundos geridos pela Defensoria Pública e destinados, exclusivamente, ao aparelhamento da Defensoria Pública e à capacitação profissional de seus membros e servidores; (Incluído pela Lei Complementar nº 132, de 2009).

1. **Execução de honorários – posição do STJ e do STF:** o inciso XXI do artigo 4º determina que as verbas sucumbenciais decorrentes da atuação da Defensoria Pública são destinadas a um fundo específico destinado ao aparelhamento da Instituição e à capacitação de seus membros e servidores.

O dispositivo expressamente inclui a sucumbência devida por quaisquer entes públicos, o que incluiria, inclusive, o ente público de que faz parte a Defensoria. Em outras palavras, o dispositivo pretende contornar a jurisprudência do STJ, no sentido de que não há condenação em honorários quando o devedor é o próprio ente que custeia a Defensoria, em razão de confusão em credor e devedor. Ao determinar a destinação a um fundo específico, o inciso XXI buscar afastar a tese de confusão. Entretanto, a previsão legal não foi suficiente para mudar o entendimento do STJ, que o pacificou através de súmula, editada já à luz do novo regramento.

> **Súmula 421.** Os honorários advocatícios não são devidos à Defensoria Pública quando ela atua contra a pessoa jurídica de direito público à qual pertença.

A súmula também permite leitura *a contrario sensu*, de forma que são cabíveis honorários quando a Defensoria atua contra pessoa de direito público diversa daquela ao qual pertença. Exemplificando: a Defensoria Estadual recebe honorários quando atua contra o Município e a própria União (muito comum em ações previdenciárias contra o INSS quando a comarca não possui sede da Justiça Federal, pois nessas hipóteses o feito é julgado pela Justiça Estadual). Por sua vez, a Defensoria Pública da União recebe honorários na ação movida contra Estados e Municípios.

Ainda de acordo com a posição do STJ, a fixação de honorários também ocorre com as pessoas jurídicas de direito público da administração indireta pertencentes a entes diversos. Logo, no exemplo acima, a Defensoria Pública Estadual aufere honorários do INSS (autarquia) porque tal ente é Federal.

Diversa é a situação se a autarquia estadual é demandada pela Defensoria Estadual. O tópico abaixo trata do assunto.

A posição do STJ foi contrariada por decisão do plenário do STF que entendeu viável à Defensoria cobrar honorários mesmo que o devedor seja o mesmo ente ao qual se encontra "vinculado". O Pretório Excelso reconheceu que a autonomia da Instituição, com a edição de sucessivas Emendas Constitucionais, leva à conclusão de que não há que se falar no instituto da confusão no caso concreto.

Transcreve-se trecho da ementa:

> *Agravo Regimental em Ação Rescisória. 2.(...).* ***6. Honorários em favor da Defensoria Pública da União. Mesmo ente público. Condenação. Possibilidade após EC 80/2014****. (...)*
>
> *STF. Plenário. AR 1937, Rel. Min. Gilmar Mendes, julgado em 30/06/2017.*

Apesar da ementa ser bastante sucinta na parte que trata dos honorários, vemos no inteiro teor do voto que a questão foi expressamente analisada e debatida, conforme abaixo:

"Percebe-se, portanto, que, após as Emendas Constitucionais 45/2004, 74/2013 e 80/2014, houve mudança da legislação correlata à Defensoria Pública da União, permitindo a condenação da União em honorários advocatícios em demandas patrocinadas por aquela instituição de âmbito federal, diante de sua autonomia funcional, administrativa e orçamentária, cuja constitucionalidade foi reconhecida."

Até o fechamento dessa edição o STJ não havia se pronunciado sobre eventual alteração de seu entendimento por força da decisão do STF, mas a tendência é que a Corte Superior siga a posição do STF e, via de consequência, cancele o verbete sumular número 421.

Aplicação em concurso

- *(DP/AC – 2012 – Cespe) De acordo com o que dispõe a Lei Complementar nº 80/1994, é função da DP*

  C) executar e receber as verbas sucumbenciais decorrentes de sua atuação, exceto as devidas pelos entes públicos, e destiná-las a fundos geridos pela instituição.

  Gabarito: o item está errado.

- *(DP/ES – 2012 – Cespe) São devidos honorários advocatícios à DPE/ES quando esta atua contra município, ainda que este se localize no respectivo ente federativo, por haver compatibilidade lógica da obrigação.*

  Gabarito: o item está certo.

- *(DP/MS – 2014 – Vunesp) O Defensor Público*

  B) não faz jus aos honorários advocatícios quando atua contra a pessoa jurídica de direito público à qual pertença.

  Gabarito: o item está certo. [a questão foi elaborada antes do posicionamento do STF exposto acima].

- *(DP/PR – 2014 – UFPR) Com base na jurisprudência dos Tribunais Superiores, assinale a alternativa correta.*

  E) Serão devidos honorários à Defensoria Pública do Estado do Paraná na hipótese em que a mesma obtém condenação do Estado do Paraná a fornecer medicamentos a pessoa hipossuficiente.

  Gabarito: o item está errado. a questão foi elaborada antes do posicionamento do STF exposto acima.

- *(DP/PR – 2014 – UFPR) Com referência ao exercício da curadoria especial e ao pagamento de honorários, assinale a alternativa correta.*

  C) A Defensoria Pública estadual não faz jus a receber honorários de sucumbência decorrentes da condenação do município na ação por ela ajuizada em favor de necessitado, relativa ao fornecimento de medicamento, eis que se opera *in casu* o instituto da confusão entre credor e devedor.

  Gabarito: o item está errado.

- *(Cespe – Defensor Público – PR/2015) Julgue os itens a seguir, com base nas normas regentes da DP.*

  Caso a DP do estado de Pernambuco obtenha julgamento favorável em demanda contra o município de Recife, o valor referente à condenação em honorários advocatícios deverá ser revertido àquela instituição.

  Gabarito: A afirmação está certa.

2. **Cobrança de honorários de autarquia – posição do STJ:** a impossibilidade de cobrança de honorários da pessoa jurídica de direito público a que pertence a Defensoria Pública alcança também as autarquias. É o entendimento consolidado do STJ:

> Informativo nº 0498
>
> Período: 21 de maio a 1º de junho de 2012.
>
> Quinta Turma
>
> HONORÁRIOS ADVOCATÍCIOS. AUTARQUIA. DEFENSORIA PÚBLICA ESTADUAL.
>
> A Turma, em consonância com o exposto pela Corte Especial no julgamento do REsp 1.199.715-RJ, representativo de controvérsia, reafirmou o entendimento de não serem devidos honorários advocatícios à Defensoria Pública quando ela atua contra pessoa jurídica de direito público que integra a mesma Fazenda Pública. Dessa forma, deu-se parcial provimento ao recurso para reconhecer a impossibilidade de o recorrente ser condenado a pagar honorários advocatícios à Defensoria Pública estadual. REsp 1.102.459-RJ, Rel. Min. Adilson Vieira Macabu (Desembargador convocado do TJ-RJ), julgado em 22/5/2012.

Entretanto, como mencionado no item 1, é provável que o STJ altere sua jurisprudência em razão do decidido pelo plenário do STF, que contrariou a posição da Corte Superior.

3. **Sucumbência e condenação do particular ao pagamento de honorários:** quando a Defensoria Pública patrocina demanda em face de particular – pessoa física ou jurídica, inclusive permissionária ou concessionária de

serviço público, empresa pública e sociedade de economia mista –, a condenação em honorários ocorre conforme regulado pelo Código de Processo Civil. Os honorários não são pagos ao defensor público que atuou no processo, mas sim recolhidos a um fundo da Defensoria Pública, voltado para o aparelhamento da Instituição.

4. **Honorários advocatícios no exercício da curadoria especial – posição do STJ:** remete-se o leitor ao item 2 dos comentários ao inciso XVI do artigo 4º da Lei Complementar.

> XXII – convocar **audiências públicas** para discutir matérias relacionadas às suas funções institucionais. (Incluído pela Lei Complementar nº 132, de 2009).

Aplicação em concurso

- *(FCC – Defensor Público – DPE – ES/2016) No âmbito da atuação da Defensoria Pública em sede de tutela processual coletiva, tanto extrajudicial quanto judicialmente, considere:*

I. A Lei da Ação Civil Pública (Lei nº 7.347/1995) atribui legitimidade à Defensoria Pública para firmar termo de ajustamento de conduta.

II. A Lei Complementar nº 80/1994 reconhece expressamente a possibilidade de o Defensor Público convocar audiências públicas para discutir matérias relacionadas às suas funções institucionais.

III. A Lei Complementar nº 80/1994 reconhece expressamente como prerrogativa dos membros da Defensoria Pública requisitar de autoridade pública ou de agente privado exames, certidões, perícias, vistorias, diligências, processos, documentos, informações, esclarecimentos e providências necessárias ao exercício de suas atribuições.

IV. A Lei Complementar nº 80/1994 atribui expressamente legitimidade à Defensoria Pública para promover ação civil pública e todas as espécies de ações capazes de propiciar a adequada tutela dos direitos difusos, coletivos ou individuais homogêneos, desde que comprovada a carência econômica dos beneficiários de tal medida.

Está correto o que se afirma APENAS em

A) I e II.

B) II e IV.

C) I e III.

D) I, III e IV.

E) I, II e III.

Gabarito: letra A.

- *(DP/SE – 2012 – Cespe) Com base na Lei Complementar Federal n.º 80/1994, que dispõe sobre a organização da DP, assinale a opção correta.*

  E) É atribuição privativa do DPG federal convocar audiências públicas para a discussão de matérias relacionadas às suas funções institucionais.

  Gabarito: o item está errado.

- *(FCC – Defensor Público – CE/2014) Acerca dos meios extrajudiciais de solução de conflitos, é correto afirmar:*

  A) A atuação da Defensoria Pública restringe-se à orientação e atuação em processo administrativo.

  B) Eventual instrumento de transação ou conciliação referendado por Defensor Público vale como título executivo judicial.

  C) Cabe à Defensoria Pública convocar audiências públicas para discutir matérias relacionadas às suas funções institucionais.

  D) A atuação extrajudicial restringe-se à orientação jurídica do assistido, descabendo a participação da Defensoria Pública na elaboração de políticas públicas.

  E) Por falta de previsão legal e, portanto, de atribuição institucional, a Defensoria Pública não pode se valer da arbitragem como meio de solução de conflito.

  Gabarito: Letra C.

> § 1º (VETADO).
>
> § 2º As funções institucionais da Defensoria Pública serão exercidas **inclusive contra as Pessoas Jurídicas de Direito Público**.

1. **Patrocínio contra pessoas jurídicas de direito público:** não há qualquer óbice a que o defensor público patrocine demandas contra União, Distrito Federal, estados e municípios, e suas respectivas entidades da Administração Indireta. A função constitucional da Defensoria Pública é prestar assistência jurídica gratuita ao hipossuficiente (art. 5º, LXXIV e art. 134). Não há impedimentos ou limitações constitucionais em relação à propositura de demandas em face dos entes públicos. O fato de a Defensoria estar ligada administrativamente ao ente político não impede que desempenhe suas funções plenamente. Trata-se, também, de uma decorrência da autonomia funcional da Defensoria Pública.

   Vale à pena traçar um paralelo com a seguinte situação: um juiz de direito pode condenar o estado em um processo; da mesma forma, pode julgar improcedente um pedido feito em processo proposto por ente público. Disso ninguém duvida. No caso, tem-se o Poder Judiciário estadual condenando o Poder Executivo estadual. Embora se diga que são 'poderes' distintos, a rigor temos apenas um Poder, cujas funções são distribuídas entre três grupos distintos, legislativo, executivo e judiciário. É preciso ter claro que cada um exerce seu papel constitucional. Ao Judiciário, compete aplicar a lei ao caso concreto, julgar o conflito de interesses – seja em processo entre particulares, seja em processo que envolve um ente público.

Em relação à Defensoria Pública, a questão é semelhante. Sua função é prestar assistência jurídica ao hipossuficiente, no âmbito administrativo ou judicial, em face de particulares ou entes públicos.

Para evitar qualquer entendimento em contrário, o parágrafo segundo do artigo 4º dispõe expressamente sobre o tema.

Aplicação em concurso

- *(DP/SE – 2012 – Cespe) Com base na Lei Complementar Federal nº 80/1994, que dispõe sobre a organização da DP, assinale a opção correta.*

  D) As funções institucionais da DP devem ser exercidas exclusivamente em face das pessoas jurídicas de direito público.

  Gabarito: o item está errado.

- *(DP/MS – 2014 – Vunesp) O Defensor Público*

  A) está impedido de propor ação contra a Fazenda Pública que os remunere.

  Gabarito: o item está errado.

§ 3º (VETADO).

§ 4º O **instrumento de transação**, mediação ou conciliação referendado pelo Defensor Público valerá como **título executivo extrajudicial**, inclusive quando celebrado com a pessoa jurídica de direito público. (Incluído pela Lei Complementar nº 132, de 2009).

1. **Força de título executivo extrajudicial:** o referendo do defensor público dá força de título executivo extrajudicial ao instrumento de transação, mediação ou conciliação. Nesse sentido vide também o artigo 784, IV do CPC que repete a natureza de título extrajudicial à transação referendada pela Defensoria Pública.

Aplicação em concurso

- *(DP/RO – 2012 – Cespe) Acerca do poder de requisição do DP e das funções institucionais da DP, assinale a opção correta.*

  D) O dispositivo legal que confere a qualidade de título executivo extrajudicial ao instrumento de transação referendado pelo DP não se aplica aos acordos sobre alimentos, por representar direito indisponível.

  Gabarito: o item está errado.

- *(DP/SP – 2012 – FCC) Considere as afirmações abaixo, com base na Lei Orgânica Nacional da Defensoria Pública:*

  II. O instrumento de transação, mediação ou conciliação referendado pelo Defensor Público valerá como título executivo extrajudicial.

  Gabarito: o item está certo.

- *(DP/PR – 2014 – UFPR) À luz da LC 80/94, assinale a alternativa correta no que diz respeito à Defensoria Pública.*

  D) O instrumento de transação referendado pelo Defensor Público somente valerá como título executivo extrajudicial após sua homologação pelo Poder Judiciário.

  Gabarito: o item está errado.

> § 5º A assistência jurídica integral e gratuita custeada ou fornecida pelo Estado será exercida pela Defensoria Pública. (Incluído pela Lei Complementar nº 132, de 2009).
>
> § 6º A **capacidade postulatória** do Defensor Público decorre exclusivamente de sua nomeação e **posse no cargo** público. (Incluído pela Lei Complementar nº 132, de 2009).

1. **Capacidade postulatória:** o defensor público **não precisa de procuração** para atuar, exceto no que se refere aos poderes especiais (art. 44, XI, 97, XI e 128, XI). Para corroborar os dispositivos que já tratavam da matéria, foi inserido, ao artigo 4º, o § 6º, que esclarece que a capacidade postulatória do defensor público decorre de sua nomeação e posse no cargo público.

   Esse dispositivo também esclarece que o membro da Defensoria Pública não precisa estar vinculado à OAB para ter capacidade postulatória. O tema era controvertido e a OAB ingressou com a Ação Direta de Inconstitucionalidade 4636 impugnando o § 6º. O Pretório Excelso formou ampla maioria para julgar improcedente a ação ajuizada pela OAB. Foram pontuadas as diferenças entre a atuação da Defensoria e a da advocacia, sendo certo que em momento algum houve demérito à função do advogado. Até o fechamento dessa edição, apesar da maioria já formada, a decisão final não havia sido proferida em razão de um pedido de vista do Ministro Dias Toffoli.

2. **Defensoria Pública e OAB – posição do STJ**: no informativo 630 da Corte Superior ficou decidido que o art. 3º, § 1º, do Estatuto da Ordem dos Advogados do Brasil merece interpretação conforme a CF/88 para obstar a necessidade de inscrição na OAB dos membros das carreiras da Defensoria Pública (REsp 1.710.155-CE)..

   Confira-se o teor do informativo: "A princípio, observe-se que a Constituição de 1988 abordou expressamente a Defensoria Pública dentro das funções essenciais à Justiça, ao lado do Ministério Público, da Advocacia e da Advocacia Pública. Os Defensores Públicos exercem atividades de representação judicial e extrajudicial, de advocacia contenciosa e consultiva, o que se assemelha bastante à Advocacia, tratada em Seção à parte no texto constitucional. Tal semelhança, contudo, encerra nesse ponto. Há inúmeras peculiaridades que fazem com que a Defensoria Pública seja distinta da advocacia privada e, portanto, mereça tratamento diverso. Cabe observar que a carreira está sujeita a regime próprio e a estatutos específicos; submete-se à fiscalização disciplinar por órgãos próprios, e não pela OAB; necessita aprovação prévia em concurso público, sem a qual, ainda que possua inscrição na Ordem, não é possível exercer as funções do cargo, além de não haver necessidade da apresentação de instrumento do mandato em sua atuação. Ademais, a Constituição não previu a inscrição na OAB como exigência para exercício do Defensor Público. Ao revés, impôs outras restrições, como a vedação à advocacia privada. Dessarte, não deve se considerar exigível a inscrição na OAB, inclusive a suplementar (art. 9º, § 2º), uma vez que os membros dessas carreiras podem ser removidos de ofício e atuarem, consoante normativos internos dos respectivos órgãos federais, em mais de um Estado-membro, sem que para isso tenha concorrido espontaneamente.

Aplicação em concurso

- *(DP/MS – 2014 – Vunesp) Nos termos da Lei Complementar Federal nº 80/94, a capacidade postulatória do Defensor Público decorre*
  A) de inscrição nos quadros da OAB.
  B) da juntada de declaração de hipossuficiência.
  C) da publicação no Diário Oficial indicando a competência territorial de suas funções.
  D) exclusivamente de sua nomeação e posse no cargo público.

  Gabarito: letra D.

- *(UFG – Defensor Público – GO/2014) Com base na Lei Complementar Federal n. 132/2009, que alterou a Lei Complementar Federal n. 80/1994, fica estabelecido que*

  A) o *status* de Defensor Público depende de sua inscrição na Ordem dos Advogados do Brasil.

  B) a garantia de sentar-se à direita do juiz, em plano diferente do Ministério Público, é prerrogativa do membro da Defensoria Pública.

  C) a capacidade postulatória do Defensor Público decorre exclusivamente de sua nomeação e posse no cargo público.

  D) o instrumento de transação, mediação ou conciliação referendado pelo Defensor Público valerá como título executivo judicial.

  E) a assistência jurídica integral e gratuita será exercida pela Defensoria Pública ou por meio de convênio desta com a Ordem dos Advogados do Brasil.

  Gabarito: letra C.

Vale trazer à colação julgado do STJ dispensando procuração quando o Defensor Público atua na qualidade de assistente de acusação, conforme noticiado no informativo 555:

> **DIREITO PROCESSUAL PENAL. DISPENSA DE JUNTADA DE PROCURAÇÃO COM PODERES ESPECIAIS PELA DEFENSORIA PÚBLICA.**
>
> **Quando a Defensoria Pública atuar como representante do assistente de acusação, é dispensável a juntada de procuração com poderes especiais.** Isso porque o defensor público deve juntar procuração judicial somente nas hipóteses em que a lei exigir poderes especiais (arts. 44, XI, 89, XI, e 128, XI, da LC 80/1994). Ressalte-se que a Defensoria Pública tem por função institucional patrocinar tanto a ação penal privada quanto a subsidiária da pública, não havendo incompatibilidade com a função acusatória. Assim, nada impede que a referida instituição possa prestar assistência jurídica, atuando como assistente de acusação, nos termos dos arts. 268 e seguintes do CPP (HC 24.079-PB, Quinta Turma, DJ 29/9/2003). **HC 293.979-MG, Rel. Min. Gurgel de Faria, julgado em 5/2/2015, DJe 12/2/2015.**

§ 7º Aos membros da Defensoria Pública é garantido sentar-se **no mesmo plano do Ministério Público**. (Incluído pela Lei Complementar nº 132, de 2009).

1. **Defensoria Pública e Ministério Público no mesmo plano:** a LC nº 132/2009 inseriu o § 7º ao artigo 4º, para determinar que os membros da Defensoria Pública têm direito de se sentar no mesmo plano do Ministério Público. Aqui, é importante um esclarecimento, mais voltado para aqueles com pouca experiência no foro. Historicamente, o órgão de execução do Ministério Público se senta ao lado do juiz durante a audiência; o mesmo ocorre durante a sessão plenária do júri. No 2º grau de jurisdição, nas sessões de julgamento dos Tribunais, de igual modo, o membro do MP se senta ao lado do presidente do órgão fracionário. Nas últimas décadas, tem-se chamado a atenção para o significado simbólico dessa disposição geográfica da sala de audiência, notadamente no âmbito criminal. Embora o Ministério Público seja comumente visto como o fiscal da lei, é inegável que o papel desempenhado no âmbito criminal é de órgão de acusação. No Tribunal do Júri, sendo o MP um órgão de acusação e a Defensoria o órgão de defesa, nada mais correto do que sua colocação lado-a-lado, no mesmo plano. Ao membro do júri, leigo, sem formação jurídica, a percepção visual da figura do Ministério Público ao lado do juiz é bastante emblemática e significativa. Daí se advogar a tese de que o Ministério Público e a defesa, advocacia privada ou Defensoria Pública, devem sentar-se lado-a-lado.

O que antes não passava de mera exortação teórica, doutrinária, passou a figurar como dispositivo legal no Ordenamento Jurídico. A dificuldade agora é compatibilizar o § 7º do artigo 4º da Lei Orgânica da Defensoria Pública com o artigo 41, inciso XI da Lei Orgânica do Ministério Público (Lei nº 8.625/93), que estabelece, como prerrogativa do membro do Ministério Público, tomar assento à direita do juiz ou presidente do órgão do segundo grau.

A considerar o critério temporal de solução de antinomias, deve prevalecer o dispositivo mais recente, da LC nº 80/1994, trazido pela LC nº132/2009.

Entretanto, parece-nos que a interpretação mais conciliadora desses dispositivos seria através da distinção entre a atuação do Ministério Público como parte e como fiscal da lei, *custos legis*. Sendo parte, teria assento na mesa de audiência, no mesmo plano do defensor público ou advogado, pois as atuações de ambos são semelhantes – diametralmente opostas, um exerce ação; o outro, defesa. Sendo fiscal da lei, sentar-se-ia ao lado do juiz ou presidente do órgão de segundo grau. Destaca-se que a distinção entre atuação criminal e cível não atende ao que sugerimos aqui, pois em ambas as esferas de competência, é possível verificar a atuação do Ministério Público como parte e como fiscal da lei. No criminal, por exemplo, pode figurar exclusivamente como fiscal da lei quando a ação penal é privada. De igual modo, no cível, ora pode ser fiscal da lei, ora o próprio legitimado à propositura da demanda.

Aplicação em concurso

- *(Cespe – Defensor Público – PR/2015) Com base na Lei Complementar nº 80/1994, que organiza a DP, julgue os itens subsequentes.*

  Uma das garantias atribuídas ao defensor público é sentar-se no mesmo plano do MP, de modo que defesa e acusação sejam simbolicamente equiparadas. Esse fato tem levado vários tribunais a adequar suas salas de audiência, a fim de que se atenda ao dispositivo da LC nº 80/1994.

  Gabarito: A assertiva está certa.

> § 8º Se o Defensor Público entender **inexistir hipótese de atuação** institucional, dará imediata **ciência ao Defensor Público-Geral**, que decidirá a controvérsia, indicando, se for o caso, outro Defensor Público para atuar. (Incluído pela Lei Complementar nº 132, de 2009).

1. **Independência funcional:** o § 8º estabelece que o defensor público pode deixar de patrocinar os interesses da pessoa que o procura por perceber que não está enquadrada nas funções institucionais da Defensoria Pública. Trata-se de uma consequência natural de sua independência funcional. Caso entenda que não há espaço para atuação da Instituição, o defensor deve comunicar o fato ao Defensor Público-Geral, que referendará a decisão ou designará outro defensor público para atuar. Em respeito à independência funcional, o defensor que recusou a atuação não pode ser forçado a atender o assistido. É o que ocorre, por exemplo, quando o defensor público verifica que a pessoa não é necessitada.

   Por outro lado, nada impede que o assistido apresente fatos novos e peça a reapreciação do tema pelo Defensor que anteriormente recusou a demanda. Nessa hipótese, o Defensor reavaliará sua posição podendo mantê-la ou superá-la, sendo sempre resguardada a independência funcional.

Aplicação em concurso

- *(Defensoria do RJ – 2021 – banca própria) Bernardo procura a Defensoria Pública narrado profundo incômodo com barulhos provenientes do apartamento do seu vizinho, que tem filhos pequenos. Dizendo ser impossível qualquer solução conciliatória, Bernardo quer que o(a) Defensor(a) intente ação de obrigação de não fazer e danos morais. O(A) Defensor(a), depois de conversar bastante com Bernardo, conclui que as reclamações são exageradas e que a ação, acaso proposta, poderia revelar-se temerária e frívola, sobretudo no que diz respeito ao pedido de danos morais.*

- *Nessa situação:*

a) A prerrogativa de deixar de patrocinar a ação não poderia ter sido utilizada, vez que o pleito de Bernardo não afrontava dispositivo de lei ou precedente vinculante;

b) Cabe ao(à) Defensor(a) comunicar o fato ao Conselho Superior da Defensoria Pública, que, entendendo haver denegação de justiça, poderá indicar outro(a) Defensor(a) para ajuizar a demanda em nome de Bernardo;

c) Cabe ao(à) Defensor(a) comunicar o fato ao(à) Defensor(a) Público(a)-Geral, que, entendendo ter o pleito chances de êxito, deverá, ele(a) próprio(a), ajuizar a demanda em nome de Bernardo;

d) Cabe ao(à) Defensor(a) comunicar o fato à Corregedoria-Geral da Defensoria Pública, podendo Bernardo apresentar recurso administrativo, a ser apreciado pelo Conselho Superior da Defensoria Pública;

e) Caso não seja revista a recusa de atuação, Bernardo poderá retornar, posteriormente, alegando fatos novos que justifiquem a propositura da demanda, cumprindo à Defensoria examinar novamente a situação.

Gabarito: letra E

- **(Cespe – Defensor Público – DPE – PE/2018)** *Acerca das garantias conferidas aos defensores públicos estaduais, assinale a opção correta de acordo com a Lei Complementar n.° 80/1994 e suas alterações.*

A) Em nome da independência funcional, o defensor público está desobrigado de observar quaisquer normas administrativas do órgão que se relacionem ao exercício de suas atribuições, ainda que visem à regularidade e ao aperfeiçoamento das atividades.

B) A garantia da inamovibilidade não impede a remoção compulsória do defensor público por interesse público, com base em juízo de conveniência e oportunidade do defensor público-geral.

C) A garantia da independência funcional não afasta o dever do defensor público de comunicar de forma arrazoada ao defensor público-geral eventual recusa de patrocínio de ação judicial manifestamente incabível.

D) Após dois anos de exercício no cargo, não pode o defensor público perder o cargo senão por sentença judicial transitada em julgado, dado que lhe é garantida a vitaliciedade.

E) A garantia da irredutibilidade de vencimentos dos defensores públicos não alcança a verba salarial relacionada ao recebimento de honorários sucumbenciais a que fazem jus em razão do exercício de suas atribuições.

Gabarito: letra C.

- *(FCC – Defensor Público – DPE – SC/2017) Deixar de patrocinar a ação quando esta for manifestamente incabível ou inconveniente aos interesses da parte sob seu patrocínio, comunicando seus fundamentos ao Defensor Público Geral, caracteriza a prerrogativa do Defensor Público de*

A) independência hierárquica.

B) livre convencimento motivado.

C) independência funcional.

D) autonomia institucional.

E) autonomia administrativa.

Gabarito: letra C

- *(DP/RN – 2006) A Defensoria Pública poderá apurar a alegação de carência de seus assistidos.*
  Gabarito: o item está certo.

- *(Fundep – Defensor Público – MG/2014) Considere a situação em que um Defensor Público é procurado nas dependências da Defensoria Pública por um cidadão não necessitado nos termos da lei.*

A esse respeito, assinale a assertiva CORRETA.

A) O Defensor deve remetê-lo ao seu escritório de advocacia, desde que atue como advogado em outra área do Direito.

B) O Defensor deve negar o patrocínio da causa, obrigatoriamente comunicando o fato ao Defensor Público Geral.

C) O Defensor deve negar o patrocínio da causa, comunicando o fato ao Coordenador local.

D) O Defensor deve remetê-lo à seção local da Ordem dos Advogados do Brasil, independentemente de comunicação ao Corregedor-Geral da Defensoria Pública.

Gabarito: Letra B.

- *(FCC – Defensor Público – RS/2014) Defensor Público, no exercício de suas atividades, entende ser manifestamente inconveniente aos interesses da parte que lhe procurou a propositura da ação pretendida. Diante do caso concreto, considerando a garantia da independência funcional no desempenho de suas atribuições, deverá o Defensor Público*

A) requerer orientação à Corregedoria-Geral da Defensoria Pública do Estado, e, somente após, comunicar sua decisão ao Conselho Superior da Defensoria Pública do Estado.

B) enviar, no prazo de 15 (quinze) dias, justificativa ao Conselho Superior da Defensoria Pública do Estado, que deverá analisá-la na primeira reunião ordinária posterior ao protocolo.

C) enviar justificativa à Corregedoria-Geral da Defensoria Pública do Estado, expondo as razões pelas quais não irá patrocinar a causa.

D) comunicar as razões pelas quais não irá patrocinar a causa ao Defensor Público-Geral do Estado, a quem caberá decidir a controvérsia, indicando, se for o caso, outro Defensor Público para atuar.

E) requerer autorização para deixar de patrocinar a ação ao Defensor Público-Geral do Estado, que decidirá após a oitiva da Corregedoria-Geral da Defensoria Pública do Estado.

Gabarito: Letra D.

Na esfera criminal, o defensor público, ao verificar que o acusado não é hipossuficiente, pode realizar sua defesa e requerer ao juiz que arbitre honorários em favor da Instituição. É o que prevê o art. 236, p.ú. do CPP: *"O acusado, que não for pobre, será obrigado a pagar os honorários do defensor dativo, arbitrados pelo juiz."*

Aplicação em concurso

- *(DP/ES – 2006 – Cespe) Considere que Maria, uma rica empresária, tenha sido denunciada pela prática de estelionato, e que, recebida a denúncia, tenha sido iniciada a ação penal. Maria negou-se a contratar advogado para o patrocínio de sua defesa e, por determinação do juízo, os autos foram encaminhados à defensoria pública estadual. Nessa situação, o defensor público designado pode negar a atuação no feito, e, se aceitar o encargo, pode, ao final da demanda, postular a condenação da ré ao pagamento de honorários a serem arbitrados pelo juiz.*

  Gabarito: o item está certo.

> § 9º O **exercício do cargo** de Defensor Público é comprovado mediante **apresentação de carteira funcional** expedida pela respectiva Defensoria Pública, conforme modelo previsto nesta Lei Complementar, a qual valerá como documento de identidade e terá fé pública em todo o território nacional. (Incluído pela Lei Complementar nº 132, de 2009).

1. **Carteira funcional:** nos termos do § 9º do artigo 4º, a carteira funcional do defensor público é válida como documento de identidade em todo o território nacional. Trata-se da mesma validade destinada à carteira funcional do Ministério Público (Lei nº 8.625/93, art. 42).

> § 10. O **exercício do cargo** de Defensor Público é **indelegável e privativo** de membro da Carreira. (Incluído pela Lei Complementar nº 132, de 2009).

Aplicação em concurso

- *(DP/SE – 2012 – Cespe) Com base na legislação que trata da DP, assinale a opção correta.*

  D) Em face de circunstâncias urgentes ou em caso de coincidência de audiências ou sessão de julgamento, fica o DP autorizado a delegar o exercício das suas atribuições funcionais, *ad hoc*, a estagiários que atuem na DP.

  Gabarito: o item está errado.

> § 11. Os estabelecimentos a que se refere o inciso XVII do *caput* reservarão **instalações adequadas** ao atendimento jurídico dos presos e internos por parte dos Defensores Públicos, bem como a esses fornecerão apoio administrativo, prestarão as informações solicitadas e assegurarão acesso à documentação dos presos e internos, aos quais é assegurado o direito de entrevista com os Defensores Públicos. (Incluído pela Lei Complementar nº 132, de 2009).

1. **Entrevista reservada e inexistência do dever de requisição do preso – posição do STJ:** o Defensor Público deve atuar diuturnamente na defesa dos interesses do preso. Bem por isso, prevê-se a necessidade de oferecimento de instalações adequadas. Esse dispositivo está em consonância com a prerrogativa do defensor público de entrevistar-se reservadamente com o assistido (art. 44, VII). O Superior Tribunal de Justiça teve a oportunidade de se manifestar sobre hipótese em que o defensor público pleiteou ao juízo que o preso fosse requisitado antes da apresentação de defesa prévia. No entender da Corte Superior, o pedido não tem amparo jurídico, pois o defensor público tem o dever de atender o assistido inclusive com a ida ao estabelecimento penitenciário. Confira-se:

> 1. A pretensão de requisição de preso para entrevista pessoal com o defensor público, com a finalidade de subsidiar a elaboração da resposta à acusação, não encontra amparo nas normas processuais penais.
>
> 2. Não existe a obrigação de requisição do réu preso para a realização de entrevista reservada com seu defensor, antes da apresentação da defesa prévia. Desta forma, na impossibilidade de ser atendida a pretensão, cabe ao defensor promover o contato com o preso, inclusive se dirigindo à unidade carcerária respectiva. Aliás, a própria Lei Complementar n. 80/1994 determina que o defensor atue no estabelecimento onde se encontre o preso.
>
> 3. Consoante entendimento do Superior Tribunal de Justiça: Ainda que o tema fosse abordado sob a perspectiva principiológica, penso que

estariam em colisão o direito de o preso ser requisitado para comparecer à Defensoria Pública e o direito à segurança dos demais cidadãos. Isso sem mencionar os recursos que deverão ser destinados a tal fim. Assim, sob o prisma da proporcionalidade e da razoabilidade, em um juízo de ponderação, não há como acolher o pleito aqui formulado (HC 195.496, Ministro MARCO AURÉLIO BELLIZZE, 30/04/2012).

4. Recurso ordinário em *habeas corpus* improvido.

(RHC 52.972/RJ, Rel. Min. Walter de Almeida Guilherme (Des. Convocado do TJ/SP), 5ª Turma, julgado em 18/11/2014, DJe 26/11/2014)

2. **Aplicação subsidiária do Estatuto da Advocacia: até a 8ª edição dessa obra tínhamos o seguinte entendimento sobre o assunto:** *"o defensor público atua na assistência jurídica do hipossuficiente, prestando-lhe esclarecimentos técnicos e patrocinando-lhes demandas judiciais. É, pois, um advogado, se bem que público, tal como os procuradores dos entes públicos. Daí estar submetido também ao Estatuto da Advocacia (Lei nº 8.906/94) – naturalmente em matérias não disciplinadas por suas legislações específicas (LC 80/94 e legislações estaduais respectivas). A imposição de sanção disciplinar por um órgão não impede que outro venha a analisar a matéria, dentro de sua esfera de controle".*

   O presente tópico foi deixado nesta obra com objetivo histórico. Nesse particular, ressaltamos, como já exposto no início do livro, que a Emenda 80/2014 alterou substancialmente a noção de Defensoria Pública no âmbito constitucional, valendo notar que a Instituição, agora, possui seção própria dentro do Capítulo das Funções Essenciais à Justiça (antes da EC 80/2014 Defensoria e advocacia privada eram reguladas em uma só seção). Assim, entendemos que não há sujeição da Defensoria Pública ao EOAB, sendo necessário lembrar que ao Defensor Público é vedada a advocacia particular.[22]

> Art. 4º-A. São **direitos dos assistidos** da Defensoria Pública, além daqueles previstos na legislação estadual ou em atos normativos internos: (Incluído pela Lei Complementar nº 132, de 2009).

1. **Direitos dos assistidos:** a LC nº 132/2009 inseriu o artigo 4º-A à LC nº 80/1994 para elencar os direitos dos assistidos da Defensoria Pública.

---

22 Para análise aprofundada do tema vide ESTEVES, Diogo. ROGER, Franklyn. Princípios institucionais da Defensoria Pública. 2 ed. – rev., atual. e ampl. – Rio de Janeiro: Forense, 2017, p.128/137.

> I – a **informação** sobre: (Incluído pela Lei Complementar nº 132, de 2009).
>
> a) **localização e horário** de funcionamento dos órgãos da Defensoria Pública; (Incluído pela Lei Complementar nº 132, de 2009).
>
> b) a **tramitação dos processos** e os procedimentos para a realização de exames, perícias e outras providências necessárias à defesa de seus interesses; (Incluído pela Lei Complementar nº 132, de 2009).

1. **Direito de informação:** é dever da Defensoria Pública informar corretamente ao assistido a localização e o horário de funcionamentos dos órgãos da Defensoria Pública, bem como a forma de tramitação dos processos e procedimentos necessários à defesa de seus interesses. É preciso que as informações sejam transmitidas ao assistido em linguagem simples e acessível para que usuário dos serviços consiga entender como funciona a tutela de seu direito, onde pode ser atendido e em que horário. Atualmente a grande parte das Defensorias expõem essas informações pelo site institucional. Em algumas existe também uma linha direta. No Rio de Janeiro, por exemplo, o número 129 é amplamente utilizado pela população para receber informações sobre locais e horários de atendimento.

> II – a **qualidade e a eficiência** do atendimento; (Incluído pela Lei Complementar nº 132, de 2009).
>
> III – o direito de ter sua **pretensão revista no caso de recusa** de atuação pelo Defensor Público; (Incluído pela Lei Complementar nº 132, de 2009).

1. **Revisão de recusa a atendimento:** em decorrência de sua independência funcional, o defensor público pode, ao atender um assistido, verificar que não tem condições de lhe patrocinar os interesses, seja por falta de amparo jurídico à sua pretensão, seja por não se enquadrar o assistido no conceito de necessitado. A independência funcional é princípio expresso na LC nº 80/1994, que o prevê no artigo 3º e a ele faz referência em outras oportunidades, como no § 9º do artigo 4º.

   Ainda que o defensor público tenha firmado seu entendimento acerca da questão, o assistido tem direito de ver sua pretensão analisada novamente, conforme previsão do artigo 4º-A, inciso III. Quando o defensor público recusar o atendimento, deve-se fazer comunicação imediata ao Defensor Público-Geral para análise. Como destacado anteriormente, em respeito à independência funcional do profissional, se o Defensor Público-Geral entender que deve ser prestado o atendimento ao assistido, outro defensor deverá ser designado.

Aplicação em concurso

- *(DP/SP – 2010 – FCC) Entre as inovações advindas da reforma da Lei Orgânica Nacional da Defensoria Pública, promovida pela Lei Complementar Federal nº 132, de 07 de outubro de 2009, destaca-se:*

  A) Assegurou ao assistido da Defensoria Pública o direito de ter sua pretensão revista no caso de recusa de atuação pelo Defensor Público.

  B) Previu a participação no Conselho Superior do presidente da entidade de classe de maior representatividade dos membros da carreira, com direito a voto.

  C) Instituiu a Ouvidoria Geral no âmbito das Defensorias Públicas Estaduais, da União e do Distrito Federal.

  D) Garantiu a composição paritária do Conselho Superior, entre membros natos e eleitos.

  E) Assegurou maior autonomia à Corregedoria Geral da Defensoria Pública Estadual ao prever a nomeação do Corregedor Geral pelo Governador do Estado.

  Gabarito: letra A.

> IV – o patrocínio de seus direitos e interesses pelo **defensor natural;** (Incluído pela Lei Complementar nº 132, de 2009).

1. **Princípio do defensor natural:** o inciso IV prevê o direito do assistido ao patrocínio de seus interesses pelo defensor natural. Trata-se da consagração legal de princípio já há muito existente no âmbito do Ministério Público e tratado na Defensoria Pública apenas no plano doutrinário. Agora, deixa-se claro que a divisão de atribuições dos defensores públicos deve ser respeitada, sendo direito do assistido ter seus direitos tutelados por um defensor público previamente designado. A disposição legal é nova e não constava da legislação anterior.

   Os professores Nestor Távora e Rosmar Rodrigues Alencar tecem importantes considerações sobre o princípio do Defensor Público natural, vejamos:

> "A noção de princípio do defensor natural é inferida por analogia ao princípio do juiz natural, como também o foi o princípio do promotor natural. A ideia do defensor natural consiste na vedação de nomeação de defensor diverso daquele defensor público que tem atribuição legal para atuar na causa.
>
> Trata-se de uma proteção contra o arbítrio em razão da possibilidade de nomeação de defensor dativo por parte do juiz ou contra designações do defensor público geral que desatendam as normas que traçam as atribuições das defensorias públicas, cujos membros são revestidos de inamovibilidade"[23]

Quando se fala em Defensor natural estamos a dizer, na linha da lição doutrinária acima exposta, que não cabe ao juiz ou a qualquer outro agente público decidir qual Defensor fará a defesa do jurisdicionado. É princípio ligado diretamente à ampla defesa, consagrada constitucionalmente, que possui entre seus aspectos a possibilidade de escolha do profissional habilitado para atuar em juízo a favor dos interesses de certa pessoa. No caso da Defensoria, essa escolha já foi feita pela lei e pelas normas internas de cada Instituição que estipulam a atribuição de cada órgão que, por sua vez, é ocupado por um Defensor Público.

Quando estamos diante de parte patrocinada por advogado fica fácil enxergar o quão absurdo seria retirar a atuação do causídico legitimamente escolhido pela parte para colocar outro em seu lugar (com exceção das hipóteses de defesa deficiente no processo penal, caso em que o juiz deve intimar o réu para escolher outro profissional). Da mesma forma, quando um membro da Defensoria Pública atua no feito não cabe ao juiz, ao Defensor Público Geral ou a qualquer agente público retirá-lo arbitrariamente para nomear outro Defensor Público ou advogado dativo.

O STJ decidiu caso de suma relevância sobre o assunto. A hipótese fática consistia no seguinte: Defensor Público Federal havia comparecido à audiência criminal, sendo certo que réu e testemunhas não se faziam presentes. Tudo constou em ata de audiência. Ao término da audiência (que não se realizou) o Defensor deixou o recinto e foi realizar outra audiência. Nesse ínterim réu e testemunhas chegaram ao fórum. O Juiz do caso entendeu por bem em cancelar a ata anteriormente feita e nomear advogado dativo para acompanhar o ato, já que o Defensor Público tinha se ausentado.

---

23 TÁVORA, Nestor; ALENCAR, Rosmar Rodrigues. Curso de Direito Processual Penal. 9. ed. Salvador: Juspodivm, 2014, p. 74/75.

Após tomar conhecimento desses fatos, a Defensoria Pública da União pediu a nulidade da audiência com fundamento no princípio do Defensor natural, mas tanto o juízo de piso, quanto o Tribunal Regional Federal da 1ª Região entenderam que tal nulidade era inexistente.

O caso chegou ao STJ por meio do RHC 61.848, da Quinta Turma, tendo como Relator o Ministro Félix Fischer, cuja ementa se transcreve abaixo:

> RECURSO ORDINÁRIO EM **HABEAS CORPUS**. PROCESSUAL PENAL. DEFENSOR PÚBLICO NATURAL. DEFENSORIA PÚBLICA. NOMEAÇÃO DE ADVOGADO **AD HOC**. VIOLAÇÃO DO CONTRADITÓRIO E DA AMPLA DEFESA. NULIDADE PROCESSUAL RECONHECIDA. RECURSO PROVIDO.
>
> I – A Defensoria Pública é instituição permanente, essencial à função jurisdicional do Estado, incumbindo-lhe, como expressão e instrumento do regime democrático, fundamentalmente, a orientação jurídica, a promoção dos direitos humanos e a defesa, em todos os graus, judicial e extrajudicial, dos direitos individuais e coletivos, de forma integral e gratuita, aos necessitados, na forma do inciso LXXIV do art. 5º da Constituição Federal.
>
> II – **São direitos dos assistidos da Defensoria Pública**, além daqueles previstos na legislação estadual ou em atos normativos internos, **o patrocínio de seus direitos e interesses pelo defensor natural** (artigo 4º-A, IV, Lei Complementar nº 80/94).
>
> III – **Os Defensores Públicos não são advogados públicos, possuem regime disciplinar próprio e têm sua capacidade postulatória decorrente diretamente da Constituição Federal.**
>
> IV – Na linha da jurisprudência do eg. Supremo Tribunal Federal e desta eg. Corte, "*O Supremo Tribunal Federal firmou o entendimento de que é nulo o processo quando há nomeação de defensor dativo em comarcas em que existe Defensoria Pública estruturada, só se admitindo a designação de advogado **ad hoc** para atuar no feito quando não há órgão de assistência judiciária na comarca, ou se este não está devidamente organizado na localidade, havendo desproporção entre os assistidos e os respectivos defensores. Precedente*" (HC n.337.754/SC, **Quinta Turma**, Rel. Min. **Jorge Mussi,** DJe de 26/11/2015).
>
> V – No caso dos autos há violação dos princípios da ampla defesa, do contraditório e do defensor público natural, tendo em vista a nomeação de defensor **ad hoc** para realizar audiência de instrução e julgamento ao invés do Defensor Público Federal que já patrocinava a causa.
>
> VI – As pessoas assistidas pela Defensoria Pública são vulneráveis e deve ser assegurado seu direito de realizar **a audiência prévia, a orientação para o interrogatório e as perguntas que serão feitas para as**

testemunhas (realizadas pela defesa técnica) com seu Defensor Público natural.

Recurso ordinário em **habeas corpus** provido.

O acórdão acima é de extrema relevância para o correto entendimento acerca da atuação da Defensoria Pública. O julgado reconhece a natureza essencial da Instituição e afasta a fungibilidade entre os Defensores Públicos e os advogados dativos, de forma que só cabe a nomeação desse último na hipótese de ausência de Defensoria na Comarca ou quando sua atuação não for ampla o suficiente para atender todos os assistidos.

Outro ponto chave do acórdão diz respeito à diferença entre Defensor Público e Advogado Público, pois para esses o Estatuto da OAB seria aplicado, enquanto que para aqueles tal estatuto não seria cabível, considerando que a Defensoria Pública possui regulamentação própria.

Vale frisar que a atuação de advogado dativo e Defensor Público em situação de fungibilidade seria um grande desrespeito ao contribuinte, já que o Poder Público teria que pagar os honorários do advogado além do subsídio do Defensor. Realmente, não faz nenhum sentido aceitar tal fato!

O STJ reforçou esse entendimento em caso oriundo do Estado de Santa Catarina. Na hipótese, réu era patrocinado por advogado particular que, no entanto, deixou de comparecer à audiência. O juízo não intimou o acusado para constituir novo advogado e, **a despeito da existência de Defensor Público atuando perante a respectiva Vara**, nomeou advogado dativo. Vejamos a ementa do acórdão:

> *PROCESSUAL PENAL. HABEAS CORPUS SUBSTITUTIVO DE RECURSO ORDINÁRIO. NÃO CABIMENTO. NOMEAÇÃO DE ADVOGADO DATIVO. AUSÊNCIA DE CONSULTA AO RÉU. DEFENSOR PÚBLICO NATURAL. DEFENSORIA PÚBLICA. NOMEAÇÃO DE ADVOGADO AD HOC. VIOLAÇÃO DO CONTRADITÓRIO E DA AMPLA DEFESA. NULIDADE PROCESSUAL RECONHECIDA. HABEAS CORPUS NÃO CONHECIDO. ORDEM CONCEDIDA DE OFÍCIO. I.(...). II. É direito de todo réu, mesmo revel, constituir advogado de sua preferência. A precipitada nomeação automática de defensor dativo, no lugar do advogado constituído que não compareceu a audiência de instrução e julgamento, sem se tentar intimar o acusado, caracteriza nulidade, em princípio, insanável (precedentes). III. A Defensoria Pública é instituição permanente, essencial à função jurisdicional do Estado, incumbindo-lhe, como expressão e instrumento do regime democrático, fundamentalmente, a orientação jurídica, a promoção dos direitos humanos e a defesa, em todos os graus, judicial e extrajudicial, dos direitos individuais e coletivos, de forma integral e gratuita, aos necessitados, na*

forma do inciso LXXIV do art. 5º da Constituição Federal. IV. São direitos dos assistidos da Defensoria Pública, além daqueles previstos na legislação estadual ou em atos normativos internos, o patrocínio de seus direitos e interesses pelo defensor natural (artigo 4º-A, IV, Lei Complementar nº 80/94). V. No caso dos autos há violação dos princípios da ampla defesa, do contraditório e do defensor público natural, tendo em vista a nomeação de defensor ad hoc para realizar audiência de instrução e julgamento ao invés de tentar intimar o acusado para constituir novo advogado ou preterindo o Defensor Público Estadual com atribuição para atuar no juízo coator. Habeas corpus não conhecido. Concedo, todavia, a ordem de ofício, para anular o processo a partir da audiência realizada no dia 16 de outubro de 2014, para que se permita ao acusado constituir novo procurador e, em caso de inércia, seja intimada a Defensoria Pública Estadual para realizar a defesa do paciente. (STJ; HC 332.895; SC; Quinta Turma; Rel. Min. Felix Fischer;)

Portanto, diante do acima exposto percebe-se que o STJ reconhece validade ao princípio do Defensor Público natural e o utiliza para anular feitos em que tal princípio foi desrespeitado.

Aplicação em concurso

- *(DP/SE – 2012 – Cespe) Com base na legislação que trata da DP, assinale a opção correta.*

  C) O direito do assistido ao defensor natural, expresso na legislação, consiste na prévia designação de defensor para cuidar dos interesses do assistido, com base em normas objetivas, sem interferências internas ou externas.

  Gabarito: o item está certo.

- *(DP/DF – 2013 – Cespe) Julgue os itens seguintes, relativos aos princípios institucionais e às funções da DP/DF.*

  Por não estar explícito na CF ou na Lei Complementar nº 80/1994, o princípio do defensor natural não é aceito pela jurisprudência dos tribunais superiores, de modo que o assistido pode escolher, entre os DPs lotados na unidade de competência de atuação de sua causa, o que atuará em sua defesa.

  Gabarito: o item está errado.

- *(UFG – Defensor Público – GO/2014) De acordo com o artigo 4º-A, da Lei Complementar Federal n. 80/1994, os assistidos da Defensoria Pública têm direito*

  A) à informação, exceto em relação ao recurso em caso de recusa de atuação do Defensor Público, cujo processamento é sigiloso.

B) à participação na eleição do Ouvidor-Geral desse órgão de assistência.

C) ao patrocínio de seus direitos e interesses pelo defensor natural.

D) à atuação de advogado dativo, quando verificada a existência de interesses antagônicos ou colidentes entre destinatários de suas funções.

E) à participação na Sessão de Conselho Superior, desde que envolva processo de seu interesse.

Gabarito: letra C.

2. **Defensor natural em doutrina:** "O princípio do Defensor Público Natural assegura que o Defensor Público não seja afastado arbitrariamente dos casos em que deveria oficiar, em razão de atribuições pré-determinadas. Pressupõe, então, para sua aplicação prática, que o Defensor Público esteja legalmente investido no cargo, que exista o órgão de execução na estrutura organizacional da Defensoria Pública, que o membro da carreira esteja lotado no referido órgão por titularidade e inamovibilidade, e que haja a prévia definição legal das atribuições do órgão." (CORGOSINHO, Gustavo. *Defensoria Pública: princípios institucionais e regime jurídico.* Belo Horizonte: Dictum, 2009, p. 153.)

> V – a **atuação de Defensores Públicos distintos**, quando verificada a existência de interesses antagônicos ou colidentes entre destinatários de suas funções. (Incluído pela Lei Complementar nº 132, de 2009).

1. **Interesses colidentes:** em comarcas ou seções judiciárias menores, é comum que o número de defensores públicos no local seja pequeno – frequentemente, apenas um. Em tais localidades, muitas vezes ambas as partes envolvidas no litígio procuram o defensor público para tutelar seus interesses. Ocorre que o defensor não tem como prestar serviços a ambas as partes ou aconselhá-las, pois o atendimento da primeira pessoa que o procura lhe acarreta impedimento para a atuação subsequente (artigos 47, VI, 92, VI e 131, VI).

Por outro lado, o necessitado que procura o defensor público depois, com um interesse colidente, tem direito a ser representado pela Defensoria Pública. A fim de contornar essas situações, foi inserido o inciso V do artigo 4º-A para expressamente determinar a atuação de defensores distintos. Tal situação é chamada de "tabelamento", ou seja, o Defensor natural atua por uma das partes e outro Defensor, normalmente com atuação em local próximo, assume a defesa da outra parte.

Aplicação em concurso

- *(FUNDEP – Defensor Público – MG – 2019) São direitos dos assistidos da Defensoria Pública, exceto:*

  A) *O patrocínio de seus direitos e interesses pelo defensor natural.*

  B) *Recorrer administrativamente se houver negativa de atuação a seu favor, qualquer que seja o fundamento desta.*

  C) *Impossibilidade da exigência de documentos com firma reconhecida, quando assinados diante de servidor ou membro da Defensoria Pública.*

  D) *Ser atendido pela Instituição até a resolução da demanda apresentada, uma vez reconhecido inicialmente pela Defensoria Pública o seu caráter de necessitado.*

  Gabarito: letra D. Atenção: o enunciado pede o que NÃO é direito do assistido.

- *(DP/SE – 2012 – Cespe) Com base na legislação que trata da DP, assinale a opção correta.*

  A) O direito do assistido à atuação de DPs distintos, quando verificada a existência de interesses antagônicos ou conflitantes entre destinatários de suas funções, depende, nos termos expressos da legislação de regência, de decisão específica do DPG, em sede de conflito negativo de atribuições.

  Gabarito: o item está errado. O item está errado porque a assertiva não diz que os Defensores estão negando suas atribuições. O que existe é um interesse antagônico entre os assistidos.

- *(FCC – Defensor Público – CE/2014) São direitos dos assistidos da Defensoria Pública, EXCETO*

  A) a atuação de Defensor Público distinto sempre que outro já estiver atuando no caso em favor de outra parte.

  B) recurso contra o indeferimento de seu pedido de assistência jurídica, podendo o Defensor Público-Geral nomear outro Defensor para atuar, se for o caso.

  C) ser comunicado dos atos relevantes do processo e dos procedimentos para a realização de exames, perícias e outras providências necessárias, à defesa de seus direitos.

  D) a entrevista pessoal e reservada com os assistidos presos antes de qualquer audiência judicial e nos estabelecimentos prisionais, que deverão manter instalações adequadas para esse fim.

  E) a atuação plena do órgão de execução, dentro de suas atribuições, que deverá promover todas as medidas judiciais e extrajudiciais que entenda mais adequadas para a defesa dos direitos do assistido, mesmo contra pessoa jurídica de direito público.

Gabarito: letra A. A alternativa A está errada porque a atuação de Defensor Público distinto se vincula a interesses antagônicos dos assistidos. Logo, não é o simples fato de existirem duas partes que ocasionará o direito a Defensores distintos.

TÍTULO II
DA ORGANIZAÇÃO DA DEFENSORIA PÚBLICA DA UNIÃO

CAPÍTULO I
DA ESTRUTURA

Art. 5º A Defensoria Pública da União compreende:

I – órgãos de administração superior:

a) a Defensoria Pública-Geral da União;

b) a Subdefensoria Pública-Geral da União;

c) o Conselho Superior da Defensoria Pública da União;

d) a Corregedoria-Geral da Defensoria Pública da União;

II – órgãos de atuação:

a) as Defensorias Públicas da União nos Estados, no Distrito Federal e nos Territórios;

b) os Núcleos da Defensoria Pública da União;

III – órgãos de execução:

a) os Defensores Públicos Federais nos Estados, no Distrito Federal e nos Territórios. (Redação dada pela Lei Complementar nº 132, de 2009).

SEÇÃO I
DO DEFENSOR PÚBLICO-GERAL FEDERAL E DO SUBDEFENSOR PÚBLICO-GERAL FEDERAL

(Redação dada pela Lei Complementar nº 132, de 2009).

1. **Modificação de nomenclatura:** a Defensoria Pública da União mantém a mesma estrutura já consagrada desde a edição da LC nº 80/1994, mas o defensor público da união agora passa a ser designado de defensor público federal. Além disso, a nomenclatura atual do chefe da Defensoria Pública da União é Defensor Público-Geral Federal.

Art. 6º A Defensoria Pública da União tem por chefe o **Defensor Público-Geral Federal**, nomeado pelo **Presidente** da República, dentre **membros estáveis** da Carreira e maiores de **35** (trinta e cinco) **anos**, escolhidos em **lista tríplice** formada pelo voto direto, secreto, plurinominal e obrigatório de seus membros, após a **aprovação** de seu nome pela **maioria absoluta** dos membros do **Senado Federal**, para **mandato** de **2** (dois) **anos**, permitida uma **recondução**, precedida de **nova aprovação** do Senado Federal. (Redação dada pela Lei Complementar nº 132, de 2009).

§ 1º **(VETADO)**

§ 2º **(VETADO)**

1. **Defensor Público-Geral Federal – características:** o artigo 6º estabelece as características referentes ao ocupante do cargo maior da Defensoria Pública da União, o Defensor Público-Geral Federal.

Defensor Público-Geral

- integrante da carreira da Defensoria Pública da União
- membro estável da carreira
- idade superior a 35 anos
- formação de lista tríplice, pelo voto direto, secreto, plurinominal e obrigatório de seus membros
- nomeação pelo Presidente da República, dentre os três mais votados
- aprovação do nome pelo Senado, por maioria absoluta
- mandato de 2 anos
- direito a uma recondução, mediante nova aprovação pelo Senado

2. **Aprovação pelo Senado – constitucionalidade:** o art. 52, inciso III, alínea "f" da Constituição da República estabelece que compete ao Senado a aprovação de nomes para titulares de cargos determinados em lei. Nessa esteira, o art. 6º da Lei Complementar determinou que o nome escolhido pelo Presidente da República para o cargo de Defensor Público-Geral Federal seja aprovado pelo Senado. O dispositivo é constitucional.

Aplicação em concurso

- *(DP/GO – 2010 – Instituto Cidades) A Defensoria Pública da União tem por chefe*

A) o Defensor Público-Geral Federal, nomeado pelo Presidente da República, dentre membros estáveis da Carreira e maiores de 35 (trinta e cinco) anos, escolhidos em lista tríplice formada pelo voto direto, secreto, plurinominal e obrigatório de seus membros, após a aprovação de seu nome pela maioria absoluta dos membros do Senado Federal, para mandato de 2 (dois) anos, permitida uma recondução, precedida de nova aprovação do Senado Federal.

B) o Defensor Público-Geral Federal, nomeado pelo Presidente da República, dentre integrantes da carreira, maiores de 35 (trinta e cinco) anos, após a aprovação de seu nome pela maioria absoluta dos membros do Senado Federal, para mandato de 2 (dois) anos, permitida uma recondução.

C) o Defensor Público-Geral Federal, nomeado pelo Presidente da República, dentre integrantes da carreira e maiores de 30 (trinta) anos, após a aprovação de seu nome pela maioria absoluta dos membros do Senado Federal, para mandato de 2 (dois) anos, permitida uma recondução, precedida de nova aprovação do Senado Federal.

D) o Defensor Público-Geral Federal, nomeado pelo Presidente da República, dentre integrantes da carreira maiores de 30 (trinta) anos, após a aprovação de seu nome pela maioria absoluta dos membros do Senado Federal, para mandato de 2 (dois) anos, permitida a recondução.

E) o Defensor Público-Geral Federal, nomeado pelo Presidente da República dentre os Defensores Públicos da categoria mais elevada, maiores de 35 (trinta e cinco) anos, escolhidos pelos integrantes da carreira, em escrutínio direto e secreto e dispostos em lista tríplice pela ordem decrescente de votação, para um mandato de 2 (dois) anos, permitida uma recondução.

Gabarito: letra A.

3. **Foro por prerrogativa de função – inexistência:** o Defensor Público-Geral Federal não possui foro por prerrogativa de função.

Aplicação em concurso

- *(DP/ES – 2009 – Cespe) A Emenda Constitucional nº 45 assegurou ao defensor público geral da União o foro por prerrogativa de função perante o STF para conhecer, processar e julgar os crimes comuns e, perante o Senado Federal, nos delitos de responsabilidade, nos mesmos moldes estabelecidos para o procurador-geral da República e o advogado-geral da União.*

Gabarito: o item está errado. Observação: a questão foi elaborada antes da LC nº 132/2009. Atualmente o chefe da Defensoria Pública da União recebe a denominação de Defensor Público-Geral Federal.

> Art. 7º O Defensor Público-Geral Federal será **substituído**, em suas faltas, impedimentos, licenças e férias, pelo **Subdefensor Público-Geral Federal**, nomeado pelo Presidente da República, dentre os integrantes da **Categoria Especial da Carreira**, escolhidos pelo Conselho Superior, para mandato de 2 (dois) anos. (Redação dada pela Lei Complementar nº 132, de 2009).
>
> **Parágrafo único.** A União poderá, segundo suas necessidades, ter mais de um Subdefensor Público-Geral Federal. (Redação dada pela Lei Complementar nº 132, de 2009).
>
> Art. 8º São **atribuições do Defensor Público-Geral**, dentre outras:
>
> I – dirigir a Defensoria Pública da União, superintender e coordenar suas atividades e orientar-lhe a atuação;
>
> II – representar a Defensoria Pública da União judicial e extrajudicialmente;
>
> III – velar pelo cumprimento das finalidades da Instituição;
>
> IV – **integrar**, como **membro nato**, e presidir o **Conselho Superior** da Defensoria Pública da União;
>
> V – submeter ao Conselho Superior proposta de criação ou de alteração do Regimento Interno da Defensoria Pública-Geral da União; (Redação dada pela Lei Complementar nº 132, de 2009).

1. **Regimento interno da Defensoria Pública da União:** a redação original da LC nº 80/1994 previa que cabia ao Defensor Público-Geral baixar o Regimento Interno da Instituição (art. 8º, inciso V). Dentre as alterações promovidas pela LC nº 132/2009, foi alterado esse dispositivo para prever que o Defensor Público-Geral submete a proposta de criação ou alteração do Regimento da Defensoria Pública ao Conselho Superior.

> VI – **autorizar os afastamentos** dos membros da Defensoria Pública da União;
>
> VII – **estabelecer a lotação** e a distribuição dos membros e dos servidores da Defensoria Pública da União;
>
> VIII – **dirimir conflitos de atribuições** entre membros da Defensoria Pública da União, com recurso para seu Conselho Superior

1. **Conflito de atribuições entre defensores públicos da mesma Instituição:** compete ao Defensor Público-Geral dirimir conflitos de atribuições entre defensores públicos da mesma Instituição, ou seja, o Defensor Público-Geral Federal decide conflitos de atribuições entre defensores públicos federais (art. 8º, VIII).

   O conflito de atribuições entre defensores públicos de diferentes Instituições (ex.: Defensoria Pública União e do Estado) é julgado pelo Superior Tribunal de Justiça, conforme previsão constitucional (CR, art. 105, inc. I, alínea "g").

Aplicação em concurso

- *(DP/PI – 2009 – Cespe) A lei complementar federal preceitua expressamente que, existindo conflito de atribuições entre membros da Defensoria Pública Federal e da Defensoria Pública do Distrito Federal e dos Territórios, o DPG federal deve solucioná-lo, cabendo, contra a solução dada, recurso para o Conselho Superior.*

  Gabarito: o item está errado.

IX – proferir **decisões nas sindicâncias** e processos administrativos disciplinares promovidos pela Corregedoria-Geral da Defensoria Pública da União;

X – **instaurar processo disciplinar** contra membros e servidores da Defensoria Pública da União, por recomendação de seu Conselho Superior;

XI – abrir concursos públicos para ingresso na carreira da Defensoria Pública da União;

XII – **determinar correições extraordinárias**;

XIII – praticar atos de gestão administrativa, financeira e de pessoal;

XIV – **convocar o Conselho Superior** da Defensoria Pública da União;

XV – designar membro da Defensoria Pública da União para exercício de suas atribuições em órgão de atuação diverso do de sua lotação ou, em caráter excepcional, perante Juízos, Tribunais ou Ofícios diferentes dos estabelecidos para cada categoria;

1. **Designação de membro da DPU:** é atribuição do Defensor Público-Geral Federal a designação de membro da Instituição para exercício em órgão diverso de sua lotação ou em juízo, tribunais ou ofícios diferentes dos de sua categoria. É o que estabelece o art. 8º, inciso XV.

Aplicação em concurso

- *(DPU – 2007 – Cespe) É atribuição do Defensor Público-Geral da União, e não do Conselho Superior da instituição, designar membro da DPGU para exercício de suas atribuições em órgão de atuação diverso do de sua lotação ou, em caráter excepcional, perante juízos, tribunais ou ofícios diferentes dos estabelecidos para cada categoria.*

  Gabarito: o item está certo.

> XVI – **requisitar de qualquer autoridade pública** e de seus agentes, certidões, exames, perícias, vistorias, diligências, processos, documentos, informações, esclarecimentos e demais providências necessárias à atuação da Defensoria Pública;
>
> XVII – **aplicar a pena da remoção compulsória**, aprovada pelo voto de dois terços do Conselho Superior da Defensoria Pública da União, assegurada ampla defesa;

1. **Remoção compulsória:** a pena de remoção compulsória é aplicada pelo Defensor Público-Geral, sendo necessária a aprovação pelo Conselho Superior da Defensoria Pública, pelo voto de dois terços de seus membros, sendo assegurada a ampla defesa, conforme previsão do artigo 8º, inciso XVII.

Aplicação em concurso

- *(DP/ES – 2009 – Cespe) A remoção dos defensores públicos será feita a pedido ou por permuta, sempre entre membros da mesma categoria da carreira. Ressalva a lei de regência a possibilidade de remoção compulsória, assegurada ampla defesa em processo administrativo disciplinar, a ser aplicada por ato do defensor público geral, sem necessidade de manifestação do Conselho Superior.*

  Gabarito: o item está errado.

> XVIII – delegar atribuições a autoridade que lhe seja subordinada, na forma da lei.
>
> XIX – **requisitar força policial** para assegurar a incolumidade física dos membros da Defensoria Pública da União, quando estes se encontrarem ameaçados em razão do desempenho de suas atribuições institucionais; (Incluído pela Lei Complementar nº 132, de 2009).

1. **Requisitar força policial:** compete ao Defensor Público-Geral requisitar força policial para assegurar a incolumidade física dos defensores públicos ameaçados em razão do exercício de suas funções (art. 8º, inc. XIX).

Aplicação em concurso

- *(DP/SE – 2012 – Cespe) Em relação às atribuições e ao poder de requisição do DP, assinale a opção correta.*

A) A competência para requisitar força policial com o escopo de assegurar a incolumidade física dos membros da DPU ameaçados em razão do desempenho de suas atribuições institucionais é do DPG.

Gabarito: o item está certo.

XX – **apresentar plano de atuação** da Defensoria Pública da União ao Conselho Superior. (Incluído pela Lei Complementar nº 132, de 2009).

1. **Apresentação de plano de atuação da DPU:** o inciso XX do artigo 8º estabelece que compete ao Defensor Público-Geral Federal apresentar ao Conselho Superior o plano de atuação da Instituição. Esse plano deve ser elaborado de modo a atender os objetivos da Defensoria Pública, previstos no artigo 3º-A.

Parágrafo único. Ao Subdefensor Público-Geral Federal, além da atribuição prevista no art. 7º desta Lei Complementar, compete: (Redação dada pela Lei Complementar nº 132, de 2009).

I – auxiliar o Defensor Público-Geral nos assuntos de interesse da Instituição;

II – desincumbir-se das tarefas e delegações que lhe forem determinadas pelo Defensor Público-Geral.

SEÇÃO II
DO CONSELHO SUPERIOR DA DEFENSORIA PÚBLICA DA UNIÃO

1. **Conselho Superior:** trata-se do órgão da Defensoria Pública responsável, dentre outras tarefas, por exercer seu poder normativo. As principais decisões acerca das missões institucionais da Defensoria são tomadas por este órgão.

Art. 9º A **composição do Conselho Superior** da Defensoria Pública da União deve incluir obrigatoriamente o Defensor Público-Geral Federal, o Subdefensor Público-Geral Federal e o Corregedor-Geral Federal, como **membros natos**, e, **em sua maioria**, **representantes** estáveis da Carreira, 2 (dois) por categoria, **eleitos** pelo voto direto, plurinominal, obrigatório e secreto de todos integrantes da Carreira. (Redação dada pela Lei Complementar nº 132, de 2009).

1. **Composição do Conselho Superior:** é composto de **membros natos e membros eleitos**, sendo estes a maioria. Os natos são o Defensor Público-Geral, o Subdefensor Público-Geral e o Corregedor-Geral. Vale lembrar que pode haver mais de um Subdefensor Público-Geral, conforme a necessidade das atribuições da carreira (art. 7º, parágrafo único). Em número superior ao de membros natos, devem ser eleitos dois defensores públicos de cada categoria, dentre membros estáveis, eleitos por voto direto, plurinominal, obrigatório e secreto de todos os integrantes da carreira. São elegíveis membros que não estejam afastados da carreira, para mandato de dois anos, permitida uma reeleição.

Membros	Composição	Características/Base legal
Natos	Defensor Público-Geral, Subdefensor Público-Geral e Corregedor-Geral	O Defensor Público-Geral exerce a presidência, tem voto de membro e de qualidade, exceto para assunto de remoção e promoção (art. 9º, § 1º) Pode haver mais de um Subdefensor Público-Geral (art. 7º, p.ú.)
Eleitos	Dois defensores públicos de cada categoria, em número superior ao de membros natos	São eleitos por voto direto, plurinominal, obrigatório e secreto de todos os membros da Instituição, para mandato de 2 anos, permitida uma reeleição (art. 9º, *caput* e § 4º).

§ 1º O Conselho Superior é **presidido pelo Defensor Público-Geral**, que, além do seu **voto** de membro, tem o **de qualidade**, **exceto** em matéria de **remoção e promoção**, sendo as deliberações tomadas por maioria de votos.

§ 2º As eleições serão realizadas em conformidade com as instruções baixadas pelo Defensor Público-Geral.

§ 3º Os membros do Conselho Superior são eleitos para mandato de dois anos, mediante voto nominal, direto e secreto.

§ 4º São **elegíveis** os Defensores Públicos Federais que **não** estejam **afastados** da Carreira, para mandato de 2 (dois) anos, permitida 1 (uma) reeleição. (Redação dada pela Lei Complementar nº 132, de 2009).

1. **Revogação tácita do § 3º do artigo 9º:** a LC nº 132/2009 alterou a forma de composição do Conselho Superior, através da alteração do *caput* e do § 4º. Não houve revogação expressa do § 3º, que prevê que *"os membros do Conselho Superior são eleitos para mandato de dois anos, mediante voto nominal, direto e secreto."* Entretanto, esse dispositivo está revogado, porque a matéria já foi disciplinada de forma exaustiva no artigo 9º *caput* e § 4º. Assim, o voto não é nominal, mas sim plurinominal (art. 9º, caput). Isso quer dizer que o eleitor vota em mais de um nome ao mesmo tempo. Além disso, o mandato é de 2 anos, permitida uma recondução (artigo 9º, § 4º).

§ 5º São suplentes dos membros eleitos de que trata o caput deste artigo os demais votados, em ordem decrescente.

§ 6º Qualquer membro, exceto os natos, pode desistir de sua participação no Conselho Superior, assumindo, imediatamente, o cargo, o respectivo suplente.

Art. 10. Ao Conselho Superior da Defensoria Pública da União **compete**:

I – exercer o **poder normativo** no âmbito da Defensoria Pública da União;

1. **Função normativa:** compete ao Conselho Superior da Defensoria Pública – seja da União, do Distrito Federal e Territórios ou dos estados – o poder normativo da Instituição, conforme previsto no art. 10, inciso I.

Aplicação em concurso

- *(DP/SP – 2006 – FCC) O poder normativo no âmbito da Defensoria Pública é exercido:*

  E) pelo Conselho Superior.

  Gabarito: o item está certo.

II – **opinar**, por solicitação do Defensor Público-Geral, sobre matéria pertinente à **autonomia funcional e administrativa** da Defensoria Pública da União;

1. **Manifestação sobre autonomia funcional e administrativa:** é competência do Conselho Superior da Defensoria Pública, em qualquer esfera política – art. 10, inciso II.

Aplicação em concurso

- *(DP/SP – 2007 – FCC) Decidir sobre matéria relativa à autonomia funcional e administrativa da Defensoria Pública é competência:*

  D) do Conselho Superior.

  Gabarito: o item está certo.

III – **elaborar lista tríplice** destinada à **promoção por merecimento**;

IV – **aprovar a lista de antiguidade** dos membros da Defensoria Pública da União e decidir sobre as reclamações a ela concernentes;

V – **recomendar** ao Defensor Público-Geral a **instauração de processo disciplinar** contra membros e servidores da Defensoria Pública da União;

VI – conhecer e **julgar recurso contra decisão em processo administrativo disciplinar**;

VII – decidir sobre **pedido de revisão de processo administrativo disciplinar**;

VIII – decidir acerca da **remoção voluntária** dos integrantes da carreira da Defensoria Pública da União;

IX – decidir sobre a **avaliação do estágio probatório** dos membros da Defensoria Pública da União, submetendo sua decisão à homologação do Defensor Público-Geral;

1. **Avaliação de estágio probatório:** é atribuição do Conselho Superior decidir sobre a avaliação de estágio probatório dos defensores públicos, sendo sua decisão homologada pelo Defensor Público-Geral.

Aplicação em concurso

- *(DP/RN – 2006) Assinale a alternativa incorreta:*

  B) Compete ao Defensor Público Geral do Estado decidir sobre a avaliação do estágio probatório dos defensores públicos e demais servidores da Defensoria, submetendo a decisão à homologação pelo Conselho Superior da Defensoria Pública.

  Gabarito: o item está errado.

X – decidir acerca da **destituição do Corregedor-Geral**, por voto de dois terços de seus membros, assegurada ampla defesa;

XI – deliberar sobre a organização de concurso para ingresso na carreira e designar os representantes da Defensoria Pública da União que integrarão a Comissão de Concurso;

XII – organizar os concursos para provimento dos cargos da Carreira de Defensor Público Federal e editar os respectivos regulamentos; (Redação dada pela Lei Complementar nº 132, de 2009).

XIII – **recomendar correições extraordinárias**;

1. **Recomendação de correições extraordinárias:** o inciso XIII do artigo 10 prevê como atribuição do Conselho Superior a recomendação de correições extraordinárias.

XIV – **indicar os 6** (seis) **nomes** dos membros da classe mais elevada da Carreira para que o Presidente da República nomeie, dentre esses, o **Subdefensor Público-Geral Federal** e o **Corregedor-Geral** Federal da Defensoria Pública da União; (Redação dada pela Lei Complementar nº 132, de 2009).

XV – editar as normas regulamentando a eleição para Defensor Público-Geral Federal. (Incluído pela Lei Complementar nº 132, de 2009).

Parágrafo único. As decisões do Conselho Superior serão motivadas e publicadas, salvo as hipóteses legais de sigilo.

1. **Regimento da eleição para Defensor Público-Geral:** a LC nº 132/2009 incluiu o inciso XV do artigo 10, que prevê a atribuição do Conselho Superior de editar normas para regular a eleição para Defensor Público-Geral.

SEÇÃO III
DA CORREGEDORIA-GERAL DA DEFENSORIA PÚBLICA DA UNIÃO

Art. 11. A **Corregedoria-Geral** da Defensoria Pública da União é órgão de fiscalização da atividade funcional e da conduta dos membros e dos servidores da Defensoria Pública da União.

1. **Corregedoria-Geral:** a função da Corregedoria-Geral é fiscalizar a atividade dos membros da Defensoria Pública. Trata-se de um órgão de controle da Instituição.

Art. 12. A Corregedoria-Geral da Defensoria Pública da União é exercida pelo **Corregedor-Geral, indicado** dentre os integrantes da **classe mais elevada da carreira** pelo Conselho Superior e **nomeado pelo Presidente** da República para **mandato de dois anos**.

Parágrafo único. O Corregedor-Geral poderá ser destituído, antes do término do mandato, por proposta do Defensor Público-Geral, pelo voto de dois terços dos membros do Conselho Superior, assegurada ampla defesa.

1. **Nomeação do Corregedor-Geral:** o art. 12 estabelece o modo de escolha do Corregedor-Geral da Defensoria Pública da União. O dispositivo deve ser lido em consonância com o art. 10, inc. XIV, que elenca as atribuições do Conselho Superior. A este órgão, compete indicar 6 nomes de membros da mais alta classe da carreira, que serão encaminhados ao Presidente da República para escolha do Subdefensor-Público Geral e do Corregedor-Geral.

   A nomeação do Corregedor-Geral lhe concede mandato pelo período de 2 anos, mas pode haver sua destituição pelo voto de dois terços dos membros do Conselho Superior, a partir de proposta do Defensor Público-Geral – naturalmente assegurada a ampla defesa no processo administrativo.

Aplicação em concurso

- *(DPU – 2010 – Cespe) O Corregedor-Geral da Defensoria Pública da União é nomeado pelo presidente da República, por proposta do defensor público-geral, e, pelo princípio do paralelismo das formas, apenas o presidente pode destituí-lo do cargo antes do término do mandato.*

  Gabarito: o item está errado.

Art. 13. À Corregedoria-Geral da Defensoria Pública da União **compete**:

I – **realizar correições e inspeções** funcionais;

II – sugerir ao Defensor Público-Geral o afastamento de Defensor Público que esteja sendo submetido a correição, sindicância ou processo administrativo disciplinar, quando cabível;

III – propor, fundamentadamente, ao Conselho Superior a suspensão do estágio probatório de membros da Defensoria Pública da União;

IV – **receber e processar as representações** contra os membros da Defensoria Pública da União, encaminhando-as, com parecer, ao Conselho Superior;

V – apresentar ao Defensor Público-Geral, em janeiro de cada ano, relatório das atividades desenvolvidas no ano anterior;

VI – **propor a instauração de processo disciplinar** contra membros da Defensoria Pública da União e seus servidores;

1. **Proposição de instauração de processo disciplinar:** dentre as atribuições da Corregedoria está a de propor a instauração de processo disciplinar contra membros e servidores da Defensoria Pública (art. 13, VI). Após proposta da Corregedoria, a abertura do processo disciplinar é atribuição do Defensor Público-Geral (art. 8º, X). Essa mesma atribuição foi dada também ao Conselho Superior da Defensoria Pública da União (art. 10, V).

VII – **acompanhar o estágio probatório** dos membros da Defensoria Pública da União;

VIII – **propor a exoneração** de membros da Defensoria Pública da União que não cumprirem as condições do estágio probatório.

SEÇÃO IV
DA DEFENSORIA PÚBLICA DA UNIÃO NOS ESTADOS, NO DISTRITO FEDERAL E NOS TERRITÓRIOS

Art. 14. A Defensoria Pública da União atuará nos Estados, no Distrito Federal e nos Territórios, junto às Justiças Federal, do Trabalho, Eleitoral, Militar, Tribunais Superiores e instâncias administrativas da União.

1. **Esfera de atuação da Defensoria Pública da União:** é importante observar o art. 14, que delimita o campo de atuação da Defensoria Pública da União.

Defensoria Pública da União:
- Justiça Federal
- Justiça do Trabalho
- Justiça Eleitoral
- Justiça Militar
- Tribunais Superiores
- Instâncias administrativas da União

Aplicação em concurso

- *(DPU – 2007 – Cespe) Compete aos defensores públicos da União, e não aos defensores estaduais, prestar assistência jurídica perante as juntas eleitorais.*

  Gabarito: o item está certo.

> § 1º A Defensoria Pública da União deverá **firmar convênios** com as Defensorias Públicas dos Estados e do Distrito Federal, para que estas, em seu nome, atuem junto aos órgãos de primeiro e segundo graus de jurisdição referidos no *caput*, no desempenho das funções que lhe são cometidas por esta Lei Complementar. (Parágrafo incluído pela LCP nº 98, de 3.12.1999)
>
> § 2º Não havendo na unidade federada Defensoria Pública constituída nos moldes desta Lei Complementar, é autorizado o convênio com a entidade pública que desempenhar essa função, até que seja criado o órgão próprio. (Parágrafo incluído pela LCP nº 98, de 3.12.1999)

1. **Convênios:** o corpo de defensores públicos da União está aquém do necessário para prestar plenamente suas atribuições em todo o país – como sói ocorrer também com os quadros das Defensorias Públicas estaduais. Ciente dessa situação, a solução legislativa foi possibilitar a criação de convênios entre a Defensoria Pública da União e as Defensorias Públicas estaduais e do Distrito Federal, para que estas atuem em nome daquela (art. 14, § 1º). Além disso, se o estado-membro sequer possui Defensoria

Pública organizada[24], a parceria pode ser firmada com entidade pública que desempenhe a função de assistência jurídica gratuita.

Aplicação em concurso

- *(DPU – 2004 – Cespe) Se a DPU firmasse convênio com a Defensoria Pública do Estado do Pará para que os defensores públicos estaduais atuassem em nome da DPU junto a determinados órgãos jurisdicionais de primeiro e segundo graus de jurisdição, esse convênio seria nulo porque não podem ser delegadas, por via contratual, competências fixadas em lei.*

  Gabarito: o item está errado.

§ 3º A prestação de assistência judiciária pelos órgãos próprios da Defensoria Pública da União dar-se-á, **preferencialmente**, perante o Supremo Tribunal Federal e os Tribunais superiores. (Parágrafo incluído pela LCP nº 98, de 3.12.1999)

1. **Atuação junto aos Tribunais Superiores – precípua, não exclusiva – posição do STJ:** o parágrafo 3º estabelece que a Defensoria Pública da União deve atuar precipuamente perante os tribunais Superiores – Supremo Tribunal Federal, Superior Tribunal de Justiça, Tribunal Superior do Trabalho, Tribunal Superior Eleitoral e Superior Tribunal Militar.

   Compete à Defensoria Pública da União o acompanhamento de recursos interpostos pelas Defensorias Públicas estaduais aos Tribunais Superiores, devendo ser intimada acerca das decisões tomadas nesses recursos. Isso decorre, **lamentavelmente**, da falta de estrutura da maioria das Defensorias Públicas estaduais, que mal conseguem prestar adequadamente a assistência jurídica em suas unidades territoriais, não tendo condições de constituir e manter um posto avançado em Brasília para acompanhamento de seus recursos.

   Para não deixar o vulnerável em situação de desvantagem no acompanhamento de recursos nos Tribunais Superiores, a Defensoria Pública da União recebeu a incumbência de acompanhar os processos que envolvam as Defensorias Públicas.

24 Atualmente todos os Estados já implantaram a Defensoria Pública, mas os serviços da Instituição ainda não alcançam todas as comarcas.

Essa atuação, porém, não é exclusiva, mas sim concorrente. Se a Defensoria Pública estadual cria um posto avançado em Brasília (o que resta facilitado pelo processo eletrônico), com defensores públicos atuando diretamente junto aos Tribunais Superiores, é esse órgão estadual que deve ser intimado das decisões e pode atuar nos processos, pois tem capacidade postulatória plena. Seus atos não precisam ser ratificados pela Defensoria Pública da União.

A esse respeito, o Superior Tribunal de Justiça já se manifestou algumas vezes. Dentre muitas, confira-se:

> 1. Enquanto os Estados, mediante lei específica, não organizarem suas Defensorias Públicas para atuar continuamente nesta Capital Federal, inclusive com sede própria, o acompanhamento dos processos em trâmite nesta Corte constitui prerrogativa da Defensoria Pública da União – DPU. Precedentes.
>
> 2. Falta legitimidade à Defensoria Pública do Estado de Alagoas para interpor agravo regimental nesta Corte. 3.O princípio da unirrecorribilidade impede que contra a mesma decisão seja manejado, pela mesma parte, mais de um recurso.

Agravo regimental não conhecido." (AgRg no AREsp 230.296/AL, Rel. Ministro Og Fernandes, 6ª Turma, julgado em 28/05/2013, DJe 04/06/2013)

O STJ decidiu também que caso a Defensoria estadual adira ao portal de intimações eletrônicas da Corte, é incabível a atuação da DPU: *"É inviável o acolhimento do requerimento formulado pela Defensoria Pública da União para assistir parte em processo que tramita no STJ nas hipóteses em que a Defensoria Pública Estadual atuante possui representação em Brasília ou aderiu ao portal de intimações eletrônicas.."* PET no AREsp 1.513.956-AL – informativo 664.

Aplicação em concurso

- *(Cespe – Defensor Público Federal – DPF/2017) De acordo com o entendimento do STJ, enquanto os estados, mediante lei específica, não organizarem suas DPs para atuarem continuamente na capital federal, o acompanhamento dos processos em trâmite naquela corte será prerrogativa da DPU.*
  Gabarito: o item está certo.

- *(DP/SC – 2012 – Fepese) Assinale a alternativa correta acerca da Defensoria Pública do Estado de Santa Catarina.*

B) O Defensor Público do Estado de Santa Catarina atuará junto a todos os Juízos de 1º e 2º graus de jurisdição e instâncias administrativas, exceto junto aos Tribunais Superiores, cuja atuação é reservada aos membros da Defensoria Pública da União.

Gabarito: o item está errado. Os Defensores Públicos estaduais podem atuar junto aos Tribunais Superiores.

- *(DP/PB – 2014 – FCC) Quanto ao tema da Defensoria Pública na Constituição Federal, considere as seguintes afirmativas:*

I. A Lei Complementar nº 80/94 dispõe que a Defensoria Pública da União deve atuar com exclusividade nos Tribunais Superiores, refletindo a prevalência de competências da União sobre os Estados-membros no regime federalista brasileiro que está desenhado na Constituição Federal de 1988.

Gabarito: o item está errado.

- *(DP/PR – 2014 – UFPR) Com base na jurisprudência dos Tribunais Superiores, assinale a alternativa correta.*

D) O acompanhamento dos processos em trâmite no STJ fica a cargo da Defensoria Pública da União, enquanto as defensorias dos Estados, mediante lei específica, não organizem e estruturem o seu serviço para atuar continuamente em Brasília, inclusive com sede própria.

Gabarito: o item está certo.

Art. 15. Os órgãos de atuação da Defensoria Pública da União em cada Estado, no Distrito Federal e nos Territórios serão dirigidos por Defensor Público-Chefe, designado pelo Defensor Público-Geral, dentre os integrantes da carreira.

Parágrafo único. Ao Defensor Público-Chefe, sem prejuízo de suas funções institucionais, compete, especialmente:

I – coordenar as atividades desenvolvidas pelos Defensores Públicos Federais que atuem em sua área de competência; (Redação dada pela Lei Complementar nº 132, de 2009).

II – sugerir ao Defensor Público-Geral providências para o aperfeiçoamento das atividades institucionais em sua área de competência;

III – deferir ao membro da Defensoria Pública da União sob sua coordenação direitos e vantagens legalmente autorizados, por expressa delegação de competência do Defensor Público-Geral;

IV – solicitar providências correicionais ao Defensor Público-Geral, em sua área de competência;

V – remeter, semestralmente, ao Corregedor-Geral, relatório das atividades na sua área de competência.

Art. 15-A. A organização da Defensoria Pública da União deve primar pela **descentralização**, e sua atuação deve incluir **atendimento interdisciplinar**, bem como a tutela dos interesses individuais, difusos, coletivos e individuais homogêneos. (Incluído pela Lei Complementar nº 132, de 2009).

1. **Descentralização e atendimento interdisciplinar:** o artigo 15-A foi incluído pela LC nº 132/2009 para prever que o atendimento da Defensoria Pública da União deve primar pela descentralização e incluir atendimento interdisciplinar e tutela de direitos coletivos. O dispositivo está em consonância com as funções institucionais da Defensoria (art. 4º), em cujo rol estão previstas a tutela coletiva (inciso VII) e a atuação junto a vítimas, através de corpo de atendimento interdisciplinar (inciso XVIII).

SEÇÃO V
DOS NÚCLEOS DA DEFENSORIA PÚBLICA DA UNIÃO NOS ESTADOS, NO DISTRITO FEDERAL E NOS TERRITÓRIOS

Art. 16. A Defensoria Pública da União nos Estados, no Distrito Federal e nos Territórios poderá atuar por meio de Núcleos.

Art. 17. Os Núcleos são dirigidos por Defensor Público-Chefe, nos termos do art. 15 desta Lei Complementar.

SEÇÃO VI
DOS DEFENSORES PÚBLICOS FEDERAIS

(Redação dada pela Lei Complementar nº 132, de 2009).

Art. 18. Aos Defensores Públicos Federais incumbe o desempenho das funções de **orientação, postulação e defesa** dos direitos e interesses dos necessitados, cabendo-lhes, especialmente: (Redação dada pela Lei Complementar nº 132, de 2009).

I – **atender às partes** e aos interessados;

II – **postular a concessão de gratuidade** de justiça para os necessitados;

III – **tentar a conciliação** das partes, antes de promover a ação cabível;

IV – acompanhar e comparecer aos atos processuais e impulsionar os processos;

V – **interpor recurso** para qualquer grau de jurisdição e promover revisão criminal, quando cabível;

VI – sustentar, oralmente ou por memorial, os recursos interpostos e as razões apresentadas por intermédio da Defensoria Pública da União;

VII – defender os acusados em processo disciplinar.

VIII – **participar**, com direito de voz e voto, do **Conselho Penitenciário**; (Incluído pela Lei Complementar nº 132, de 2009).

IX – certificar a autenticidade de cópias de documentos necessários à instrução de processo administrativo ou judicial, à vista da apresentação dos originais; (Incluído pela Lei Complementar nº 132, de 2009).

X – **atuar nos estabelecimentos penais** sob a administração da União, visando ao atendimento jurídico permanente dos presos e sentenciados, competindo à administração do sistema penitenciário federal reservar instalações seguras e adequadas aos seus trabalhos, franquear acesso a todas as dependências do estabelecimento independentemente de prévio agendamento, fornecer apoio administrativo, prestar todas as informações solicitadas, assegurar o acesso à documentação dos presos e internos, aos quais não poderá, sob fundamento algum, negar o direito de entrevista com os membros da Defensoria Pública da União. (Incluído pela Lei Complementar nº 132, de 2009).

1. **Funções dos defensores públicos federais:** o artigo 18 apresenta um rol de funções dos defensores públicos federais. Dentre essas, figura a defesa dos acusados em processo disciplinar.

Aplicação em concurso

- *(DP/PA – 2009 – Cespe) A legislação complementar federal, ao disciplinar as incumbências dos DPs federais, encampou o entendimento do imperativo de atuação em favor dos necessitados econômicos ou jurídicos. Entre as atribuições de orientação e postulação, a legislação complementar federal prevê que incumbe ao DP, especialmente, tentar conciliar as partes envolvidas antes de promover a ação cabível e defender os acusados em processo disciplinar.*

  Gabarito: o item está certo.

A LC nº 132/2009 inseriu três novos incisos ao dispositivo. O inciso VIII prevê a participação do defensor público federal no Conselho Penitenciário, com direito de voz e voto. Trata-se de disposição que está em sintonia com o rol de funções institucionais do artigo 4º, que prevê, em seu inciso XX, a participação do defensor público em conselhos federais, estaduais e municipais relacionados às funções da Instituição.

Além disso, o inciso IX estabelece a prerrogativa do defensor público de certificar a autenticidade de cópias de documentos, à vista da apresentação dos originais, a fim de instruir processo judicial ou administrativo. O caráter da norma é, sem dúvida, desburocratizar procedimentos e reduzir custos, pois o assistido, em geral, não tem condições de pagar autenticações de documentos.

Por sua vez, o inciso X do artigo 18 insere o dever do defensor público federal de atuar junto aos estabelecimentos penais sob a administração da União, com vistas ao atendimento de presos e sentenciados.

CAPÍTULO II
DA CARREIRA

Art. 19. A Defensoria Pública da União é integrada pela Carreira de Defensor Público Federal, composta de **3** (três) **categorias** de cargos efetivos: (Redação dada pela Lei Complementar nº 132, de 2009).

I – Defensor Público Federal de **2ª Categoria (inicial)**; (Redação dada pela Lei Complementar nº 132, de 2009).

II – Defensor Público Federal de **1ª Categoria (intermediária)**; (Redação dada pela Lei Complementar nº 132, de 2009).

III – Defensor Público Federal de **Categoria Especial (final)**. (Redação dada pela Lei Complementar nº 132, de 2009).

Art. 20. Os Defensores Públicos Federais de **2ª Categoria** atuarão junto aos **Juízos Federais**, aos Juízos do **Trabalho**, às Juntas e aos Juízes Eleitorais, aos Juízes **Militares**, às Auditorias Militares, ao **Tribunal Marítimo** e às instâncias administrativas. (Redação dada pela Lei Complementar nº 132, de 2009).

Art. 21. Os Defensores Públicos Federais de **1ª Categoria** atuarão nos **Tribunais Regionais Federais**, nas **Turmas dos Juizados Especiais Federais**, nos **Tribunais Regionais do Trabalho** e nos **Tribunais Regionais Eleitorais**. (Redação dada pela Lei Complementar nº 132, de 2009).

Art. 22. Os Defensores Públicos Federais de **Categoria Especial** atuarão no **Superior Tribunal de Justiça**, no **Tribunal Superior do Trabalho**, no **Tribunal Superior Eleitoral**, no **Superior Tribunal Militar** e na **Turma Nacional de Uniformização** dos Juizados Especiais Federais. (Redação dada pela Lei Complementar nº 132, de 2009).

Parágrafo único. (VETADO).

Art. 23. O **Defensor Público-Geral** atuará junto ao **Supremo Tribunal Federal**.

1. Quadro de atuação de Defensores Públicos da União:

Categoria	Atuação	Base legal
Defensor Público-Geral	STF	Art. 23
Categoria Especial (final)	STJ, TST, TSE e STM	Art. 22
1ª Categoria (intermediária)	TRF, TRT e TRE	Art. 21
2ª Categoria (inicial)	Juízo Federal, Junta de Conciliação e Julgamento (leia-se, Juízo do Trabalho), Juízo Eleitoral, Juízo Militar, Auditoria Militar, Tribunal Marítimo e instâncias administrativas	Art. 20

Aplicação em concurso

- *(DP/ES – 2009 – Cespe) A atuação perante os tribunais superiores é prerrogativa assegurada, de forma expressa, na referida lei complementar federal, aos membros da Defensoria Pública da União de categoria especial. O defensor público geral da União atua junto ao STF.*

  Gabarito: o item está certo. A questão foi elaborada antes das alterações de nomenclatura trazidas pela LC 132/2009, sendo certo que o chefe da Defensoria Pública da União agora se chama Defensoria Público-Geral Federal.

SEÇÃO I
DO INGRESSO NA CARREIRA

Art. 24. O ingresso na Carreira da Defensoria Pública da União far-se-á mediante aprovação prévia em concurso público, de âmbito nacional, de provas e títulos, com a participação da Ordem dos Advogados do Brasil, no cargo inicial de Defensor Público Federal de 2ª Categoria. (Redação dada pela Lei Complementar nº 132, de 2009).

> § 1º Do regulamento do concurso constarão os programas das disciplinas sobre as quais versarão as provas, bem como outras disposições pertinentes à sua organização e realização.
>
> § 2º O edital de abertura de inscrições no concurso indicará, obrigatoriamente, o número de cargos vagos na categoria inicial da carreira.
>
> Art. 25. O concurso de ingresso realizar-se-á, obrigatoriamente, quando o número de vagas exceder a um quinto dos cargos iniciais da carreira e, facultativamente, quando o exigir o interesse da administração.
>
> Art. 26. O candidato, no momento da inscrição, deve possuir registro na Ordem dos Advogados do Brasil, ressalvada a situação dos proibidos de obtê-la, e comprovar, no mínimo, dois anos de prática forense, devendo indicar sua opção por uma das unidades da Federação onde houver vaga.
>
> § 1º Considera-se como atividade jurídica o exercício da advocacia, o cumprimento de estágio de Direito reconhecido por lei e o desempenho de cargo, emprego ou função, de nível superior, de atividades eminentemente jurídicas. (Redação dada pela Lei Complementar nº 132, de 2009).
>
> § 2º Os candidatos proibidos de inscrição na Ordem dos Advogados do Brasil comprovarão o registro até a posse no cargo de Defensor Público.

1. **Prática forense e atividade jurídica:** o artigo 26 da LC nº 80/1994 determina que o candidato ao concurso de ingresso na carreira da Defensoria Pública da União deve possuir, no momento da inscrição, registro na OAB, ressalvados aqueles impedidos de obtê-lo, e comprovar, no mínimo, dois anos de prática forense. O § 1º estabelecia o que se entendia por prática forense, mas teve sua redação alterada pela LC nº 132/2009 que, ao invés de se referir a prática forense, mencionou atividade jurídica. Apesar da aparente contradição, as expressões devem ser tidas como sinônimas, pois a intenção do legislador foi disciplinar quais atividades podem ser computadas para fins de comprovação dos dois anos de prática forense/atividade jurídica.

   Os professores Diogo Esteves e Franklyn Roger possuem interessante posição sobre o assunto, nesses termos: *"Outrossim, entendemos ter sido a exigência legal de inscrição junto à Ordem dos Advogados do Brasil revogada pela Lei Complementar nº 132/2009. Isso porque, ao estabelecer que 'a capacidade postulatória do Defensor Público decorre exclusivamente de sua nomeação e posse no cargo público', o art. 4º, § 6º, da LC nº 80/1994 tornou absolutamente dispensável o registro do membro da Defensoria Pública nos quadros da OAB, seja no momento da inscrição para a realização do concurso público ou após o efetivo ingresso na carreira."*[25]

Outra questão a ser colocada diz respeito à aplicação do artigo 93, I da CRFB, que exige prática jurídica de 3 anos, ao aprovado no concurso da Defensoria. Como se sabe, a EC 80 de 2014 acresceu o § 4º ao artigo 134 da CRFB que por sua vez mandou aplicar, no que couber, o artigo 93 à Defensoria Pública.

Buscaremos sintetizar as posições existentes sobre o assunto:

a) Por critério hierárquico o artigo 26 da LC 80/1994 estaria revogado pelo advento da Emenda Constitucional;
b) A norma constitucional é de eficácia limitada, razão pela qual se faz necessária lei infraconstitucional para regulamentar o assunto.

Entendemos que a primeira posição é a mais correta, pois a Lei Constitucional não prevê nenhuma forma de interferência legislativa para tratar o assunto. Adotando o primeiro entendimento, outra dúvida surge: o tempo de prática anterior à obtenção do bacharelado em direito deve ser incluído no prazo de 3 anos? Vejamos as posições:

a) A LC 80 de 1994 regulamentou o que seria considerado prática jurídica e incluiu o tempo de estágio. Por isso seriam 3 anos, podendo ser computado período anterior à obtenção do título de bacharel em direito;
b) O artigo 93, I da CRFB exige 3 anos "do bacharel em direito", de forma que só seria computado o tempo após a obtenção do título.

A matéria está longe de ser pacificada na doutrina e na jurisprudência.[26]

O STJ abordou a questão e entendeu que se faz necessária a edição de Lei para que a exigência de 3 anos de atividade jurídica seja adotada. Vejamos:

> *ADMINISTRATIVO. PROCESSUAL CIVIL. ENUNCIADO ADMINISTRATIVO 3/STJ. CONCURSO PÚBLICO. DEFENSORIA PÚBLICA DA UNIÃO. REQUISITOS DO CARGO. COMPROVAÇÃO DE ATIVIDADE JURÍDICA. INTERREGNO BIENAL OU TRIENAL. PREVISÃO LEGAL EXPRESSA. REGRAMENTO EDITALÍCIO DISTINTO. ILEGALIDADE MANIFESTA.*
>
> *1.(...)*
>
> *2. A possibilidade de aplicação à Defensoria Pública da União dos princípios norteadores da magistratura nacional, conforme estatuído nos arts.*

25 ESTEVES, Diogo. ROGER, Franklyn. Princípios institucionais da Defensoria Pública – 2 ed. – rev., atual. e ampl. – Rio de Janeiro: Forense, 2017, p.923.

26 Para estudo minucioso do tema vide ESTEVES, Diogo. ROGER, Franklyn, Op. Cit., p.924/932.

93, inciso I, e 134, § 4.º, da Constituição da República, exige no concernente aos requisitos do cargo, para efeito de imposição aos candidatos de concurso público o triênio de atividades jurídicas, a edição de lei complementar, conforme o teor do § 1.º do mesmo art. 134 da Constituição.

3. Nesse sentido, a jurisprudência do Superior Tribunal de Justiça e a do Supremo Tribunal Federal são pródigas em reconhecer que a exigência de requisito do cargo público e a sua imposição em concurso público devem estar previstas em lei em sentido formal e no respectivo edital, como nos casos de avaliação psicológica (AI 758.533-QO-RG/MG) e de limitação etária (RE 600.885/RS), por exemplo.

4. No caso, o art. 26, § 1.º, da Lei Complementar Federal 80/1994, estabelece que o candidato ao ingresso na carreira da Defensoria Pública da União deve comprovar, dentre outros requisitos, dois anos de prática jurídica, aceitável o estágio de Direito reconhecido por lei.

5. Dessa forma, é ilegal a edição de regramento infralegal distinto disso, como o previsto no art. 29, §§ 1.º-A e § 1.º-B, da Resolução CSDPU 78, de 03/06/2014, que impunha ao candidato a comprovação mínima de três anos de atividades jurídicas praticadas depois da obtenção do grau superior, ou seja, excluído o estágio.

6. Recurso especial conhecido parcialmente e, nessa extensão, não provido.

(REsp 1676831/AL, Rel. Ministro MAURO CAMPBELL MARQUES, SEGUNDA TURMA, julgado em 05/09/2017)

Apesar do respeito que temos pelo STJ, acreditamos que a posição adotada não é a correta, pois, em essência, entende que a norma constitucional em questão (artigo 93, I) possui eficácia limitada, o que evidentemente não é o caso.

De toda forma, trata-se de importante precedente que, entretanto, não reflete uma posição firmada da Corte Superior. Por isso, o leitor precisa ficar atento à evolução do assunto nos Tribunais Superiores.

Aplicação em concurso

- *(FCC – Defensor Público – DPE – SC/2017) A Defensoria Pública, com a Emenda Constitucional nº 80, de 2014, ganhou Seção própria no Capítulo IV do Título IV da Constituição Federal. Dentre as alterações promovidas, tornou-se indiscutível a*

  A) inamovibilidade de seus membros.

  B) iniciativa do Defensor Público-Geral para elaborar sua proposta orçamentária.

C) independência funcional de seus membros.

D) fundamentação em todas as decisões administrativas de seus membros.

E) obrigatoriedade de, no mínimo, três anos de atividade jurídica para ingresso à carreira de Defensor Público.

Gabarito: letra E. Entendemos inadequada a questão como foi proposta. Como se percebe pelo enunciado, o examinador afirma que a EC 80 de 2014 "tornou indiscutível" a obrigatoriedade de três anos de atividade jurídica para ingresso na carreira. Entretanto, como visto acima, há doutrina e jurisprudência que tratam do assunto de diversas formas. Logo, não nos parece correto que a prática de 3 anos seja "indiscutível".

> Art. 26-A. Aos aprovados no concurso deverá ser ministrado curso oficial de preparação à Carreira, objetivando o treinamento específico para o desempenho das funções técnico-jurídicas e noções de outras disciplinas necessárias à consecução dos princípios institucionais da Defensoria Pública. (Incluído pela Lei Complementar nº 132, de 2009).
>
> Art. 27. O concurso será realizado perante bancas examinadoras constituídas pelo Conselho Superior.

1. **Curso oficial de preparação à carreira:** o artigo 26-A, inserido pela LC nº 132/2009, estabelece que deverá ser ministrado aos aprovados curso oficial de preparação à carreira, com o objetivo de tornar os recém-ingressos mais aptos ao exercício de suas funções. Prevê-se expressamente que devem ser ministradas disciplinas diversas necessárias à boa prestação das funções institucionais.

> **SEÇÃO II**
> **DA NOMEAÇÃO, DA LOTAÇÃO E DA DISTRIBUIÇÃO**
>
> Art. 28. O candidato aprovado no concurso público para ingresso na carreira da Defensoria Pública será nomeado pelo Presidente da República para cargo inicial da carreira, respeitada a ordem de classificação e o número de vagas existentes.
>
> Art. 29. Os Defensores Públicos Federais serão lotados e distribuídos pelo Defensor Público-Geral Federal, assegurado aos nomeados para os cargos iniciais o direito de escolha do órgão de atuação, desde que vago e obedecida a ordem de classificação no concurso. (Redação dada pela Lei Complementar nº 132, de 2009).

SEÇÃO III
DA PROMOÇÃO

Art. 30. A promoção consiste no acesso imediato dos membros efetivos da Defensoria Pública da União de uma categoria para outra da carreira.

Art. 31. As promoções obedecerão aos critérios de antiguidade e merecimento alternadamente.

§ 1° A antiguidade será apurada na categoria e determinada pelo tempo de efetivo exercício na mesma.

§ 2° A promoção por merecimento dependerá de lista tríplice para cada vaga, organizada pelo Conselho Superior, em sessão secreta, com ocupantes da lista de antiguidade, em seu primeiro terço.

§ 3° Os membros da Defensoria Pública somente poderão ser promovidos após dois anos de efetivo exercício na categoria, dispensado o interstício se não houver quem preencha tal requisito ou se quem o preencher recusar a promoção.

§ 4° As promoções serão efetivadas por ato do Defensor Público-Geral Federal. (Redação dada pela Lei Complementar n° 132, de 2009).

1. **Promoção:** quando do advento da LC nº 80/1994, o artigo 31, § 4º determinava que as promoções eram efetivadas por ato do Presidente da República, mas a norma foi alterada pela LC nº 132/2009 para estabelecer que o responsável pela efetivação das promoções é o Defensor Público-Geral Federal. A modificação é adequada à ideia de que a Defensoria Pública é uma Instituição independente, dirigida e comandada por membros de seus próprios quadros.

   Vale lembrar que na época da edição da Lei Complementar 132 de 2009, a CRFB só havia conferido autonomia expressa às Defensorias Públicas Estaduais (por meio da EC 45 de 2004). Todavia, o dispositivo em comento já representava um avanço no reconhecimento formal de autonomia à DPU.

   Com a EC 69 de 2012 e 74 de 2013, as Defensorias do Distrito Federal e da União, respectivamente, foram contempladas com a autonomia.

Art. 32. **É facultada a recusa de promoção**, sem prejuízo do critério para o preenchimento da vaga recusada.

1. **Recusa de promoção:** o art. 32 estabelece que o defensor público pode recusar a promoção que lhe seja aberta. Isso não o impede de concorrer posteriormente, nem lhe acarreta qualquer tipo de punição. A promoção é um direito, que pode ser exercido ou não pelo defensor público.

Art. 33. O Conselho Superior fixará os critérios de ordem objetiva para a aferição de merecimento dos membros da Instituição, considerando-se, entre outros, a eficiência e a presteza demonstradas no desempenho da função e a aprovação em cursos de aperfeiçoamento, de natureza jurídica, promovidos pela instituição, ou por estabelecimentos de ensino superior oficialmente reconhecidos.

§ 1º Os cursos de aperfeiçoamento de que trata este artigo compreenderão, necessariamente, as seguintes atividades:

a) apresentação de trabalho escrito sobre assunto de relevância jurídica;

b) defesa oral do trabalho que tenha sido aceito por banca examinadora.

§ 2º Não poderá concorrer à promoção por merecimento quem tenha sofrido penalidade de advertência ou suspensão, no período de um ano imediatamente anterior à ocorrência da vaga, em caso de advertência, ou de dois anos, em caso de suspensão.

§ 3º É obrigatória a promoção do Defensor Público que figurar por três vezes consecutivas ou cinco alternadas em lista de merecimento, ressalvada a hipótese do § 2º.

CAPÍTULO III
DA INAMOVIBILIDADE E DA REMOÇÃO

Art. 34. Os membros da Defensoria Pública da União são **inamovíveis, salvo** se apenados com **remoção compulsória**, na forma desta Lei Complementar.

Art. 35. A **remoção** será feita a **pedido ou** por **permuta**, sempre entre membros da mesma categoria da carreira.

Art. 36. A **remoção compulsória** somente será aplicada com **prévio parecer do Conselho Superior**, **assegurada ampla defesa** em processo administrativo disciplinar.

Art. 37. A remoção a pedido far-se-á mediante requerimento ao Defensor Público-Geral, nos quinze dias seguintes à publicação, no Diário Oficial, do aviso de existência de vaga.

§ 1º Findo o prazo fixado no caput deste artigo e, havendo mais de um candidato à remoção, será removido o mais antigo na categoria e, ocorrendo empate, sucessivamente, o mais antigo na carreira, no serviço público da União, no serviço público em geral, o mais idoso e o mais bem classificado no concurso para ingresso na Defensoria Pública.

§ 2º A remoção precederá o preenchimento da vaga por promoção.

> Art. 38. Quando por permuta, a remoção será concedida mediante requerimento do interessado, atendida a conveniência do serviço e observada a ordem de antiguidade na Carreira. (Redação dada pela Lei Complementar nº 132, de 2009).

1. **Remoção:** as hipóteses de remoção são as seguintes: remoção compulsória, a pedido e por permuta. A remoção compulsória decorre de uma punição a que é submetido o defensor público, de modo que deve ser precedida de ampla defesa em processo administrativo disciplinar – além de parecer prévio do Conselho Superior. A remoção a pedido é aquela em que o defensor público manifesta seu interesse em lotação diversa que esteja vaga. Na permuta, dois defensores públicos, de comum acordo, trocam de lotação entre si, devendo ser respeitada a ordem de antiguidade da carreira. Não há remoção *ex officio*.

Modalidade	Característica	Requisito
Compulsória	Punição	Ampla defesa em processo administrativo disciplinar e parecer prévio do Conselho Superior
A pedido	Opção do próprio defensor público	Requerimento ao Defensor Público-Geral no prazo de 15 dias da publicação da existência da vaga
Permuta	Troca de lotação entre dois defensores públicos de comum acordo	Devem ser membros da mesma categoria, sem importar em prejuízo para o serviço, observada a ordem de antiguidade da carreira.

2. **Critérios de desempate na remoção:** o § 1º do art. 37 estabelece os critérios de desempate entre candidatos à remoção, conforme o quadro abaixo. Não é utilizado qualquer critério de merecimento, mas sim parâmetros objetivos.

CRITÉRIOS DE DESEMPATE NA REMOÇÃO	
1.	tempo de antiguidade na mesma categoria
2.	tempo de antiguidade na carreira
3.	tempo de serviço público da União
4.	tempo de serviço público em geral
5.	idade mais avançada
6.	classificação no concurso de ingresso na carreira

Aplicação em concurso

- *(DPU – 2001 – Cespe) Considere a seguinte situação hipotética. Dois defensores públicos da União de 2ª categoria, lotados respectivamente nos núcleos dos estados de Minas Gerais e do Rio de Janeiro, requereram remoção para uma única vaga disponível no núcleo da DPU no DF. Nessa situação, o defensor mais antigo na carreira logrará, necessariamente, a movimentação requerida, haja vista a impossibilidade de se utilizar o critério de merecimento nas remoções.*

  Gabarito: o item está certo. Obs: a questão usa o termo "defensores públicos da União". Contudo, o nome do cargo atualmente é Defensor Público Federal.

CAPÍTULO IV
DOS DIREITOS, DAS GARANTIAS E DAS PRERROGATIVAS DOS MEMBROS DA DEFENSORIA PÚBLICA DA UNIÃO

SEÇÃO I
DA REMUNERAÇÃO

Art. 39. À lei cabe fixar a remuneração dos cargos da carreira da Defensoria Pública da União, observado o disposto no art. 135 da Constituição Federal.

§ 1º (VETADO)

§ 2º Os membros da Defensoria Pública da União têm os direitos assegurados pela Lei nº 8.112, de 11 de dezembro de 1990, e nesta Lei Complementar. (Redação dada pela LCP nº 98, de 3.12.1999)

I – (Inciso revogado pela LCP nº 98, de 3.12.1999)

II – (VETADO)

III – (Inciso revogado pela LCP nº 98, de 3.12.1999)

IV – (Inciso revogado pela LCP nº 98, de 3.12.1999)

V – (Inciso revogado pela LCP nº 98, de 3.12.1999)

VI – (Inciso revogado pela LCP nº 98, de 3.12.1999)

VII – (VETADO)

VIII – (Inciso revogado pela LCP nº 98, de 3.12.1999)

1. **Remuneração através de subsídio:** quando da promulgação da Lei Complementar n. 80/94, esta seção I elencava os direitos dos defensores públicos referentes à remuneração, que era composta de salário e outras

verbas. Em 1998, foi aprovada a Emenda Constitucional 19, que, dentre outras modificações, alterou a redação do art. 135 da Constituição, de modo a estabelecer que as procuradorias (advocacia pública) e a Defensoria Pública devem ser remuneradas através de subsídio – assim como os membros do Judiciário e do Ministério Público (art. 39, § 4º). Para adequar o texto da Lei Complementar 80/94 à nova ordem constitucional, foi promulgada a LC 98/99.

Aplicação em concurso

- *(DP/CE – 2007/2008 – Cespe) O defensor público é remunerado por meio de subsídio.*

  Gabarito: o item está certo.

2. **Greve e suspensão de prazos – posição do STJ:** o direito de greve do servidor público tem amparo constitucional no art. 37, inciso VII da Carta Maior: "VII – o direito de greve será exercido nos termos e nos limites definidos em lei específica." Até o momento, porém, o Congresso Nacional não editou a lei respectiva. Em relação à Defensoria Pública da União, o Superior Tribunal de Justiça entendeu que a greve não tem condão de suspender os prazos judiciais dos processos em que a Instituição atua.

   > Informativo 348
   >
   > SUSPENSÃO. PRAZO. GREVE. DEFENSORIA PÚBLICA.
   >
   > A Corte Especial entendeu indeferir o pedido de suspensão de prazos formulado pela Defensoria Pública da União em razão da greve ocorrida em seus quadros. Precedente citado: Ato n. 33-STJ. Questão de Ordem Especial, Presidente Min. Barros Monteiro, em 13/3/2008.

SEÇÃO II
DAS FÉRIAS E DO AFASTAMENTO

Art. 40. (Artigo revogado pela LCP nº 98, de 3.12.1999)

Parágrafo único. (Artigo revogado pela LCP nº 98, de 3.12.1999)

1. **Férias:** o artigo 40 da LC 80/94 previa direito a férias anuais de 60 dias para os defensores públicos da União, mas o dispositivo foi revogado pela Lei Complementar 98/99. Como atualmente a Lei Complementar é omissa em relação ao tempo de férias a que tem direito o defensor público, é aplicável a regra geral do serviço público da União, Lei n. 8.112/90, que estabelece em seu artigo 77 que o servido público federal tem direito a 30 dias de férias.

Aplicação em concurso

- *(DPU – 2004 – Cespe) Considerando que Antônio é defensor público da União de 1ª Categoria, julgue os itens subsequentes. Antônio tem direito a férias anuais de trinta dias.*

  Gabarito: o item está certo.

> Art. 41. As férias dos membros da Defensoria Pública da União serão concedidas pelas chefias a que estiverem subordinados.
>
> Art. 42. O afastamento para estudo ou missão no interesse da Defensoria Pública da União será autorizado pelo Defensor Público-Geral.
>
> § 1° O afastamento de que trata este artigo somente será concedido pelo Defensor Público-Geral, após o estágio probatório e pelo prazo máximo de dois anos.
>
> § 2° Quando o interesse público o exigir, o afastamento poderá ser interrompido a juízo do Defensor Público-Geral.
>
> Art. 42-A. É assegurado o **direito de afastamento** para exercício de **mandato em entidade de classe** de âmbito nacional, **de maior representatividade**, sem prejuízo dos vencimentos, vantagens ou qualquer direito inerente ao cargo. (Incluído pela Lei Complementar n° 132, de 2009).
>
> § 1° O afastamento será concedido ao presidente da entidade de classe e terá duração igual à do mandato, devendo ser prorrogado no caso de reeleição. (Incluído pela Lei Complementar n° 132, de 2009).
>
> § 2° O afastamento para exercício de mandato será contado como tempo de serviço para todos os efeitos legais. (Incluído pela Lei Complementar n° 132, de 2009).

1. **Atuação junto** à **entidade de classe:** o artigo 42-A foi inserido pela LC 132/2009 para garantir o direito de afastamento do cargo àquele que é eleito para exercício de mandato como presidente da entidade de classe de âmbito nacional de maior representatividade. Seu afastamento terá duração igual ao de seu mandato, prorrogável em caso de reeleição, e não implicará em qualquer redução de seus vencimentos, vantagens ou direitos inerentes ao cargo. Além disso, o tempo de exercício desse mandato vale para fins de contagem de tempo de serviço.

> **SEÇÃO III**
> **DAS GARANTIAS E DAS PRERROGATIVAS**
>
> Art. 43. São **garantias** dos membros da Defensoria Pública da União:

1. **Garantias:** uma Instituição goza de garantias para poder exercer plenamente suas funções. O trabalho da Defensoria Pública não pode ficar condicionado ao atendimento de outros interesses políticos ou econômicos. Uma Defensoria Pública independente, livre para desempenhar suas atribuições, é a garantia de atendimento jurídico adequado ao necessitado.

   O artigo 43 elenca as garantias dos membros da Defensoria Pública da União – que são as mesmas aplicáveis à Defensoria Pública do Distrito Federal e Territórios (art. 88) e às Defensorias Públicas estaduais (art. 127).

> I – a **independência funcional** no desempenho de suas atribuições;

1. **Independência funcional:** além de garantia, a independência funcional é também um dos princípios contidos na Lei Complementar 80/94. Em comentários ao artigo 3º, (item 1.4) o princípio da independência funcional foi descrito como sendo a plena liberdade de atuação do Defensor Público, sem relação de subordinação ou de obediência hierárquica frente a outras instituições, quando estiver vinculado à atividade fim.

> II – a **inamovibilidade**;

1. **Inamovibilidade:** a garantia constante do inciso I do artigo 43 obedece ao que já está disposto na Constituição da República, pois o parágrafo primeiro do artigo 134 prevê a garantia da inamovibilidade do defensor público. Através dessa garantia, o defensor público tem a certeza de que pode atuar plenamente na defesa de seus assistidos contra quaisquer pessoas físicas ou jurídicas, de forma independente, sem que possa ser removido de seu cargo a título de punição ou perseguição. A remoção como penalidade somente pode ser aplicada em caso de falta grave que impossibilite a atuação do defensor público em seu órgão de atuação, conforme estabelece o parágrafo 4º do artigo 50: "A remoção compulsória será aplicada sempre que a falta praticada, pela sua gravidade e repercussão, tornar incompatível a permanência do faltoso no órgão de atuação de sua lotação."

   Disso se extrai que a atuação firme e vigorosa do defensor público na defesa do assistido, dentro dos limites legais e éticos, está garantida pela inamovibilidade.

Observação: a inamovibilidade é relacionada ao conjunto de atribuições do Defensor. A garantia não é geográfica. Assim, a simples mudança de endereço de um núcleo sede da Defensoria Pública em nada afetará a garantia em estudo.

> III – a **irredutibilidade de vencimentos**;

1. **Irredutibilidade de vencimentos:** a garantia do inciso III do artigo 43 alcança todos os membros da Defensoria Pública. Ao contrário da garantia da inamovibilidade, a irredutibilidade de vencimentos não tem assento constitucional específico para Defensoria Pública. Segue-se a regra geral de irredutibilidade aplicável a todos os servidores públicos (artigo 37, XV da CRFB). Em relação aos membros da magistratura e do Ministério Público, a Constituição da República expressamente prevê a garantia da irredutibilidade de subsídio (respectivamente, artigos 95, III, e 128, § 5º, I, "c").

O dispositivo da Lei Complementar se refere a vencimentos, mas atualmente a forma de remuneração da Defensoria Pública se dá através de subsídio, nos termos dos artigos 135 e 39, § 4º da Constituição da República.

Vale frisar que a irredutibilidade se refere ao valor nominal, ou seja, é possível que incidam novos tributos sobre a folha de pagamento e isso diminua a quantia efetivamente recebida. É o exemplo da contribuição previdenciária que, em diversos Estados, subiu de 11% para 14%. Essa prática não afronta a irredutibilidade.

> IV – a **estabilidade**.

1. **Estabilidade:** por fim, a Lei Complementar trouxe a garantia da estabilidade no inciso IV do artigo 43. Essa garantia tem previsão na Constituição da República, que estabelece no artigo 41 o seguinte: "São estáveis após três anos de efetivo exercício os servidores nomeados para cargo de provimento efetivo em virtude de concurso público."

O servidor público **estável não pode ser demitido** do serviço público, **exceto** nas hipóteses estabelecidas no parágrafo primeiro do art. 41 e § 4º do art. 169, ambos da Constituição, a saber: **(i)** sentença judicial transitada em julgado; **(ii)** processo administrativo com a garantia da ampla defesa; **(iii)** procedimento de avaliação periódica de desempenho, estabelecido em Lei Complementar; **(iv)** excesso de gasto orçamentário com despesa de pessoal[27].

2. **Estabilidade em doutrina:** "Estabilidade é o direito outorgado ao servidor estatutário, nomeado em virtude de concurso público, de permanecer no serviço público após três anos de efetivo exercício, [...]." (CARVALHO FILHO, José dos Santos. *Manual de direito administrativo*. 11ª edição. Rio de Janeiro: Lumen Juris, p. 539).

3. **Estabilidade X Vitaliciedade:** não se podem confundir as duas garantias. A estabilidade é conferida ao servidor público estatutário, após três anos de efetivo exercício, de modo que não pode perder o cargo senão através de sentença judicial transitada em julgado, processo administrativo com ampla defesa, procedimento de avaliação de desempenho ou excesso de gasto orçamentário com despesa de pessoal. A vitaliciedade é reservada na Constituição da República aos membros da magistratura (art. 95, I), do Ministério Público (art. 128, § 5º, I, "a") e do Tribunal de Contas (art. 73, § 3º). Para os que gozam de vitaliciedade, adquirida após dois anos de exercício, a perda do cargo só pode decorrer de sentença judicial transitada em julgado.

   Os defensores públicos gozam da garantia da estabilidade, e não de vitaliciedade.

	Estabilidade	**Vitaliciedade**
Quem possui	Servidor público, inclusive membros da Defensoria Pública	Membros da magistratura, do Ministério Público e do Tribunal de Contas
Forma de aquisição	3 anos de efetivo exercício	2 anos de exercício
Conteúdo	Perda do cargo em decorrência de sentença judicial transitada em julgado, processo administrativo, avaliação de desempenho e excesso de gasto orçamentário com despesa de pessoal	Perda do cargo somente em razão de sentença judicial transitada em julgado.

27 OLIVEIRA, Rafael Carvalho Rezende. Curso de direito administrativo, 2. ed. rev., atual e ampl. – Rio de Janeiro: Forense; São Paulo: Método: 2014, p. 649.

4. **Estabilidade X Vitaliciedade em doutrina:** "Na verdade, a vitaliciedade dos servidores vitalícios em muito se assemelha à estabilidade dos servidores efetivos, sendo comum em ambas o direito do servidor de continuar inserido no respectivo quadro funcional. Mas, enquanto a perda da vitaliciedade só pode derivar de sentença judicial transitada em julgado, como resulta daqueles dispositivos, a da estabilidade pode originar-se também de processo administrativo, embora assegurando-se o direito de ampla defesa do servidor (art. 41, II e III, CF). Por conseguinte, será forçoso reconhecer que os efeitos da vitaliciedade são mais benéficos para o titular do cargo do que os advindos da estabilidade." (CARVALHO FILHO, José dos Santos. *Manual de direito administrativo*. 11ª edição. Rio de Janeiro: Lumen Juris, 2001, p. 550).

Aplicação em concurso

- *(DP/BA – 2010 – Cespe) O estágio probatório dos membros da Defensoria Pública do Estado da Bahia compreende o período de dois anos, a contar da data da posse, durante o qual o defensor público será avaliado por meio de relatórios individualizados, elaborados pela Corregedoria Geral, e enviados, semestralmente, para a apuração do atendimento, ou não, dos requisitos necessários à confirmação de sua vitaliciedade no cargo.*

  Gabarito: o item está errado. Isso porque, o estágio probatório dos servidores que almejam obter a estabilidade se dá em 3 anos.

- *(DP/AM – 2011 – Instituto Cidades) São garantias dos membros da Defensoria Pública, salvo:*

  A) estabilidade.

  B) inamovibilidade.

  C) irredutibilidade de vencimentos.

  D) vitaliciedade.

  E) independência funcional no desempenho de suas atribuições.

  Gabarito: letra D.

> Art. 44. São **prerrogativas** dos membros da Defensoria Pública da União:
>
> I – receber, inclusive quando necessário, **mediante entrega dos autos com vista, intimação pessoal em qualquer processo e grau de jurisdição ou instância administrativa**, contando-se-lhes **em dobro todos os prazos**; (Redação dada pela Lei Complementar nº 132, de 2009).

1. **Intimação pessoal e vista dos autos:** no que se refere às prerrogativas dos membros da Defensoria Pública, importante modificação foi promovida pela LC nº 132/2009. O inciso I do artigo 44 foi alterado para prever a intimação pessoal do defensor público, em qualquer processo e grau de jurisdição, inclusive mediante a entrega dos autos com vista, quando necessário. Pelo regime anterior, feita a intimação através de mandado, estava atendida a prerrogativa da intimação pessoal da Defensoria Pública, ainda que não tivessem sido encaminhados os autos do processo.

   A sistemática atual prevê a intimação mediante entrega dos autos com vista, quando necessário.

   Embora represente um avanço, a prerrogativa da Defensoria Pública ainda é diferente da que toca ao Ministério Público.

   Na redação da Lei Orgânica Nacional do Ministério Público, Lei n. 8.625/1993, a intimação pessoal se completa com a entrega dos autos:

   > **Art. 40.** Constituem prerrogativas dos membros do Ministério Público, além de outras previstas na Lei Orgânica:
   >
   > IV – receber intimação pessoal em qualquer processo e grau de jurisdição, através da entrega dos autos com vista.

   Para a Defensoria Pública a entrega dos autos com vista ocorre *"quando necessário"*, ou seja, haverá situações em que a intimação pessoal do defensor público será suficiente para atender sua prerrogativa. Não se pode listar, *a priori*, quais situações ensejam a mera intimação e quais demandam a intimação com vista dos autos. Essa construção está destinada a ser feita pela jurisprudência, mas cabe aos defensores públicos lutar pelo entendimento que lhe garanta o maior número de vezes possível – quiçá sempre –, pois sua atuação é mais eficiente na defesa dos interesses dos necessitados quando tem à sua disposição os autos para manusear e verificar decisões, alegações da parte contrária, certidões, documentos etc. Vale lembrar que, dentre as funções institucionais da Defensoria Pública (art. 4º), está a defesa de suas prerrogativas através de mandado de segurança ou quaisquer outras ações (inc. IX).

   Importante lembrar que o artigo 4º, inciso V, da lei em comento se refere a entrega dos autos com vista para exercer a ampla defesa e o contraditório. O dispositivo não usa a expressão "quando necessário". Logo, conclui-se que sempre que estivermos diante de manifestação voltada diretamente ao exercício da ampla defesa e contraditório, a entrega com vista será obrigatória. Restaria à intimação pessoal, sem vista dos autos, somente os atos sem conteúdo decisório e em que a intimação é uma mera formalidade, de difícil ocorrência na prática.

Além disso, com a progressiva instituição dos autos eletrônicos, a tendência é que todos os atores processuais sejam intimados com vista em sua "caixa" de intimação, ligada ao cadastro do profissional dentro do Tribunal de Justiça.

Instituição	Prerrogativa
Defensoria Pública	Intimação pessoal com vista dos autos, quando necessário
Ministério Público	Intimação pessoal com vista dos autos

A prerrogativa da intimação pessoal para o defensor público é matéria cobrada recorrentemente em provas de concursos. É importante o candidato não esquecer a modificação trazida pela LC nº 132/2009, que determina a intimação pessoal, com entrega dos autos com vista, quando necessário.

Aplicação em concurso

- *(DP/RS – 2011 – FCC) Em relação aos Defensores Públicos e às suas prerrogativas e funções institucionais, com esteio nas Leis Complementares Federal e Estaduais que organizam as Defensorias Públicas, considere a seguinte situação hipotética: o Defensor Público, no uso de suas atribuições funcionais na Comarca de Pelotas-RS, recebe a presença de Oficial de Justiça, munido de mandado judicial e sem a cópia da petição inicial e a carga física dos autos, a fim de intimá-lo de sua constituição, em determinado processo, como curador especial do réu, citado por edital, bem como para apresentação de contestação, no prazo legal. Neste caso, deve o Defensor Público*

A) recusar-se a receber a intimação, por inobservância da prerrogativa específica conferida aos membros da Defensoria Pública.

B) aceitar e receber a intimação, porquanto a intimação pessoal é prerrogativa que não depende, em qualquer circunstância, da entrega dos autos com vista.

C) aceitar e receber a intimação, porquanto a situação não retrata a necessidade de entrega dos autos com vista.

D) recusar-se a receber a intimação, porquanto não é sua função institucional exercer a curadoria especial, exceto no segundo grau de jurisdição.

E) aceitar e receber a intimação, porquanto a intimação pessoal, mediante entrega dos autos com vista, quando necessário, é prerrogativa conferida somente ao Defensor Público-Geral.

Gabarito: letra A

- *(DP/RO – 2012 – FCC) Conforme previsão expressa da Lei Complementar n.º 80/1994, constitui prerrogativa de membro da DPE*

  A) receber intimação pessoal em qualquer processo, sempre mediante a entrega dos autos com vista.

  Gabarito: o item está errado.

2. **Termo inicial da contagem do prazo – posição do STJ e do STF:** a questão da intimação pessoal já causou grande divergência jurisprudencial no que se refere à correta contagem do seu termo inicial. Havia julgados em dois sentidos: parte entendia que o termo inicial era a entrada dos autos no órgão público, ao passo em que outros defendiam iniciado o prazo a partir da aposição do "recebido" pelo defensor público. Tais divergências se davam tanto na atuação da Defensoria quanto do Ministério Público.

   O Supremo Tribunal Federal deu uniformidade de entendimento à matéria ao consolidar que a intimação se dá com a entrega dos autos na repartição pública. Na forma contagem de prazos processuais, descarta-se o dia de início e inclui-se o dia final. Portanto, o termo inicial de contagem é o primeiro dia útil subsequente à da entrada dos autos no órgão.

   Confira-se acórdão do STF:

   > (...). RECURSO – PRAZO – TERMO INICIAL – MINISTÉRIO PÚBLICO. A entrega de processo em setor administrativo do Ministério Público, formalizada a carga pelo servidor, configura intimação direta, pessoal, cabendo tomar a data em que ocorrida como a da ciência da decisão judicial. Imprópria é a prática da colocação do processo em prateleira e a retirada à livre discrição do membro do Ministério Público, oportunidade na qual, de forma juridicamente irrelevante, apõe o "ciente", com a finalidade de, somente então, considerar-se intimado e em curso o prazo recursal. Nova leitura do arcabouço normativo, revisando-se a jurisprudência predominante e observando-se princípios consagradores da paridade de armas.
   >
   > (HC 83.255, Relator Min. Marco Aurélio, Tribunal Pleno, julgado em 05/11/2003, DJ 12-03-2004)

   Ainda sobre o assunto, confira-se interessante julgado do STJ, em que é abordada a consolidação de entendimento do STF. No caso, foi aceito o recurso da Defensoria, ao argumento de que, à época, o defensor público seguiu a jurisprudência dominante nos Tribunais Superiores.

   > Informativo nº 0466
   >
   > Período: 7 a 18 de março de 2011.

Terceira Turma

PRAZO. TERMO INICIAL. DEFENSORIA PÚBLICA.

Trata o caso do termo inicial do prazo de recurso a ser interposto pela Defensoria Pública, se quando da entrada dos autos no órgão ou da aposição do visto do defensor. Inicialmente, observou o Min. Relator que este Superior Tribunal, consoante o que assentou o STF no HC 83.255-5, DJ 20/8/2004, consolidou o entendimento, privilegiando o princípio da igualdade ou da paridade de armas, de fixar o *dies a quo* da contagem dos prazos, seja em face da Defensoria Pública ou do Ministério Público, no dia útil seguinte à data da entrada dos autos no órgão público ao qual é dada a vista. Contudo, nas razões recursais, entre outras questões, sustentou-se que a jurisprudência na época em que interposto o REsp comportaria o entendimento de que a contagem do prazo recursal iniciar-se-ia com a aposição do visto do defensor público, orientação dominante nos tribunais superiores que ainda não haviam trilhado caminho diverso. Assim, ressaltou o Min. Relator que, embora a interposição do recurso tenha ocorrido alguns dias após o referido julgamento do STF, não o fora antes da publicação do respectivo acórdão, menos ainda do seu trânsito em julgado. Desse modo, entendeu ser tal tese por todo razoável, ou seja, é inviável exigir do defensor público a interposição do recurso dentro do trintídio cuja contagem não teria início na data da sua intimação pessoal, intimação cuja leitura, à época, era a da aposição do seu visto nos autos, atribuindo-se-lhe o severo ônus da preclusão temporal por estar em sintonia com a jurisprudência das cortes superiores. (...). AgRg no AgRg no Ag 656.360-RJ, Rel. Min. Paulo de Tarso Sanseverino, julgado em 15/3/2011.

O entendimento continua atual. Confira-se informativo de 2013 do STF sobre a matéria:

Informativo n. 703

22 a 26 de abril de 2013

Defensoria Pública e termo de intimação

A intimação da Defensoria Pública se aperfeiçoa com o recebimento dos autos na instituição. Com base nessa orientação, a 1ª Turma negou provimento a recurso ordinário em *habeas corpus* em que se discutia a tempestividade de apelação. No caso, o recorrente e outro denunciado foram representados por defensores públicos diversos, tendo em vista a adoção de teses defensivas colidentes. Proferida a sentença, os autos foram recebidos na Defensoria Pública e remetidos ao defensor do outro co-denunciado. Reputou-se que o Poder Judiciário não poderia interferir ou imiscuir-se na distribuição dos autos no âmbito da Defensoria.

RHC 116061/ES, rel. Min. Rosa Weber, 23.4.2013. (RHC-116061)

3. **Falta de intimação pessoal – posições do STF e do STJ:** a falta de intimação pessoal do defensor público para o ato acarreta sua nulidade absoluta: STJ - REsp 1.035.716-MS, Rel. Min. Luiz Fux, julgado em 20/5/2008.

Aplicação em concurso

- *(DPU – 2010 – Cespe) Segundo entendimento do STJ, o defensor público deve ser intimado, pessoalmente, de todos os atos do processo, sob pena de nulidade.*

  Gabarito: o item está certo.

- *(DP/PR – 2014 – UFPR) Considerando as prerrogativas e garantias conferidas à Defensoria Pública, e reconhecidas pela jurisprudência dos Tribunais Superiores, assinale a alternativa correta.*

  A) A Defensoria Pública possui a prerrogativa de intimação pessoal das decisões em qualquer processo ou grau de jurisdição, sendo que o prazo de recurso deve ser contado a partir da data da aposição da ciência pelo membro dessa Instituição.

  Gabarito: o item está errado.

4. **Intimação pessoal nos Juizados Especiais – posição do STF:** o rito dos Juizados Especiais é célere e informal. A nosso ver, tais características não afastam a prerrogativa da intimação pessoal do defensor público acerca dos atos processuais. No entanto, o Supremo Tribunal Federal consolidou entendimento diverso, no sentido de que a prerrogativa de intimação pessoal não se aplica aos Juizados Especiais. Confira-se:

> III. Defensor público: intimação pela imprensa (L. 9.099/95, art. 82, § 4º): inaplicabilidade, nos Juizados Especiais, do art. 128, I, da LC 80/94, que prescreve a sua intimação pessoal. 1. Firme a jurisprudência do STF em que, nos Juizados Especiais, prevalece o critério da especialidade e, por isso, basta a intimação pela imprensa, nos termos do art. 82, § 4º, da L. 9.099/95: precedentes: improcede a alegação de que, prescrita a intimação pessoal do Defensor Público em lei complementar, subsistiria a regra à superveniência da lei ordinária dos Juizados Especiais, pois o tema não se inclui no âmbito material reservado à lei complementar pelo art. 134 e parágrafos da Constituição, mas disciplina questão processual e, por isso, tem natureza de lei ordinária.
>
> (HC 86007, Relator Min. Sepúlveda Pertence, 1ª Turma, julgado em 29/06/2005)

Esse tema tem sido cobrado com frequência em concursos públicos:

Aplicação em concurso

- *(DP/AL – 2009 – Cespe) A prerrogativa da DP de intimação pessoal é incompatível com o rito dos juizados especiais.*
  Gabarito: o item está certo.

- *(DP/SE – 2012 – Cespe) Com base na legislação que trata da DP, assinale a opção correta.*
  B) São asseguradas ao DP, no âmbito dos juizados especiais criminais, as prerrogativas do prazo em dobro e da intimação pessoal.
  Gabarito: o item está errado.

- *(DP/PR – 2014 – UFPR) Considerando as prerrogativas e garantias conferidas à Defensoria Pública, e reconhecidas pela jurisprudência dos Tribunais Superiores, assinale a alternativa correta.*
  B) Consoante jurisprudência reiterada, a prerrogativa da intimação pessoal do Defensor Público deve ser sempre observada, mesmo no rito dos juizados especiais criminais, eis que trata-se de prerrogativa inserta no art. 128, I, LC 80/94.
  Gabarito: o item está errado.

5. **Intimação pessoal e presença em audiência – posição do STJ:** nesse tópico remetemos o leitor aos comentários feitos ao artigo 4°, V, no item 1.
6. **Contagem em dobro de prazos processuais – diferença com a advocacia pública de acordo com o CPC de 1973:** não se pode confundir a prerrogativa da Defensoria com a das Procuradorias (federal, autárquica, estadual, distrital e municipal), que patrocinam os entes públicos. Defensoria Pública tem prazo em dobro para qualquer manifestação, ao passo em que as Procuradorias tinham prazo em quádruplo para contestar e em dobro para recorrer (CPC/73, art. 188) – para as demais manifestações, seu prazo era simples. Esse era o regramento vigente à época do CPC/73.

   Com o advento do CPC de 2015 o prazo da Fazenda Pública é dobrado para todas as manifestações processuais, de acordo com o artigo 183 e com a ressalva de inexistência de contagem em dobro quando houver prazo específico estabelecido em lei, conforme § 3º do mesmo dispositivo. No mesmo sentido é o artigo 186 e seu parágrafo 4° do CPC de 2015, relacionado à Defensoria.

	Prazo	Base legal
Defensoria Pública	Em dobro para prazos processuais.	LC 80/94, art. 44, I. NCPC, artigo 186, § 4º estabelece que não haverá prazo em dobro quando a lei fixar expressamente prazo próprio para a Defensoria
Procuradoria	Em quádruplo para contestar, em dobro para recorrer; nas demais, prazo simples (regramento do CPC/73 - revogado). Pelo CPC de 2015 o prazo é em dobro para todas as manifestações, exceto quando a lei estabelecer prazo próprio de forma expressa.	CPC/73, art. 188. CPC/2015, art. 183 e § 2º.

Aplicação em concurso

- *(DP/AM – 2011 – Instituto Cidades) São prerrogativas dos membros da Defensoria Pública do Estado do Amazonas, exceto:*

  B) receber intimação pessoal em qualquer processo e grau de jurisdição, contando-se-lhe, todavia, os prazos de forma simples.

  Gabarito: o item está errado.

7. **Contagem em dobro nos Juizados Especiais:** a Lei dos Juizados Especiais Federais, Lei nº 10.259/2001, estabelece, em seu artigo 9º, o seguinte: "Não haverá prazo diferenciado para a prática de qualquer ato processual pelas pessoas jurídicas de direito público, inclusive a interposição de recursos, devendo a citação para audiência de conciliação ser efetuada com antecedência mínima de trinta dias."

   A nosso ver, tal regra, por ser de exceção, deve ser interpretada restritivamente. A Turma Nacional de Uniformização de Jurisprudência dos Juizados Especiais Federais, porém, deu interpretação diversa. A corte entendeu que a Defensoria Pública é uma pessoa jurídica de direito público e, por isso, não faz jus à contagem em dobro de prazos no âmbito dos Juizados.

Aplicação em concurso

- *(DPU – 2010 – Cespe) Constitui prerrogativa dos membros da DPU a contagem em dobro de todos os prazos processuais perante todos os órgãos do Poder Judiciário.*

  Gabarito: o item está errado.

8. **Contagem em dobro e direito de defesa no processo penal:** no âmbito do processo penal, por se tratar do direito de defesa do réu, o recurso deve ser analisado mesmo que as razões recursais tenham sido apresentadas intempestivamente. O que precisa ser apresentado de forma tempestiva é a petição de interposição do recurso. Após isso, eventual superação de prazo para oferecer as razões constitui mera irregularidade.

Aplicação em concurso

- *(DPU – 2010 – Cespe) Abel foi condenado pela 12ª vara da Seção Judiciária do Distrito Federal pela prática do delito de moeda falsa. Ao apresentar o termo de apelação, o advogado dativo manifestou a intenção de arrazoar na superior instância. Remetidos os autos ao TRF/1ª Região, o causídico foi intimado para apresentar as razões recursais no prazo de oito dias (CPP, art. 600,* caput*); no entanto, renunciou ao encargo sem apresentá-las. Os autos foram encaminhados, em 12/1/2010, à unidade da DPU em Brasília, e o defensor a quem foi distribuída a causa, após certificar-se da hipossuficiência do réu, aceitou o patrocínio da sua defesa, mas, por causa do excesso de trabalho, só apresentou as razões recursais em 5/3/2010. Nesse caso, a apresentação tardia das razões de apelação, mesmo além do prazo em dobro, constitui mera irregularidade, devendo o recurso ser conhecido.*

  Gabarito: o item está certo.

9. **Advocacia privada – inexistência de prazo em dobro:** o benefício da Justiça Gratuita, previsto pela Lei 1.060/50 e artigo 98 e seguintes do CPC de 2015, pode ser concedido ao particular que patrocina a causa de uma pessoa hipossuficiente. Para ser beneficiário da gratuidade de justiça, o hipossuficiente não precisa estar patrocinado pela Defensoria Pública. Entretanto, o advogado particular não goza da contagem em dobro de prazos, que é prerrogativa dirigida à Defensoria Pública. Em suma, o advogado privado pode patrocinar demanda amparado pela gratuidade de justiça, mas seus prazos são contados de forma simples – ressalvada naturalmente a hipótese de litisconsórcio. Importante observar que o prazo em dobro para litisconsortes, pelo CPC de 2015, só será cabível se forem diferentes procuradores de escritórios de advocacia distintos, sendo certo

que a contagem não se aplica aos processos em autos eletrônicos (NCPC, art. 229 e seu § 2º).

Frise-se que os escritórios de prática jurídica das faculdades de Direito, reconhecidas na forma da lei e as entidades que prestam assistência jurídica gratuita em razão de convênios firmados com a Defensoria Pública possuem a prerrogativa do prazo em dobro, conforme artigo 186, § 3º, do CPC de 2015.

Aplicação em concurso

- *(DPU – 2007 – Cespe) A existência de advogado particular não afasta o direito à assistência judiciária, mas afasta o direito ao prazo em dobro.*
  Gabarito: o item está certo.

II – não ser preso, senão por ordem judicial escrita, salvo em flagrante, caso em que a autoridade fará **imediata comunicação ao Defensor Público-Geral**;

1. **Hipóteses de prisão:** a previsão do artigo 44, inciso II indica que o defensor público pode ser preso em caso de flagrante ou em decorrência de ordem judicial escrita. O flagrante é válido independentemente de o crime ser afiançável ou inafiançável.

Aplicação em concurso

- *(DPU – 2004 – Cespe) Considerando que Antônio é defensor público da União de 1ª Categoria, julgue os itens subsequentes. A lei veda a prisão em flagrante de Antônio, salvo pela prática de crime inafiançável.*
  Gabarito: o item está errado.

III – ser recolhido a **prisão especial ou a sala especial de Estado-Maior**, com direito a privacidade e, **após sentença condenatória transitada em julgado**, ser recolhido em **dependência separada**, no estabelecimento em que tiver de ser cumprida a pena;

IV – usar vestes talares e as insígnias privativas da Defensoria Pública;

V – (VETADO)

VI – ter **vista pessoal dos processos fora dos cartórios e secretarias, ressalvadas as vedações legais**;

VII – **comunicar-se**, pessoal e reservadamente, **com seus assistidos**, ainda quando esses se acharem presos ou detidos, **mesmo incomunicáveis**, tendo livre ingresso em estabelecimentos policiais, prisionais e de internação coletiva, independentemente de prévio agendamento; (Redação dada pela Lei Complementar nº 132, de 2009).

VIII – **examinar**, em qualquer repartição pública, **autos de flagrantes, inquéritos e processos**, assegurada a obtenção de **cópias e** podendo tomar **apontamentos**; (Redação dada pela Lei Complementar nº 132, de 2009).

IX – **manifestar-se** em autos administrativos ou judiciais **por meio de cota**;

1. **Manifestação por cota nos autos:** trata-se de prerrogativa garantida apenas aos membros do Ministério Público e da Defensoria Pública – além, é claro, do próprio magistrado. A manifestação por cota é um breve manuscrito. Busca-se dar maior agilidade ao andamento processual, a fim de evitar que pequenas manifestações necessitem ser feitas por petição. Exemplo: "ciente da audiência. Aguardo o retorno do mandado de intimação".

Aplicação em concurso

- *(DP/AM – 2011 – Instituto Cidades) São prerrogativas e garantias do defensor público, para sua lídima atuação processual, EXCETO:*

  E) manifestar-se em autos judiciais por meio de cota.

  Gabarito: o item está certo, por isso não deve ser assinalado.

- *(DP/RS – 2011 – FCC) Em relação aos Defensores Públicos e às suas prerrogativas e funções institucionais, com esteio nas Leis Complementares Federal e Estaduais que organizam as Defensorias Públicas, considere a seguinte situação hipotética: um membro da Defensoria Pública, no exercício de suas atribuições funcionais, após receber vista dos autos, lança breve manifestação manuscrita, com pedido ao final. Conclusos os autos, o magistrado*

  A) deve determinar o desentranhamento e inutilização da peça, reabrindo o prazo da parte assistida pela Defensoria Pública, para que seja lançada nova manifestação, digitada ou datilografada.

  B) deve conhecer do pedido, examinando o seu mérito.

  C) deve mandar riscar o texto dos autos, deixando de conhecer do pedido.

  D) deve determinar ao escrivão que reduza a termo todo o texto manuscrito, fazendo oportuna conclusão dos autos para exame.

E) não deve conhecer do pedido, porquanto o membro da Defensoria Pública somente pode dirigir-se ao juiz, de forma manuscrita, em procedimento de *habeas corpus*.

Gabarito: letra B.

> X – **requisitar de autoridade pública** e de seus agentes exames, certidões, perícias, vistorias, diligências, processos, documentos, informações, esclarecimentos e providências necessárias ao exercício de suas atribuições;

1. **Requisição a autoridade pública – limite da prerrogativa:** a previsão do artigo 44, inciso X é dirigida apenas a autoridades públicas, não alcançando particulares sem ligação com o Poder Público. Nos comentários ao artigo 128, X desta lei há exposição sobre posicionamento do STF relacionado ao poder de requisição, para onde remetemos o leitor.

Aplicação em concurso

- *(DP/SE – 2012 – Cespe) Em relação às atribuições e ao poder de requisição do DP, assinale a opção correta.*

  B) No exercício de suas atribuições, os DPs têm o poder de requisitar de autoridade pública ou de particulares informações, esclarecimentos e documentos, no interesse do assistido, ainda que sigilosos.

  C) O poder de requisição dos membros da DPE, como prerrogativa funcional, restringe-se às autoridades da unidade federada onde eles exerçam suas funções.

  E) A requisição de informações e de documentos dirigidos às autoridades públicas no interesse do assistido somente poderá ser dirigida às autoridades administrativas, vedado o exercício da prerrogativa em relação aos órgãos do Poder Judiciário e ao Poder Legislativo, por existirem ações próprias para esse fim.

  Gabarito: os itens estão errados.

- *(FCC – Defensor Público – RS/2014) É prerrogativa dos membros da Defensoria Pública*

  A) comunicar-se, pessoal e reservadamente, com seus assistidos, salvo quando presos em flagrante.

  B) examinar em qualquer juízo ou Tribunal autos de processo que estejam em regular andamento, vedada a vista de processos findos.

C) requisitar de autoridade pública ou de seus agentes exames, certidões, perícias, vistorias, diligências, processos, documentos, informações, esclarecimentos e providências necessárias ao exercício de suas atribuições.

D) a inamovibilidade, ressalvada a hipótese de remoção compulsória, e a irredutibilidade de vencimentos.

E) examinar em qualquer repartição policial, autos de flagrante ou inquérito, sendo vedada, todavia, a extração de cópias.

Gabarito: letra C.

XI – **representar a parte**, em feito administrativo ou judicial, **independentemente de mandato**, ressalvados os casos para os quais a lei exija poderes especiais;

1. **Dispensa de mandato:** conforme prevê o artigo 44, inciso XI, o defensor público não precisa de mandato para atuar na defesa do necessitado, ressalvadas apenas as hipóteses em que a lei exige poderes especiais. Os poderes especiais estão previstos no CPC em seu artigo 105. São eles: receber citação, confessar, reconhecer a procedência do pedido, transigir, desistir, renunciar ao direito sobre o qual se funda a ação, receber, dar quitação, firmar compromisso e assinar declaração de hipossuficiência.

Aplicação em concurso

- *(DP/AM – 2011 – Instituto Cidades) São prerrogativas e garantias do defensor público, para sua lídima atuação processual, EXCETO [julgue o item]:*

A) representar a parte, em feito administrativo ou judicial, mediante mandato, inclusive nos casos para os quais a lei exija poderes especiais.

Gabarito: o item está errado.

XII – **deixar de patrocinar ação**, quando ela for manifestamente incabível ou inconveniente aos interesses da parte sob seu patrocínio, **comunicando o fato ao Defensor Público-Geral**, com as razões de seu proceder;

XIII – ter o **mesmo tratamento** reservado aos **magistrados** e demais titulares dos cargos das funções essenciais à justiça;

XIV – ser ouvido como **testemunha**, em qualquer processo ou procedimento, em **dia, hora** e local **previamente ajustados** com a autoridade competente;

XV -(VETADO)

XVI – (VETADO)

Parágrafo único. Quando, no curso de investigação policial, houver **indício de prática de infração penal** por membro da Defensoria Pública da União, a autoridade policial, civil ou militar, comunicará, imediatamente, o fato ao **Defensor Público-Geral**, que **designará membro** da Defensoria Pública para **acompanhar a apuração**.

CAPÍTULO V
DOS DEVERES, DAS PROIBIÇÕES, DOS IMPEDIMENTOS E DA RESPONSABILIDADE FUNCIONAL

SEÇÃO I
DOS DEVERES

Art. 45. São **deveres** dos membros da Defensoria Pública da União:

I – **residir na localidade** onde exercem suas funções;

II – **desempenhar, com zelo e presteza**, os serviços a seu cargo;

III – representar ao Defensor Público-Geral sobre as irregularidades de que tiver ciência, em razão do cargo;

IV – prestar informações aos órgãos de administração superior da Defensoria Pública da União, quando solicitadas;

V – **atender ao expediente forense** e participar dos atos judiciais, quando for obrigatória a sua presença;

VI – **declarar-se suspeito ou impedido**, nos termos da lei;

VII – **interpor os recursos cabíveis** para qualquer instância ou Tribunal e promover revisão criminal, **sempre que encontrar fundamentos** na lei, jurisprudência ou prova dos autos, remetendo cópia à Corregedoria-Geral.

1. **Interposição de recurso:** dentre os deveres contidos no art. 45, está o de interpor recursos (inciso VII). É preciso ter claro que o defensor público não é obrigado a recorrer de toda e qualquer decisão. A ele é garantida a independência funcional, de modo que pode decidir qual o melhor caminho na defesa dos interesses de seus assistidos. Nesse sentido, o inciso VII estabelece claramente que a interposição de recurso está subordinada

aos casos em que o defensor público encontrar fundamentos legais, jurisprudenciais ou probatórios para embasar suas razões.

O que se espera do defensor público é que defenda firmemente os interesses dos hipossuficientes, lançando mão de todos os instrumentos jurídicos de que dispõe. Isso não significa, porém, recorrer indefinidamente de uma decisão contrária, com propósito protelatório, avolumando ainda mais o trabalho do Poder Judiciário.

Aplicação em concurso

- *(DP/SP – 2009 – FCC) O direito fundamental à assistência jurídica integral e gratuita, previsto constitucionalmente e instrumentalizado pela Defensoria Pública, compreende a:*

  D) indispensabilidade de esgotamento das vias recursais pelo Defensor Público.

  Gabarito: o item está errado.

SEÇÃO II
DAS PROIBIÇÕES

Art. 46. Além das **proibições** decorrentes do exercício de cargo público, aos membros da Defensoria Pública da União é vedado:

I – exercer a **advocacia fora das atribuições** institucionais;

1. **Advocacia privada – vedação:** a dedicação do defensor público a seu ofício é exclusiva, ressalvada apenas a atividade acadêmica. Assim, não lhe é permitido patrocinar demandas particulares, ainda que em causa própria. É o que estabelece o art. 46, inciso I. Essa vedação está prevista também na Constituição da República, no parágrafo primeiro do artigo 134.

Aplicação em concurso

- *(DPU – 2004 – Cespe) Considerando que Antônio é defensor público da União de 1ª categoria, julgue os itens subsequentes. É vedado a Antônio ingressar com ações judiciais advogando em causa própria.*

  Gabarito: o item está certo.

> II – **requerer, advogar**, ou praticar em Juízo ou fora dele, **atos que de qualquer forma colidam** com as funções inerentes ao seu cargo, ou com os preceitos éticos de sua profissão;
>
> III – **receber**, a qualquer título e sob qualquer pretexto, **honorários, percentagens ou custas processuais**, em razão de suas atribuições;

1. **Vedação ao recebimento de honorários advocatícios:** o defensor público não tem direito ao recebimento de honorários advocatícios decorrentes da sucumbência da parte adversa (art. 46, inc. III). Essa verba é recolhida a um fundo institucional e destinada ao aparelhamento e aperfeiçoamento dos defensores públicos e dos servidores (art. 4º, XXI da lei em estudo).

Aplicação em concurso

- *(DPU – 2004 – Cespe) Considerando que Antônio é defensor público da União de 1ª categoria, julgue os itens subsequentes. Antônio tem direito a receber gratificação correspondente a 5% dos honorários de sucumbência relativos às ações judiciais em que ele atuar.*
  Gabarito: o item está errado.

> IV – **exercer o comércio** ou participar de sociedade comercial, **exceto como cotista ou acionista**;
>
> V – **exercer atividade político-partidária, enquanto atuar junto à justiça eleitoral.**

1. **Atividade político-partidária – possibilidade:** é importante conhecer a ressalva quanto à proibição contida no inciso V do art. 46. O defensor público da União pode exercer atividade político-partidária, **exceto** quando estiver atuando junto à justiça eleitoral.

Aplicação em concurso

- *(DPU – 2007 – Cespe)Aos membros da DPGU é vedado exercer atividade político-partidária, mesmo que eles não atuem na justiça eleitoral.*
  Gabarito: o item está errado.

SEÇÃO III
DOS IMPEDIMENTOS

Art. 47. Ao membro da Defensoria Pública da União é defeso exercer suas funções em processo ou procedimento:

I – **em que seja parte** ou, de qualquer forma, interessado;

II – em que haja atuado como representante da parte, perito, Juiz, membro do Ministério Público, Autoridade Policial, Escrivão de Polícia, Auxiliar de Justiça ou prestado depoimento como testemunha;

III – **em que for interessado cônjuge ou companheiro**, parente consanguíneo ou afim em linha reta ou colateral, até o terceiro grau;

IV – **no qual haja postulado como advogado** de qualquer das pessoas mencionadas no inciso anterior;

V – em que qualquer das pessoas mencionadas no inciso III funcione ou haja funcionado como Magistrado, membro do Ministério Público, Autoridade Policial, Escrivão de Polícia ou Auxiliar de Justiça;

VI – em que **houver dado à parte contrária parecer verbal ou escrito** sobre o objeto da demanda;

VII – em outras hipóteses previstas em lei.

Art. 48. Os membros da Defensoria Pública da União não podem participar de comissão, banca de concurso, ou qualquer decisão, quando o julgamento ou votação disser respeito a seu cônjuge ou companheiro, ou parente consanguíneo ou afim em linha reta ou colateral, até o terceiro grau.

1. **Impedimento:** as hipóteses de impedimento estão previstas nos artigos 47 e 48 e são de cunho objetivo, ou seja, presume-se que, naquelas situações, o defensor público não tem condições de atuar com lisura e autonomia. Trata-se de presunção legal absoluta.

SEÇÃO IV
DA RESPONSABILIDADE FUNCIONAL

Art. 49. A atividade funcional dos membros da Defensoria Pública da União está sujeita a:

I – correição ordinária, realizada anualmente pelo Corregedor-Geral e por seus auxiliares, para verificar a regularidade e eficiência dos serviços;

II – correição extraordinária, realizada pelo Corregedor-Geral e por seus auxiliares, de ofício ou por determinação do Defensor Público-Geral;

§ 1º Cabe ao Corregedor-Geral, concluída a correição, apresentar ao Defensor Público-Geral relatório dos fatos apurados e das providências a serem adotadas.

§ 2º Qualquer pessoa pode representar ao Corregedor-Geral sobre os abusos, erros ou omissões dos membros da Defensoria Pública da União.

Art. 50. Constituem infrações disciplinares, além de outras definidas em Lei Complementar, a violação dos deveres funcionais e vedações contidas nesta Lei Complementar, bem como a prática de crime contra a Administração Pública ou ato de improbidade administrativa.

§ 1º Os membros da Defensoria Pública da União são passíveis das seguintes **sanções**:

I – **advertência**;

II – **suspensão** por até noventa dias;

III – **remoção compulsória**;

IV – **demissão**;

V – **cassação da aposentadoria**.

§ 2º A **advertência** será aplicada **por escrito** nos casos de violação dos deveres e das proibições funcionais, quando o fato não justificar a imposição de pena mais grave.

§ 3º A **suspensão** será aplicada em caso de **reincidência** em falta punida com advertência ou quando a infração dos deveres ou das proibições funcionais, pela sua gravidade, justificar a sua imposição.

§ 4º A **remoção compulsória** será aplicada sempre que a falta praticada, pela sua gravidade e repercussão, **tornar incompatível a permanência** do faltoso no órgão de atuação de sua lotação.

§ 5º A pena de **demissão** será aplicável nas hipóteses previstas em lei, e no caso de **reincidência** em falta punida com suspensão ou remoção compulsória.

§ 6º As penas de **demissão e cassação da aposentadoria** serão aplicadas pelo **Presidente** da República e **as demais** pelo **Defensor Público-Geral**, garantida sempre a ampla defesa, sendo obrigatório o inquérito administrativo nos casos de aplicação de remoção compulsória, suspensão, demissão e cassação da aposentadoria.

1. **Aplicação de penas:** o § 6º do artigo 50 estabelece que as penas de demissão e de cassação de aposentadoria são aplicadas pelo Presidente da República, ao passo em que as demais competem ao Defensor Público-Geral.

Sanção	Aplicador
– demissão e cassação de aposentadoria	– Presidente da República
– advertência, suspensão e remoção compulsória	– Defensor Público-Geral

Aplicação em concurso

- *(Cespe – Defensor Público Federal – DPF/2017) As penas de demissão e cassação da aposentadoria aos membros da DPU serão aplicadas pelo presidente da República, cabendo ao DPG a aplicação das demais penalidades funcionais.*

  Gabarito: o item está certo.

§ 7º **Prescrevem em dois anos**, a contar da data em que foram cometidas, as faltas puníveis com **advertência, suspensão e remoção compulsória**, aplicando-se, quanto às demais, os prazos previstos em lei.

Art. 51. A **qualquer tempo** poderá ser requerida **revisão do processo disciplinar**, quando se aduzirem fatos novos ou circunstâncias suscetíveis de provar, a inocência do apenado ou de justificar a imposição de pena mais branda.

§ 1º Poderá requerer a instauração de processo revisional o próprio interessado ou, se falecido ou interdito, o seu cônjuge ou companheiro, ascendente, descendente ou irmão.

§ 2º Se for procedente a revisão, será tornado sem efeito o ato punitivo ou aplicada a penalidade adequada restabelecendo-se os direitos atingidos pela punição, na sua plenitude.

1. **Processo revisional:** pode ser instaurado ainda que o próprio interessado já tenha falecido. Nesse caso, a legitimidade recai sobre o cônjuge ou companheiro, ascendente, descendente ou irmão.

Aplicação em concurso

- *(DPU – 2001 – Cespe) Considere a seguinte situação hipotética. Luís foi demitido do cargo de defensor público de categoria especial por ato do presidente da República, após regulares inquérito administrativo e processo disciplinar. Dez anos mais tarde, quando Luís já era falecido, vieram a lume fatos até então desconhecidos que demonstravam, de forma inequívoca, a inocência de Luís e o consequente erro das conclusões daqueles procedimentos administrativos. Nessa situação, o direito à revisão do processo disciplinar não estará atingido pela prescrição, sendo que o processo revisional poderá ser instaurado pelo cônjuge ou companheira, ascendente, descendente ou irmão de Luís.*

  Gabarito: o item está certo.

TÍTULO III
DA ORGANIZAÇÃO DA DEFENSORIA PÚBLICA DO DISTRITO FEDERAL E DOS TERRITÓRIOS

CAPÍTULO I
DA ESTRUTURA

Art. 52. A Defensoria Pública do Distrito Federal e dos Territórios é organizada e mantida pela União.

Art. 53. A Defensoria Pública do Distrito Federal e dos Territórios compreende:

I – órgãos de administração superior:

a) a Defensoria Pública-Geral do Distrito Federal e dos Territórios;

b) a Subdefensoria Pública-Geral do Distrito Federal e dos Territórios;

c) o Conselho Superior da Defensoria Pública do Distrito Federal e dos Territórios;

d) a Corregedoria-Geral da Defensoria Pública do Distrito Federal e dos Territórios;

II – órgãos de atuação:

a) as Defensorias Públicas do Distrito Federal e dos Territórios;

b) os Núcleos da Defensoria Pública do Distrito Federal e dos Territórios;

III – órgãos de execução: os Defensores Públicos do Distrito Federal e dos Territórios.

1. **Defensoria Pública do Distrito Federal – esclarecimento necessário:** estabelece o art. 52 que compete à União organizar e manter a Defensoria Pública do Distrito Federal e dos Territórios.

   Como destacado no início da obra, o regime constitucional da Defensoria Pública do Distrito Federal passou por modificações importantes. A partir da Emenda Constitucional n. 69/2012, a competência para legislar a respeito e organizar a carreira passou da União para o Distrito Federal.

   Além da modificação na Constituição da República, a Lei Orgânica do Distrito Federal também foi modificada por meio da Emenda n. 61/2012 e posteriormente pela EC 86 de 2015, nos seguintes termos:

DISPOSITIVOS INSERIDOS PELA EMENDA N. 61/2012 NA LEI ORGÂNICA DO DISTRITO FEDERAL
Art. 60. Compete, privativamente, à Câmara Legislativa do Distrito Federal: XXI – convocar o Procurador-Geral do Distrito Federal e o Defensor Público-Geral do Distrito Federal a prestar informações sobre assuntos previamente determinados, no prazo de trinta dias, sujeitando-se estes às penas da lei por ausência injustificada; **Art. 75.** As leis complementares serão aprovadas por maioria absoluta dos Deputados da Câmara Legislativa e receberão numeração distinta das leis ordinárias. Parágrafo único. Para os fins deste artigo, constituirão leis complementares, entre outras: XII – a lei de organização e funcionamento da Defensoria Pública do Distrito Federal. **Art. 100.** Compete privativamente ao Governador do Distrito Federal: XXVIII – nomear e destituir o Defensor Público-Geral do Distrito Federal, na forma da lei. (EC 86 de 2015) Art. 114. A Defensoria Pública é instituição permanente e essencial à função jurisdicional do Estado, incumbindo-lhe fundamentalmente, como expressão e instrumento do regime democrático, a orientação jurídica, a promoção dos direitos humanos e a defesa judicial e extrajudicial, em todos os graus, dos direitos individuais e coletivos de forma integral e gratuita aos necessitados, na forma do art. 5º, LXXIV, da Constituição Federal.

§ 1º À Defensoria Pública do Distrito Federal é assegurada, nos termos do art. 134, § 2º, da Constituição Federal, e do art. 2º da Emenda Constitucional nº 69, de 29 de março de 2012, autonomia funcional e administrativa, cabendo-lhe elaborar, nos termos da lei de diretrizes orçamentárias, sua proposta orçamentária e encaminhá-la ao Poder Executivo para consolidação da proposta de lei de orçamento anual e submissão ao Poder Legislativo.

§ 2º O Defensor Público-Geral do Distrito Federal só pode ser destituído, nos termos da lei, por iniciativa do Governador e prévia deliberação da Câmara Legislativa do Distrito Federal.

§ 3º São princípios institucionais da Defensoria Pública a unidade, a indivisibilidade e a independência funcional, aplicando-se também, no que couber, o disposto nos arts. 93 e 96, II, da Constituição Federal.

§ 4º Compete privativamente à Defensoria Pública a iniciativa das leis sobre:

I – sua organização e funcionamento;

II – criação, transformação ou extinção dos seus cargos públicos e fixação dos respectivos vencimentos ou subsídios;

III – o estatuto dos defensores públicos do Distrito Federal.

Art. 145. Os recursos financeiros correspondentes às dotações orçamentárias da Câmara Legislativa do Distrito Federal, do Tribunal de Contas do Distrito Federal e da Defensoria Pública do Distrito Federal são repassados em duodécimos, até o dia 20 de cada mês, em cotas estabelecidas na programação financeira, exceto em caso de investimento, em que se obedecerá ao cronograma estabelecido.

Art. 2º No prazo de sessenta dias contados da publicação desta Emenda à Lei Orgânica do Distrito Federal, o Poder Executivo deve encaminhar à Câmara Legislativa do Distrito Federal projeto de lei complementar dispondo sobre a organização e o funcionamento da Defensoria Pública do Distrito Federal.

§ 1º O Centro de Assistência Judiciária do Distrito Federal passa a denominar-se Defensoria Pública do Distrito Federal.

§ 2º Os cargos de Diretor-Geral, de Subdiretor-Geral e de Corregedor do Centro de Assistência Judiciária do Distrito Federal passam a denominar-se cargos de Defensor Público-Geral, Subdefensor Público-Geral e de Corregedor-Geral da Defensoria Pública do Distrito Federal.

> § 3º A Carreira de Assistência Judiciária do Distrito Federal passa a denominar-se Carreira de Defensor Público do Distrito Federal, e os cargos de Procurador de Assistência Judiciária passam a denominar-se cargos de Defensor Público do Distrito Federal, com observância das garantias e das vedações previstas no art. 134, § 1º, da Constituição Federal.
>
> § 4º Os atuais procuradores de assistência judiciária passam a integrar a Carreira de Defensor Público do Distrito Federal.
>
> § 5º Os atuais procuradores de assistência judiciária, no prazo de dez dias contados da publicação desta Emenda, podem optar, de modo irretratável, pelo atual regime jurídico de seus cargos, ficando excluídos da Carreira de Defensor Público do Distrito Federal.
>
> § 6º Os procuradores de assistência judiciária que fizerem opção na forma do § 5º passam a integrar quadro em extinção, podendo ser aproveitados, por ato do Governador, nas autarquias e nas fundações, nos termos do art. 10, caput, do Ato das Disposições Transitórias da Lei Orgânica do Distrito Federal.
>
> **§ 7º Enquanto não for publicada a lei complementar de que trata o *caput*, continuam vigentes, no que couber, as disposições da Lei Complementar nº 828, de 26 de julho de 2010, referentes** à **organização e ao funcionamento do atual Centro de Assistência Judiciária do Distrito Federal.**
>
> **§ 8º A Carreira Defensor Público do Distrito Federal fica regida pela legislação aplicável** à **Carreira de Assistência Judiciária do Distrito Federal, até que seja publicada nova lei sobre a matéria.**
>
> Art. 3º Aplica-se o disposto no art. 2º, §§ 3º e 4º, aos aposentados e aos beneficiários de pensão vinculada ao cargo de Procurador de Assistência Judiciária, assegurada a paridade com os servidores ativos nas condições previstas na Constituição Federal ou em suas emendas.

Como se vê, a Emenda teve por objetivo adequar a Lei Orgânica do DF ao novo regramento da Constituição Federal

Disso resulta que os artigos desta LC que tratam da Defensoria Pública do Distrito Federal (arts. 52 a 96) não são mais aplicáveis. A nosso sentir, falta-lhes o fundamento de validade em razão das alterações constitucionais.

O professor Caio Paiva, é preciso ao abordar o assunto: *"Ainda sobre este segundo ponto, importante considerarmos que a EC 69/2012 alterou os arts. 21, 22 e 48 da Constituição Federal, para transferir da União para o Distrito Federal as atribuições de organizar e manter a Defensoria Pública do Distrito Federal. Em consequência disso, o art. 134, § 1°, da CF deve receber uma releitura, isso porque ele sofreu uma derrogação tácita parcial pela EC 69, de modo que, agora, a LONDP, de competência legislativa da União, somente pode organizar a DPU e estabelecer normas gerais para a organização da Defensoria Pública do Distrito Federal, estando, portanto, revogados os arts. 52 a 95 da LC 80, que dispunham exaustivamente sobre a organização da DPDF."*[28]

No mesmo sentido é a posição de Diogo Esteves e Franklyn Roger: *"Devemos lembrar, nesse ponto, que a redistribuição da competência para legislar sobre a Defensoria Pública do Distrito Federal, realizada recentemente pela Emenda Constitucional nº 69/12, deverá acarretar a modificação da Lei Complementar nº 80/1994. Isso porque não se encontra mais inserida na esfera de competência da União a organização plena da Defensoria Pública do Distrito Federal (art. 22, XVII, da CRFB); com a modificação operacionalizada pela EC nº 69/2012, deve a União estabelecer apenas as normas gerais (art. 24, § 1º, da CRFB), cabendo ao Distrito Federal normatizar os aspectos específicos de sua Defensoria Pública (art. 24, § 2º c/c o art. 32, § 1º, da CRFB). Com efeito, deverão ser suprimidas do Título III da Lei Complementar nº 80/1994 todas as normas que extrapolem a competência genérica da União e avancem sobre aspectos específicos da organização da Defensoria Pública do Distrito Federal (art. 3º da EC nº 69/2012)."*[29]

Entretanto, os dispositivos da LC n. 80/1994 não foram expressamente revogados. Assim, optamos por manter no livro os comentários que fizemos sobre esses artigos, registrando aqui o alerta ao leitor.

SEÇÃO I
DO DEFENSOR PÚBLICO-GERAL E DO SUBDEFENSOR PÚBLICO-GERAL DO DISTRITO FEDERAL E DOS TERRITÓRIOS

Art. 54. A Defensoria Pública do Distrito Federal e dos Territórios tem por Chefe o Defensor Público-Geral, nomeado pelo Presidente da República, dentre membros estáveis da Carreira e maiores de 35 (trinta e cinco) anos, escolhidos em lista tríplice formada pelo voto direto, secreto, plurinominal e obrigatório de seus membros, para mandato de 2 (dois) anos, permitida 1 (uma) recondução. (Redação dada pela Lei Complementar nº 132, de 2009).

Parágrafo único. (VETADO)

§ 2º (VETADO) (Incluído dada pela Lei Complementar nº 132, de 2009).

1. **Defensor Público-Geral – características:** o artigo 54 estabelece as características referentes ao ocupante do cargo maior da Defensoria Pública do Distrito Federal e dos Territórios, o Defensor Público-Geral.

---

28 PAIVA, Caio Cezar. Prática penal para defensoria pública. – Rio de Janeiro: Forense, 2016, p.14.

29 ESTEVES, Diogo. ROGER, Franklyn. Op. cit. P. 126.

2. **Defensor Público-Geral do Distrito Federal:** o artigo 54 dispõe sobre a nomeação do Defensor Público-Geral do Distrito Federal. Em relação ao Defensor Público-Geral da União (art. 6º), a diferença é a aprovação de seu nome pelo Senado, exigida para este, e não para aquele. O dispositivo correlato para o Defensor Público-Geral do Estado (art. 99) estabelece apenas a idade mínima de 35 anos e a necessidade de ser integrante da carreira.

> Art. 55. O Defensor Público-Geral será substituído, em suas faltas, impedimentos, licenças e férias, pelo Subdefensor Público-Geral, nomeado pelo Presidente da República, dentre os integrantes da Categoria Especial da carreira, escolhidos pelo Conselho Superior, para mandato de dois anos.

1. **Subdefensor Público-Geral do Distrito Federal:** o artigo 55 estabelece que o Subdefensor Público-Geral será nomeado pelo Presidente da República, dentre os integrantes da Categoria Especial da carreira, dentre os escolhidos pelo Conselho Superior, para mandato de dois anos. A redação é semelhante à do artigo 7º, que se refere à Defensoria Pública da União.

   Entretanto, o parágrafo único do artigo 7º expressamente estabelece a possibilidade de a Defensoria Pública da União contar com mais de um Subdefensor Público-Geral, para atender às necessidades de prestação de seus serviços. Tal previsão não existe em relação à Defensoria Pública do Distrito Federal.

> Art. 56. São atribuições do Defensor Público-Geral:
>
> I – dirigir a Defensoria Pública do Distrito Federal e dos Territórios, superintender e coordenar suas atividades e orientar-lhe a atuação;
>
> II – representar a Defensoria Pública do Distrito Federal e dos Territórios judicial e extrajudicialmente;
>
> III – velar pelo cumprimento das finalidades da Instituição;
>
> IV – integrar, como membro nato, e presidir o Conselho Superior da Defensoria Pública do Distrito Federal e dos Territórios;
>
> V – baixar o Regimento Interno da Defensoria Pública-Geral do Distrito Federal e dos Territórios;
>
> VI – autorizar os afastamentos dos membros da Defensoria Pública do Distrito Federal e dos Territórios;
>
> VII – estabelecer a lotação e a distribuição dos membros e servidores da Defensoria Pública do Distrito Federal e dos Territórios;

VIII – dirimir conflitos de atribuições entre membros da Defensoria Pública do Distrito Federal e dos Territórios, com recurso para seu Conselho Superior;

IX – proferir decisões nas sindicâncias e processos administrativos disciplinares promovidos pela Corregedoria-Geral do Distrito Federal e dos Territórios;

X – instaurar processo disciplinar contra membros e servidores da Defensoria Pública do Distrito Federal e dos Territórios;

XI – abrir concursos públicos para ingresso na carreira da Defensoria Pública do Distrito Federal e dos Territórios;

XII – determinar correições extraordinárias;

XIII – praticar atos de gestão administrativa, financeira e de pessoal;

XIV – convocar o Conselho Superior da Defensoria Pública do Distrito Federal e dos Territórios e dar execução às suas deliberações;

XV – designar membro da Defensoria Pública do Distrito Federal e dos Territórios para exercício de suas atribuições em órgão de atuação diverso do de sua lotação ou, em caráter excepcional, perante Juízos, Tribunais ou Ofícios diferentes dos estabelecidos para cada categoria;

XVI – requisitar de qualquer autoridade pública e de seus agentes, certidões, exames, perícias, vistorias, diligências, processos, documentos, informações, esclarecimentos e demais providências necessárias à atuação da Defensoria Pública;

XVII – aplicar a pena de remoção compulsória, aprovada pelo voto de dois terços do Conselho Superior, aos membros da Defensoria Pública do Distrito Federal e dos Territórios;

XVIII – delegar atribuições a autoridade que lhe seja subordinada, na forma da lei.

Parágrafo único. Ao Subdefensor Público-Geral, além da atribuição prevista no art. 55 desta Lei Complementar, compete:

a) auxiliar o Defensor Público-Geral nos assuntos de interesse da Instituição;

b) desincumbir-se das tarefas e delegações que lhe forem determinadas pelo Defensor Público-Geral.

1. **Atribuições dissonantes entre as chefias da Defensoria Pública da União e do Distrito Federal:** o rol de atribuições do Defensor Público-Geral Federal está previsto no artigo 8º, ao passo que o de atribuições do Defensor Público-Geral do Distrito Federal consta do artigo 56. Ambos os dispositivos guardavam exata correspondência. No entanto, a LC nº 132/2009

promoveu alterações nas atribuições do Defensor Público-Geral Federal, mas deixou de prevê-las para a esfera distrital. Assim, no que tange ao Regimento Interno da Defensoria Pública, o artigo 56 mantém a mesma redação original da LC nº 80/1994, no sentido de que deve ser baixado pelo Defensor Público-Geral, sem exigência de participação do Conselho Superior, como ocorre no âmbito da Defensoria Pública da União.

De igual modo, os incisos XIX e XX, inseridos no artigo 8º, não foram repetidos para a Defensoria Pública do Distrito Federal. São normas que se referem, respectivamente, à possibilidade de o Defensor Público-Geral requisitar força policial e à necessidade de apresentação do plano de atuação da Instituição ao Conselho Superior.

Aplicação em concurso

- *(DP/DF – 2013 – Cespe) De acordo com a Lei Complementar nº 80/1994, julgue os itens que se seguem.*

  Cabe ao DPG, membro nato do Conselho Superior da DP/DF, aplicar a pena de remoção compulsória aos DPs, se aprovada pelo voto de dois terços do conselho, assim como instaurar processo disciplinar contra membros e servidores da DP e proferir decisões em sindicâncias e processos administrativos disciplinares.

  Gabarito: o item está certo. A descrição feita na questão está correta, pois encontra amparo no rol de atribuições do Defensor Público-Geral do Distrito Federal, como se vê do artigo 56, notadamente incisos XVII, X e IX, respectivamente. A questão não analisa sistematicamente as mudanças promovidas pela EC n. 69/2012, que retirou a competência da União para legislar e manter a Defensoria Pública do Distrito Federal.

SEÇÃO II
DO CONSELHO SUPERIOR DA DEFENSORIA PÚBLICA DO DISTRITO FEDERAL E DOS TERRITÓRIOS

Art. 57. A composição do Conselho Superior da Defensoria Pública do Distrito Federal e dos Territórios deve incluir obrigatoriamente o Defensor Público-Geral, o Subdefensor Público-Geral e o Corregedor-Geral, como membros natos, e, em sua maioria, representantes estáveis da Carreira, 2 (dois) por categoria, eleitos pelo voto direto, plurinominal, secreto e obrigatório, de todos os integrantes da Carreira. (Redação dada pela Lei Complementar nº 132, de 2009).

§ 1º O Conselho Superior é presidido pelo Defensor Público-Geral, que terá voto de qualidade, exceto em matéria disciplinar. (Redação dada pela Lei Complementar nº 132, de 2009).

> § 2º As eleições serão realizadas em conformidade com as instruções baixadas pelo Conselho Superior. (Redação dada pela Lei Complementar nº 132, de 2009).
>
> § 3º Os membros do Conselho Superior são eleitos para mandato de 2 (dois) anos, permitida 1 (uma) reeleição. (Redação dada pela Lei Complementar nº 132, de 2009).
>
> § 4º São elegíveis os Defensores Públicos do Distrito Federal e dos Territórios que não estejam afastados da carreira.

1. **Composição do Conselho Superior:** é composto de membros natos e membros eleitos, sendo estes a maioria. Os natos são o Defensor Público-Geral, o Subdefensor Público-Geral e o Corregedor-Geral. Como a Lei Complementar não prevê a possibilidade de haver mais de um Subdefensor Público-Geral para a Defensoria Pública do Distrito Federal, tem-se que o Conselho Superior é formado por nove membros, três natos e seis eleitos.

   Em número superior ao de membros natos, devem ser eleitos dois defensores públicos de cada categoria, dentre membros estáveis, eleitos por voto direto, plurinominal, obrigatório e secreto de todos os integrantes da carreira. São elegíveis membros que não estejam afastados da carreira, para mandato de dois anos, permitida uma reeleição.

Membros	Composição	Características/Base legal
Natos	Defensor Público-Geral, Subdefensor Público-Geral e Corregedor-Geral	O Defensor Público-Geral exerce a presidência, tem voto de qualidade, exceto em matéria disciplinar (art. 57, § 1º)
Eleitos	Dois defensores públicos de cada categoria, em número superior ao de membros natos	São eleitos por voto direto, plurinominal, obrigatório e secreto de todos os membros da Instituição, para mandato de 2 anos, permitida uma reeleição (art. 57, *caput* e § 4º).

> § 5º São suplentes dos membros eleitos de que trata o caput deste artigo os demais votados, em ordem decrescente.
>
> § 6º Qualquer membro, exceto o nato, pode desistir de sua participação no Conselho Superior, assumindo, imediatamente, o cargo, o respectivo suplente.
>
> § 7º O presidente da entidade de classe de âmbito distrital de maior representatividade dos membros da Defensoria Pública do Distrito Federal e dos Territórios terá assento e voz nas reuniões do Conselho Superior. (Incluído pela Lei Complementar nº 132, de 2009).

1. **Assento do presidente da entidade de classe:** a LC nº 132/2009 acrescentou o § 7º ao artigo 57 para prever que o presidente da entidade de classe de âmbito distrital de maior representatividade dos defensores públicos tem assento e voz nas reuniões do Conselho Superior.

> Art. 58. Ao Conselho Superior da Defensoria Pública do Distrito Federal e dos Territórios compete:
>
> I – exercer o poder normativo no âmbito da Defensoria Pública do Distrito Federal e dos Territórios;
>
> II – opinar, por solicitação do Defensor Público-Geral, sobre matéria pertinente à autonomia funcional e administrativa da Defensoria Pública do Distrito Federal e dos Territórios;
>
> III – elaborar lista tríplice destinada à promoção por merecimento;
>
> IV – aprovar a lista de antiguidade dos membros da Defensoria Pública do Distrito Federal e dos Territórios e decidir sobre as reclamações a ela concernentes;
>
> V – recomendar ao Defensor Público-Geral a instauração de processo disciplinar contra membros e servidores da Defensoria Pública do Distrito Federal e dos Territórios;
>
> VI – conhecer e julgar recurso contra decisão em processo administrativo-disciplinar;
>
> VII – decidir sobre pedido de revisão de processo administrativo-disciplinar;
>
> VIII – decidir acerca da remoção dos integrantes da carreira da Defensoria Pública do Distrito Federal e dos Territórios;
>
> IX – decidir sobre a avaliação do estágio probatório dos membros da Defensoria Pública do Distrito Federal e dos Territórios, submetendo sua decisão à homologação do Defensor Público-Geral;
>
> X – decidir, por voto de dois terços de seus membros, acerca da destituição do Corregedor-Geral;
>
> XI – deliberar sobre a organização de concurso para ingresso na carreira e designar os representantes da Defensoria Pública do Distrito Federal e dos Territórios que integrarão a Comissão de Concurso;
>
> XII – organizar os concursos para provimento dos cargos da carreira de Defensor Público do Distrito Federal e dos Territórios e os seus respectivos regulamentos;
>
> XIII – recomendar correições extraordinárias;

XIV – indicar os seis nomes dos membros da classe mais elevada da carreira para que o Presidente da República nomeie, dentre estes, o Subdefensor Público-Geral e o Corregedor-Geral.

XV – editar as normas regulamentando a eleição para Defensor Público-Geral. (Incluído pela Lei Complementar nº 132, de 2009).

Parágrafo único. As decisões do Conselho Superior serão motivadas e publicadas, salvo as hipóteses legais de sigilo.

1. **Regimento da eleição para Defensor Público-Geral:** a LC nº 132/2009 incluiu o inciso XV do artigo 58, que prevê a atribuição do Conselho Superior de editar normas para regular a eleição para Defensor Público-Geral.

SEÇÃO III
DA CORREGEDORIA-GERAL DA DEFENSORIA PÚBLICA DO DISTRITO FEDERAL E DOS TERRITÓRIOS

Art. 59. A Corregedoria-Geral da Defensoria Pública do Distrito Federal e dos Territórios é órgão de fiscalização da atividade funcional e da conduta dos membros e dos servidores da Defensoria Pública do Distrito Federal e dos Territórios.

Art. 60. A Corregedoria-Geral da Defensoria Pública do Distrito Federal e dos Territórios é exercida pelo Corregedor-Geral, indicado dentre os integrantes da classe mais elevada da carreira pelo Conselho Superior e nomeado pelo Presidente da República, para mandato de dois anos.

Parágrafo único. O Corregedor-Geral poderá ser destituído por proposta do Defensor Público-Geral, pelo voto de dois terços dos membros do Conselho Superior, antes do término do mandato.

Art. 61. À Corregedoria-Geral da Defensoria Pública do Distrito Federal e dos Territórios compete:

I – realizar correições e inspeções funcionais;

II – sugerir ao Defensor Público-Geral o afastamento de Defensor Público que esteja sendo submetido a correição, sindicância ou processo administrativo disciplinar, quando cabível;

III – propor, fundamentadamente, ao Conselho Superior a suspensão do estágio probatório de membros da Defensoria Pública do Distrito Federal e dos Territórios;

IV – receber e processar as representações contra os membros da Defensoria Pública do Distrito Federal e dos Territórios, encaminhado-as, com parecer, ao Conselho Superior;

V – apresentar ao Defensor Público-Geral, em janeiro de cada ano, relatório das atividades desenvolvidas no ano anterior;

VI – propor a instauração de processo disciplinar contra membros da Defensoria Pública do Distrito Federal e dos Territórios e seus servidores;

VII – acompanhar o estágio probatório dos membros da Defensoria Pública do Distrito Federal e dos Territórios;

VIII – propor a exoneração de membros da Defensoria Pública do Distrito Federal e dos Territórios que não cumprirem as condições do estágio probatório.

Aplicação em concurso

- *(DP/DF – 2013 – Cespe) De acordo com a Lei Complementar nº 80/1994, julgue os itens que se seguem.*

  O corregedor-geral da DP/DF é eleito por voto direto, plurinominal, secreto e obrigatório, e os membros do Conselho Superior da DP/DF são eleitos por todos os membros da carreira em votação direta, plurinominal, secreta e de participação não obrigatória.

  Gabarito: o item está errado. A questão demanda atenção do candidato, porque questiona especificamente sobre regras da LC n. 80/1994 que regulam a Defensoria Pública do Distrito Federal e não analisa sistematicamente as mudanças promovidas pela EC n. 69/2012, que retirou a competência da União para legislar e manter a Defensoria Pública do Distrito Federal.

SEÇÃO IV
DOS NÚCLEOS DA DEFENSORIA PÚBLICA DO DISTRITO FEDERAL E DOS TERRITÓRIOS

Art. 62. A Defensoria Pública do Distrito Federal e dos Territórios exercerá suas funções institucionais através de Núcleos.

Art. 63. Os Núcleos da Defensoria Pública do Distrito Federal e dos Territórios são dirigidos por Defensor Público-Chefe, designado pelo Defensor Público-Geral, dentre integrantes da carreira, competindo-lhe, no exercício de suas funções institucionais:

I – prestar, no Distrito Federal e nos Territórios, assistência jurídica, judicial e extrajudicial, integral e gratuita, aos necessitados;

II – integrar e orientar as atividades desenvolvidas pelos Defensores Públicos que atuem em sua área de competência;

III – remeter, semestralmente, ao Corregedor-Geral, relatório de suas atividades;

IV – exercer as funções que lhe forem delegadas pelo Defensor Público-Geral.

Aplicação em concurso

- *(DP/DF – 2013 – Cespe) De acordo com a Lei Complementar nº 80/1994, julgue os itens que se seguem.*

  As funções institucionais da DP/DF são exercidas por meio dos DPs, que compõem núcleos dirigidos pelo defensor público-chefe, designado pelo DPG entre membros estáveis da carreira, com mais de trinta e cinco anos de idade, para mandato de dois anos.

  Gabarito: o item está errado.

SEÇÃO IV
DOS DEFENSORES PÚBLICOS DO DISTRITO FEDERAL E DOS TERRITÓRIOS

Art. 64. Aos Defensores Públicos do Distrito Federal e dos Territórios incumbe o desempenho das funções de orientação, postulação e defesa dos direitos e interesses dos necessitados, em todos os graus de jurisdição e instâncias administrativas, cabendo-lhes, especialmente:

I – atender às partes e aos interessados;

II – postular a concessão de gratuidade de justiça para os necessitados;

III – tentar a conciliação das partes, antes de promover a ação cabível;

IV – acompanhar e comparecer aos atos processuais e impulsionar os processos;

V – interpor recurso para qualquer grau de jurisdição e promover Revisão Criminal, quando cabível;

VI – sustentar, oralmente ou por memorial, os recursos interpostos e as razões apresentadas por intermédio da Defensoria Pública do Distrito Federal e dos Territórios;

VII – defender os acusados em processo disciplinar;

VIII – participar, com direito a voz e voto, do Conselho Penitenciário; (Incluído pela Lei Complementar nº 132, de 2009).

IX – certificar a autenticidade de cópias de documentos necessários à instrução de processo administrativo ou judicial, à vista da apresentação dos originais; (Incluído pela Lei Complementar nº 132, de 2009).

X – atuar nos estabelecimentos penais sob a administração do Distrito Federal, visando ao atendimento jurídico permanente dos presos e sentenciados, competindo à administração do sistema penitenciário distrital reservar instalações seguras e adequadas aos seus trabalhos, franquear acesso a todas as dependências do estabelecimento, independentemente de prévio agendamento, fornecer apoio administrativo, prestar todas as informações solicitadas e assegurar o acesso à documentação dos presos e internos, aos quais não poderá, sob fundamento algum, negar o direito de entrevista com os membros da Defensoria Pública do Distrito Federal. (Incluído pela Lei Complementar nº 132, de 2009).

CAPÍTULO II
DA CARREIRA

Art. 65. A Defensoria Pública do Distrito Federal e dos Territórios é integrada pela carreira de Defensor Público do Distrito Federal e dos Territórios, composta de três categorias de cargos efetivos:

I – Defensor Público do Distrito Federal e dos Territórios de 2ª Categoria (inicial);

II – Defensor Público do Distrito Federal e dos Territórios de 1ª Categoria (intermediária);

III – Defensor Público do Distrito Federal e dos Territórios de Categoria Especial (final).

Art. 66. Os Defensores Públicos do Distrito Federal de 2ª Categoria atuarão nos Núcleos das Cidades Satélites, junto aos Juízes de Direito e às instâncias administrativas do Distrito Federal e dos Territórios, ou em função de auxílio ou substituição nos Núcleos do Plano Piloto.

Art. 67. Os Defensores Públicos do Distrito Federal e dos Territórios de 1ª Categoria atuarão nos Núcleos do Plano Piloto, junto aos Juízes de Direito e às instâncias administrativas do Distrito Federal e dos Territórios, ou em função de auxílio ou substituição junto ao Tribunal de Justiça do Distrito Federal e Territórios.

Art. 68. Os Defensores Públicos do Distrito Federal e dos Territórios de Categoria Especial atuarão junto ao Tribunal de Justiça do Distrito Federal e Territórios, e aos Tribunais Superiores, quando couber (art. 22, parágrafo único).

1. Quadro de atuação de Defensores Públicos do Distrito Federal:

Categoria	Atuação	Base legal
Categoria Especial (final)	Tribunal de Justiça do Distrito Federal e Tribunais Superiores	Art. 68
1ª Categoria (intermediária)	Núcleos do Plano Piloto, junto a Juízes de Direito e instâncias administrativas do DF, ou em auxílio ou substituição junto ao TJ-DF	Art. 67
2ª Categoria (inicial)	Núcleos das cidades satélites, junto a Juízes de Direito ou instâncias administrativas do DF, ou em auxílio ou substituição nos núcleos do Plano Piloto	Art. 66

SEÇÃO I
DO INGRESSO NA CARREIRA

Art. 69. O ingresso na Carreira da Defensoria Pública do Distrito Federal e dos Territórios far-se-á mediante aprovação prévia em concurso público, de provas e títulos, com a participação da Ordem dos Advogados do Brasil, no cargo inicial de Defensor Público do Distrito Federal e dos Territórios de 2ª Categoria.

§ 1º Do regulamento do concurso constarão os programas das disciplinas sobre as quais versarão as provas, bem como outras disposições pertinentes à sua organização e realização.

§ 2º O edital de abertura de inscrições no concurso indicará, obrigatoriamente, o número de cargos vagos na categoria inicial da carreira.

Art. 70. O concurso de ingresso realizar-se-á, obrigatoriamente, quando o número de vagas exceder a um quinto dos cargos iniciais da carreira e, facultativamente, quando o exigir o interesse da administração.

Art. 71. O candidato, no momento da inscrição, deve possuir registro na Ordem dos Advogados do Brasil, ressalvada a situação dos proibidos de obtê-la, e comprovar, no mínimo, dois anos de prática forense.

§ 1º Considera-se como prática forense o exercício profissional de consultoria, assessoria, o cumprimento de estágio nas Defensorias Públicas e o desempenho de cargo, emprego ou função de nível superior, de atividades eminentemente jurídicas.

§ 2º Os candidatos proibidos de inscrição na Ordem dos Advogados do Brasil comprovarão o registro até a posse no cargo de Defensor Público.

Art. 72. O concurso será realizado perante bancas examinadoras constituídas pelo Conselho Superior.

SEÇÃO II
DA NOMEAÇÃO, DA LOTAÇÃO E DA DISTRIBUIÇÃO

Art. 73. O candidato aprovado no concurso público para ingresso na carreira da Defensoria Pública será nomeado pelo Presidente da República para cargo inicial da carreira, respeitada a ordem de classificação e o número de vagas existentes.

Art. 74. Os Defensores Públicos do Distrito Federal e dos Territórios serão lotados e distribuídos pelo Defensor Público-Geral, assegurado aos nomeados para os cargos iniciais o direito de escolha do órgão de atuação, desde que vago e obedecida a ordem de classificação no concurso.

SEÇÃO III
DA PROMOÇÃO

Art. 75. A promoção consiste no acesso imediato dos membros efetivos da Defensoria Pública do Distrito Federal e dos Territórios de uma categoria para outra da carreira.

Art. 76. As promoções obedecerão aos critérios de antiguidade e merecimento alternadamente.

§ 1º A antiguidade será apurada na categoria e determinada pelo tempo de efetivo exercício na mesma.

§ 2º A promoção por merecimento dependerá de lista tríplice para cada vaga, organizada pelo Conselho Superior, em sessão secreta, com ocupantes da lista de antiguidade, em seu primeiro terço.

§ 3º Os membros da Defensoria Pública do Distrito Federal e dos Territórios somente poderão ser promovidos depois de dois anos de efetivo exercício na categoria, dispensado o interstício se não houver quem preencha tal requisito ou se quem o preencher recusar a promoção.

§ 4º As promoções serão efetivadas por ato do Defensor Público-Geral.

Art. 77. É facultada a recusa à promoção, sem prejuízo do critério para o preenchimento da vaga recusada.

Art. 78. O Conselho Superior fixará os critérios de ordem objetiva para a aferição de merecimento dos membros da Instituição, considerando-se, entre outros, a eficiência e a presteza demonstradas no desempenho da função e a aprovação em cursos de aperfeiçoamento, de natureza jurídica, promovidos pela Instituição, ou por estabelecimentos de ensino superior, oficialmente reconhecidos.

§ 1º Os cursos de aperfeiçoamento de que trata este artigo compreenderão, necessariamente, as seguintes atividades:

a) apresentação de trabalho escrito sobre assunto de relevância jurídica;

b) defesa oral do trabalho que tenha sido aceito por banca examinadora.

§ 2º Não poderá concorrer à promoção por merecimento quem tenha sofrido penalidade de advertência ou suspensão; no período de um ano imediatamente anterior à ocorrência da vaga, no caso de advertência; ou de dois anos, em caso de suspensão.

§ 3º É obrigatória a promoção do Defensor Público que figurar por três vezes consecutivas ou cinco alternadas em lista de merecimento, ressalvada a hipótese do § 2º.

CAPÍTULO III
DA INAMOVIBILIDADE E DA REMOÇÃO

Art. 79. Os membros da Defensoria Pública do Distrito Federal e dos Territórios são inamovíveis, salvo se apenados com remoção compulsória, na forma desta Lei Complementar.

Art. 80. A remoção será feita a pedido ou por permuta, sempre entre membros da mesma categoria da carreira.

Art. 81. A remoção compulsória somente será aplicada com prévio parecer do Conselho Superior, assegurada ampla defesa em processo administrativo disciplinar.

Art. 82. A remoção a pedido far-se-á mediante requerimento ao Defensor Público-Geral, nos quinze dias seguintes à publicação, no Diário Oficial, do aviso de existência da vaga.

§ 1° Findo o prazo fixado no caput deste artigo e, havendo mais de um candidato à remoção, será removido o mais antigo na categoria e, ocorrendo empate, sucessivamente, o mais antigo na carreira, no serviço público da União, no serviço público em geral, o mais idoso e o mais bem classificado no concurso para ingresso na Defensoria Pública.

§ 2° A remoção precederá o preenchimento de vaga por promoção.

Art. 83. Quando por permuta, a remoção será concedida mediante requerimento dos interessados, atendida a conveniência do serviço.

1. **Prática forense e atividade jurídica:** nesse ponto remetemos o leitor ao que foi dito nos comentários ao artigo 26 da Lei.

2. **Remoção:** as hipóteses de remoção são as seguintes: remoção compulsória, a pedido e por permuta. A remoção compulsória decorre de uma punição a que é submetido o defensor público, de modo que deve ser precedida de ampla defesa em processo administrativo disciplinar – além de parecer prévio do Conselho Superior. A remoção a pedido é aquela em que o defensor público manifesta seu interesse em lotação diversa que esteja vaga. Na permuta, dois defensores públicos, de comum acordo, trocam de lotação entre si. Não há remoção *ex officio*.

Modalidade	Característica	Requisito
Compulsória	Punição	Ampla defesa em processo administrativo disciplinar e parecer prévio do Conselho Superior
A pedido	Opção do próprio defensor público	Requerimento ao Defensor Público-Geral no prazo de 15 dias da publicação da existência da vaga
Permuta	Troca de lotação entre dois defensores públicos de comum acordo	Devem ser membros da mesma categoria, sem importar em prejuízo para o serviço

3. **Critérios de desempate na remoção:** o § 1º do art. 82 estabelece os critérios de desempate entre candidatos à remoção, conforme o quadro abaixo. Não é utilizado qualquer critério de merecimento, mas sim parâmetros objetivos.

CRITÉRIOS DE DESEMPATE NA REMOÇÃO	
1.	tempo de antiguidade na mesma categoria
2.	tempo de antiguidade na carreira
3.	tempo de serviço público da União
4.	tempo de serviço público em geral
5.	idade mais avançada
6.	classificação no concurso de ingresso na carreira

CAPÍTULO IV
DOS DIREITOS, DAS GARANTIAS E DAS PRERROGATIVAS DOS MEMBROS DA DEFENSORIA PÚBLICA DO DISTRITO FEDERAL E DOS TERRITÓRIOS

SEÇÃO I
DA REMUNERAÇÃO

Art. 84. À lei cabe fixar a remuneração dos cargos da carreira da Defensoria Pública do Distrito Federal e dos Territórios, observado o disposto no artigo 135 da Constituição Federal.

§ 1º (VETADO)

§ 2º Os membros da Defensoria Pública do Distrito Federal e dos Territórios têm os direitos assegurados pela Lei nº 8.112, de 1990, e nesta Lei Complementar. (Redação dada pela LCP nº 98, de 3.12.1999)

I – (Inciso revogado pela LCP nº 98, de 3.12.1999)

II – (VETADO)

III – (Inciso revogado pela LCP nº 98, de 3.12.1999)

IV – (Inciso revogado pela LCP nº 98, de 3.12.1999)

V – (Inciso revogado pela LCP nº 98, de 3.12.1999)

VI – (Inciso revogado pela LCP nº 98, de 3.12.1999)

VII – (VETADO)

VIII – (Inciso revogado pela LCP nº 98, de 3.12.1999)

1. **Remuneração através de subsídio:** quando da promulgação da Lei Complementar 80/94, esta seção I elencava os direitos dos defensores públicos referentes à remuneração, que era composta de salário e outras verbas. Em 1998, foi aprovada a Emenda Constitucional 19, que, dentre outras modificações, alterou a redação do art. 135 da Constituição, de modo a estabelecer que as procuradorias (advocacia pública) e a Defensoria Pública devem ser remuneradas através de subsídio – assim como os membros do Judiciário e do Ministério Público (art. 39, § 4º). Para adequar o texto da Lei Complementar 80/94 à nova ordem constitucional, foi promulgada a LC 98/99.

SEÇÃO II
DAS FÉRIAS E DO AFASTAMENTO

Art. 85. (Artigo revogado pela LCP nº 98, de 3.12.1999)

Parágrafo único. (Artigo revogado pela LCP nº 98, de 3.12.1999)

Art. 86. As férias dos membros da Defensoria Pública do Distrito Federal e dos Territórios serão concedidas pelas chefias a que estiverem subordinados.

Art. 87. O afastamento para estudo ou missão no interesse da Defensoria Pública do Distrito Federal e dos Territórios será autorizado pelo Defensor Público-Geral.

§ 1º O afastamento de que trata este artigo somente será concedido pelo Defensor Público-Geral, após o estágio probatório e pelo prazo máximo de dois anos.

§ 2º Quando o interesse público o exigir, o afastamento poderá ser interrompido a juízo do Defensor Público-Geral.

Art. 87-A. É assegurado o direito de afastamento para exercício de mandato em entidade de classe de âmbito nacional e distrital, de maior representatividade, sem prejuízo dos vencimentos, vantagens ou qualquer direito inerente ao cargo. (Incluído pela Lei Complementar nº 132, de 2009).

§ 1º O afastamento será concedido ao presidente da entidade de classe e terá duração igual à do mandato, devendo ser prorrogado no caso de reeleição. (Incluído pela Lei Complementar nº 132, de 2009).

§ 2º O afastamento para exercício de mandato será contado como tempo de serviço para todos os efeitos legais. (Incluído pela Lei Complementar nº 132, de 2009).

1. **Atuação junto à entidade de classe:** o artigo 87-A foi inserido pela LC 132/2009 para garantir o direito de afastamento do cargo àquele que é eleito para exercício de mandato como presidente da entidade de classe de âmbito nacional de maior representatividade. Seu afastamento terá duração igual ao de seu mandato, prorrogável em caso de reeleição, e não implicará em qualquer redução de seus vencimentos, vantagens ou direitos inerentes ao cargo. Além disso, o tempo de exercício desse mandato vale para fins de contagem de tempo de serviço.

SEÇÃO III
DAS GARANTIAS E DAS PRERROGATIVAS

Art. 88. São garantias dos membros da Defensoria Pública do Distrito Federal e dos Territórios:

I – a independência funcional no desempenho de suas atribuições;

II – a inamovibilidade;

III – a irredutibilidade de vencimentos;

IV – a estabilidade.

1. **Independência funcional:** é a liberdade de que goza o defensor público para atuar plenamente focado nos interesses de seus assistidos, sem subordinação jurídica a outros órgãos da Administração Pública. Remete-se o leitor aos comentários que fizemos ao artigo 3º, no item 1.4, onde esmiuçamos o tema.

Aplicação em concurso

- *(DP/DF – 2013 – Cespe) Julgue os itens seguintes, relativos aos princípios institucionais e às funções da DP/DF.*

  A previsão da independência funcional do DP no desempenho de suas atribuições constitui garantia de que ele pode atuar segundo suas próprias convicções, de modo que esteja protegido de possíveis ingerências políticas ou pressão hierárquica, o que favorece uma atuação imparcial.

  Gabarito: o item está certo.

2. **Inamovibilidade:** o defensor público não pode ser removido de seu cargo como forma de perseguição pelo desempenho de suas funções. Trata-se de garantia voltada para assegurar as atribuições do Defensor e não a sua localização geográfica.
3. **Irredutibilidade de vencimentos:** o subsídio a que tem direito o defensor público não pode ser reduzido.
4. **Estabilidade:** é adquirida após três anos de efetivo serviço. Estabelece que o defensor público somente pode perder o cargo através de sentença judicial transitada em julgado, em decorrência de processo administrativo em que se lhe garanta a ampla defesa e o contraditório, avaliação de desempenho ou excesso de gasto orçamentário com despesa de pessoal.

Obs: em relação aos itens acima, remetemos o leitor aos comentários que fizemos ao artigo 43 desta lei.

4.1. Estabilidade X Vitaliciedade:

	Estabilidade	**Vitaliciedade**
Quem possui	Servidor público, inclusive membros da Defensoria Pública	Membros da magistratura, do Ministério Público e do Tribunal de Contas
Forma de aquisição	3 anos de efetivo exercício	2 anos de exercício
Conteúdo	Perda do cargo em decorrência de sentença judicial transitada em julgado, processo administrativo, avaliação de desempenho e excesso de gasto orçamentário com despesa de pessoal	Perda do cargo somente em razão de sentença judicial transitada em julgado.

Art. 89. São prerrogativas dos membros da Defensoria Pública do Distrito Federal e dos Territórios:

I – receber, inclusive quando necessário, mediante entrega dos autos com vista, intimação pessoal em qualquer processo e grau de jurisdição ou instância administrativa, contando-se-lhes em dobro todos os prazos; (Redação dada pela Lei Complementar nº 132, de 2009);

1. **Intimação pessoal e vista dos autos:** conforme já destacado em comentários ao artigo 44, a LC nº 132/2009 promoveu significativa mudança em relação à prerrogativa de intimação pessoal do defensor público. De igual modo, o inciso I do artigo 89 foi alterado para prever, além da intimação pessoal do defensor público, em qualquer processo e grau de jurisdição, a entrega dos autos com vista, quando necessário. Pelo regime anterior, feita a intimação através de mandado, estava atendida a prerrogativa da intimação pessoal da Defensoria Pública, ainda que não tivessem sido encaminhados os autos do processo.

A sistemática atual prevê a intimação mediante entrega dos autos com vista, quando necessário.

Embora represente um avanço, a prerrogativa da Defensoria Pública ainda é diferente da que toca ao Ministério Público.

Na redação da Lei Orgânica Nacional do Ministério Público, Lei n. 8.625/1993, a intimação pessoal se completa com a entrega dos autos:

> **Art. 40.** Constituem prerrogativas dos membros do Ministério Público, além de outras previstas na Lei Orgânica:
>
> IV – receber intimação pessoal em qualquer processo e grau de jurisdição, através da entrega dos autos com vista.

Para a Defensoria Pública a entrega dos autos com vista ocorre *"quando necessário"*, ou seja, haverá situações em que a intimação pessoal do defensor público será suficiente para atender sua prerrogativa. Não se pode listar, *a priori*, quais situações ensejam a mera intimação e quais demandam a intimação com vista dos autos. Essa construção está destinada a ser feita pela jurisprudência, mas cabe aos defensores públicos lutar pelo entendimento que lhe garanta o maior número de vezes possível – quiçá sempre –, pois sua atuação é mais eficiente na defesa dos interesses dos necessitados quando tem à sua disposição os autos para manusear e verificar decisões, alegações da parte contrária, certidões, documentos etc. Vale lembrar que, dentre as funções institucionais da Defensoria Pública (art. 4º), está a defesa de suas prerrogativas através de mandado de segurança ou quaisquer outras ações (inc. IX).

Instituição	Prerrogativa
Defensoria Pública	Intimação pessoal com vista dos autos, quando necessário
Ministério Público	Intimação pessoal com vista dos autos

A prerrogativa da intimação pessoal para o defensor público é matéria cobrada recorrentemente em provas de concursos. É importante o candidato não esquecer a modificação trazida pela LC nº 132/2009, que determina a intimação pessoal, com entrega dos autos com vista, quando necessário.

Aplicação em concurso

- *(Ceajur (DP/DF)* **– 2006 – Cespe)** *O defensor público deve ser intimado pessoalmente de todos os atos processuais, sob pena de nulidade.*

  Gabarito: o item está certo. Observação: questão elaborada antes da LC nº 132/2009.

- *(Ceajur (DP/DF)* **– 2006 – Cespe)** *A intimação pessoal do defensor público é uma garantia que não se estende às intimações de decisões de tribunais superiores, como o STJ.*

  Gabarito: o item está errado. Observação: questão elaborada antes da LC nº 132/2009.

2. **Contagem em dobro de prazos:** de acordo com do CPC de 1973, não se podia confundir a prerrogativa da Defensoria com a das Procuradorias (federal, autárquica, estadual, distrital e municipal), que patrocinam os entes públicos. Defensoria Pública tem prazo em dobro para qualquer manifestação, ao passo em que as Procuradorias tinham prazo em quádruplo para contestar e em dobro para recorrer (CPC/73, art. 188) – para as demais manifestações, seu prazo era simples.

   Com o advento do CPC de 2015 o prazo da Fazenda Pública é dobrado para todas as manifestações processuais, de acordo com o artigo 183 e com a ressalva de inexistência de contagem em dobro quando houver prazo específico estabelecido em lei, conforme § 3º do mesmo dispositivo.

	Prazo	Base legal
Defensoria Pública	Em dobro para todos os prazos.	LC 80/94, art. 89, I CPC de 2015, artigo 186, § 4º estabelece que não haverá prazo em dobro quando a lei fixar expressamente prazo próprio para a Defensoria

	Prazo	Base legal
Procuradoria	Em quádruplo para contestar, em dobro para recorrer; nas demais, prazo simples. (regramento do CPC/73 - revogado). Pelo CPC de 2015 o prazo é em dobro para todas as manifestações, exceto quando a lei estabelecer prazo próprio de forma expressa.	CPC/73, art. 188 CPC/2015, art. 183 e § 2º

3. **Prazo em dobro para a assistência judiciária – posição do STJ:** a prerrogativa de contagem em dobro de prazos processuais alcança a Defensoria Pública e aqueles que prestam serviço de assistência judiciária, mas não o advogado dativo, nem o que patrocina demanda amparada pelo benefício da gratuidade de Justiça. Remete-se o leitor aos comentários do artigo 44, I desta lei.

Importante transcrever o artigo 186, caput e parágrafo 3° do CPC: Art. 186. A Defensoria Pública gozará de prazo em dobro para todas as suas manifestações processuais. (...)§ 3° O disposto no caput aplica-se aos escritórios de prática jurídica das faculdades de Direito reconhecidas na forma da lei e às entidades que prestam assistência jurídica gratuita em razão de convênios firmados com a Defensoria Pública.

> II – não ser preso, senão por ordem judicial escrita, salvo em flagrante, caso em que a autoridade fará imediata comunicação ao Defensor Público-Geral;

Aplicação em concurso

- *(DP/DF – 2013 – Cespe) Com relação às garantias e prerrogativas dos DPs do DF, julgue os itens subsequentes.*

  Se for preso em flagrante por autoridade policial, o DP terá o direito de que sua prisão seja comunicada ao DPG e a algum membro de sua família ou pessoa por ele indicada.

  Gabarito: o item está certo.

III – ser recolhido a prisão especial ou a sala especial de Estado-Maior, com direito a privacidade e, após sentença condenatória transitada em julgado, ser recolhido em dependência separada, no estabelecimento em que tiver de ser cumprida a pena;

IV – usar vestes talares e as insígnias privativas da Defensoria Pública;

V – (VETADO)

VI – ter vista pessoal dos processos fora dos cartórios e secretarias, ressalvadas as vedações legais;

VII – comunicar-se, pessoal e reservadamente, com seus assistidos, ainda quando esses se acharem presos ou detidos, mesmo incomunicáveis, tendo livre ingresso em estabelecimentos policiais, prisionais e de internação coletiva, independentemente de prévio agendamento; (Redação dada pela Lei Complementar nº 132, de 2009).

Aplicação em concurso

- *(DP/DF – 2013 – Cespe) Com relação às garantias e prerrogativas dos DPs do DF, julgue os itens subsequentes.*

  Estando incomunicável o preso assistido pelo DP do DF, dependerá de prévio agendamento o exercício da prerrogativa do DP de comunicar-se, pessoal e reservadamente, com seus assistidos.

  Gabarito: o item está errado.

VIII – examinar, em qualquer repartição pública, autos de flagrante, inquéritos e processos, assegurada a obtenção de cópias e podendo tomar apontamentos; (Redação dada pela Lei Complementar nº 132, de 2009).

IX – manifestar-se em autos administrativos ou judiciais por meio de cota;

X – requisitar de autoridade pública ou de seus agentes exames, certidões, perícias, vistorias, diligências, processos, documentos, informações, esclarecimentos e providências necessárias ao exercício de suas atribuições;

1. **Atuação sem procuração:** conforme prevê o artigo 89, inciso XI, o defensor público não precisa de mandato para atuar na defesa do necessitado,

ressalvadas apenas as hipóteses em que a lei exige poderes especiais (art. 105 CPC de 2015).

Aplicação em concurso

- *(Ceajur (DP/DF) –* **2006 – Cespe)** *Aos defensores públicos é garantido o direito de atuação em juízo sem a necessidade de juntar aos autos instrumento de procuração.*

  Gabarito: o item está certo.

XI – representar a parte, em feito administrativo ou judicial, independentemente de mandato, ressalvados os casos para os quais a lei exija poderes especiais;

XII – deixar de patrocinar ação, quando ela for manifestamente incabível ou inconveniente aos interesses da parte sob seu patrocínio, comunicando o fato ao Defensor Público-Geral, com as razões de seu proceder;

XIII – ter o mesmo tratamento reservado aos Magistrados e demais titulares dos cargos das funções essenciais à justiça;

XIV – ser ouvido como testemunha, em qualquer processo ou procedimento, em dia, hora e local previamente ajustados com a autoridade competente;

XV – (VETADO)

XVI – ter acesso a qualquer banco de dados de caráter público, bem como a locais que guardem pertinência com suas atribuições. (Incluído pela Lei Complementar nº 132, de 2009).

Parágrafo único. Quando, no curso de investigação policial, houver indício de prática de infração penal por membro da Defensoria Pública do Distrito Federal e dos Territórios, a autoridade policial, civil ou militar, comunicará imediatamente o fato ao Defensor Público-Geral, que designará membro da Defensoria Pública para acompanhar a apuração.

CAPÍTULO V DOS DEVERES, DAS PROIBIÇÕES, DOS IMPEDIMENTOS E DA RESPONSABILIDADE FUNCIONAL

SEÇÃO I DOS DEVERES

Art. 90. São deveres dos membros da Defensoria Pública do Distrito Federal e dos Territórios:

I – residir na localidade onde exercem suas funções;

II – desempenhar, com zelo e presteza, os serviços a seu cargo;

III – representar ao Defensor Público-Geral sobre as irregularidades de que tiver ciência em razão do cargo;

IV – prestar informações aos órgãos de administração superior da Defensoria Pública do Distrito Federal e dos Territórios, quando solicitadas;

V – atender ao expediente forense e participar dos atos judiciais, quando for obrigatória a sua presença;

VI – declarar-se suspeito, ou impedido, nos termos da lei;

VII – interpor os recursos cabíveis para qualquer instância ou Tribunal e promover revisão criminal, sempre que encontrar fundamentos na lei, jurisprudência ou prova dos autos, remetendo cópia à Corregedoria-Geral.

1. **Deveres:** dentre os deveres previstos no artigo 90, está o de interpor recursos (inciso VII). É preciso ter claro que o defensor público não é obrigado a recorrer de toda e qualquer decisão. A ele é garantida a independência funcional, de modo que pode decidir qual o melhor caminho na defesa dos interesses de seus assistidos. Nesse sentido, o inciso VII estabelece claramente que a interposição de recurso está subordinada aos casos em que o defensor público encontrar fundamentos legais, jurisprudenciais ou probatórios para embasar suas razões.

   O que se espera do defensor público é que defenda firmemente os interesses dos hipossuficientes, lançando mão de todos os instrumentos jurídicos de que dispõe. Isso não significa, porém, recorrer indefinidamente de uma decisão contrária, com propósito protelatório, avolumando ainda mais o trabalho do Poder Judiciário.

SEÇÃO II
DAS PROIBIÇÕES

Art. 91. Além das proibições decorrentes do exercício de cargo público, aos membros da Defensoria Pública do Distrito Federal e dos Territórios é vedado:

I – exercer a advocacia fora das atribuições institucionais;

II – requerer, advogar, ou praticar em Juízo ou fora dele, atos que de qualquer forma colidam com as funções inerentes ao seu cargo, ou com os preceitos éticos de sua profissão;

III – receber, a qualquer título e sob qualquer pretexto, honorários, percentagens ou custas processuais, em razão de suas atribuições;

IV – exercer o comércio ou participar de sociedade comercial, exceto como cotista ou acionista;

V – exercer atividade político-partidária, enquanto atuar junto à Justiça Eleitoral.

1. **Vedações:** o artigo 91 elenca as proibições decorrentes do exercício do cargo de defensor público. São necessários os seguintes destaques:

Primeiro, a dedicação do defensor público a seu ofício é exclusiva, ressalvada apenas a atividade acadêmica. Assim, não lhe é permitido patrocinar demandas particulares, ainda que em causa própria. É o que estabelece o art. 91, inciso I. Essa vedação está prevista também na Constituição da República, no § 1º do artigo 134.

Segundo, o defensor público não tem direito ao recebimento de honorários decorrentes da sucumbência da parte adversa (art. 91, inc. III). Essa verba é recolhida a um fundo institucional e destinada ao aparelhamento e aperfeiçoamento dos defensores públicos e servidores.

Por fim, a atividade político-partidária é possível, **exceto** quando estiver atuando junto à justiça eleitoral (art. 91, V).

SEÇÃO III
DOS IMPEDIMENTOS

Art. 92. Ao membro da Defensoria Pública do Distrito Federal e dos Territórios é defeso exercer suas funções em processo ou procedimento:

I – em que seja parte ou, de qualquer forma, interessado;

II – em que haja atuado como representante da parte, perito, Juiz, membro do Ministério Público, Autoridade Policial, Escrivão de Polícia, Auxiliar de Justiça ou prestado depoimento como testemunha;

III – em que for interessado cônjuge ou companheiro, parente consanguíneo ou afim em linha reta ou colateral, até o terceiro grau;

IV – no qual haja postulado como advogado de qualquer das pessoas mencionadas no inciso anterior;

V – em que qualquer das pessoas mencionadas no inciso III funcione ou haja funcionado como Magistrado, membro do Ministério Público, Autoridade Policial, Escrivão de Polícia ou Auxiliar de Justiça;

VI – em que houver dado à parte contrária parecer verbal ou escrito sobre o objeto da demanda;

VII – em outras hipóteses previstas em lei.

Art. 93. Os membros da Defensoria Pública do Distrito Federal e dos Territórios não podem participar de comissão, banca de concurso, ou de qualquer decisão, quando o julgamento ou votação disser respeito a seu cônjuge ou companheiro, ou parente consanguíneo ou afim em linha reta ou colateral, até o terceiro grau.

SEÇÃO IV
DA RESPONSABILIDADE FUNCIONAL

Art. 94. A atividade funcional dos membros da Defensoria Pública do Distrito Federal e dos Territórios está sujeita a:

I – correição ordinária, realizada anualmente pelo Corregedor-Geral e por seus auxiliares, para verificar a regularidade e eficiência dos serviços;

II – correição extraordinária, realizada pelo Corregedor-Geral e por seus auxiliares, de ofício ou por determinação do Defensor Público-Geral.

§ 1º Cabe ao Corregedor-Geral, concluída a correição, apresentar ao Defensor Público-Geral relatório dos fatos apurados e das providências a serem adotadas.

§ 2º Qualquer pessoa pode representar ao Corregedor-Geral sobre os abusos, erros ou omissões dos membros da Defensoria Pública do Distrito Federal e dos Territórios.

Art. 95. Constituem infrações disciplinares, além de outras definidas em lei, a violação dos deveres funcionais e vedações contidas nesta Lei Complementar, bem como a prática de crime contra a Administração Pública ou ato de improbidade administrativa.

§ 1º Os membros da Defensoria Pública do Distrito Federal e dos Territórios são passíveis das seguintes sanções:

I – advertência;

II – suspensão por até noventa dias;

III – remoção compulsória;

IV – demissão;

V – cassação da aposentadoria.

§ 2º A advertência será aplicada por escrito nos casos de violação aos deveres e das proibições funcionais, quando o fato não justificar a imposição de pena mais grave.

§ 3º A suspensão será aplicada em caso de reincidência em falta punida com advertência ou quando a infração dos deveres e das proibições funcionais, pela sua gravidade, justificar a sua imposição.

§ 4º A remoção compulsória será aplicada sempre que a falta praticada, pela sua gravidade e repercussão, tornar incompatível a permanência do faltoso no órgão de atuação de sua lotação.

§ 5º A pena de demissão será aplicável nas hipóteses previstas em lei, e no caso de reincidência em falta punida com suspensão ou remoção compulsória.

§ 6º As penas de demissão e cassação da aposentadoria serão aplicadas pelo Presidente da República e as demais pelo Defensor Público-Geral, garantida sempre ampla defesa, sendo obrigatório o inquérito administrativo nos casos de aplicação de remoção compulsória, suspensão, demissão e cassação de aposentadoria.

§ 7º Prescrevem em dois anos, a contar da data em que foram cometidas, as faltas puníveis com advertência, suspensão e remoção compulsória, aplicando-se, quanto às demais, os prazos previstos em lei.

Art. 96. A qualquer tempo poderá ser requerida revisão do processo disciplinar, quando se aduzirem fatos novos ou circunstâncias suscetíveis de provar a inocência do apenado ou de justificar a imposição de pena mais branda.

> § 1º Poderá requerer a instauração de processo revisional o próprio interessado ou, se falecido ou interdito, o seu cônjuge ou companheiro, ascendente, descendente ou irmão.
>
> § 2º Se for procedente a revisão, será tornado sem efeito o ato punitivo ou aplicada a penalidade adequada, restabelecendo-se os direito atingidos pela punição, na sua plenitude.

1. **Impedimento:** as hipóteses de impedimento estão previstas nos artigos 92 e 93 e são de cunho objetivo, ou seja, presume-se que, naquelas situações, o defensor público não tem condições de atuar com lisura e autonomia. Trata-se de presunção legal absoluta.

TÍTULO IV
DAS NORMAS GERAIS PARA A ORGANIZAÇÃO DA DEFENSORIA PÚBLICA DOS ESTADOS

CAPÍTULO I
DA ORGANIZAÇÃO

> Art. 97. A Defensoria Pública dos Estados organizar-se-á de acordo com as normas gerais estabelecidas nesta Lei Complementar.

1. **Defensoria Pública dos Estados:** a partir do artigo 97, a LC nº 80/1994 passa a prescrever normas gerais para organização das Defensorias Públicas Estaduais.
2. **Atribuições da Defensoria Pública e Constituição Estadual – posição do STF:** o Supremo Tribunal Federal teve oportunidade de analisar caso referente à Defensoria Pública do Estado do Rio Grande do Sul. A Corte firmou entendimento de que a previsão genérica acerca do direito à assistência jurídica ao servidor público processado não ofende a Constituição da República. Entretanto, a previsão que definia como atribuição da Defensoria Pública a defesa de servidor processado em razão do exercício de suas atribuições foi interpretada como inconstitucional, ao argumento de violação do art. 134 da Constituição da República, na medida em que alargou o rol de atribuições da Instituição.

   INFORMATIVO Nº 355

   Servidor Público e Assistência Judiciária

ADI – 3022

O Tribunal julgou improcedente, em parte, pedido de ação direta de inconstitucionalidade ajuizada pelo Procurador-Geral da República, a pedido da Procuradoria-Geral de Justiça do Estado do Rio Grande do Sul, contra o art. 45, da Constituição desse Estado ("Art. 45. O servidor público processado, civil ou criminalmente, em razão de ato praticado no exercício regular de suas funções terá direito à assistência judiciária do Estado.") e a alínea a do Anexo II da Lei Complementar gaúcha 10.194, de 30 de maio de 1994, que definia como atribuição da Defensoria Pública estadual a assistência judicial aos servidores processados por ato praticado em razão do exercício de suas atribuições funcionais. Entendeu-se que o art. 45 da Constituição estadual não viola a CF, uma vez que apenas outorga, de forma ampla, um direito funcional de proteção do servidor que, agindo regularmente no exercício de suas funções, venha a ser processado civil ou criminalmente. No tocante à alínea a do Anexo II da Lei Complementar 10.194/94, considerou-se que a norma ofendia o art. 134 da CF, haja vista alargar as atribuições da Defensoria Pública estadual, extrapolando o modelo institucional preconizado pelo constituinte de 1988 e comprometendo a sua finalidade constitucional específica. Dessa forma, por unanimidade, declarou-se a constitucionalidade do art. 45, da Constituição Estadual do Rio Grande do Sul e a inconstitucionalidade da alínea a do Anexo II da Lei Complementar 10.194, do Estado do Rio Grande do Sul e, por maioria, atribuiu-se o efeito dessa decisão a partir do dia 31.12.2004, a fim de se evitar prejuízos desproporcionais decorrentes da nulidade *ex tunc*, bem como permitir que o legislador estadual disponha adequadamente sobre a matéria. Vencidos, nesse ponto, os Ministros Eros Grau e Marco Aurélio que não davam esse efeito por entenderem que, estando a norma impugnada em confronto com a Constituição Federal e, não se tratando, no caso, de segurança jurídica nem de excepcionalidade, tendo-se presente o interesse social, haver-se-ia de aplicar a jurisprudência do STF no sentido de conferir à declaração efeitos *ex tunc*. ADI 3022/RS, rel. Min. Joaquim Barbosa, 2.8.2004. (ADI-3022)

Aplicação em concurso

- *(DP/AC – 2006 – Cespe) A Constituição estadual pode, conforme entendimento do Supremo Tribunal Federal (STF), ampliar as atribuições da defensoria pública, como, por exemplo, determinar a defesa de servidor público por ato de improbidade que tenha cometido em razão do exercício do cargo público.*

  Gabarito: o item está errado.

3. **Defensor Público e foro por prerrogativa de função – posições do STF e do STJ: tradicionalmente entendia-se que** a Constituição Estadual poderia conceder aos defensores públicos foro por prerrogativa de função. Deviam ser ressalvadas as competências que já constam expressamente da Constituição da República, que são o Tribunal do Júri para crimes dolosos contra a vida e a Justiça Eleitoral.

O Supremo Tribunal Federal já se manifestou sobre a matéria em algumas oportunidades. Certa vez, em relação à Constituição do Estado da Paraíba.

Em outra oportunidade, o tema chegou à Corte Maior devido à previsão da Constituição do Estado de Goiás, que estabeleceu, através de Emenda Constitucional, competência por prerrogativa de função para delegados de polícia, procuradores do estado e defensores públicos. A conclusão do STF foi no sentido de que é possível à Constituição Estadual fixar na competência do Tribunal de Justiça o julgamento de crimes praticados por defensores públicos e procuradores do estado. Quanto aos delegados de polícia, a Corte entendeu que não se lhes pode outorgar o foro por prerrogativa.

O tema foi abordado em caráter liminar e depois discutido amplamente a questão de fundo. Por sua importância, transcrevemos abaixo os informativos de jurisprudência do STF relacionados ao assunto.

> Informativo nº 223
>
> Constituição do Estado da Paraíba – 3
>
> ADI – 469
>
> No tocante ao art. 104, XIII – que confere ao Tribunal de Justiça a competência para processar e julgar, nos crimes comuns e de responsabilidade, os membros da Procuradoria-Geral do Estado e da Defensoria Pública, ressalvada a competência da Justiça Eleitoral –, o Tribunal deu-lhe interpretação conforme à Carta da República para restringir sua incidência à matéria de competência da Justiça Estadual, salvo o tribunal do júri, uma vez que, embora seja permitido à Constituição de Estado-membro instituir foro especial por prerrogativa de função, ela não pode excluir a competência constitucional do tribunal do júri para o julgamento de crimes dolosos contra a vida (CF, art. 5º, XXXVIII, d), a não ser em relação aos agentes políticos correspondentes àqueles que a Constituição Federal outorga tal privilégio. Precedente citado: HC 78.168-PB (julgado em 18.11.98, acórdão pendente de publicação, v. Informativo 132). ADIn 469-DF, rel. Min. Marco Aurélio, 5.4.2001.(ADI-469)
>
> Informativo nº 268
>
> Prerrogativa de Foro: Modelo Federal

ADI – 2587

Por aparente ofensa ao princípio da simetria, o Tribunal, por maioria, deferiu o pedido de medida liminar em ação direta ajuizada pelo Partido dos Trabalhadores – PT para suspender, até decisão final da ação, a eficácia da alínea "e" do inciso VIII do art. 46 da Constituição do Estado de Goiás, na redação introduzida pela Emenda Constitucional 29/2001, que incluiu, na competência penal originária por prerrogativa de função do Tribunal de Justiça estadual, os Delegados de Polícia, os Procuradores do Estado e da Assembleia Legislativa e os Defensores Públicos. Vencidos os Ministros Sepúlveda Pertence e Ilmar Galvão, por entenderem que, à primeira vista, é da competência explícita dos Estados a demarcação da competência de seus tribunais. ADInMC 2.587-GO, rel. Min. Maurício Corrêa, 15.5.2002.(ADI-2587)

Informativo nº 371

Prerrogativa de Foro: Modelo Federal – 2

ADI – 2587

O Tribunal retomou julgamento de mérito de ação direta ajuizada pelo Partido dos Trabalhadores – PT contra a alínea e do inciso VIII do art. 46 da Constituição do Estado de Goiás, na redação dada pela EC 29/2001, que, ampliando as hipóteses de foro especial por prerrogativa de função, outorgou ao Tribunal de Justiça estadual competência para processar e julgar, originariamente, "os Delegados de Polícia, os Procuradores do Estado e da Assembleia Legislativa e os Defensores Públicos, ressalvadas as competências da Justiça Eleitoral e do Tribunal do Júri" – v. Informativo 340. O Min. Gilmar Mendes, em voto-vista, julgou pela procedência parcial do pedido, para excluir da norma impugnada a regra relativa aos Delegados de Polícia, no que foi acompanhado pelo Min. Sepúlveda Pertence. Ressaltando a necessidade de se garantir a determinadas categorias de agentes públicos, como a dos advogados públicos, maior independência e capacidade para resistir a eventuais pressões políticas, e, ainda, considerando o disposto no § 1º do art. 125 da CF, que reservou às constituições estaduais a definição da competência dos respectivos tribunais, entendeu que somente em relação aos Delegados de Polícia não haveria compatibilidade entre a prerrogativa de foro conferida e a efetividade de outras regras constitucionais, tendo em conta, principalmente, a que trata do controle externo da atividade policial exercido pelo Ministério Público. Em seguida, o Min. Marco Aurélio, acompanhado pelo Min. Celso de Mello, julgou improcedente o pedido por considerar que, diante do disposto no § 1º do art. 125 da CF, a competência do Estado para disciplinar sobre prerrogativa de foro só poderia ser obstaculizada se extravasasse os limites impostos pela própria Constituição Federal. O Min. Carlos Velloso acompanhou o relator, Min. Maurício Corrêa, no sentido de julgar procedente o pedido.

O julgamento foi adiado em virtude do adiantado da hora. ADI 2587/GO, rel. Min. Maurício Corrêa, 24.11.2004. (ADI-2587)

Informativo nº 372

Prerrogativa de Foro: Modelo Federal – 3

ADI – 2587

O Tribunal concluiu julgamento de ação direta ajuizada pelo Partido dos Trabalhadores – PT contra a alínea e do inciso VIII do art. 46 da Constituição do Estado de Goiás, na redação dada pela EC 29/2001, que, ampliando as hipóteses de foro especial por prerrogativa de função, outorgou ao Tribunal de Justiça estadual competência para processar e julgar, originariamente, "os Delegados de Polícia, os Procuradores do Estado e da Assembleia Legislativa e os Defensores Públicos, ressalvadas as competências da Justiça Eleitoral e do Tribunal do Júri" – v. Informativos 340 e 370. Por maioria, acompanhando a divergência iniciada pelo Min. Carlos Britto, julgou-se procedente, em parte, o pedido, e declarou-se a inconstitucionalidade da expressão "e os Delegados de Polícia", contida no dispositivo impugnado. Entendeu-se que somente em relação aos Delegados de Polícia haveria incompatibilidade entre a prerrogativa de foro conferida e a efetividade de outras regras constitucionais, tendo em conta, principalmente, a que trata do controle externo da atividade policial exercido pelo Ministério Público. Considerou-se, também, nos termos dos fundamentos do voto do Min. Gilmar Mendes, a necessidade de se garantir a determinadas categorias de agentes públicos, como a dos advogados públicos, maior independência e capacidade para resistir a eventuais pressões políticas, e, ainda, o disposto no §1º do art. 125 da CF, que reservou às constituições estaduais a definição da competência dos respectivos tribunais. Vencidos, em parte, os Ministros Maurício Corrêa, relator, Joaquim Barbosa, Cezar Peluso e Carlos Velloso que julgavam o pedido integralmente procedente, e Marco Aurélio e Celso de Mello que o julgavam integralmente improcedente. ADI 2587/GO, rel. orig. Min. Maurício Corrêa, rel. p/acórdão Min. Carlos Britto, 1º.12.2004. (ADI-2587)

O entendimento também estava consagrado no Superior Tribunal de Justiça.

Informativo 300

COMPETÊNCIA. FORO ESPECIAL. DEFENSOR PÚBLICO.

Compete ao Tribunal de Justiça do Rio de Janeiro processar e julgar, originariamente, os defensores públicos nos crimes comuns e de responsabilidade. O vocábulo "membros", incluso no art. 161, IV, d, item 2, da Constituição daquele estado, com certeza abrangeu não só o Procurador-Geral da Defensoria Pública, mas também os outros defensores públicos. Semelhante questão foi analisada pelo STF em ADi, que apenas excluiu do foro especial, no confronto com o texto constitucional goiano, os delegados de polícia. Note-se, também, que a ampliação proporcionada pela lei doméstica, não desdobrou, em tese, do espírito constitucional republicano, pois é lícito aos Estados, diante da autonomia federativa e dos poderes implícitos, ampliarem a competência de que se cuida, desde que, obviamente, respeitem a simetria funcional entre os diversos ajustes políticos, tal como o caso dos autos. HC 45.604-RJ, Rel. Min. Nilson Naves, julgado em 10/10/2006.

Todavia, atualmente a posição do STF foi alterada. Não mais se admite foro por prerrogativa de função para os Defensores Públicos, nem mesmo para o Defensor Geral, ao argumento de que não há respaldo na Constituição da República. Vejamos:

ADI 6517 Órgão julgador: Tribunal Pleno

Relator(a): Min. CÁRMEN LÚCIA

Julgamento: 19/04/2021

AÇÃO DIRETA DE INCONSTITUCIONALIDADE. CONSTITUIÇÃO DE SÃO PAULO. PREVISÃO DE FORO POR PRERROGATIVA DE FUNÇÃO AO DEFENSOR PÚBLICO-GERAL E AO DELEGADO-GERAL DA POLÍCIA CIVIL. PRECEDENTES DO SUPREMO TRIBUNAL FEDERAL. AÇÃO DIRETA PROCEDENTE. MODULAÇÃO DOS EFEITOS DA DECISÃO. 1. Na organização do Judiciário estadual, as competências de seus órgãos são limitadas pelos princípios da Constituição da República. Ausência de fundamento constitucional de instituição de foro para estabelecer privilégios processuais. Princípio da igualdade. 2. Ação direta de inconstitucionalidade julgada procedente para declarar inconstitucionais as expressões "o Defensor Público-Geral" e "o Delegado-Geral da Polícia Civil", respectivamente nos incs. I e II do art. 74 da Constituição de São Paulo, com eficácia ex nunc, a contar da publicação da ata de julgamento.

Art. 97-A. À Defensoria Pública do Estado é assegurada **autonomia funcional, administrativa e iniciativa para elaboração de sua proposta** orçamentária, dentro dos limites estabelecidos na lei de diretrizes orçamentárias, cabendo-lhe, especialmente: (Incluído pela Lei Complementar nº 132, de 2009).

I – **abrir concurso público** e prover os cargos de suas Carreiras e dos serviços auxiliares; (Incluído pela Lei Complementar nº 132, de 2009).

II – organizar os serviços auxiliares; (Incluído pela Lei Complementar nº 132, de 2009).

Art. 97-B. A Defensoria Pública do Estado elaborará sua **proposta orçamentária** atendendo aos seus princípios, às diretrizes e aos limites definidos na lei de diretrizes orçamentárias, **encaminhando-a ao Chefe do Poder Executivo para consolidação e encaminhamento ao Poder Legislativo**. (Incluído pela Lei Complementar nº 132, de 2009).

§ 1º Se a Defensoria Pública do Estado não encaminhar a respectiva proposta orçamentária dentro do prazo estabelecido na lei de diretrizes orçamentárias, o Poder Executivo considerará, para fins de consolidação da proposta orçamentária anual, os valores aprovados na lei orçamentária vigente, ajustados de acordo com os limites estipulados na forma do caput. (Incluído pela Lei Complementar nº 132, de 2009).

§ 2º Se a **proposta orçamentária** de que trata este artigo for encaminhada em **desacordo com os limites** estipulados no caput, o **Poder Executivo** procederá aos **ajustes necessários** para fim de consolidação da proposta orçamentária anual. (Incluído pela Lei Complementar nº 132, de 2009).

§ 3º Durante a execução orçamentária do exercício, não poderá haver a realização de despesas que extrapolem os limites estabelecidos na lei de diretrizes orçamentárias, exceto se previamente autorizadas, mediante a abertura de créditos suplementares ou especiais. (Incluído pela Lei Complementar nº 132, de 2009).

§ 4º Os recursos correspondentes às suas dotações orçamentárias próprias e globais, compreendidos os créditos suplementares e especiais, ser-lhe-ão entregues, até o dia 20 (vinte) de cada mês, na forma do art. 168 da Constituição Federal. (Incluído pela Lei Complementar nº 132, de 2009).

§ 5º As **decisões da Defensoria Pública** do Estado, fundadas em sua autonomia funcional e administrativa, obedecidas as formalidades legais, têm **eficácia plena e executoriedade imediata**, ressalvada a competência constitucional do Poder Judiciário e do Tribunal de Contas. (Incluído pela Lei Complementar nº 132, de 2009).

§ 6º A **fiscalização contábil, financeira, orçamentária, operacional e patrimonial** da Defensoria Pública do Estado, quanto à legalidade, legitimidade, aplicação de dotações e recursos próprios e renúncia de receitas, **será exercida pelo Poder Legislativo**, mediante controle externo e pelo sistema de controle interno estabelecido em lei. (Incluído pela Lei Complementar nº 132, de 2009).

1. **Autonomia funcional e administrativa:** no âmbito constitucional, a EC nº 45/2004 outorgou às Defensorias Públicas estaduais autonomia funcional e administrativa, bem como a iniciativa de sua proposta orçamentária.

   Como destacado no início do livro, o regime constitucional da Defensoria Pública foi alterado posteriormente pelas EC n. 69/2012 e 74/2013 para estender a autonomia também às Defensorias do Distrito Federal e da União. Destaca-se, ainda, que a EC n. 80/2014 ampliou a força da autonomia de que goza a Defensoria Pública, ao lhe garantir também a iniciativa de projeto de lei para criação de cargos, remuneração e carreira de apoio (CR, art. 134, § 4º c/c art. 96, II).

   Para adequar a LC nº 80/1994 à Constituição da República, foram inseridos os artigos 97-A e 97-B. Por autonomia funcional, deve-se entender a ausência de relação de subordinação entre a Defensoria Pública e o Poder Executivo ou qualquer outro Poder. A atuação da Instituição deve ser dirigida para atender seus fins constitucionais, independentemente de ingerências de outros órgãos ou Poderes.

   Por sua vez, a autonomia administrativa é uma decorrência lógica e natural da autonomia funcional. Se a Defensoria é livre para pautar sua atuação exclusivamente com os olhos voltados para sua missão constitucional, então consequentemente deve poder se organizar administrativamente do modo que melhor de aprouver. Em outras palavras, a Instituição é livre e autônoma para se organizar da maneira mais adequada à prestação de seus serviços. A autonomia administrativa é relacionada aos atos de gestão da Instituição.

Aplicação em concurso

- *(DP-AM – 2013 – FCC) Sobre a autonomia da Defensoria Pública do Estado é correto afirmar que*

a) a Emenda Constitucional nº 45/04 conferiu à Defensoria Pública do Estado tríplice autonomia, assegurando-lhe a iniciativa de leis e de sua proposta orçamentária.

b) a autonomia administrativa prevista no artigo 134, § 2º, da Constituição Federal assegura ao Defensor Público a possibilidade de, no desempenho de suas funções, adotar o posicionamento jurídico que entender mais adequado à defesa da pessoa necessitada.

c) a Defensoria Pública do Estado, em razão de sua autonomia e nos termos previstos pela Lei Complementar Federal nº 80/94, pode criar cargos em suas carreiras e em seus serviços auxiliares, provendo-os por concurso público.

d) a Lei Complementar Federal nº 80/94 assegura à Defensoria Pública do Estado, como decorrência de sua autonomia, a atribuição de elaborar suas folhas de pagamento.

e) as decisões da Defensoria Pública do Estado, fundadas em sua autonomia funcional e administrativa, estão, nos termos da Lei Complementar Federal nº 80/94, condicionadas à decisão final do Chefe do Poder Executivo Estadual.
Gabarito: letra D.

- *(DP/SP – 2013 – FCC) Considerando a Defensoria Pública na Constituição Federal, é correto afirmar:*

D) Em vista da autonomia administrativa é possível concluir-se pela incidência flexibilizada do princípio da legalidade no âmbito da Defensoria Pública.

Gabarito: o item está errado.

2. **Autonomia funcional X independência funcional:** ambos os conceitos não se confundem. Autonomia funcional se refere à instituição como um todo, como um ente orgânico independente de outros entes públicos. A Defensoria Pública, como Instituição pública, é livre para trilhar seus rumos, sem a ingerência de outros entes. Por sua vez, a independência funcional se refere ao defensor público enquanto órgão de execução, sendo-lhe garantida a autonomia de pensamento jurídico e de atuação para a defesa dos direitos de seus assistidos.

2.1. **Autonomia funcional X independência funcional em doutrina:** "A autonomia funcional é um princípio que visa salvaguardar a Defensoria Pública por inteiro, observada a mesma como um conjunto único formado por todos os seus órgãos de execução, atuação e administração superior, ao passo que a independência funcional se traduz sob a forma de uma garantia conferida a cada um de seus órgãos e a cada um de seus membros, separadamente." (CORGOSINHO, Gustavo. *Defensoria Pública: princípios institucionais e regime jurídico.* Belo Horizonte: Dictum, 2009, p. 63.)

3. **Proposta orçamentária:** a LC nº 132/2009 introduziu na Lei Orgânica da Defensoria Pública previsões referentes à sua proposta orçamentária. Quanto aos artigos 97-A e 97-B, trata-se de disposições que estão em consonância com a norma constitucional (art. 134, §§ 2º e 3º).

   O artigo 97-B determina que a proposta orçamentária deve atender aos princípios que são inerentes à sua atuação, sendo encaminhada ao Chefe do Poder Executivo para consolidação e encaminhamento ao Poder Legislativo. Na referência a atendimento "aos seus princípios", o legislador disse menos do que pretendia. De acordo com o artigo 3º, os princípios institucionais da Defensoria Pública são a unidade, a indivisibilidade e a independência funcional. Sua proposta orçamentária deve, sem dúvida, atendê-los. Há mais. A proposta orçamentária deve ser elaborada com os olhos voltados aos objetivos da Defensoria Pública, à persecução de sua função constitucional. Para isso, contribui o elenco do artigo 3º-A, que estabelece, como objetivos da Defensoria Pública, a primazia da dignidade da pessoa humana, a redução das desigualdades sociais, a afirmação da democracia, dos direitos humanos e da garantia do contraditório e da ampla defesa. Assim, a proposta orçamentária deve contemplar destinações que levem ao atendimento dos objetivos da Instituição, tanto quanto de seus princípios.

A LC 80/1994 não estabelece o modo de elaboração e aprovação da proposta orçamentária no âmbito interno da Defensoria Pública do Estado. A redação do artigo 97-B se limita a afirmar que a "Defensoria Pública do Estado elaborará sua proposta orçamentária [...]". Compete à legislação estadual disciplinar o trâmite interno da proposta.

Aplicação em concurso

- *(DP/MS – 2012 – Vunesp) Considerando o disposto na Lei Complementar Federal nº 80/94, sobre as Normas Gerais para a Organização da Defensoria Pública dos Estados, assinale a alternativa correta.*

  A) A Defensoria Pública do Estado elaborará sua proposta orçamentária atendendo aos seus princípios, às diretrizes e aos limites definidos na lei de diretrizes orçamentárias, encaminhando-a diretamente à Mesa da Assembleia Legislativa do Estado.

  Gabarito: o item está errado.

- *(DP/SP – 2012 – FCC) A Lei Complementar Federal n. 132/2009*

  A) regulamentou a autonomia financeira da instituição, definindo percentual de participação nas custas judiciais.

  Gabarito: o item está errado.

3.1. Proposta orçamentária – posição do STF: o Supremo Tribunal Federal teve a oportunidade de analisar hipótese em que o Chefe do Poder Executivo modificou a proposta orçamentária encaminhada pela Defensoria Pública. No entender da Corte, a Defensoria não compõe os órgãos do Poder Executivo, pelo que eventuais cortes orçamentários devem ser realizados no âmbito do Poder Legislativo.

Confira-se:

> Informativo n. 733
>
> 16 a 19 de dezembro de 2013
>
> Defensoria Pública: autonomia financeira e orçamentária
>
> O Plenário referendou medida acauteladora concedida pelo Ministro Dias Toffoli, relator, em arguição de descumprimento de preceito fundamental,

com o fim de determinar a suspensão do trâmite legislativo do Projeto de Lei Orçamentária Anual (PLOA) de estado-membro, alusivo a 2014. No caso, o PLOA fora encaminhado à Assembleia Legislativa sem a consolidação de proposta orçamentária da Defensoria Pública estadual, cuja despesa prevista fora reduzida unilateralmente pela chefia do Executivo local. Além disso, a Defensoria Pública fora incluída, no mesmo ato, dentre as secretarias do Executivo. O Tribunal afirmou que a Defensoria Pública possuiria autonomia orçamentária, nos termos do art. 134, § 2º, da CF (§ 2º Às Defensorias Públicas Estaduais são asseguradas autonomia funcional e administrativa e a iniciativa de sua proposta orçamentária dentro dos limites estabelecidos na lei de diretrizes orçamentárias e subordinação ao disposto no art. 99, § 2º). Asseverou, ainda, que a inclusão do órgão dentre as secretarias do Executivo estadual afrontaria essa autonomia. Destacou que a proposta inicialmente encaminhada pela Defensoria Pública estaria de acordo com a Lei de Diretrizes Orçamentárias estadual. Acresceu que a medida adequada a ser tomada pelo Executivo, na hipótese, seria pleitear reduções orçamentárias perante o Legislativo, para que a matéria fosse lá debatida. Assim, o PLOA deveria ser encaminhado à Assembleia Legislativa com a proposta orçamentária da Defensoria Pública, como órgão autônomo e nos valores por ela aprovados. O Ministro Teori Zavascki, ao acompanhar o Colegiado, ressalvou seu entendimento pessoal quanto à legitimação ativa da Associação Nacional dos Defensores Públicos – Anadep, bem assim quanto à eventual inexistência de preceito fundamental violado.

ADPF 307 Referendo-MC/DF, rel. Min. Dias Toffoli, 19.12.2013. (ADPF-307)

Art. 98. A Defensoria Pública dos Estados compreende:

I – órgãos de **administração superior**:

a) a Defensoria Pública-Geral do Estado;

b) a Subdefensoria Pública-Geral do Estado;

c) o Conselho Superior da Defensoria Pública do Estado;

d) a Corregedoria-Geral da Defensoria Pública do Estado;

II – órgãos de **atuação**:

a) as Defensorias Públicas do Estado;

b) os Núcleos da Defensoria Pública do Estado;

III – órgãos de **execução**:

a) os Defensores Públicos do Estado.

IV – órgão **auxiliar**: Ouvidoria-Geral da Defensoria Pública do Estado. (Incluído pela Lei Complementar nº 132, de 2009).

1. **Órgãos da administração superior:** é preciso conhecer os órgãos que compõem a divisão interna da Defensoria Pública. A administração superior é composta de quatro órgãos: Defensoria Pública-Geral, Subdefensoria Pública-Geral, Conselho Superior e Corregedoria-Geral.

Órgãos da administração superior
- Defensoria Pública-Geral
- Subdefensoria Pública-Geral
- Conselho Superior
- Corregedoria-Geral

Aplicação em concurso

- *(DP/MG – 2006 – Fundep) Quanto à organização e à estrutura da Defensoria Pública do Estado, assinale a afirmativa INCORRETA.*

  A) As Defensorias Públicas do Estado, o Conselho Superior da Defensoria Pública do Estado são denominados órgãos de administração superior.

  Gabarito: o item está errado.

2. **Órgãos de atuação:** esses órgãos são compostos pelas Defensorias Públicas do Estado e pelos Núcleos da Defensoria Pública do Estado.

Aplicação em concurso

- *(DP/MG – 2006 – Fundep) Quanto à organização e à estrutura da Defensoria Pública do Estado, assinale a afirmativa INCORRETA.*

  C) Os núcleos da Defensoria Pública do Estado são denominados órgãos de atuação.

  Gabarito: o item está certo.

3. **Órgãos de execução:** dentro da estrutura da Defensoria Pública, os defensores públicos são considerados órgãos de execução.

Aplicação em concurso

- *(DP/MG – 2006 – Fundep) Quanto à organização e à estrutura da Defensoria Pública do Estado, assinale a afirmativa INCORRETA.*

  b) Os defensores públicos do estado são denominados órgãos de execução.

  Gabarito: o item está certo.

- *(DP/MT – 2006) Em atenção às normas gerais para a organização da Defensoria Pública dos Estados, contidas na Lei Complementar Federal n. 80, de 12 de janeiro de 1994, considera-se órgão de execução da Defensoria Pública do Estado:*

  A) a Defensoria Pública-Geral.

  B) os Defensores Públicos do Estado.

  C) a Corregedoria-Geral.

  D) o Conselho Superior.

  E) os Núcleos da Defensoria Pública.

  Gabarito: letra B.

4. **Órgão auxiliar:** embora alguns Estados já possuíssem esse órgão, a LC nº 132/2009 institucionalizou, em âmbito nacional, a Ouvidoria-Geral da Defensoria Pública do Estado, cuja função é promover melhorias na qualidade da prestação dos serviços da Instituição.

SEÇÃO I
DO DEFENSOR PÚBLICO-GERAL E DO SUBDEFENSOR PÚBLICO-GERAL DO ESTADO

Art. 99. A Defensoria Pública do Estado tem por chefe o **Defensor Público-Geral**, nomeado **pelo Governador** do Estado, dentre **membros estáveis** da Carreira e **maiores de 35** (trinta e cinco) **anos**, escolhidos em **lista tríplice** formada pelo voto direto, secreto, plurinominal e obrigatório de seus membros, para **mandato de 2** (dois) **anos**, permitida **uma recondução**. (Redação dada pela Lei Complementar nº 132, de 2009).

1. **Nomeação do Defensor Público-Geral do Estado:** a sistemática original da LC nº 80/1994 trazia poucas exigências acerca da escolha do Defensor Público-Geral do Estado, relegando a matéria à disciplina estadual. Com as alterações promovidas pela LC nº 132/2009, o artigo 99 passou a estabelecer de forma exaustiva os requisitos para escolha do ocupante da função de chefe da Instituição.

   O novo regime jurídico de escolha do Defensor Público-Geral estabelece a formação de lista tríplice de candidatos ao posto. As regras pertinentes ao processo de escolha dos integrantes da lista tríplice serão elaboradas pelo Conselho Superior (art. 99, § 3º). Realizada a eleição, forma-se a lista tríplice que, então, é encaminhada ao Governador do Estado. Dentre esses nomes, sua escolha é livre, mas, caso não efetive a nomeação do Defensor

Público-Geral no prazo de 15 dias, será investido automaticamente o defensor público mais votado (§ 4º).

Defensor Público-Geral:
- integrante da carreira
- membro estável
– idade superior a 35 anos
– formação de listra tríplice, pelo voto direto, secreto, plurinominal e obrigatório de seus membros
- nomeação pelo Governador do Estado, dentre os três mais votados
- mandato de 2 anos
- direito a uma recondução

Aplicação em concurso

- *(DP/MS – 2012 – Vunesp) Considerando o disposto na Lei Complementar Federal nº 80/94, sobre as Normas Gerais para a Organização da Defensoria Pública dos Estados, assinale a alternativa correta.*

  B) A Defensoria Pública do Estado tem por chefe o Defensor Público-Geral, nomeado pelo Governador do Estado, dentre membros estáveis da Carreira e maiores de 35 (trinta e cinco) anos de idade, escolhidos em lista tríplice formada pelo voto direto, secreto, plurinominal e obrigatório de seus membros, para mandato de 2 (dois) anos, permitida uma recondução.

  Gabarito: o item está certo.

- *(DP/SP – 2012 – FCC) A Lei Complementar Federal nº 132/2009*

  B) instituiu, como norma geral aplicável a todas as Unidades da Federação, a nomeação do Defensor Público-Geral pelo chefe do Poder Executivo, dentre membros estáveis, escolhidos em lista tríplice formada pelo voto dos integrantes da carreira.

  Gabarito: o item está certo.

2. Quadro comparativo de Defensor Público-Geral:

DEFENSOR PÚBLICO-GERAL			
Ente político	União	Distrito Federal	Estados
Base legal	Art. 6º	Art. 54	Art. 99

DEFENSOR PÚBLICO-GERAL			
Nomeado por	Presidente da República	Presidente da República (atenção com a EC 69)	Governador do Estado
Integrante da carreira	Sim	Sim	Sim
Lista tríplice	Sim	Sim	Sim
Idade mínima de 35 anos	Sim	Sim	Sim
Mandato de 2 anos, permitida uma recondução	Sim	Sim	Sim
Aprovação do senado	Sim	Não	Não

§ 1º O Defensor Público-Geral será substituído em suas faltas, licenças, férias e impedimentos pelo Subdefensor Público-Geral, por ele nomeado dentre integrantes estáveis da Carreira, na forma da legislação estadual. (Redação dada pela Lei Complementar nº 132, de 2009).

§ 2º Os Estados, segundo suas necessidades, poderão ter mais de um Subdefensor Público-Geral.

1. **Subdefensor Público-Geral:** ao contrário do regime jurídico da Defensoria Pública da União, no âmbito das Defensorias Públicas Estaduais, o Subdefensor Público-Geral é escolhido pelo próprio Defensor Público-Geral, dentre membros estáveis da carreira (art. 99, § 1º). Além disso, conforme a necessidade do serviço, pode haver mais de um Subdefensor Público-Geral (§ 2º).

§ 3º O Conselho Superior editará as normas regulamentando a eleição para a escolha do Defensor Público-Geral. (Incluído pela Lei Complementar nº 132, de 2009).

§ 4º Caso o **Chefe do Poder Executivo não efetive a nomeação** do Defensor Público-Geral nos 15 (quinze) dias que se seguirem ao recebimento da lista tríplice, **será investido** automaticamente no cargo **o Defensor Público mais votado** para exercício do mandato. (Incluído pela Lei Complementar nº 132, de 2009).

1. **Falta de nomeação pelo Chefe do Executivo:** na forma do § 4º, caso o Chefe do Executivo não efetive a nomeação do Defensor Público-Geral em 15 dias, fica investido o Defensor Público mais votado.

Aplicação em concurso

- *(DP/AC – 2012 – Cespe) Acerca do defensor público-geral do estado, do Conselho Superior e do corregedor-geral do estado, assinale a opção correta.*

  E) Caso o chefe do Poder Executivo estadual não efetive a nomeação do defensor público-geral do estado nos quinze dias que se seguirem ao recebimento da lista tríplice, será investido automaticamente no cargo o DP mais votado para exercício do mandato.

  Gabarito: o item está certo.

Art. 100. Ao Defensor Público-Geral do Estado compete dirigir a Defensoria Pública do Estado, superintender e coordenar suas atividades, orientando sua atuação, e representando-a judicial e extrajudicialmente.

Art. 101. A composição do **Conselho Superior** da Defensoria Pública do Estado deve incluir obrigatoriamente o Defensor Público-Geral, o Subdefensor Público-Geral, o Corregedor-Geral e o Ouvidor-Geral, como **membros natos**, e, em sua **maioria, representantes estáveis da Carreira, eleitos pelo voto** direto, plurinominal, obrigatório e secreto de seus membros, em número e forma a serem fixados em lei estadual. (Redação dada pela Lei Complementar nº 132, de 2009).

§ 1º O Conselho Superior é **presidido pelo Defensor Público-Geral**, que terá **voto de qualidade, exceto** em **matéria disciplinar**. (Incluído pela Lei Complementar nº 132, de 2009).

§ 2º As eleições serão realizadas em conformidade com as instruções baixadas pelo Conselho Superior da Defensoria Pública do Estado. (Incluído pela Lei Complementar nº 132, de 2009).

§ 3º Os **membros do Conselho Superior** são eleitos para **mandato de 2** (dois) **anos**, permitida **uma reeleição**. (Incluído pela Lei Complementar nº 132, de 2009).

§ 4º São elegíveis os membros estáveis da Defensoria Pública que não estejam afastados da Carreira. (Incluído pela Lei Complementar nº 132, de 2009).

> § 5º O **presidente da entidade** de classe de maior representatividade dos membros da Defensoria Pública do Estado terá **assento e voz** nas reuniões do Conselho Superior. (Incluído pela Lei Complementar nº 132, de 2009).
>
> Art. 102. Ao **Conselho Superior** compete exercer as **atividades consultivas, normativas e decisórias** a serem previstas na lei estadual.
>
> § 1º Caberá ao Conselho Superior decidir sobre a **fixação ou a alteração de atribuições dos órgãos de atuação da Defensoria Pública** e, em grau de recurso, sobre matéria disciplinar e os conflitos de atribuições entre membros da Defensoria Pública, sem prejuízo de outras atribuições. (Incluído pela Lei Complementar nº 132, de 2009).
>
> § 2º Caberá ao Conselho Superior **aprovar o plano de atuação** da Defensoria Pública do Estado, cujo projeto será precedido de ampla divulgação. (Incluído pela Lei Complementar nº 132, de 2009).
>
> § 3º As decisões do Conselho Superior serão motivadas e publicadas, e suas sessões deverão ser públicas, salvo nas hipóteses legais de sigilo, e realizadas, no mínimo, bimestralmente, podendo ser convocada por qualquer conselheiro, caso não realizada dentro desse prazo. (Incluído pela Lei Complementar nº 132, de 2009).

1. **Conselho Superior:** os artigos 101 e 102 disciplinam o Conselho Superior da Defensoria Pública Estadual. Sua composição é um pouco diversa daquela das Defensorias Públicas da União e do Distrito Federal (com a ressalva, em relação ao DF, de que estamos considerando o teor da LC 80, sem levar em conta a alteração promovida pela EC 69 de 2012, já mencionada diversas vezes nesse livro). Na esfera estadual, o Conselho Superior tem como membros natos o Defensor Público-Geral, o Subdefensor Público-Geral (pode ser mais de um), o Corregedor-Geral e, também, o Ouvidor-Geral. Quanto aos demais membros, estes devem ser maioria no Conselho, eleitos pelo voto direto, plurinominal, obrigatório e secreto de seus membros, sendo elegíveis os membros estáveis que não estejam afastados da carreira (§ 4º). O número de membros eleitos no Conselho e a forma de sua fixação é relegada à lei estadual (art. 101). O mandato no Conselho Superior é de dois anos, permitida uma reeleição (§ 3º). O Conselho Superior é presidido pelo Defensor Público-Geral, que terá o voto de qualidade, exceto em matéria disciplinar.

O presidente da entidade de classe de maior representatividade dos defensores públicos terá assento e voz nas reuniões do Conselho Superior, mas não direito a voto (§ 5º).

O Conselho Superior exerce atividades consultivas, normativas e decisórias, a serem previstas em lei estadual. A LC nº 80/1994, porém, prevê algumas atribuições específicas para o Conselho Superior:

– decidir sobre: (i) a fixação ou a alteração de atribuições dos órgãos de atuação da Defensoria Pública; (ii) matéria disciplinar, em grau recursal; (iii) conflitos de atribuições entre membros da Defensoria Pública; e

– aprovar o plano de atuação da Instituição.

Aplicação em concurso

- *(FCC – Defensor Público – DPE – ES/2016) Compete ao Conselho Superior da Defensoria Pública do Estado, nos termos do que dispõe expressamente a LC nº 80/1994:*

I. Decidir sobre a fixação ou a alteração de atribuições dos órgãos de atuação da Defensoria Pública e, em grau de recurso, sobre matéria disciplinar e os conflitos de atribuições entre membros da Defensoria Pública.

II. Contribuir para a disseminação das formas de participação popular no acompanhamento e na fiscalização da prestação dos serviços realizados pela Defensoria Pública.

III. Exercer as atividades consultivas, normativas e decisórias a serem previstas na lei estadual.

IV. Propor a instauração de processo disciplinar contra membros da Defensoria Pública do Estado e seus servidores.

Está correto o que se afirma APENAS em

A) II e IV.

B) I e II.

C) I e IV.

D) I e III.

E) I, III e IV.

Gabarito: letra D.

- *(FCC – Defensor Público – DPE – BA/2016) A Lei Complementar nº 80/94, ao prescrever normas para a organização das Defensorias Públicas dos Estados, dispõe que*

A) a composição do Conselho Superior da Defensoria Pública do Estado deve conter exclusiva e obrigatoriamente o Defensor Público-Geral, o Corregedor-Geral, Ouvidor-Geral e o Defensor Público mais antigo na carreira.

B) o Conselho Superior deve ser presidido pelo Defensor Público-Geral, que terá voto de qualidade em quaisquer matérias.

C) caberá ao Conselho Superior decidir sobre a fixação ou a alteração de atribuições dos órgãos de atuação da Defensoria Pública e, em grau de recurso, sobre matéria disciplinar e os conflitos de atribuições entre membros da Defensoria Pública, sem prejuízo de outras atribuições.

D) caberá ao Defensor Público-Geral aprovar o plano de atuação da Defensoria Pública do Estado, cujo projeto será precedido de ampla divulgação e ratificação pelo Conselho Superior.

E) as decisões do Conselho Superior serão motivadas e publicadas, e suas sessões serão sempre públicas e realizadas, no mínimo, bimestralmente, podendo ser convocada por qualquer conselheiro, caso não realizada dentro desse prazo.

Gabarito: letra C.

- *(DP/AC – 2012 – Cespe) Acerca do defensor público-geral do estado, do Conselho Superior e do corregedor-geral do estado, assinale a opção correta.*

A) O Conselho Superior da DP, composto por membros da carreira eleitos para mandato de dois anos, é presidido pelo defensor público-geral do estado, detentor de voto de qualidade em todas as matérias.

B) O presidente da entidade de classe de maior representatividade dos membros da DPE tem assento e voz bem como direito a voto nas reuniões do Conselho Superior.

Gabarito: os itens estão errados.

- *(DP/SP – 2012 – FCC) Considere as afirmações abaixo, com base na Lei Orgânica Nacional da Defensoria Pública:*

I. A composição do Conselho Superior da Defensoria Pública do Estado deve incluir, obrigatoriamente, o Defensor Público-Geral, o Subdefensor Público--Geral, o Corregedor Geral e o Ouvidor Geral, como membros natos, e, em sua maioria, representantes estáveis da carreira, como membros eleitos.

Gabarito: o item está certo

- *(DP/MS – 2012 – Vunesp) Considerando o disposto na Lei Complementar Federal nº 80/94, sobre as Normas Gerais para a Organização da Defensoria Pública dos Estados, assinale a alternativa correta.*

C) A composição do Conselho Superior da Defensoria Pública do Estado deve incluir, obrigatoriamente, o Defensor Público-Geral, o Corregedor-Geral e o Ouvidor-Geral, como membros natos, e, em sua maioria, representantes da Carreira, eleitos pelo voto direto, facultativo e secreto de seus membros.

Gabarito: o item está errado.

- *(DP-AM – 2013 – FCC) Ao estabelecer normas gerais sobre o Conselho Superior da Defensoria Pública Estadual, a Lei Complementar Federal nº 80/94 previu*

a) a competência do órgão para a fixação ou alteração das atribuições dos órgãos de atuação da Defensoria Pública.
b) que a sua composição deve conter membros eleitos e natos, em proporção equivalente.
c) a publicidade de todas as suas sessões, cuja periodicidade será disciplinada por lei estadual, com realização de ao menos uma sessão mensal.
d) a vedação à reeleição de seus membros eleitos.
e) a possibilidade de revisão pelo órgão do plano de atuação aprovado pelo Defensor Público Geral.

Gabarito: letra A.

- *(FMP – Defensor Público – PA/2015) Sobre a disciplina, a composição e as atribuições do Conselho Superior da Defensoria Pública do Estado do Pará, é CORRETO afirmar que:*

a) são membros natos do Conselho Superior o Defensor Público-Geral do Estado, o Subdefensor Público-Geral do Estado, o Corregedor-Geral da Defensoria Pública e o Ouvidor Geral da Defensoria Pública.
b) participam como membros eleitos do Conselho Superior três integrantes da categoria mais elevada e três integrantes da categoria imediatamente inferior à mais elevada da Carreira de Defensor Público, escolhidos pelo voto nominal, direto e secreto de todos os membros da Carreira para mandato de dois anos, permitida uma reeleição.
c) qualquer membro do Conselho Superior pode desistir de sua participação no Conselho, assumindo, imediatamente, o respectivo suplente.
d) o Conselho Superior é presidido pelo Defensor Público-Geral, que, além do seu voto de membro, tem o de qualidade, inclusive em matéria de remoção e promoção, sendo as deliberações tomadas por maioria de votos.
e) compete ao Conselho Superior supervisionar as atividades dos Defensores Públicos e servidores, coibindo erros, abusos, omissões e distorções verificadas, bem como sugerir medidas preventivas e ações de aperfeiçoamento e reciclagem de seus agentes.

Gabarito: letra A.

- *(FCC – Defensor Público – CE/2014) Sobre o Conselho Superior da Defensoria Pública do Estado, é correto afirmar:*

A) Defensor Público-Geral sempre terá voto de qualidade.
B) Ouvidor-Geral é garantido assento e voz, mas não voto, por não integrar a carreira.

C) presidente da entidade de classe com maior representatividade integra o Conselho nas mesmas condições dos membros eleitos.

D) Conselho Superior compete exercer atividades consultivas e normativas.

E) ao Conselho escolher o Ouvidor-Geral, dentre os indicados em lista tríplice formada pelos membros da carreira.

Gabarito: letra D.

2. **Conselho Superior em doutrina:** "A natureza jurídica do Conselho Superior no regime legal vigente é a de um órgão colegiado, integrante da administração superior e cuja composição em cada Estado é definida em sua Lei Orgânica específica. Sua tarefa precípua é a de exercer as atividades consultivas, normativas e decisórias no âmbito da Defensoria Pública. Do ponto de vista administrativo, o colegiado é a instância máxima de controle interno dos atos praticados na Defensoria Pública, situando-se no ponto mais alto da hierarquia institucional, razão pela qual todos os demais órgãos lhe estão subordinados." (CORGOSINHO, Gustavo. *Defensoria Pública: princípios institucionais e regime jurídico.* Belo Horizonte: Dictum, p. 81)

SEÇÃO III
DA CORREGEDORIA-GERAL DA DEFENSORIA PÚBLICA DO ESTADO

Art. 103. A **Corregedoria-Geral** é órgão de **fiscalização da atividade funcional** e da conduta dos membros e dos servidores da Instituição.

Art. 104. A Corregedoria-Geral é exercida pelo **Corregedor-Geral** indicado dentre os integrantes da classe mais elevada da Carreira, em **lista tríplice formada pelo Conselho Superior**, e **nomeado pelo Defensor Público-Geral** para **mandato de 2** (dois) **anos**, permitida 1 (uma) **recondução**. (Redação dada pela Lei Complementar nº 132, de 2009).

§ 1º O Corregedor-Geral **poderá ser destituído** por proposta do Defensor Público-Geral, pelo voto de dois terços do Conselho Superior, antes do término do mandato. (Renumerado pela Lei Complementar nº 132, de 2009).

§ 2º A lei estadual poderá criar um ou mais cargos de Subcorregedor, fixando as atribuições e especificando a forma de designação. (Incluído pela Lei Complementar nº 132, de 2009).

Art. 105. À **Corregedoria-Geral** da Defensoria Pública do Estado **compete**:

I – **realizar correições e inspeções funcionais**;

II – **sugerir** ao Defensor Público-Geral o **afastamento** de Defensor Público que esteja sendo submetido a correição, sindicância ou processo administrativo disciplinar, quando cabível;

III – propor, fundamentadamente, ao Conselho Superior a suspensão do estágio probatório de membro da Defensoria Pública do Estado;

IV – apresentar ao Defensor Público-Geral, em janeiro de cada ano, relatório das atividades desenvolvidas no ano anterior;

V – **receber e processar as representações** contra os membros da Defensoria Pública do Estado, encaminhado-as, com parecer, ao Conselho Superior;

VI – **propor a instauração de processo disciplinar** contra membros da Defensoria Pública do Estado e seus servidores;

VII – **acompanhar o estágio probatório** dos membros da Defensoria Pública do Estado;

VIII – **propor a exoneração** de membros da Defensoria Pública do Estado que não cumprirem as condições do estágio probatório.

IX – **baixar normas**, no limite de suas atribuições, visando à regularidade e ao aperfeiçoamento das atividades da Defensoria Pública, resguardada a independência funcional de seus membros; (Incluído pela Lei Complementar nº 132, de 2009).

X – manter atualizados os assentamentos funcionais e os dados estatísticos de atuação dos membros da Defensoria Pública, para efeito de aferição de merecimento; (Incluído pela Lei Complementar nº 132, de 2009).

XI – **expedir recomendações** aos membros da Defensoria Pública sobre matéria afeta à competência da Corregedoria-Geral da Defensoria Pública; (Incluído pela Lei Complementar nº 132, de 2009).

XII – desempenhar outras atribuições previstas em lei ou no regulamento interno da Defensoria Pública. (Incluído pela Lei Complementar nº 132, de 2009).

1. **Corregedoria-Geral:** conforme prevê o artigo 103, trata-se do órgão de fiscalização da atividade funcional e da conduta dos membros e servidores da Defensoria Pública. A escolha do Corregedor-Geral é feita pelo Defensor Público-Geral, a partir de lista tríplice formada pelo Conselho Superior. Seu mandato é de 2 anos, permitida uma recondução, mas o Corregedor-Geral pode vir a ser destituído pelo voto de dois terços do Conselho Superior a partir de proposta do Defensor Público-Geral (art. 104, *caput* e § 1º). A criação dos cargos de Subcorregedor depende de lei estadual.

Aplicação em concurso

- *(DP/AC – 2012 – Cespe) Acerca do defensor público-geral do estado, do Conselho Superior e do corregedor-geral do estado, assinale a opção correta.*

  C) O corregedor-geral da DPE é indicado entre os integrantes da classe mais elevada da carreira, em lista tríplice elaborada pelo Conselho Superior, e nomeado pelo chefe do Poder Executivo para mandato de dois anos, permitida uma recondução.

  D) Antes do término de seu mandato, o corregedor-geral da DPE poderá ser destituído por proposta do chefe do Poder Executivo, aprovada pela maioria absoluta dos membros do Conselho Superior.

  Gabarito: os itens estão errados.

- *(DP/MS – 2012 – Vunesp) Considerando o disposto na Lei Complementar Federal nº 80/94, sobre as Normas Gerais para a Organização da Defensoria Pública dos Estados, assinale a alternativa correta.*

  D) A Corregedoria-Geral é exercida pelo Corregedor-Geral indicado dentre os integrantes da classe mais elevada da Carreira, em lista tríplice formada pelo Defensor Público-Geral, e nomeado pelo Conselho Superior para mandato de 2 (dois) anos, vedada a recondução.

  Gabarito: o item está errado.

- *(UFG – Defensor Público – GO/2014) Tendo em vista o que dispõe a Lei Complementar Federal n. 80/1994, a Corregedoria-Geral da Defensoria Pública do Estado*

  A) é exercida pelo Ouvidor-Geral, escolhido pelo Conselho Superior, entre cidadãos de reputação ilibada, não integrante da carreira, indicados em lista tríplice formada pela sociedade civil, para mandato de dois anos, permitida uma recondução.

  B) é órgão auxiliar da Defensoria Pública do Estado, de promoção da qualidade dos serviços prestados pela instituição.

  C) é exercida pelo Subdefensor Público-Geral, que poderá ser destituído desse cargo por proposta do Defensor Público-Geral, pelo voto de dois terços dos membros do Conselho Superior, antes do término do mandato.

  D) é exercida pelo Defensor Público-Geral, nomeado pelo Governador do Estado, dentre membros estáveis da carreira e maiores de trinta e cinco anos, escolhidos em lista tríplice formada pelo voto direto, secreto, plurinominal e obrigatório de seus membros.

  E) é órgão de fiscalização da atividade funcional e da conduta dos membros e dos servidores dessa instituição.

  Gabarito: letra E.

2. **Atribuições da Corregedoria-Geral:** o artigo 105 elenca as atribuições da Corregedoria-Geral do Estado. Através da LC nº 132/2009, foram acrescentados os incisos IX a XII ao dispositivo. Vale destacar o inciso IX, que prevê a possibilidade de a Corregedoria-Geral baixar normas para aperfeiçoar e regular as atividades da Defensoria, desde que não violem a independência funcional de seus membros. Além disso, a Corregedoria também é responsável por catalogar dados estatísticos da atuação dos defensores públicos para fins de aferição de merecimento.

SEÇÃO III-A
DA OUVIDORIA-GERAL DA
DEFENSORIA PÚBLICA DO ESTADO

(Incluído pela Lei Complementar nº 132, de 2009).

Art. 105-A. A **Ouvidoria-Geral** é órgão auxiliar da Defensoria Pública do Estado, de **promoção da qualidade dos serviços** prestados pela Instituição. (Incluído pela Lei Complementar nº 132, de 2009).

Parágrafo único. A Ouvidoria-Geral contará com servidores da Defensoria Pública do Estado e com a estrutura definida pelo Conselho Superior após proposta do Ouvidor-Geral. (Incluído pela Lei Complementar nº 132, de 2009).

Art. 105-B. O **Ouvidor-Geral** será **escolhido pelo Conselho Superior**, dentre cidadãos de reputação ilibada, **não integrante da Carreira**, indicados em lista tríplice formada pela sociedade civil, para mandato de 2 (dois) anos, permitida 1 (uma) recondução. (Incluído pela Lei Complementar nº 132, de 2009).

§ 1º O Conselho Superior editará normas regulamentando a forma de elaboração da lista tríplice. (Incluído pela Lei Complementar nº 132, de 2009).

§ 2º O Ouvidor-Geral será nomeado pelo Defensor Público-Geral do Estado. (Incluído pela Lei Complementar nº 132, de 2009).

IV – **participar, com direito a voz, do Conselho Superior** da Defensoria Pública do Estado; (Incluído pela Lei Complementar nº 132, de 2009).

V – promover atividades de intercâmbio com a sociedade civil; (Incluído pela Lei Complementar nº 132, de 2009).

> VI – estabelecer meios de comunicação direta entre a Defensoria Pública e a sociedade, para receber sugestões e reclamações, adotando as providências pertinentes e informando o resultado aos interessados; (Incluído pela Lei Complementar nº 132, de 2009).
>
> VII – contribuir para a disseminação das formas de participação popular no acompanhamento e na fiscalização da prestação dos serviços realizados pela Defensoria Pública; (Incluído pela Lei Complementar nº 132, de 2009).
>
> VIII – manter contato permanente com os vários órgãos da Defensoria Pública do Estado, estimulando-os a atuar em permanente sintonia com os direitos dos usuários; (Incluído pela Lei Complementar nº 132, de 2009).
>
> IX – **coordenar a realização de pesquisas periódicas** e produzir estatísticas referentes ao índice de satisfação dos usuários, divulgando os resultados. (Incluído pela Lei Complementar nº 132, de 2009).
>
> **Parágrafo único.** As representações podem ser apresentadas por qualquer pessoa, inclusive pelos próprios membros e servidores da Defensoria Pública do Estado, entidade ou órgão público. (Incluído pela Lei Complementar nº 132, de 2009).

1. **Ouvidoria-Geral da Defensoria Pública:** a LC nº 132/2009 insere na Lei Orgânica da Defensoria Pública, como órgão das Instituições Estaduais, a Ouvidoria-Geral, cuja missão é aprimorar a qualidade dos serviços prestados. Alguns Estados já haviam instalado esse órgão, mas, a partir da vigência da LC nº 132/2009, todas as Defensorias têm o dever de criar suas Ouvidorias. Não cabe ao Estado decidir sobre a existência ou não de Ouvidoria, cabendo ao ente somente esmiuçar a norma federal. De acordo com Diogo Esteves e Franklyn Roger, *"devem os Estados-membros tão somente complementar as normas editadas pela União, respeitando os aspectos legais genéricos traçados pela ordem central. Assim, se a norma geral prevê a Ouvidoria-Geral como órgão auxiliar da Defensoria Pública do Estado, não pode a norma estadual banir o referido órgão e ignorar a orientação expedida pela ordem central da Federação. Repita-se: a competência dos Estados-membros caracteriza-se como suplementar, razão pela qual não pode o legislativo estadual violar ou desvirtuar os parâmetros gerais estabelecidos pela norma editada pela União."*[30].

   O primeiro passo é escolher o Ouvidor-Geral, que não será integrante da carreira, indicado a partir de lista tríplice formada pela sociedade civil den-

30 ESTEVES, Diogo. ROGER, Franklyn. Op. cit., p. 120.

tre pessoas de reputação ilibada. O Ouvidor-Geral será escolhido, dentre os componentes da lista tríplice, pelo Conselho Superior e nomeado para o cargo pelo Defensor Público-Geral. O cargo demanda dedicação exclusiva do escolhido e será exercido por 2 anos, permitida uma recondução.

2. **Atribuições da Ouvidoria-Geral da Defensoria Pública:** o artigo 105-C elenca as atribuições da Ouvidoria-Geral, com destaque para as seguintes:
   - recebimento e encaminhamento à Corregedoria-Geral de representações contra defensores públicos e servidores, sendo garantida defesa preliminar do acusado;
   - propositura de medidas de consecução dos princípios institucionais e aperfeiçoamento dos serviços;
   - participação com direito a voz no Conselho Superior;
   - realizar a promoção da Defensoria Pública junto à sociedade civil, através de (i) atividades de intercâmbio, (ii) disseminação de formas de participação popular na fiscalização dos serviços prestados, (iii) estímulo de engajamento dos órgãos da Instituição para sintonia entre os serviços prestados e os direitos dos usuários, e (iv) realização de pesquisas de satisfação.

Aplicação em concurso

- **(FCC – Defensor Público – DPE – AM/2018 – Reaplicação)** *Segundo a Lei Complementar nº 80/1994, a Ouvidoria Geral da Defensoria Pública do Estado é órgão*

  A) complementar, dentro da estrutura da Subdefensoria Pública-Geral.

  B) da administração superior.

  C) de atuação junto aos movimentos sociais.

  D) de execução.

  E) auxiliar.

  Gabarito: letra E.

- **(Cespe – Defensor Público – DPE – PE/2018)** *A Lei Complementar n.° 80/1994 considera órgão auxiliar de promoção da qualidade dos serviços prestados pelas defensorias públicas estaduais*

  A) a Corregedoria Pública-Geral.

  B) a Ouvidoria-Geral.

  C) o Conselho Superior.

D) os núcleos da Defensoria Pública.

E) a Subdefensoria Pública-Geral.

Gabarito: letra B.

- *(DP/AC – 2012 – Cespe) Considerando o que dispõe a Lei Complementar nº 80/1994 sobre os objetivos, as garantias e funções da DP e sobre a ouvidoria-geral da DP, assinale a opção correta.*

A) A ouvidoria-geral é órgão de administração superior da DPE.

B) À ouvidoria-geral compete participar, com direito a voz, do Conselho Superior da DPE.

C) Inclui-se entre os objetivos da DP a orientação jurídica dos necessitados, prestada em todos os graus.

D) Aos membros da DP é garantido sentar-se no mesmo plano dos magistrados.

E) O instrumento de transação referendado por um DP vale como título executivo judicial.

Gabarito: letra B.

- *(DP/PR – 2012 – FCC) A aproximação da sociedade com o sistema de justiça e a participação social, no âmbito da Defensoria Pública do Estado do Paraná, ocorrem*

A) através de seu orçamento participativo, cuja elaboração deve ser precedida de audiências públicas com a sociedade civil.

B) por intermédio da Ouvidoria-Geral da Defensoria Pública, integrada por Ouvidor-Geral que não pode ser membro da carreira, mas que deve possuir formação jurídica.

C) por intermédio das reclamações feitas pelos usuários do serviço à Ouvidoria-Geral, que pode arquivá-las ou encaminhá-las, se o caso, ao Defensor Público-Geral.

D) através das eleições para formação da lista tríplice para o cargo de Ouvidor-Geral, feitas por intermédio das associações de bairro e conselhos da comunidade.

E) por intermédio da Ouvidoria-Geral, que deve, entre outras funções, promover atividades de intercâmbio com a sociedade civil e de acompanhamento do serviço prestado.

Gabarito: letra E.

SEÇÃO IV
DA DEFENSORIA PÚBLICA DO ESTADO

Art. 106. A Defensoria Pública do Estado prestará assistência jurídica aos necessitados, em todos os graus de jurisdição e instâncias administrativas do Estado.

Parágrafo único. À Defensoria Pública do Estado caberá interpor recursos aos Tribunais Superiores, quando cabíveis.

Art. 106-A. A organização da Defensoria Pública do Estado deve primar pela descentralização, e sua atuação deve incluir atendimento interdisciplinar, bem como a tutela dos interesses individuais, difusos, coletivos e individuais homogêneos. (Incluído pela Lei Complementar nº 132, de 2009).

1. **Prestação de assistência jurídica – abrangência:** conforme amplamente frisado, a Constituição da República garante ao hipossuficiente a prestação de assistência jurídica (art. 5º, inciso LXXIV), conceito este mais abrangente do que o de assistência judiciária. O *caput* do art. 106 procura explicitar esse entendimento ao declarar que a Defensoria Pública do Estado atuará em todos os graus de jurisdição e também instâncias administrativas.

Aplicação em concurso

- *(DP/SE – 2005 – Cespe) A atribuição dos defensores públicos não se estende à defesa dos necessitados em processos administrativos.*
  Gabarito: o item está errado.

2. **Recurso aos Tribunais Superiores:** a Defensoria Pública do Estado presta a assistência jurídica ao necessitado em âmbito estadual, desde a propositura da demanda junto ao Juízo de primeiro grau – ou sua defesa, quando no polo passivo – até a interposição de recursos ao Tribunal de Justiça e aos Tribunais Superiores. O parágrafo único do artigo 106 deixa claro que é atribuição da Defensoria Pública estadual a interposição de recursos aos Tribunais Superiores. E não poderia ser diferente, pois os Recursos Especial e Extraordinário são interpostos junto ao Tribunal de Justiça do Estado, onde, em regra, a normativa local confere atuação aos defensores públicos mais graduados na carreira.

   O acompanhamento dos recursos em Brasília compete à Defensoria Pública da União, caso não haja representação da Defensoria estadual ou essa não tenha aderido ao portal de intimações eletrônicas. Sobre o assunto, remetemos o leitor aos comentários que fizemos ao artigo 14, § 3º da Lei.

Aplicação em concurso

- *(DP/RN – 2006) A Lei Complementar 80/94 estabelece as normas gerais para a organização das Defensorias Públicas nos Estados, sendo correto afirmar que quando cabíveis recursos ao Supremo Tribunal Federal e Superior Tribunal de Justiça, deverão os Defensores Públicos da União interpor os respectivos recursos de decisões proferidas em ações da Justiça Estadual, em que inicialmente, participou defensor público do Estado.*
  Gabarito: o item está errado. Obs: atualmente o nome do cargo não é "Defensor Público da União", mas sim Defensor Público Federal.

3. **Descentralização e atendimento interdisciplinar:** o artigo 106-A foi incluído pela LC nº 132/2009 para prever que o atendimento da Defensoria Pública dos Estados deve primar pela descentralização e incluir atendimento interdisciplinar e tutela de direitos coletivos. O dispositivo está consonância com as funções institucionais da Defensoria (art. 4º), em cujo rol estão previstas a tutela coletiva (inciso VII) e a atuação junto a vítimas, através de corpo de atendimento interdisciplinar (inciso XVIII).

SEÇÃO V
DOS NÚCLEOS DA DEFENSORIA PÚBLICA DO ESTADO

Art. 107. A Defensoria Pública do Estado poderá atuar por intermédio de núcleos ou núcleos especializados, dando-se prioridade, de todo modo, às regiões com maiores índices de exclusão social e adensamento populacional. (Redação dada pela Lei Complementar nº 132, de 2009).

SEÇÃO VI
DOS DEFENSORES PÚBLICOS DOS ESTADOS

Art. 108. Aos membros da Defensoria Pública do Estado incumbe, sem prejuízo de outras atribuições estabelecidas pelas Constituições Federal e Estadual, pela Lei Orgânica e por demais diplomas legais, a **orientação jurídica e a defesa dos seus assistidos**, no âmbito judicial, extrajudicial e administrativo. (Redação dada pela Lei Complementar nº 132, de 2009).

Parágrafo único. São, ainda, **atribuições** dos Defensores Públicos Estaduais: (Incluído pela Lei Complementar nº 132, de 2009).

I – **atender às partes** e aos interessados; (Incluído pela Lei Complementar nº 132, de 2009).

II – **participar**, com direito a voz e voto, dos **Conselhos Penitenciários**; (Incluído pela Lei Complementar nº 132, de 2009).

III – certificar a autenticidade de cópias de documentos necessários à instrução de processo administrativo ou judicial, à vista da apresentação dos originais; (Incluído pela Lei Complementar nº 132, de 2009).

IV – **atuar nos estabelecimentos prisionais, policiais, de internação** e naqueles reservados a adolescentes, visando ao atendimento jurídico permanente dos presos provisórios, sentenciados, internados e adolescentes, competindo à administração estadual reservar instalações seguras e adequadas aos seus trabalhos, franquear acesso a todas as dependências do estabelecimento independentemente de prévio agendamento, fornecer apoio administrativo, prestar todas as informações solicitadas e assegurar o acesso à documentação dos assistidos, aos quais não poderá, sob fundamento algum, negar o direito de entrevista com os membros da Defensoria Pública do Estado. (Incluído pela Lei Complementar nº 132, de 2009).

SEÇÃO VII
DOS ÓRGÃOS AUXILIARES

Art. 109. Cabe à lei estadual disciplinar os órgãos e serviços auxiliares de apoio administrativo, organizando-o em quadro próprio, com cargos que atendam às peculiaridades e às necessidades da administração e das atividades funcionais da Instituição.

1. **Órgãos auxiliares:** o artigo 109 traça uma diretriz a ser seguida pelas legislações estaduais. Não seria mesmo adequado que uma lei nacional estabelecesse uma forma de divisão administrativa a ser seguida por todos os estados da federação quando da implantação de suas Defensorias Públicas. Cada estado tem peculiaridades próprias, diferenças econômicas sensíveis, modos de organização administrativa diversos – razão por que a lei estadual é a que melhor tem condições de organizar a Instituição e a forma de prestação do serviço.

Aplicação em concurso

- *(DP/MG – 2006 – Fundep) Quanto à organização e à estrutura da Defensoria Pública do Estado, assinale a afirmativa INCORRETA.*

D) Os órgãos e serviços auxiliares de apoio administrativo serão disciplinados por lei estadual.

Gabarito: o item está certo.

CAPÍTULO II
DA CARREIRA

Art. 110. A Defensoria Pública do Estado é integrada pela carreira de Defensor Público do Estado, composta das categorias de cargos efetivos necessárias ao cumprimento das suas funções institucionais, na forma a ser estabelecida na legislação estadual.

Art. 111. O Defensor Público do Estado atuará, na forma do que dispuser a legislação estadual, junto a todos os Juízos de 1° grau de jurisdição, núcleos, órgãos judiciários de 2° grau de jurisdição, instâncias administrativas e Tribunais Superiores (art. 22, parágrafo único).

SEÇÃO I
DO INGRESSO NA CARREIRA

Art. 112. O ingresso nos cargos iniciais da carreira far-se-á mediante **aprovação prévia em concurso público** de provas e títulos, com a participação da Ordem dos Advogados do Brasil.

§ 1° Do regulamento do concurso constarão os programas das disciplinas sobre as quais versarão as provas, bem como outras disposições pertinentes à sua organização e realização.

§ 2° O edital de abertura de inscrições no concurso indicará, obrigatoriamente, o número de cargos vagos na categoria inicial da carreira.

Art. 112-A. Aos aprovados no concurso deverá ser ministrado **curso oficial de preparação** à Carreira, objetivando o treinamento específico para o desempenho das funções técnico-jurídicas e noções de outras disciplinas necessárias à consecução dos princípios institucionais da Defensoria Pública. (Incluído pela Lei Complementar n° 132, de 2009).

1. **Contratação temporária de advogado e exercício da função de Defensor Público – posição do STF:** a Defensoria Pública é uma instituição permanente do Estado, com assento constitucional no art. 134. É dever do Estado-membro e da União organizar e prover os quadros das Defensorias Públicas, o que deve ser feito através de concurso público. A função de defesa jurídica do hipossuficiente não é extraordinária ou excepcional, a possibilitar a contratação temporária de advogados para prestação desse

serviço. Não se pode esquecer do artigo 4º, § 5º da lei em comento que é expressa no sentido de que *"a assistência jurídica integral e gratuita custeada ou fornecida pelo Estado será exercida pela Defensoria Pública."*

Acerca do tema, o Supremo Tribunal Federal teve oportunidade de se manifestar sobre o assunto ao julgar ação direta contra lei estadual que dispunha sobre a contratação temporária de advogados para exercer a função que compete à Defensoria Pública. A Corte entendeu que é inconstitucional a lei estadual que permite a contratação precária e temporária de agentes públicos para o exercício da função de assistência jurídica do hipossuficiente.

> Informativo nº 524
>
> Contratação Temporária de Advogado e Exercício da Função de Defensor Público
>
> ADI – 3700
>
> Por vislumbrar ofensa ao princípio do concurso público (CF, art. 37, II), o Tribunal julgou procedente pedido formulado em ação direta ajuizada pelo Conselho Federal da Ordem dos Advogados do Brasil, para declarar a inconstitucionalidade da Lei 8.742/2005, do Estado do Rio Grande do Norte, que dispõe sobre a contratação temporária de advogados para o exercício da função de Defensor Público, no âmbito da Defensoria Pública do referido Estado-membro. Considerou-se que, em razão de desempenhar uma atividade estatal permanente e essencial à jurisdição, a Defensoria Pública não convive com a possibilidade de que seus agentes sejam recrutados em caráter precário. Asseverou-se ser preciso estruturá-la em cargos de provimento efetivo, cargos de carreira, haja vista que esse tipo complexo de estruturação é que garante a independência técnica das Defensorias, a se refletir na boa qualidade da assistência a que têm direito as classes mais necessitadas. Precedente citado: ADI 2229/ES (DJU de 25.6.2004). ADI 3700/RN, rel. Min. Carlos Britto, 15.10.2008. (ADI-3700)

Em mais de uma oportunidade, essa matéria foi objeto de análise pelo Supremo Tribunal Federal:

> Informativo nº 202
>
> Contratação Temporária de Defensores Públicos
>
> ADI – 2229
>
> Deferida medida liminar em ação direta de inconstitucionalidade ajuizada pelo Conselho Federal da Ordem dos Advogados do Brasil contra a Lei 6.094/2000, do Estado do Espírito Santo – que autoriza o Poder Executivo a realizar contratação temporária de Defensores Públicos, em caráter

emergencial – para suspender, até decisão final, com eficácia *ex nunc*, incluída a cessação dos contratos firmados, a eficácia da Lei impugnada. O Tribunal, à primeira vista, considerou relevante a tese sustentada pelo requerente no sentido de que a contratação de defensores públicos, sem concurso público, ofenderia os arts. 37, II, e 134 da CF. ADInMC 2.229-ES, rel. Min. Marco Aurélio, 14.9.2000. (ADI-2229)

Informativo nº 351

Contratação Temporária de Defensores Públicos – 2

ADI – 2229

O Tribunal julgou procedente pedido de ação direta de inconstitucionalidade ajuizada pelo Conselho Federal da Ordem dos Advogados do Brasil contra a Lei 6.094/2000, do Estado do Espírito Santo, que autorizava o Poder Executivo a realizar contratação temporária de Defensores Públicos, em caráter emergencial, de forma a assegurar o cumprimento da Lei Complementar 55/94 – v. Informativo 202. Considerou-se que a Defensoria Pública é instituição permanente que não comporta defensores contratados em caráter precário. Ressaltou-se que a regra para a contratação de servidor público é a admissão por concurso público e que as exceções são para os cargos em comissão, referidos no art. 37, II, da CF, e para a contratação de pessoal por tempo determinado para atender a necessidade temporária de excepcional interesse público, do art. 37, IX, da CF, em relação à qual deverão ser observadas as seguintes condições: a previsão em lei dos cargos, o tempo determinado, a necessidade temporária de interesse público e o interesse público excepcional. Entendeu-se que a norma impugnada ofendia os arts. 37, II e 134, da CF ("Art. 37. A administração pública direta, indireta ou fundacional, de qualquer dos Poderes da União, dos Estados, do Distrito Federal e dos Municípios obedecerá aos princípios de legalidade, impessoalidade, moralidade, publicidade e, também, ao seguinte: ... II – a investidura em cargo ou emprego público depende de aprovação prévia em concurso público de provas ou de provas e títulos, ressalvadas as nomeações para cargo em comissão declarado em lei de livre nomeação e exoneração; ... Art. 134. A Defensoria Pública é instituição essencial à função jurisdicional do Estado, incumbindo-lhe a orientação jurídica e a defesa, em todos os graus, dos necessitados, na forma do art. 5º, LXXIV. Parágrafo único. Lei complementar organizará a Defensoria Pública da União e do Distrito Federal e dos Territórios e prescreverá normas gerais para sua organização nos Estados, em cargos de carreira, providos, na classe inicial, mediante concurso público de provas e títulos, assegurada a seus integrantes a garantia da inamovibilidade e vedado o exercício da advocacia fora das atribuições institucionais." *[redação anterior à EC 80 de 2014]*. ADI 2229/ES, rel. Min. Carlos Velloso, 9.6.2004. (ADI-2229)

SEÇÃO II
DA NOMEAÇÃO E DA ESCOLHA DAS VAGAS

Art. 113. O candidato aprovado no concurso público para ingresso na carreira da Defensoria Pública do Estado será nomeado pelo Governador do Estado para cargo inicial da carreira, respeitada a ordem de classificação e o número de vagas existentes.

Art. 114. O candidato aprovado poderá renunciar à nomeação correspondente à sua classificação, antecipadamente ou até o termo final do prazo de posse, caso em que, optando o renunciante, será deslocado para o último lugar da lista de classificados.

SEÇÃO III
DA PROMOÇÃO

Art. 115. A promoção consiste no acesso imediato dos membros efetivos da Defensoria Pública do Estado de uma categoria para outra da carreira.

Art. 116. As promoções serão efetivadas por ato do Defensor Público-Geral do Estado, obedecidos, alternadamente, os critérios de antiguidade e merecimento.

§ 1º É facultada a recusa à promoção, sem prejuízo do critério do preenchimento da vaga recusada.

§ 2º A antiguidade será apurada na categoria e determinada pelo tempo de efetivo exercício na mesma.

§ 3º A promoção por merecimento dependerá de lista tríplice para cada vaga, elaborada pelo Conselho Superior, em sessão secreta, com ocupantes do primeiro terço da lista de antiguidade.

§ 4º Os membros da Defensoria Pública do Estado somente poderão ser promovidos após dois anos de efetivo exercício na categoria, dispensado o interstício se não houver quem preencha tal requisito, ou se quem o preencher recusar a promoção.

§ 5º É obrigatória a promoção do Defensor Público que figurar por três vezes consecutivas ou cinco alternadas em lista de merecimento, ressalvada a hipótese do art. 117, § 2º.

Art. 117. O Conselho Superior fixará os critérios de ordem objetiva para a aferição de merecimento dos membros da Instituição, considerando-se, entre outros, a eficiência e a presteza demonstradas no desempenho da função e a aprovação em cursos de aperfeiçoamento, de natureza jurídica, promovidos pela Instituição, ou por estabelecimentos de ensino superior, oficialmente reconhecidos.

§ 1º Os cursos de aperfeiçoamento de que trata este artigo compreenderão, necessariamente, as seguintes atividades:

a) apresentação de trabalho escrito sobre assunto de relevância jurídica;

b) defesa oral do trabalho que tenha sido aceito por banca examinadora.

§ 2º A lei estadual estabelecerá os prazos durante os quais estará impedido de concorrer à promoção por merecimento o membro da Instituição que tiver sofrido imposição de penalidade em processo administrativo disciplinar.

1. **Ingresso na carreira – necessidade de concurso público:** o art. 112 estabelece que o ingresso na Defensoria Pública se dá através de concurso público de provas e títulos. Na Constituição da República, a matéria também foi tratada, conforme se verifica do art. 134, § 1º: "Lei Complementar organizará a Defensoria Pública da União e do Distrito Federal e dos Territórios e prescreverá normas gerais para sua organização nos Estados, em cargos de carreira, providos, na classe inicial, mediante concurso público de provas e títulos, assegurada a seus integrantes a garantia da inamovibilidade e vedado o exercício da advocacia fora das atribuições."

Aplicação em concurso

- *(DP/MG – 2004 – Fundep) Entre as normas da Constituição Federal sobre a Defensoria Pública, NÃO se inclui:*

  C) Dá-se o ingresso na carreira, na classe inicial, mediante aprovação em concurso de provas e títulos.

  Gabarito: o item está certo, por isso não deveria ser marcado.

2. **Promoção por merecimento:** o § 3º do artigo 116 determina que a promoção por merecimento se dá através da elaboração de lista tríplice, elaborada pelo Conselho Superior, em sessão secreta, dentre ocupantes do primeiro terço da lista de antiguidade.

   Importante ressaltar que a promoção é uma faculdade do Defensor. Por isso, o artigo 116, § 1º da LC 80 diz que é facultada a recusa à promoção.

Aplicação em concurso

-
- *(DP/AL – 2009 – Cespe) As promoções na carreira de DP do estado são efetivadas por ato do DPG do estado, obedecidos, alternadamente, os critérios de antiguidade e merecimento, sendo defesa recusa à promoção por antiguidade.*

  Gabarito: o item está errado.

-
- *(DP/RN – 2006) A Lei Complementar 80/94 estabelece as normas gerais para a organização das Defensorias Públicas nos Estados, sendo correto afirmar que a promoção por merecimento dependerá de lista tríplice para cada vaga, elaborada pelo Conselho Superior, em sessão aberta, com ocupantes do primeiro terço da lista de antiguidade.*

  Gabarito: o item está errado. Obs: o erro da assertiva está no trecho "sessão aberta" – a lei diz que a sessão é secreta.

CAPÍTULO III
DA INAMOVIBILIDADE E DA REMOÇÃO

Art. 118. Os membros da Defensoria Pública do Estado são **inamovíveis**, **salvo** se apenados com **remoção compulsória**, na forma da lei estadual.

Art. 119. A **remoção** será feita a **pedido ou** por **permuta**, sempre entre membros da mesma categoria da carreira.

Art. 120. A **remoção compulsória** somente será aplicada com **prévio parecer do Conselho Superior**, assegurada ampla defesa em processo administrativo disciplinar.

1. **Inamovibilidade:** é a garantia de que o defensor público pode exercer suas funções com isenção. As exceções são a remoção compulsória, o pedido e a permuta. Conforme estabelece o artigo 118, compete à Lei estadual estabelecer as faltas que importem em remoção compulsória.

   A pena de remoção compulsória depende de parecer prévio do Conselho Superior, assegurada a ampla defesa no processo administrativo disciplinar (art. 120).

Aplicação em concurso

- *(DP/CE – 2007/2008 – Cespe) Aos defensores públicos é assegurada a garantia da inamovibilidade.*

  Gabarito: o item está certo.

- *(DP/AL – 2009 – Cespe) Caso um DP do estado do Alagoas esteja respondendo a processo administrativo disciplinar, para se aplicar a pena de remoção compulsória, será necessário prévio parecer do Conselho Superior.*

  Gabarito: o item está certo.

Art. 121. A remoção a pedido far-se-á mediante requerimento ao Defensor Público-Geral, nos quinze dias seguintes à publicação, no Diário Oficial, do aviso de existência de vaga.

Parágrafo único. Findo o prazo fixado neste artigo e, havendo mais de um candidato à remoção, será removido o mais antigo na categoria e, ocorrendo empate, sucessivamente, o mais antigo na carreira, no serviço público do Estado, no serviço público em geral, o mais idoso e o mais bem classificado no concurso para ingresso na Defensoria Pública.

Art. 122. A remoção precederá o preenchimento da vaga por merecimento.

Art. 123. Quando por permuta, a remoção será concedida mediante requerimento dos interessados, respeitada a antiguidade dos demais, na forma da lei estadual. (Redação dada pela Lei Complementar nº 132, de 2009).

Parágrafo único. O Defensor Público-Geral dará ampla divulgação aos pedidos de permuta. (Incluído pela Lei Complementar nº 132, de 2009).

CAPÍTULO IV DOS DIREITOS, DAS GARANTIAS E DAS PRERROGATIVAS DOS MEMBROS DA DEFENSORIA PÚBLICA DOS ESTADOS

SEÇÃO I DA REMUNERAÇÃO

Art. 124. À lei estadual cabe fixar a remuneração dos cargos da carreira do respectivo Estado, observado o disposto no art. 135 da Constituição Federal.

§ 1º (VETADO)

§ 2º Os membros das Defensorias Públicas dos Estados têm os direitos assegurados pela legislação da respectiva unidade da Federação e nesta Lei Complementar. (Redação dada pela LCP nº 98, de 3.12.1999)

I – (Inciso revogado pela LCP nº 98, de 3.12.1999)

II – (VETADO)

III – (Inciso revogado pela LCP nº 98, de 3.12.1999)

IV – (Inciso revogado pela LCP nº 98, de 3.12.1999)

V – (Inciso revogado pela LCP nº 98, de 3.12.1999)

VI – (Inciso revogado pela LCP nº 98, de 3.12.1999)

VII – (VETADO)

VIII – (Inciso revogado pela LCP nº 98, de 3.12.1999)

SEÇÃO II
DAS FÉRIAS E DO AFASTAMENTO

Art. 125. As férias dos membros da Defensoria Pública do Estado serão concedidas de acordo com a lei estadual.

Art. 126. O afastamento para estudo ou missão, no interesse da Defensoria Pública do Estado, será autorizado pelo Defensor Público-Geral.

§ 1º O afastamento de que trata este artigo somente será concedido pelo Defensor Público-Geral, após estágio probatório e pelo prazo máximo de dois anos.

§ 2º Quando o interesse público o exigir, o afastamento poderá ser interrompido a juízo do Defensor Público-Geral.

1. **Afastamento para estudo ou missão:** é possível ao defensor público afastar-se de suas funções para fins de estudo ou missão (art. 126). O afastamento depende de autorização do Defensor Público-Geral e somente é permitido após o estágio probatório. A duração máxima do afastamento é de 2 anos e pode ser interrompido em razão da necessidade do interesse público.

Aplicação em concurso

- *(FCC – Defensor Público – DPE – SC/2017) A Lei Complementar Federal nº 132/2009 alterou alguns dispositivos da Lei Complementar Federal nº 80/1994. Dentre elas, identifica-se a alteração:*

(A) no exercício da advocacia, quando, então, passou a ser vedado.

(B) na oitiva do membro na condição de testemunha, quando passou a se prever a prerrogativa de ajustar previamente com a autoridade competente dia, hora e local para o ato.

(C) nos pedidos de remoção por permuta, quando passou a ser exigido o respeito à antiguidade dos demais membros e a ampla divulgação de tais pedidos.

(D) na promoção dos membros da carreira, incluindo-se a possibilidade de ascensão pelo merecimento.

(E) no afastamento para estudo ou missão, quando este passou a ser autorizado pelo Defensor Público-Geral e não mais pelo Conselho Superior da instituição.

Gabarito: letra C.

- *(DP/RN – 2006) A Lei Complementar 80/94 estabelece as normas gerais para a organização das Defensorias Públicas nos Estados, sendo correto afirmar que o afastamento para estudo ou missão poderá ser obtido ainda antes do decurso do estágio probatório e pelo prazo máximo de dois anos.*

  Gabarito: o item está errado.

Art. 126-A. É assegurado o **direito de afastamento** para exercício de **mandato em entidade de classe** de âmbito estadual ou nacional, de maior representatividade, sem prejuízo dos vencimentos, vantagens ou qualquer direito inerente ao cargo. (Incluído pela Lei Complementar nº 132, de 2009).

§ 1º O afastamento será concedido ao presidente da entidade de classe e terá duração igual à do mandato, devendo ser prorrogado no caso de reeleição. (Incluído pela Lei Complementar nº 132, de 2009).

§ 2º O afastamento para exercício de mandato será contado como tempo de serviço para todos os efeitos legais. (Incluído pela Lei Complementar nº 132, de 2009).

§ 3º Lei estadual poderá estender o afastamento a outros membros da diretoria eleita da entidade. (Incluído pela Lei Complementar nº 132, de 2009).

SEÇÃO III
DAS GARANTIAS E DAS PRERROGATIVAS

Art. 127. São **garantias** dos membros da Defensoria Pública do Estado, sem prejuízo de outras que a lei estadual estabelecer:

I – a **independência funcional** no desempenho de suas atribuições;

1. **Independência funcional:** remetemos o leitor aos comentários que fizemos ao artigo 3º, item 1.4, onde esmiuçamos o tema.

II – a **inamovibilidade**;

1. **Inamovibilidade: Remete-se o leitor aos comentários que fizemos ao artigo 43, II desta lei.**

Aplicação em concurso

- *(DP/ES – 2009 – Cespe) A garantia assegurada constitucionalmente da inamovibilidade do defensor público não só tutela afastamento da comarca ou seção jurisdicional onde exerce suas funções, como veda a remoção de um órgão ou ofício para outro, dentro da mesma comarca ou seção judiciária, e o afastamento indevido das funções institucionais.*
  Gabarito: o item está certo.

> III – a **irredutibilidade de vencimentos;**

1. **Irredutibilidade de subsídio:** o dispositivo da Lei Complementar se refere a vencimentos, mas atualmente a forma de remuneração da Defensoria Pública se dá através de subsídio, nos termos dos artigos 135 e 39, § 4º da Constituição da República. Remete-se o leitor aos comentários que fizemos ao artigo 43, III desta lei.

> IV – a **estabilidade**.

1. **Estabilidade:** essa garantia tem previsão na Constituição da República, que estabelece no artigo 41 o seguinte: "São estáveis após três anos de efetivo exercício os servidores nomeados para cargo de provimento efetivo em virtude de concurso público."

   O defensor público estável não pode ser demitido do serviço público, exceto nas hipóteses estabelecidas no parágrafo primeiro do art. 41 da Constituição, a saber: (i) sentença judicial transitada em julgado; (ii) processo administrativo com a garantia da ampla defesa; (iii) procedimento de avaliação periódica de desempenho, estabelecido em Lei Complementar, (iv) excesso de gasto orçamentário com despesa de pessoal.

Aplicação em concurso

- *(DP/ES – 2009 – Cespe) Após três anos de efetivo exercício, é assegurada a estabilidade aos defensores públicos do estado, que somente perderão o cargo em virtude de sentença judicial transitada em julgado, mediante processo administrativo em que lhes seja assegurada ampla defesa, por ato do defensor público geral do estado, ou em virtude da reprovação no procedimento de avaliação periódica de desempenho, na forma de lei complementar, facultados, igualmente, a ampla defesa e o contraditório.*

Gabarito: o item está errado.

2. **Estabilidade X Vitaliciedade:** não se podem confundir as duas garantias. A estabilidade é conferida ao servidor público estatutário, após três anos de efetivo exercício, que não pode perder o cargo senão através de sentença judicial transitada em julgado, processo administrativo com ampla defesa, procedimento de avaliação periódica de desempenho e excesso de gasto orçamentário com despesa de pessoal. A vitaliciedade é reservada na Constituição da República aos membros da magistratura (art. 95, I), do Ministério Público (art. 128, § 5º, I, "a") e do Tribunal de Contas (art. 73, § 3º). Para os que gozam de vitaliciedade, adquirida após dois anos de exercício, a perda do cargo só pode decorrer de sentença judicial transitada em julgado.

   Os defensores públicos gozam da garantia da estabilidade, e não de vitaliciedade.

	Estabilidade	**Vitaliciedade**
Quem possui	Servidor público, inclusive membros da Defensoria Pública	Membros da magistratura, do Ministério Público e do Tribunal de Contas
Forma de aquisição	3 anos de efetivo exercício	2 anos de exercício
Conteúdo	Perda do cargo em decorrência de sentença judicial transitada em julgado, processo administrativo, avaliação de desempenho ou excesso de gasto orçamentário com despesa de pessoal	Perda do cargo somente em razão de sentença judicial transitada em julgado.

Aplicação em concurso

- *(DP/MS – 2008 – Vunesp) No que se refere à garantia do Defensor Público, é correto afirmar que:*

  A) após três anos de efetivo exercício, será considerado estável na carreira e somente poderá ser demitido por sentença judicial transitada em julgado.

  Gabarito: o item está errado.

- *(DP/PR – 2014 – UFPR) Considerando as prerrogativas e garantias conferidas à Defensoria Pública, e reconhecidas pela jurisprudência dos Tribunais Superiores, assinale a alternativa correta.*

  E) São garantias dos membros da Defensoria Pública do Estado, sem prejuízo de outras que a lei estadual estabelecer, a independência funcional no desempenho de suas atribuições, a indivisibilidade, a irredutibilidade de vencimentos e a estabilidade.

  Gabarito: o item está errado.

> Art. 128. São **prerrogativas** dos membros da Defensoria Pública do Estado, dentre outras que a lei local estabelecer:
>
> I – receber, inclusive quando necessário, **mediante entrega dos autos com vista, intimação pessoal** em qualquer processo e grau de jurisdição ou instância administrativa, contando-se-lhes **em dobro todos os prazos**; (Redação dada pela Lei Complementar nº 132, de 2009).

1. **Intimação pessoal com vista dos autos:** como já destacado anteriormente nos comentários ao artigo 4º, inciso V, a LC nº 132/2009 alterou a prerrogativa do defensor público referente à intimação pessoal. Pelo novo regime, ao defensor público é garantida a intimação pessoal, mediante entrega dos autos, quando necessário. Fizemos comentários sobre o assunto quando abordamos o artigo 44, I e 89, I, desta lei, ao qual remetemos o leitor.

   Trata-se de prerrogativa extremamente importante para o bom desempenho das funções de defensor público. O primeiro destaque a ser feito acerca do tema é sua inaplicabilidade ao advogado particular que patrocina causa com o benefício da justiça gratuita . A intimação pessoal com vista de autos, assim como a contagem em dobro de prazos processuais, é prerrogativa da Defensoria Pública, pertinente ao cargo. O advogado particular, ainda que atue em processo de justiça gratuita, é intimado pelas vias ordinárias (em regra, diário oficial), e seus prazos são simples – ressalvados os litisconsortes com diferentes procuradores caso os advogados sejam de escritórios distintos e os autos não sejam eletrônicos. Esse é o regramento do CPC de 2015 (art. 229 e seu § 2º).

   Importante mencionar que o CPC de 2015 traz expressamente a contagem dos prazos em dobro para as faculdades de direito reconhecidas na forma da lei e entidades que prestam assistência jurídica gratuita em razão de convênios firmados com a Defensoria Pública (artigo 186, § 3º).

No âmbito criminal, a intimação pessoal atende principalmente o princípio da isonomia, na medida em que o Ministério Público também goza de tal prerrogativa.

Além disso, a intimação pessoal decorre de uma necessidade inafastável verificada na prática, no cotidiano forense. É que o corpo de defensores Federais, do Distrito Federal e dos Estados é insuficiente para atender à enorme demanda dos hipossuficientes. Fatalmente haveria perda de prazos, em prejuízo dos assistidos, se o defensor público fosse intimado meramente através do Diário Oficial. Assim, antes de caracterizar como um privilégio ou uma regalia, a intimação pessoal deve ser encarada como uma prerrogativa que materializa o Acesso à Justiça, cuja inobservância acarreta a nulidade dos atos processuais subsequentes.

Aplicação em concurso

- *(DP/MG – 2006 – Fundep) Analise as seguintes afirmativas em relação ao Defensor Público, no exercício da prestação de assistência judicial, integral e gratuita aos necessitados.*

  IV – A contagem diferenciada dos prazos processuais aplicáveis aos Defensores Públicos estende-se ao advogado particular de beneficiário da Justiça Gratuita.

  Gabarito: o item está errado.

- *(DP/PR – 2014 – UFPR) Assinale a alternativa correta.*

  C) Nas comarcas em que não há Defensoria Pública devidamente instalada, o advogado dativo nomeado pelo Poder Judiciário gozará de prazo em dobro para se manifestar nos autos.

- *Gabarito: o item está errado.*

1.1. Validade da prerrogativa do defensor público estadual no STJ – posição do STF: a prerrogativa da intimação pessoal, conforme expressamente consta da redação do inciso I do artigo 128, alcança "qualquer processo e grau de jurisdição". Por isso, o defensor público estadual tem direito de ser intimado dos atos processuais praticados também no âmbito do Superior Tribunal de Justiça.

Esse é o entendimento consolidado e recorrentemente manifestado pelo Supremo Tribunal Federal acerca do tema. Dentre muitos, confira-se: HC 81.958-RJ, rel. Min. Maurício Corrêa, 6.8.2002.

1.2. Intimação pessoal em julgamento de recurso adiado – desnecessidade – posição do STJ: o Superior Tribunal de Justiça relativiza a prerrogativa da intimação pessoal do defensor público no caso em que a sessão de julgamento do recurso foi adiada para a sessão subsequente. Confira-se:

> 2. Esta Corte de Justiça firmou entendimento no sentido de ser prescindível nova intimação da Defensoria Pública no caso de adiamento do julgamento de recurso para sessão subsequente.
>
> 3. Inexiste irregularidade a ser sanada decorrente da falta de intimação do defensor quando verificado que a Defensoria Pública foi intimada pessoalmente da pauta da sessão de julgamento e esta foi adiada, principalmente por constar, do mandado, que, em caso de sobra ou adiamento, por qualquer motivo, o feito seria incluído na pauta da sessão seguinte.
>
> 4. *Habeas Corpus* não conhecido.
>
> (HC 203.002/SP, Rel. Min. Nefi Cordeiro, 6ª Turma, julgado em 06/11/2014, DJe 24/11/2014)

2. Contagem em dobro de prazos processuais: é prerrogativa dos defensores públicos, cujo objetivo é possibilitar o amplo Acesso à Justiça do hipossuficiente. Atende o princípio da isonomia, na medida em que trata desiguais, o hipossuficiente amparado pela Defensoria Pública e a pessoa física ou jurídica patrocinada por advogado particular, com certo grau de desigualdade. Para o necessitado, amparado pela Defensoria Pública, a contagem em dobro de prazos é uma forma de garantir a boa prestação do serviço jurídico.

2.1. Defensoria Pública X Procuradorias – CPC/1973 e CPC/2015: de acordo com do CPC de 1973**,** não se podia confundir a prerrogativa da Defensoria com a das Procuradorias (federal, autárquica, estadual, distrital e municipal), que patrocinam os entes públicos. Defensoria Pública tem prazo em dobro para qualquer manifestação, ao passo em que as Procuradorias tinham prazo em quádruplo para contestar e em dobro para recorrer (CPC/73, art. 188) – para as demais manifestações, seu prazo era simples.

Com o advento do CPC de 2015 o prazo da Fazenda Pública é dobrado para todas as manifestações processuais, de acordo com o artigo 183 e com a ressalva de inexistência de contagem em dobro quando houver prazo específico estabelecido em lei, conforme § 3º do mesmo dispositivo.

	Prazo	Base legal
Defensoria Pública	Em dobro para prazos processuais.	LC 80/94, art. 128, I CPC de 2015, artigo 186, § 4º estabelece que não haverá prazo em dobro quando a lei fixar expressamente prazo próprio para a Defensoria
Procuradoria	Em quádruplo para contestar, em dobro para recorrer; nas demais, prazo simples. (regramento do CPC/73 - revogado). Pelo CPC de 2015 o prazo é em dobro para todas as manifestações, exceto quando a lei estabelecer prazo próprio de forma expressa.	CPC/73, art. 188 - revogado CPC/2015, art. 183 e § 2º

Aplicação em concurso

- *(DP/MS – 2008 – Vunesp) São prerrogativas do membro da Defensoria Pública, dentre outras que lhe sejam conferidas por lei, ou que forem inerentes ao seu cargo, as seguintes:*

  C) receber intimação pessoal em qualquer processo e grau de jurisdição, pela entrega dos autos com vista, contando-se-lhe em quádruplo todos os prazos.

  Gabarito: o item está errado.

- *(DP/SP – 2009 – FCC) Em relação à intimação do Defensor Público e à contagem dos prazos processuais, é correto afirmar que:*

  A) a intimação deve ser pessoal; os prazos são contados em dobro para contestar e em quádruplo para recorrer.

  C) a intimação deve ser pessoal, até o segundo grau de jurisdição; os prazos são contados em dobro para contestar e em quádruplo para recorrer.

  Gabarito: os itens estão errados.

II – **não ser preso**, **senão** por **ordem judicial** escrita, salvo em **flagrante**, caso em que a autoridade fará **imediata comunicação ao Defensor Público-Geral**;

1. **Hipóteses de prisão:** o inciso II do artigo 128 prevê que o defensor público somente pode ser preso em caso de flagrante ou em decorrência de ordem judicial escrita. Trata-se aqui de uma garantia constitucional, prevista no artigo 5º, inciso LXI da Constituição da República: "LXI – ninguém será preso senão em flagrante delito ou por ordem escrita e fundamentada de autoridade judiciária competente, salvo nos casos de transgressão militar ou crime propriamente militar, definidos em lei". A peculiaridade em relação ao defensor público é que a prisão deve ser imediatamente comunicada ao Defensor Público-Geral.

   O flagrante é válido independentemente de o crime ser afiançável ou inafiançável.

Aplicação em concurso

- *(DP/MS – 2008 – Vunesp) São prerrogativas do membro da Defensoria Pública, dentre outras que lhe sejam conferidas por lei, ou que forem inerentes ao seu cargo, as seguintes:*

  D) não ser preso, senão por ordem judicial escrita, mesmo em caso de flagrante de crime inafiançável.

  Gabarito: o item está errado.

- *(DP/RO – 2012 – FCC) Conforme previsão expressa da Lei Complementar nº 80/1994, constitui prerrogativa de membro da DPE*

  E) ser preso somente por ordem judicial escrita ou em razão de flagrante de crime inafiançável.

  Gabarito: o item está errado.

- *(DP/MS – 2014 – Vunesp) Sobre as garantias e prerrogativas dos membros da Defensoria Pública do Estado de Mato Grosso do Sul, assinale a alternativa correta.*

  C) A prisão ou detenção de membro da Defensoria Pública, em qualquer circunstância, será imediatamente comunicada ao Defensor Público-Geral, sob pena de responsabilidade de quem não a fizer.

  Gabarito: o item está certo.

III – ser recolhido a **prisão especial ou a sala especial de Estado-Maior**, com direito a privacidade e, **após sentença condenatória transitada em julgado**, ser recolhido em **dependência separada**, no estabelecimento em que tiver de ser cumprida a pena;

1. **Prisão especial:** o inciso III do art. 128 estabelece que o defensor público deve ser recolhido em prisão especial ou sala especial de Estado-Maior durante o curso do processo criminal. Caso venha a ser condenado por sentença transitada em julgado, o cumprimento da pena privativa de liberdade deve ocorrer em dependência separada no estabelecimento penal.

   Nesse ponto, o membro da Defensoria Pública goza de um direito mais amplo do que o advogado particular, pois o Estatuto da Advocacia (Lei n. 8.906/94) prevê a prisão especial em sala de Estado-Maior, apenas até o trânsito em julgado da sentença condenatória (art. 7º, inciso V).

Sobre **foro por prerrogativa de função** aos Defensores Públicos remetemos o leitor aos comentários que fizemos ao artigo 97.

Aplicação em concurso

- *(DP/RO – 2012 – FCC) Conforme previsão expressa da Lei Complementar nº 80/1994, constitui prerrogativa de membro da DPE*

  B) ser recolhido, após sentença condenatória transitada em julgado, à prisão especial ou à sala especial de Estado-Maior.

  Gabarito: o item está errado.

- *(DP/PB – 2014 – FCC) Prisão em flagrante delito de Defensor Público do Estado da Paraíba é*

  A) ilegal, porque o Defensor Público possui imunidade, só sendo admitida sua prisão após condenação transitada em julgado.

  B) legal, devendo ocorrer a comunicação imediata do fato ao Defensor Público-Geral e o Defensor Público recolhido à prisão especial.

  C) ilegal, porque a imunidade do Defensor Público cede somente a partir da primeira decisão penal condenatória, prescindindo do trânsito em julgado.

  D) legal nos crimes dolosos contra a vida, porque no Tribunal do Júri a soberania dos vereditos torna a prisão em flagrante válida.

  E) ilegal também nos crimes dolosos contra a vida, porque somente o Tribunal de Justiça pode ordenar prisão de Defensor Público.

  Gabarito: letra B.

> IV – usar vestes talares e as insígnias privativas da Defensoria Pública;
>
> V – (VETADO)
>
> VI – **comunicar-se**, pessoal e reservadamente, **com seus assistidos**, ainda quando estes se acharem presos ou detidos, **mesmo incomunicáveis**, tendo livre ingresso em estabelecimentos policiais, prisionais e de internação coletiva, **independentemente de prévio agendamento**; (Redação dada pela Lei Complementar nº 132, de 2009).

1. **Comunicação reservada com o assistido:** o inciso VI do artigo 128 prevê a prerrogativa de comunicação pessoal e reservada entre o defensor público e seu assistido em qualquer circunstância.

Aplicação em concurso

- *(DP/SE – 2012 – Cespe) No que tange às garantias e prerrogativas do DP, assinale a opção correta.*

  C) Os DPEs detêm a prerrogativa de comunicar-se, pessoal e reservadamente, com seus assistidos, ainda que estes estejam presos ou detidos, mesmo incomunicáveis, sendo imprescindível prévio agendamento com a autoridade administrativa responsável pela custódia.

  Gabarito: o item está errado.

- *(DP/PB – 2014 – FCC) Quanto ao tema da Defensoria Pública na Constituição Federal, considere as seguintes afirmativas:*

III. Para assegurar às pessoas, sob quaisquer circunstâncias, o exercício pleno de seus direitos e garantias fundamentais mesmo quando custodiadas pelo Estado, a Defensoria Pública necessita de autorização judicial para ingressar em estabelecimentos policiais, penitenciários e de internação de adolescentes, para que não haja violação de prerrogativas do Poder Executivo, desequilibrando o sistema de freios e contrapesos.

  Gabarito: o item está errado.

- *(DP/PB – 2014 – FCC) "Comunicar-se, pessoal e reservadamente, com seus assistidos, ainda quando estes se acharem presos ou detidos, mesmo incomunicáveis, tendo livre ingresso em estabelecimentos policiais, prisionais e de internação coletiva, independentemente de prévio agendamento".*

No regime jurídico da Defensoria Pública, essa regra é legalmente classificada como

  A) dever do cargo.

  B) proibição do cargo.

C) prerrogativa do cargo.

D) direito do cargo.

E) garantia do cargo.

Gabarito: letra C.

- *(DP/PR – 2014 – UFPR) Considerando as prerrogativas e garantias conferidas à Defensoria Pública, e reconhecidas pela jurisprudência dos Tribunais Superiores, assinale a alternativa correta.*

D) É prerrogativa do Defensor Público comunicar-se, pessoal e reservadamente, com seus assistidos, ainda quando estes se acharem presos ou detidos, mesmo incomunicáveis, tendo livre ingresso em estabelecimentos policiais, prisionais e de internação coletiva, sempre mediante prévio agendamento.

Gabarito: o item está errado.

> VII – ter **vista pessoal dos processos** fora dos cartórios e secretarias, **ressalvadas as vedações legais**;

1. **Vista dos autos:** o inciso VII prevê a permissão para o defensor público ter vista pessoal dos processos fora dos cartórios e secretarias, com exceção para as vedações legais.

Aplicação em concurso

- *(DP/SE – 2012 – Cespe) No que tange às garantias e prerrogativas do DP, assinale a opção correta.*

A) É prerrogativa expressa dos membros da DPE, entre outras, ter vista pessoal, sem ressalvas, dos processos fora dos cartórios e secretarias.

Gabarito: o item está errado.

2. **Retirada dos autos e sessão de júri:** o STJ consolidou o entendimento de que, designada a data de sessão do júri, é legítima a determinação do juízo de impedir a retirada dos autos do cartório. Confira-se:

> 1. Cuida-se de recurso ordinário interposto contra acórdão que denegou a segurança em *writ* no qual se postulava a ilegalidade da atuação do Juízo de Direito do Tribunal do Júri que determinou a proibição de retirada dos autos, por quaisquer das partes, nos cinco dias que antecedem a realização da sessão de julgamento.

2. A Defensoria Pública Estadual alega que o art. 128, VII, da Lei Complementar n. 80/94 fixaria o direito de retirada dos autos dos cartórios, que não poderia ser limitada senão por determinação legal.

3. A solução da controvérsia exige a ponderação entre dispositivos legais (art. 128, VII, da Lei Complementar n. 80/94 e art. 803 do Código de Processo Penal) à luz do princípio da igualdade e da necessidade de garantir a amplitude da defesa e do contraditório, nos termos do artigo 5º, LV, da Constituição Federal.

4. O direito processual contemporâneos não pode ser entendido como seara estática em relação às finalidades do ordenamento, porquanto consubstancia os meios adequados em prol da realização de valores materiais. Sob esse prisma, a limitação mostra-se lícita, como meio de garantir a concretização dos princípios do processo, o que trará equilíbrio entre a prerrogativa da Defensoria Pública e o direito de vista dos autos em cartório das demais partes, evitando a retirada do caderno processual às vésperas dos julgamentos. Recurso ordinário improvido.

(RMS 41.624/RJ, Rel. Ministro Humberto Martins, 2ª Turma, julgado em 07/05/2013, DJe 16/05/2013)

Aplicação em concurso

- *(DP/PR – 2014 – UFPR) Considerando as prerrogativas e garantias conferidas à Defensoria Pública, e reconhecidas pela jurisprudência dos Tribunais Superiores, assinale a alternativa correta.*

  C) Não configura ilegalidade a determinação do Juiz-Presidente do Tribunal do Júri que estabeleça a proibição de retirada dos autos por qualquer das partes, inclusive no caso de réu assistido pela Defensoria Pública, nos cinco dias que antecedam a realização da sessão de julgamento.

  Gabarito: o item está certo.

VIII – **examinar**, em qualquer repartição pública, **autos de flagrantes, inquéritos e processos**, assegurada a obtenção de cópias e podendo tomar apontamentos; (Redação dada pela Lei Complementar nº 132, de 2009).

1. **Exame de autos em qualquer repartição:** o inciso VIII do artigo 128 estabelece que o defensor público pode examinar autos de flagrante, inquérito e processos em qualquer repartição.

Aplicação em concurso

- *(DP/SE – 2012 – Cespe) Com base nos princípios institucionais da DP e na legislação de regência, assinale a opção correta.*

  E) Asseguram-se ao DP o acesso, em qualquer repartição policial ou judicial, a autos de flagrante ou inquérito, a tomada de apontamentos, a coleta de informações úteis para a defesa de interesse do assistido e a prática de atos necessários à coleta de provas.

  Gabarito: o item está errado.

> IX – **manifestar-se** em autos administrativos ou judiciais **por meio de cota**;

1. **Manifestação por meio de cota:** o inciso IX do artigo 128 estabelece que o defensor público pode manifestar-se nos autos através de escrito de próprio punho nas folhas já constantes dos autos. Trata-se de prerrogativa que agiliza seu trabalho, na medida em que algumas manifestações curtas, como as de "ciência" ou as de "sem provas a requerer", tomariam mais tempo se tivessem de ser feitas através de petição.

   O advogado particular não goza dessa prerrogativa, de modo que suas manifestações devem sempre vir através de petições – ainda que esteja no patrocínio de hipossuficiente amparado pela gratuidade de Justiça.

Aplicação em concurso

- *(DP/AC – 2006 – Cespe) Constitui prerrogativa dos defensores públicos estendida aos demais advogados:*

  C) manifestar-se em autos administrativos ou judiciais por meio de cota.

  Gabarito: o item está errado.

> X – **requisitar de autoridade pública** ou de seus agentes exames, certidões, perícias, vistorias, diligências, processos, documentos, informações, esclarecimentos e providências necessárias ao exercício de suas atribuições;

1. **Requisição a autoridade pública – limite da prerrogativa:** o inciso X do artigo 128 estabelece a prerrogativa do defensor público de requisitar a autoridades públicas diversas providências. É importante notar que essa prerrogativa se dirige apenas a autoridades públicas.

Importante deixar claro também que essa prerrogativa vale para todos os Defensores Públicos independente da classe que ocupam na carreira. Assim, imediatamente após a posse e exercício no cargo o Defensor Público poderá utilizar a requisição.

2. Posicionamento do STF: na ADI 230 o STF julgou inconstitucional a norma da Constituição do Estado do Rio de Janeiro que conferia o poder de requisição aos Defensores. De acordo com a Corte Suprema, a inconstitucionalidade reside no fato de os demais advogados não terem igual prerrogativa.

Eis a ementa na parte que interessa ao estudo:

> AÇÃO DIRETA DE INCONSTITUCIONALIDADE. DEFENSOR PÚBLICO ESTADUAL: GARANTIAS E PRERROGATIVAS. ART. 178, INC. I, ALÍNEAS F E G, II E IV DA CONSTITUIÇÃO DO RIO DE JANEIRO (RENUMERADOS PARA ART. 181, INC. I, ALÍNEAS F E G, II E IV). 1(...) 5. É inconstitucional a requisição por defensores públicos a autoridade pública, a seus agentes e a entidade particular de certidões, exames, perícias, vistorias, diligências, processos, documentos, informações, esclarecimentos e providências, necessários ao exercício de suas atribuições: exacerbação das prerrogativas asseguradas aos demais advogados. Inconstitucionalidade do art. 178, inc. IV, alínea a, da Constituição fluminense. 6. (...)(ADI 230, Relator(a): Min. CÁRMEN LÚCIA, Tribunal Pleno, julgado em 01/02/2010)

A posição do STF é criticável. Afinal, como a Defensoria Pública ajuizaria uma Ação Civil Pública sem antes requisitar documentos de autoridades públicas? O argumento que haveria quebra de isonomia entre Defensor Público e Advogado também não merece prosperar, já que há diferenças entre as carreiras e o Defensor não se vincula à OAB.

Muitas outras críticas podem ser colocadas ao posicionamento do STF, mas isso fugiria ao caráter objetivo dessa obra. Além disso, no ano de 2018, o STF – por decisão monocrática da Ministra Rosa Weber - confirmou a posição adotada na ADI 230 (RE 1.034.548).

Observação: os dispositivos da LC 80/94 que cuidam de requisição não foram objeto de declaração de inconstitucionalidade. Apenas dispositivos de legislações estaduais foram declarados inconstitucionais.

Aplicação em concurso

- *(DP/MG – 2009 – Fumarc) São prerrogativas previstas na LC 65/03 dos membros da Defensoria Pública no exercício de suas atribuições, EXCETO:*

  B) Requisitar de autoridade pública ou de seus agentes, civis e militares, exames, certidões, perícias, vistorias, diligências, processos, documentos, informações, esclarecimentos e providências.

  Gabarito: o item está certo.

- *(Fundep – Defensor Público – MG/2014) Visando a instrução de procedimento administrativo com vistas ao ajuizamento de ação civil pública em favor de população em situação de rua, o Defensor Público requisita à Secretaria Municipal de Ação Social a relação de abrigos e de seus responsáveis para contato.*

A requisição é

A) inadequada, já que o poder de requisição não se inclui entre as prerrogativas do cargo de Defensor Público.

B) inadequada, já que as informações somente poderão ser apresentadas por meio de requisição judicial.

C) adequada, mas somente o Defensor Público-Geral poderá requisitar tais informações por se tratar de autoridade com prerrogativa do cargo.

D) adequada e o próprio Defensor Público, ainda que Substituto, poderá e deverá fazê-la.

Gabarito: letra D.

> XI – **representar a parte**, em feito administrativo ou judicial, **independentemente de mandato**, ressalvados os casos para os quais a lei exija poderes especiais;

1. **Desnecessidade de procuração – posição do STJ:** conforme estabelece a prerrogativa prevista no art. 128, inciso XI, o defensor público não precisa de instrumento de mandato para atuar nos processos administrativos ou judiciais. Seus poderes para atuar decorrem da lei e de sua posse no cargo de defensor público. É como se a investidura no cargo acompanhasse implicitamente a outorga da cláusula *ad judicia* para o foro em geral. A ressalva da parte final do dispositivo se refere aos poderes especiais exigidos por lei.

   Os poderes especiais estão previstos no CPC em seu artigo 105. São eles: receber citação, confessar, reconhecer a procedência do pedido, transigir, desistir, renunciar ao direito sobre o qual se funda a ação, receber, dar quitação, firmar compromisso e assinar declaração de hipossuficiência.

A desnecessidade de mandato se aplica, inclusive, à Revisão Criminal, conforme destacou o Superior Tribunal de Justiça: HC 24.812-PE, Rel. Min. Paulo Gallotti, julgado em 16/9/2004; REsp 555.140-RJ, Rel. Min. Jorge Scartezzini, julgado em 10/8/2004. Por fim, vale destacar o artigo 287, parágrafo único, II do CPC/2015, nesses termos: *"Art. 287. A petição inicial deve vir acompanhada de procuração, que conterá os endereços do advogado, eletrônico e não eletrônico. Parágrafo único. Dispensa-se a juntada de procuração: (...) II – se a parte estiver representada pela Defensoria Pública."*

Aplicação em concurso

- *(DP/PA – 2009 – FCC) A prerrogativa de o Defensor Público representar alguém judicialmente, independente de instrumento de mandato, se sujeita à limitação legal (LC Estadual nº 54/2006 e LC Federal nº 80/1994), de acordo com a qual, sem esse instrumento o Defensor não pode:*

  A) receber intimação.

  B) propor ação civil pública.

  C) reconvir.

  D) arguir exceções.

  E) receber e dar quitação.

  Gabarito: letra E. Obs: para receber e dar quitação é necessário poder especial.

XII – **deixar de patrocinar ação**, quando ela for manifestamente incabível ou inconveniente aos interesses da parte sob seu patrocínio, **comunicando o fato ao Defensor Público-Geral**, com as razões de seu proceder;

1. **Patrocínio de ação e independência funcional:** a função precípua do defensor público é defender os interesses de seu assistido. Isso não significa, porém, que o defensor público está obrigado a propor a demanda sempre. O caso concreto pode revelar que a ação trará mais prejuízos do que benefícios ao hipossuficiente ou que é manifestamente incabível a propositura de demanda, hipótese em que deverá esclarecer a situação ao assistido e recusar o patrocínio, comunicando suas razões ao Defensor Público-Geral. A possibilidade de recusar o patrocínio de uma demanda decorre da garantia da independência funcional de que goza o defensor público e está expressamente prevista no inciso XII do artigo 128.

Aplicação em concurso

- *(DP/SP – 2009 – FCC) O direito fundamental à assistência jurídica integral e gratuita, previsto constitucionalmente e instrumentalizado pela Defensoria Pública, compreende a:*

  B) impossibilidade de denegação do atendimento do cidadão, tendo em vista a universalidade do serviço prestado.

  Gabarito: o item está errado.

- *(DP/PR – 2014 – UFPR) À luz da LC 80/94, assinale a alternativa correta no que diz respeito à Defensoria Pública.*

  E) Caso o Defensor Público entenda inexistir hipótese de atuação institucional deverá denegar o atendimento por escrito ao assistido, somente devendo submeter à ciência do Defensor Público-Geral em caso de recurso por parte do assistido.

  Gabarito: o item está errado.

> XIII – ter o **mesmo tratamento** reservado aos Magistrados e demais titulares dos cargos das funções essenciais à justiça;

1. **Igualdade de tratamento entre defensores, promotores e juízes:** o inciso XIII do artigo 128 estabelece que o defensor público deve receber o mesmo tratamento reservado aos magistrados e demais membros das funções essenciais à Justiça, dentre as quais está o Ministério Público.

Aplicação em concurso

- *(DP/MG – 2009 – FUMARC) São prerrogativas previstas na LC 65/03 dos membros da Defensoria Pública no exercício de suas atribuições, EXCETO:*

  D) Receber o mesmo tratamento reservado aos membros do Ministério Público e aos Desembargadores.

  Gabarito: o item está certo.

- *(DP/RP – 2012 – FCC) Conforme previsão expressa da Lei Complementar n.º 80/1994, constitui prerrogativa de membro da DPE*

  C) ter o mesmo tratamento reservado aos magistrados e demais titulares dos cargos das funções essenciais à justiça.

  Gabarito: o item está certo.

XIV – ser **ouvido como testemunha**, em qualquer processo ou procedimento, em **dia, hora e local previamente ajustados** com a autoridade competente;

Aplicação em concurso

- *(DP/SE – 2012 – Cespe) No que tange às garantias e prerrogativas do DP, assinale a opção correta.*

  B) São prerrogativas expressas do membro da DPE, entre outras, a possibilidade de manifestar-se em autos administrativos ou judiciais por meio de cota e a de ser ouvido como testemunha, em qualquer processo ou procedimento, em dia, hora e local previamente ajustados com a autoridade competente.

  Gabarito: o item está certo.

XV – (VETADO)

XVI – (VETADO)

Parágrafo único. Quando, no curso de investigação policial, houver **indício de prática de infração penal por membro da Defensoria Pública** do Estado, a autoridade policial, civil ou militar, **comunicará imediatamente o fato ao Defensor Público-Geral**, que designará membro da Defensoria Pública para acompanhar a apuração.

1. **Infração penal – comunicação ao Defensor Público-Geral:** diante da suspeita de prática de infração penal por defensor público, deve haver comunicação ao Defensor Público-Geral, que designará outro defensor para acompanhar a apuração, conforme prevê o parágrafo único do artigo 128. Da mesma forma, quando ocorre a prisão em flagrante de defensor público, também deve haver comunicação ao Defensor Público-Geral (art. 128, inc. II).

Aplicação em concurso

- **(FCC – Defensor Público – DPE – RS/2018)** *A respeito das prerrogativas dos membros da Defensoria Pública, consoante dispõe a Lei Complementar nº 80/94, considere os itens a seguir:*

  I. Receber, inclusive quando necessário, mediante entrega dos autos com vista, intimação pessoal em qualquer processo e grau de jurisdição ou instância administrativa, contando-se-lhes em dobro todos os prazos.

II. Comunicar-se, pessoal e reservadamente, com seus assistidos, ainda quando estes se acharem presos ou detidos, salvo se incomunicáveis, tendo livre ingresso em estabelecimentos policiais, prisionais e de internação coletiva, independentemente de prévio agendamento.

III. Ser ouvido como testemunha, em qualquer processo ou procedimento, em dia, hora e local previamente ajustados com a autoridade competente.

IV. Representar a parte, em feito administrativo ou judicial, independentemente de mandato, ressalvados os casos para os quais a lei exija poderes especiais.

V. Quando, no curso de investigação policial, houver indício de prática de infração penal por membro da Defensoria Pública do Estado, a autoridade policial, civil ou militar, comunicará imediatamente o fato ao Corregedor-Geral, que designará membro da Defensoria Pública para acompanhar a apuração.

Está correto o que consta APENAS de:

A) III, IV e V.

B) I, II e III.

C) I, III e IV.

D) II, III e V.

E) I, III e V.

Gabarito: letra C.

- *(DP/MG – 2006 – Fundep) Sobre as disposições da Lei Complementar n. 80, de 12 de janeiro de 1994, é INCORRETO afirmar:*

  E) que, em curso uma investigação policial para a apuração de infração penal com indício de prática por membro da Defensoria Pública, o fato deverá ser comunicado ao Defensor Público Geral que designará outro membro da Defensoria Pública para acompanhar a referida investigação.

  Gabarito: o item está certo.

2. **Portar arma de fogo não** é **prerrogativa na LC 80/94:** o rol de prerrogativas do artigo 128 não inclui o porte de arma de fogo. Algumas legislações estaduais (não todas!) que organizam as Defensorias Públicas nos estados concedem essa prerrogativa. É o caso da Defensoria Pública do Rio de Janeiro, cuja Lei Complementar estadual nº 06/1977 estabelece em seu artigo 87, inciso II, como prerrogativa do defensor público: "II – possuir carteira de identidade e funcional, conforme modelo aprovado pelo Defensor Público Geral, sendo-lhes assegurado o porte de arma e podendo solicitar, se necessário, o auxílio e a colaboração das autoridades públicas para o desempenho de suas funções;".

3. **Garantias X prerrogativas:** é importante distinguir adequadamente as garantias do defensor público de suas prerrogativas. As garantias são a salvaguarda da atuação plena do defensor público, livre de ingerências ou pressões externas. Por sua vez, as prerrogativas são instrumentos jurídicos que possibilitam a defesa plena dos direitos dos assistidos; estão ligadas à sua atuação cotidiana, às suas necessidades mais diretas para bem cumprir seu trabalho.

CAPÍTULO V
DOS DEVERES, DAS PROIBIÇÕES, DOS IMPEDIMENTOS E DA RESPONSABILIDADE FUNCIONAL

SEÇÃO I
DOS DEVERES

Art. 129. São **deveres** dos membros da Defensoria Pública dos Estados:

I – **residir na localidade** onde exercem suas funções, na forma do que dispuser a lei estadual;

II – **desempenhar com zelo e presteza**, dentro dos prazos, os serviços a seu cargo e os que, na forma da lei, lhes sejam atribuídos pelo Defensor Público-Geral;

III – representar ao Defensor Público-Geral sobre as irregularidades de que tiver ciência, em razão do cargo;

IV – prestar informações aos órgãos de administração superior da Defensoria Pública do Estado, quando solicitadas;

V – **atender ao expediente forense** e participar dos atos judiciais, quando for obrigatória a sua presença;

VI – **declarar-se suspeito ou impedido**, nos termos da lei;

VII – **interpor os recursos cabíveis** para qualquer instância ou Tribunal e promover revisão criminal, **sempre que encontrar fundamentos** na lei, jurisprudência ou prova dos autos, remetendo cópia à Corregedoria-Geral.

1. **Residência na localidade onde exerce suas funções:** o inciso I do artigo 129 determina como dever do defensor público a necessidade de residir na localidade onde exerce suas funções, cabendo à lei estadual disciplinar a matéria.

Aplicação em concurso

- *(DP/AL – 2009 – Cespe) Ao contrário dos membros da magistratura, os DPs não estão obrigados a residir na localidade onde exercem suas funções. Gabarito: o item está errado.*

2. **Expediente forense e participação em atos judiciais:** o artigo 129 elenca deveres referentes ao exercício da função de defensor público. O defensor público deve atender ao expediente forense e participar dos atos judiciais, quando for **obrigatória** sua presença, conforme esclarece o inciso V.

> **SEÇÃO II**
> **DAS PROIBIÇÕES**
>
> Art. 130. Além das **proibições** decorrentes do exercício de cargo público, aos membros da Defensoria Pública dos Estados é vedado:
>
> I – exercer a **advocacia fora das atribuições** institucionais;

1. **Vedação ao exercício fora das atribuições funcionais:** é proibido ao Defensor Público exercer advocacia privada. O cargo exige dedicação exclusiva do membro da Defensoria Pública – ressalvadas, naturalmente, as hipóteses de cumulação com cargo de professor, previstas constitucionalmente (art. 37, inc. XVI). A vedação consta expressamente do texto constitucional, no parágrafo primeiro do artigo 134.

Aplicação em concurso

- *(DP/BA – 2010 – Cespe) A CF veda aos membros da DP o exercício da advocacia fora das atribuições institucionais.*
  Gabarito: o item está certo.

- *(DP/MS – 2014 – Vunesp) O Defensor Público*

  C) pode exercer paralelamente a advocacia privada, desde que lei estadual o permita.

  Gabarito: o item está errado.

- *(FCC – Defensor Público – RS/2014) A Lei Complementar Federal nº 80/94, bem como a Lei Complementar Estadual nº 11.795/02, com suas alterações posteriores, estabelecem deveres, proibições e impedimentos relativos ao exercício do cargo de Defensor Público. No que se refere a tais regramentos pode-se afirmar que o membro da Defensoria Pública*

  A) poderá receber honorários advocatícios fixados em processo cível desde que tenha transitado em julgado a sentença.

  B) está proibido de exercer a advocacia fora das atribuições institucionais.

C) não poderá atuar em processos em que já tenha se manifestado na condição de representante, exclusivamente, de seus ascendentes e descendentes.

D) deverá residir na comarca onde exerce suas funções, não comportando tal obrigação nenhuma exceção.

E) deverá representar ao Conselho Superior da Defensoria Pública sobre as irregularidades de que tiver ciência em razão do cargo.

Gabarito: letra B.

- *(UFG – Defensor Público – GO/2014) De acordo com o artigo 130, da Lei Complementar Federal n. 80/1994, além das proibições decorrentes do exercício de cargo público, aos membros da Defensoria Pública dos Estados é vedado*

A) exercer atividade político-partidária em qualquer circunstância.

B) residir em localidade diversa daquela onde exercem suas funções.

C) exercer suas funções em processo ou procedimento em que haja atuado como representante da parte, como perito, juiz ou membro do Ministério Público.

D) receber, a qualquer título e sob qualquer pretexto, honorários, percentagens ou custas processuais, em razão de suas atribuições, salvo se autorizados.

E) exercer a advocacia fora das atribuições institucionais.

Gabarito: letra E.

II – **requerer**, advogar, ou praticar em Juízo ou fora dele, atos que de qualquer forma **colidam com as funções inerentes ao seu cargo**, ou com os preceitos éticos de sua profissão;

III – **receber**, a qualquer título e sob qualquer pretexto, **honorários, percentagens ou custas processuais**, em razão de suas atribuições;

IV – **exercer o comércio** ou participar de sociedade comercial, **exceto como cotista ou acionista**;

1. **Participação em sociedade empresária:** o defensor público pode ser cotista ou acionista de pessoa jurídica. Quanto a isso, não há óbice, pois se trata de uma forma de investimento de seu capital, tal como imóveis, caderneta de poupança ou títulos do tesouro direto. O que lhe é vedado é o exercício das funções de gerência e direção, conforme previsão do artigo 130, inciso IV.

Aplicação em concurso

- *(DP/CE – 2007/2008 – Cespe) O defensor público é proibido de ser acionista de sociedade comercial.*

  Gabarito: o item está errado.

- *(DP/MS – 2008 – Vunesp) Aos membros da Defensoria Pública é vedado:*

  B) exercer o comércio ou participar de sociedade comercial, inclusive como quotista ou acionista.

  Gabarito: o item está errado.

> V – exercer **atividade político-partidária, enquanto atuar junto à Justiça Eleitoral.**

1. **Atividade político-partidária:** artigo 130, inciso V. É possível ao defensor público exercer atividade político-partidária, salvo quando estiver em atuação junto à Justiça Eleitoral.

Aplicação em concurso

- *(DP/PR – 2014 – UFPR) À luz da LC 80/94, assinale a alternativa correta no que diz respeito à Defensoria Pública.*

  A) Aos membros da Defensoria Pública dos Estados é vedado exercer atividade político-partidária em qualquer hipótese.

  Gabarito: o item está errado.

- *(DP/CE – 2007/2008 – Cespe) A vedação de defensor público exercer atividade político-partidária somente existe enquanto ele atuar junto à justiça eleitoral.*

  Gabarito: o item está certo.

- *(DP/MS – 2008 – Vunesp) Aos membros da Defensoria Pública é vedado:*

  D) exercer, em qualquer hipótese, atividade político-partidária.

  Gabarito: o item está errado.

> **SEÇÃO III**
> **DOS IMPEDIMENTOS**
>
> Art. 131. É **defeso** ao membro da Defensoria Pública do Estado **exercer suas funções em processo** ou procedimento:
>
> I – **em que seja parte** ou, de qualquer forma, interessado;

> II – **em que haja atuado** como representante da parte, perito, Juiz, membro do Ministério Público, Autoridade Policial, Escrivão de Polícia, Auxiliar de Justiça ou prestado depoimento como testemunha;
>
> III – **em que for interessado cônjuge ou companheiro**, parente consanguíneo ou afim em linha reta ou colateral, até o terceiro grau;
>
> IV – **no qual haja postulado como advogado** de qualquer das pessoas mencionadas no inciso anterior;
>
> V – em que qualquer das pessoas mencionadas no inciso III funcione ou haja funcionado como Magistrado, membro do Ministério Público, Autoridade Policial, Escrivão de Polícia ou Auxiliar de Justiça;
>
> VI – **em que houver dado à parte contrária parecer verbal ou escrito** sobre o objeto da demanda;
>
> VII – em outras hipóteses previstas em lei.
>
> Art. 132. Os membros da Defensoria Pública do Estado não podem participar de comissão, banca de concurso, ou de qualquer decisão, quando o julgamento ou votação disser respeito a seu cônjuge ou companheiro, ou parente consanguíneo ou afim em linha reta ou colateral, até o terceiro grau.

1. **Impedimentos:** para possibilitar sua atuação com independência e lisura, o defensor público não pode ter tido contato prévio com o litígio em que atuará. Daí a existência de impedimentos, hipóteses que afastam a atuação do defensor público, previstas no artigo 131.

Aplicação em concurso

- *(DP/MS – 2008 – Vunesp) É defeso ao membro da Defensoria Pública exercer suas funções em processo ou procedimento*

  A) em que houver dado à parte contrária parecer verbal ou escrito sobre o objeto da demanda.

  B) no qual haja postulado como representante particular de cônjuge de uma das partes.

  C) em que tenha relação de amizade pessoal com o magistrado, membro do Ministério Público, autoridade policial, escrivão de polícia ou auxiliar de justiça ligados ao processo.

  D) em que for interessado cônjuge ou convivente, parente consanguíneo ou afim, em linha reta ou colateral, até o quarto grau.

  Gabarito: letra A.

- *(DP/AL – 2009 – Cespe) O DP não pode exercer suas funções em processo no qual tiver emitido à parte contrária parecer verbal sobre o objeto da demanda.*

  Gabarito: o item está certo.

SEÇÃO IV
DA RESPONSABILIDADE FUNCIONAL

Art. 133. A atividade funcional dos membros da Defensoria Pública dos Estados está sujeita a:

I – correição ordinária, realizada anualmente pelo Corregedor-Geral e por seus auxiliares, para verificar a regularidade e eficiência dos serviços;

II – correição extraordinária, realizada pelo Corregedor-Geral e por seus auxiliares, para verificar a regularidade e eficiência dos serviços.

§ 1º Cabe ao Corregedor-Geral, concluída a correição, apresentar ao Defensor Público-Geral relatório dos fatos apurados e das providências a serem adotadas.

§ 2º Qualquer pessoa pode representar ao Corregedor-Geral sobre os abusos, erros ou omissões dos membros da Defensoria Pública dos Estados.

1. **Representação contra defensor público:** a Defensoria Pública presta o serviço de assistência jurídica à população carente, de modo que o assistido deve ser visto tal qual um cliente que paga honorários a um escritório de advocacia – ou seja, alguém que o defensor público deve tratar com respeito e atenção. O defensor público não exerce suas funções gratuitamente, nem o cidadão hipossuficiente busca o atendimento da Defensoria Pública sem razão. A remuneração do defensor público decorre da arrecadação tributária do Estado, para a qual até o hipossuficiente contribui. Assim, em última análise, o hipossuficiente é um dos responsáveis pela remuneração do profissional que lhe atende na Defensoria Pública.

   Para além dos problemas financeiros por que já passa, o assistido que vai ao núcleo de atendimento está com algum problema jurídico, acerca do qual não tem conhecimento técnico algum.

   Por tudo isso, deve ser tratado com zelo e dignidade.

   E o desrespeito a esse direito pode e deve ser levado ao conhecimento da Corregedoria-Geral da Defensoria Pública – não só pelo assistido, mas por qualquer pessoa que tome conhecimento de abusos cometidos pelo defensor público, nos termos do art. 133, § 2º.

Aplicação em concurso

- *(DP/AC – 2006 – Cespe) Qualquer pessoa pode representar, perante o órgão competente, contra os abusos cometidos por defensor público.*

  Gabarito: o item está certo.

Art. 134. A lei estadual estabelecerá as infrações disciplinares, com as respectivas sanções, procedimentos cabíveis e prazos prescricionais.

§ 1º A lei estadual preverá a pena de remoção compulsória nas hipóteses que estabelecer, e sempre que a falta praticada, pela sua gravidade e repercussão, tornar incompatível a permanência do faltoso no órgão de atuação de sua lotação.

§ 2º Caberá ao **Defensor Público-Geral aplicar as penalidades** previstas em lei, **exceto** no caso de **demissão e cassação de aposentadoria**, em que será competente para aplicá-las o **Governador do Estado**.

1. **Aplicação da pena de demissão:** o Defensor Público-Geral não tem poderes para aplicar a pena de demissão do defensor público. O § 2º do artigo 134 estabelece que compete ao Defensor Público-Geral aplicar as penalidades, exceto a demissão, cuja competência é exclusiva do Governador do Estado.

   Sobre o ponto específico da demissão, vejamos interessante reflexão doutrinária:

   > *"Há uma tendência corporativa de se reconhecer a inconstitucionalidade de aplicação de sanções pelo Presidente da República ou Governador Estadual e Distrital, já que a autonomia da Defensoria Pública e o fato de o Defensor Público Geral ser a autoridade encarregada de nomear e empossar Defensores Públicos seria bastante para afastar essa intervenção do Poder Executivo na instituição.*
   >
   > *Pela sistemática institucional estabelecida pela Emenda Constitucional nº 80/2014, há que se compreender que o ingresso e a saída dos membros da Defensoria Pública devam partir de atos praticados pela própria administração superior, não sendo possível que o Poder Executivo participe deste processo.*
   >
   > *É importante o destaque de um contraponto de que a preservação do dispositivo seria uma forma de estabelecer um sistema de freios e contrapesos entre as instituições autônomas e os demais poderes constituí-*

dos, sob risco de se criar superinstituições, com poder absoluto, algo que não encontra respaldo no atual Estado Democrático de Direito."[31]

A despeito do contido acima, frisamos que a letra da lei é enfática em conferir ao Governador a tarefa de aplicar pena de demissão, devendo ser esta a resposta do candidato em caso de prova objetiva que se atenha ao teor legal.

Aplicação em concurso

- *(DP/MG – 2009 – Fumarc) Sobre a responsabilidade funcional dos membros da Defensoria Pública, pode-se afirmar que: a) A apuração da responsabilidade dar-se-á por meio de procedimento determinado pelo Defensor Público Geral, cabendo a este decidir sobre a penalidade em todos os casos.*

  Gabarito: o item está errado.

- *(DP/SC – 2012 – Fepese) Acerca da organização da Defensoria Pública no Estado de Santa Catarina e das atribuições de seus membros, assinale a alternativa correta.*

  A) Após o devido processo legal competente, caberá ao Defensor Público-Geral aplicar as penalidades de demissão e cassação de aposentadoria dos membros da Defensoria Pública.

  Gabarito: o item está errado.

> § 3º Nenhuma penalidade será aplicada sem que se **garanta ampla defesa,** sendo obrigatório o inquérito administrativo nos casos de aplicação de remoção compulsória.

1. **Garantia da ampla defesa:** o § 3º do artigo 134 determina que a aplicação de penalidade ao defensor público demanda a garantia da ampla defesa e, no caso de remoção compulsória, é obrigatório o inquérito administrativo. O dispositivo está em consonância com o artigo 5º, inciso LV, da Constituição da República, que garante o contraditório e a ampla defesa em processos judiciais e administrativos.

Aplicação em concurso

- *(DP/MG – 2009 – Fumarc) Sobre a responsabilidade funcional dos membros da Defensoria Pública, pode-se afirmar que:*

---

31 ESTEVES, Diogo. ROGER, Franklyn. Op. cit., p. 968.

B) Nenhuma penalidade será aplicada sem que se garanta o contraditório e a ampla defesa, com os meios e recursos a ela inerentes, podendo ser através de instauração de sindicância ou processo administrativo-disciplinar.

Gabarito: o item está errado.

> Art. 135. A lei estadual preverá a **revisão disciplinar**, estabelecendo as hipóteses de cabimento e as pessoas habilitadas a requerê-la.
>
> **Parágrafo único.** Procedente a revisão, será tornado sem efeito o ato punitivo ou aplicada a penalidade adequada, restabelecendo-se os direitos atingidos pela punição, na sua plenitude.

1. **Infração disciplinar:** as infrações cometidas pelos defensores públicos são apuradas e punidas no âmbito interno institucional – ressalvada, naturalmente, a apreciação pelo Poder Judiciário. Outros órgãos do Poder Executivo não têm atribuição, constitucional ou legal, para processar e julgar faltas funcionais dos defensores públicos.

Aplicação em concurso

- *(DP/MG – 2009 – FUMARC) Sobre os aspectos principiológicos afetos à Defensoria Pública, assinale a alternativa INCORRETA:*

D) O defensor público, no desempenho de sua função, deve atender a todos os princípios administrativos, principalmente os da moralidade, eficiência e impessoalidade, podendo responder, caso transgrida alguns desses princípios, a processo administrativo-disciplinar instaurado também pela Procuradoria Geral do Estado.

Gabarito: o item está errado.

> **TÍTULO V**
> **DAS DISPOSIÇÕES FINAIS E TRANSITÓRIAS**
>
> Art. 136. Os Defensores Públicos Federais, bem como os do Distrito Federal, estão sujeitos ao regime jurídico desta Lei Complementar e gozam de independência no exercício de suas funções, aplicando-se-lhes, subsidiariamente, o instituído pela Lei nº 8.112, de 11 de dezembro de 1990. (Redação dada pela Lei Complementar nº 132, de 2009).

Art. 137. Aos Defensores Públicos investidos na função até a data da instalação da Assembleia Nacional Constituinte é assegurado o direito de opção pela carreira, garantida a inamovibilidade e vedado o exercício da advocacia fora das atribuições constitucionais.

Parágrafo único. (VETADO)

Art. 138. Os atuais cargos de Advogado de Ofício e de Advogado de Ofício Substituto da Justiça Militar e de Advogado de Ofício da Procuradoria Especial da Marinha, cujos ocupantes tenham sido aprovados em concurso público de provas ou de provas e títulos e optem pela carreira, são transformados em cargos de Defensor Público da União.

§ 1º Os cargos a que se refere este artigo passam a integrar o Quadro Permanente da Defensoria Pública da União, nos seguintes termos:

I – os cargos de Advogado de Ofício Substituto da Justiça Militar passam a denominar-se Defensor Público da União de 1ª Categoria;

II – os cargos de Advogado de Ofício da Justiça Militar passam a denominar-se Defensor Público da União de Categoria Especial;

III – os cargos de Advogado de Ofício da Procuradoria Especial da Marinha passam a denominar-se Defensor Público da União de 1ª Categoria.

§ 2º Os cargos de Defensor Público cujos ocupantes optarem pela carreira são transformados em cargos integrantes do Quadro Permanente da Defensoria Pública da União, respeitadas as diferenças existentes entre eles, de conformidade com o disposto na Lei nº 7.384, de 18 de outubro de 1985, que reestruturou em carreira a Defensoria de Ofício da Justiça Militar Federal.

§ 3º São estendidos aos inativos os benefícios e vantagens decorrentes da transformação dos cargos previstos nesta Lei Complementar, nos termos da Constituição Federal, art. 40, § 4º.

§ 4º O disposto neste artigo somente surtirá efeitos financeiros a partir da vigência da lei a que se refere o parágrafo único do art. 146, observada a existência de prévia dotação orçamentária.

Art. 139. É assegurado aos ocupantes de cargos efetivos de assistente jurídico, lotados no Centro de Assistência Judiciária da Procuradoria-Geral do Distrito Federal, o ingresso, mediante opção, na carreira da Defensoria Pública do Distrito Federal e dos Territórios.

Parágrafo único. Serão estendidos aos inativos em situação idêntica os benefícios e vantagens previstos nesta Lei Complementar.

Art. 140. Os concursos públicos para preenchimento dos cargos transformados em cargos do Quadro Permanente da Defensoria Pública da União, cujo prazo de validade não se tenha expirado, habilitam os aprovados, obedecida a ordem de classificação, a preenchimento das vagas existentes no Quadro Permanente da Defensoria Pública da União.

Art. 141. As leis estaduais estenderão os benefícios e vantagens decorrentes da aplicação do art. 137 desta Lei Complementar aos inativos aposentados como titulares dos cargos transformados em cargos do Quadro de Carreira de Defensor Público.

Art. 142. Os Estados adaptarão a organização de suas Defensorias Públicas aos preceitos desta Lei Complementar, no prazo de cento e oitenta dias.

Art. 143. À Comissão de Concurso incumbe realizar a seleção dos candidatos ao ingresso na Carreira da Defensoria Pública da União, do Distrito Federal e dos Territórios.

Art. 144. Cabe à lei dispor sobre os órgãos e serviços auxiliares de apoio administrativo, que serão organizados em quadro próprio, composto de cargos que atendam às peculiaridades e às necessidades da administração e das atividades funcionais da Instituição.

Art. 145. As Defensorias Públicas da União, do Distrito Federal e dos Territórios e dos Estados adotarão providências no sentido de selecionar, como estagiários, os acadêmicos de Direito que, comprovadamente, estejam matriculados nos quatro últimos semestres de cursos mantidos por estabelecimentos de ensino oficialmente reconhecidos.

§ 1º Os estagiários serão designados pelo Defensor Público-Geral, pelo período de um ano, podendo este prazo ser prorrogado por igual período.

§ 2º Os estagiários poderão ser dispensados do estágio, antes de decorrido o prazo de sua duração, nas seguintes hipóteses:

a) a pedido;

b) por prática de ato que justifique seu desligamento.

§ 3º O tempo de estágio será considerado serviço público relevante e como prática forense.

Art. 146. Os preceitos desta Lei Complementar aplicam-se imediatamente aos membros da Defensoria de Ofício da Justiça Militar, que continuarão subordinados, administrativamente, ao Superior Tribunal Militar, até a nomeação e posse do Defensor Público-Geral da União.

Parágrafo único. Após a aprovação das dotações orçamentárias necessárias para fazer face às despesas decorrentes desta Lei Complementar, o Poder Executivo enviará projeto de lei dimensionando o Quadro Permanente dos agentes das Defensorias Públicas da União, do Distrito Federal e dos Territórios, e de seu pessoal de apoio.

Art. 147. Ficam criados os cargos, de natureza especial, de Defensor Público-Geral e de Subdefensor Público-Geral da União e de Defensor Público-Geral e de Subdefensor Público-Geral do Distrito Federal e dos Territórios. (Vide Lei Complementar nº 132, de 2009).

Art. 148. Esta Lei Complementar entra em vigor na data de sua publicação.

Art. 149. Revogam-se as disposições em contrário.

Brasília, 12 de janeiro de 1994, 173º da Independência e 106º da República.

ITAMAR FRANCO

Maurício Corrêa

Anexo I –
Informativos do STF Relacionados à Defensoria Pública

Ao pesquisar o tema Defensoria Pública na jurisprudência do Supremo Tribunal Federal, encontramos assuntos relacionados à Instituição, mas que não se conectavam diretamente com a Lei Complementar 80/94.

Daí nos parecer interessante inserir, na forma de anexo, algumas notícias de informativos que tratam da Instituição. Incluímos também informativos antigos de entendimentos que restaram modificados. Dessa forma, o leitor terá a oportunidade de acompanhar a evolução do entendimento do Supremo Tribunal Federal acerca da Defensoria Pública.

1. Concurso Público – Defensoria Pública de Minas Gerais

► Informativo nº 484

ADI e Princípio do Concurso Público – 3

ADI – 3819

O Min. Eros Grau, relator, tendo em conta o tempo de vigência da Lei Complementar 65/2003 e o fato de a Defensoria Pública no Estado de Minas Gerais atuar de modo precário, com base no que disposto no art. 27 da Lei 9.868/99, propôs, a fim de evitar prejuízos de ordem social decorrentes da declaração de inconstitucionalidade com efeitos ex tunc, a modulação dos efeitos dessa declaração, para que a decisão venha a produzir efeitos 2 anos após seu trânsito em julgado, tempo que reputou hábil à reorganização da Defensoria Pública do referido Estado-membro. Quanto à modulação dos efeitos, após debates e votos, o relator indicou adiamento, para que a decisão fosse tomada com a totalidade dos Ministros. ADI 3819/MG, rel. Min. Eros Grau, 17.10.2007. (ADI-3819)

► Informativo nº 485

ADI e Princípio do Concurso Público – 5

ADI – 3819

Por entender caracterizada a ofensa ao princípio do concurso público (CF, artigos 37, II e 134, § 1º), bem como ao art. 37, XIII, da CF, que veda a equiparação ou vinculação de quaisquer espécies remuneratórias para o efeito de remuneração de pessoal do serviço público, o Tribunal, por maioria, julgou procedente pedido formulado em ação direta para declarar a inconstitucionalidade do art. 140, caput, parágrafo único, e do art. 141, ambos da Lei Complementar 65/2003; do art. 55, caput, parágrafo único, da Lei 15.788/2005; e do art. 135, caput e § 2º, da Lei 15.961/2005, todas do Estado de Minas Gerais, que dispõem sobre a forma de investidura e provimento de cargos da carreira de Defensor Público e a remuneração de cargos – v. Informativos 462 e 484. Vencidos, em parte, os Ministros Marco Aurélio e Gilmar Mendes, que, por reputar as leis impugnadas harmônicas com o disposto no art. 41, § 3º, da CF ("Art. 41. São estáveis após três anos de efetivo exercício os servidores nomeados para cargo de provimento efetivo em virtude de concurso público. ... § 3º Extinto o cargo ou declarada a sua desnecessidade, o servidor estável ficará em disponibilidade, com remuneração proporcional ao tempo de serviço, até seu adequado aproveitamento em outro cargo."), julgavam o pedido improcedente. O Tribunal, também por maioria, nos termos do disposto no art. 27 da Lei 9.868/99, decidiu que a declaração terá eficácia a partir de 6 meses, a contar da data da decisão tomada, prazo que considerou razoável para a reorganização da Defensoria Pública do referido Estado-membro, asseverando ser ínsita à utilização da técnica da modulação a expectativa de que o Chefe do Poder Executivo, nesse período, adote as providências administrativas necessárias ao provimento de cargos relativamente aos aprovados em concursos públicos. Vencido, no ponto, o Min. Marco Aurélio que fixava o prazo de 24 meses para esta eficácia. Os Ministros Eros Grau, relator, e Gilmar Mendes reajustaram seus votos. ADI 3819/MG, rel. Min. Eros Grau, 24.10.2007. (ADI-3819)

2. Concurso público e Defensoria Pública do Amapá

▶ Informativo nº 363

ADI. Assistente Jurídico. Defensoria Pública. Concurso Público

O Tribunal julgou procedente pedido de ação direta de inconstitucionalidade ajuizada pelo Governador do Estado do Amapá contra o art. 29 do Ato das Disposições Transitórias da Constituição estadual ("Art. 29. Os assistentes jurídicos pertencentes ao quadro do extinto Território Federal do Amapá, sob a subordinação da Procuradoria-Geral e da Defensoria Pública do Estado, que optarem pelo quadro de servidores estaduais, serão denominados Procuradores ou Defensores Públicos do Estado, assegurado o direito de integrar os respectivos quadros de carreira.") e contra os artigos 85, 86 e 87 da Lei Complementar estadual 8/94 ("Art. 85 – Na forma do disposto no art. 29 do Ato das Disposições Constitucionais Transitórias da Constituição do Estado do Amapá, os Assistentes Jurídicos, pertencentes ao Quadro do extinto Território Federal do Amapá, e que à data da promulgação da Constituição do Estado do Amapá estavam em efetivo exercício na Defensoria Pública do Estado, poderão, no prazo de 120 (cento e vinte) dias, a partir da Publicação desta Lei Complementar, fazer opção pelo Quadro de Defensores Públicos do Estado do Amapá, no cargo efetivo de Defensor-Público do Estado de Categoria Especial. Art. 86 – É assegurado aos ocupantes de cargos efetivos de Assistentes Jurídicos, lotados na Defensoria Pública do Estado, o ingresso, mediante opção, na carreira de Defensor-Público do Estado de 1ª Categoria, no prazo previsto no artigo anterior. Art. 87 – Enquanto não preenchidos os cargos de Carreira da Defensoria Pública do Estado, o Defensor-Público Geral, as Chefias de Defensorias, Núcleos Regionais e da Corregedoria serão exercidas pelos Assistentes Jurídicos, com direitos e vantagens previstos nos artigos 59 e 64 desta Lei."). O requerente alegava ofensa aos artigos 5º, caput; 37, caput, II e V, da CF. Declarou-se a inconstitucionalidade dos dispositivos impugnados por se considerar que os mesmos violavam o princípio do concurso público (CF, art. 37, II: "a investidura em cargo ou emprego público depende de aprovação prévia em concurso público de provas ou de provas e títulos, de acordo com a natureza e a complexidade do cargo ou emprego, na forma prevista em lei, ressalvadas as nomeações para cargo em comissão declarado em lei de livre nomeação e exoneração;"), assegurando-se, no entanto, os direitos provenientes do art. 22 do ADCT da CF/88 ("Art. 22. É assegurado aos defensores públicos investidos na função até a data de instalação da Assembleia Nacional Constituinte o direito de opção pela carreira, com a observância das garantias e vedações previstas no art. 134, parágrafo único, da Constituição."). ADI 1267/AP, Min. Eros Grau, 30.9.2004. (ADI– 1267)

3. Criação da Defensoria Pública de São Paulo – opção pelo cargo

▶ Informativo nº 486

Procuradores Estaduais e Opção pelo Cargo de Defensor Público

ADI – 3720

O Tribunal julgou improcedente pedido formulado em ação direta ajuizada pelo Procurador-Geral da República para declarar a inconstitucionalidade do art. 11 do Ato das Disposições Transitórias da Constituição do Estado de São Paulo e do caput, incisos e § 3º do art. 3º e do § 1º do art. 4º das Disposições Transitórias da Lei Complementar 988/2006, do mesmo Estado-membro, que facultam aos Procuradores estaduais, no prazo de 60 dias da promulgação da Lei Orgânica da Defensoria Pública, optarem pela permanência no quadro da Procuradoria-Geral do referido Estado-membro, ou na carreira de Defensor Público, garantidas as vantagens, os níveis e as proibições. Entendeu-se que as normas impugnadas seriam harmônicas com a Constituição Federal, haja vista que os Procuradores do Estado de São Paulo, aos quais viabilizada a opção pela carreira de Defensor Público, teriam ingressado na Administração Pública mediante concurso de provas e títulos. Além disso, asseverou-se que a Lei Complementar estadual 478/86 teria previsto as atribuições próprias ao cargo de Procurador do Estado, estabelecendo a divisão da Procuradoria em três áreas de atuação: o Contencioso Geral, a Consultoria Geral e a Assistência Judiciária. Assim, os candidatos ao cargo de Procurador estadual, aos quais facultada a opção, teriam feito concurso para prestar serviços nessas diversas áreas, entre elas a de prestar assistência judiciária aos menos favorecidos. Tendo isso em conta, ressaltou-se que o Supremo, da mesma forma como admitira a junção de carreiras (ADI 1591/RS, DJU de 30.6.2000), haveria de admitir situação inversa, em que observada simplesmente a cisão de carreira que se mostrava única e que, até o surgimento da Defensoria Pública, viera a ser preservada quanto ao Contencioso Geral e à Consultoria Geral. ADI 3720/SP, rel. Min. Marco Aurélio, 31.10.2007. (ADI-3720)

4. Escritório modelo de faculdade e prazo em dobro em São Paulo

▶ Informativo nº 115

Advogado Dativo e Defensor Público

O art. 5º, § 5º da Lei 1.060/50, com a redação dada pela Lei 7.871/89 ("Nos Estados onde a Assistência Judiciária seja organizada e por eles mantida, o defensor público, ou quem exerça cargo equivalente, será intimado pessoalmente de todos os atos do processo, em ambas as instâncias, contando-se-lhes em dobro todos os prazos.") é prerrogativa exclusiva da defensoria pública oficial, não podendo ser estendido a outras entidades de assistência jurídica gratuita. Com esse entendimento, a Turma, por maioria, indeferiu habeas corpus em que se pretendia a aplicação da referida norma relativamente aos advogados do Departamento Jurídico XI de Agosto da Faculdade de Direito da Universidade de São Paulo, com a consequente nulidade do trânsito em julgado do acórdão condenatório do paciente pela falta de intimação pessoal da defesa. Vencido o Min. Ilmar Galvão, relator, que deferia a ordem por entender que a mencionada entidade, conveniada com a Procuradoria de Assistência Judiciária do Estado de São Paulo, enquadra-se na expressão "cargo equivalente" contida no mencionado dispositivo. HC 75.707-SP, rel. originário Min. Ilmar Galvão, red. p/acórdão Min. Octavio Gallotti, 16.6.98.

▶ **Obs:** *atualmente o CPC vem assim vazado: "Art. 186. A Defensoria Pública exercerá a orientação jurídica, a promoção dos direitos humanos e a defesa dos direitos individuais e coletivos dos necessitados, em todos os graus, de forma integral e gratuita. (...) § 3º O disposto no caput aplica-se aos escritórios de prática jurídica das faculdades de Direito reconhecidas na forma da lei e às entidades* *que prestam assistência jurídica gratuita em razão de convênios firmados com a Defensoria Pública."*

5. Fundo de aparelhamento da Defensoria Pública do Rio de Janeiro

▶ Informativo nº 447

Destinação de Taxa a Fundo

ADI – 3643

O Tribunal, por maioria, julgou improcedente pedido formulado em ação direta de inconstitucionalidade proposta pela Associação dos Notários e Registradores do Brasil – ANOREG contra o inciso III do art. 4º da Lei fluminense 4.664/2005, que destina 5% (cinco por cento) das receitas incidentes sobre o recolhimento de custas e emolumentos extrajudiciais ao Fundo Especial da Defensoria Pública do Estado do Rio de Janeiro – FUNDPERJ. Entendeu-se não haver violação ao art. 167, IV, da CF, ao fundamento de não se tratar de imposto, mas de taxa, gerada em razão do exercício do poder de polícia que assiste aos Estados-membros, mediante atuação pelos órgãos diretivos do Poder Judiciário, no plano da vigilância, orientação e correição da atividade notarial e de registro (CF, art. 236, § 1º). Afastou-se, de igual modo, a alegação de usurpação da competência da União para editar normas gerais sobre a fixação de emolumentos (CF, art. 236, § 2º), tendo em conta ser tal competência para dispor sobre as relações jurídicas entre o delegatário da serventia e o público usuário em geral. Asseverou-se, ademais, não haver impedimento quanto à destinação da taxa ao FUNDPERJ, já que vinculada à estrutura e ao funcionamento de órgão estatal essencial à função jurisdicional (CF, art. 134), que efetiva o valor da universalização da justiça (CF, art. 5º, XXXV). Vencido o Min. Marco Aurélio que julgava o pedido procedente, por considerar ter havido ofensa ao art. 236, § 2º, da CF, ressaltando o que disposto no art. 28 da Lei federal 8.935/94, bem como não se estar diante de taxa, ante a inexistência de elo entre o serviço prestado pelos cartórios, os emolumentos recolhidos para fazerem frente a esse serviço, e a atuação da Defensoria Pública. ADI 3643/RJ, rel. Min. Carlos Britto, 8.11.2006. (ADI-3643)

6. Piso remuneratório no Mato Grosso do Sul

▶ Informativo nº 222

Piso Remuneratório e Vinculação

ADI – 1070

O Tribunal julgou procedente ação direta ajuizada pelo Governador do Estado de Mato Grosso do Sul e declarou a inconstitucionalidade, no §

2º do art. 1º da Lei Complementar estadual 66/92, da expressão que garantia aos procuradores da Defensoria Pública um piso remuneratório não "inferior a sete (7) vezes o menor vencimento, a qualquer título, da tabela de referência do Poder Executivo". O Tribunal entendeu caracterizada a inconstitucionalidade formal por ofensa ao art. 63, I, da CF ("Não será admitido aumento da despesa prevista: I – nos projetos de iniciativa exclusiva do Presidente da República,...") dado que a mencionada expressão é resultante de emenda parlamentar, e de inconstitucionalidade material por violação ao art. 37, XIII, da CF, que veda a vinculação de vencimentos para efeito de remuneração do pessoal do serviço público. ADIn 1.070-MS, rel. Min. Sepúlveda Pertence, 29.3.2001. (ADI-1070)

7 Autonomia administrativa e funcional da Defensoria Pública do Piauí

► Informativo nº 143

ADIn: Vício Formal-1

ADI – 575

O Tribunal julgou procedente, em parte, ação direta ajuizada pelo Governador do Estado do Piauí para declarar a inconstitucionalidade de dispositivos da Constituição estadual. Quanto ao art. 145, I, b ("A lei complementar, cuja iniciativa é facultado ao Procurador Geral da Justiça, estabelecerá a organização, as atribuições e o Estatuto do Ministério Público, observando, relativamente a seus membros: I – os direitos: ... b) proventos da aposentadoria atualizados na mesma proporção e na mesma data dos reajustes dos vencimentos e vantagens concedidos, a qualquer título, aos membros do Ministério Público em atividade, assegurando-se entre uns e outros perfeita isonomia, de modo que em nenhum caso, possam os vencimentos ser superiores aos proventos, ou vice-versa"), considerou-se que a parte final do mesmo fugiu do modelo estabelecido pela CF no seu art. 40, § 4º, o qual não fora alterado na sua essência pela EC 20/98 (regra mantida no novo § 8º acrescido), hipótese em que não se aplica a orientação firmada pelo Plenário no sentido de julgar prejudicada no ponto a ação direta [ADIn 1.907-DF (QO), julgada em 18.2.99, v. Informativo 138; e ADIn 512-PB, julgada em 3.3.99, v. Informativo 141]. Em relação ao art. 154, I ("A lei complementar, que dispuser sobre a organização e o funcionamento da Defensoria Pública, estabelecerá: I – a autonomia administrativa e funcional do órgão; ..."), o Tribunal entendeu violado o disposto no art. 61, § 1º, II, d, da CF, que reserva ao Poder Executivo a iniciativa das normas gerais de organização da defensoria pública. Precedentes citados: ADIn 126-RO (DJU de 5.6.92), ADIn 766-RS (DJU de 11.12.98), ADIn 217-PB (julgada em 23.3.90, acórdão pendente de publicação). ADIn 575-PI, rel. Min. Sepúlveda Pertence, 25.3.99. (ADI-575)

► **Observação:** Atualmente, com as Emendas Constitucionais 45, 69, 74 e 80, a autonomia da Defensoria Pública está consolidada no próprio texto constitucional.

8. Autonomia administrativa da Defensoria Pública do Pernambuco

► Informativo nº 462

ADI e Vinculação da Defensoria Pública Estadual à Secretaria de Justiça

ADI – 3569

O Tribunal julgou procedente pedido formulado em ação direta ajuizada pelo Diretório Nacional do Partido Trabalhista Brasileiro – PTB para declarar a inconstitucionalidade da alínea c do inciso IV do art. 2º da Lei 12.775/2005, do Estado de Pernambuco, que vincula a Defensoria Pública Estadual à Secretaria de Justiça e Direitos Humanos – SEJUDH que cria. Entendeu-se que o dispositivo impugnado viola o § 2º do art. 134 da CF, incluído pela EC 45/2004, que assegura às Defensorias Públicas Estaduais autonomia funcional e administrativa e a iniciativa de sua proposta orçamentária. Asseverou-se que a EC 45/2004 não conferiu à Defensoria Pública a iniciativa legislativa para criação de cargos, outorgada ao Ministério Público, continuando ela vinculada, no ponto, ao Poder Executivo estadual (CF, art. 61, §1º). Ressaltou-se, entretanto, que, no caso, a vinculação da Defensoria Pública à Secretaria de Justiça submete a primeira à tutela do Secretário de Estado, que sobre ela deterá poder de controle de legalidade, que é incompatível com o vigente status constitucional da Defensoria Pública. Além disso, afastou-se a alegação de que a ação seria desprovida de utilidade, em razão de o dispositivo impugnado repetir orientação prévia fixada pelo art. 2º da Lei Complementar estadual 20/98, a qual, por não ter sido objeto de impugnação, subsistiria ainda que declarada a inconstitucionalidade do dispositivo questionado. Aduziu-se que, quando da sanção da Lei 12.755/2005, o art. 2º da Lei Complementar 20/98 já estava revogado, por não estar em harmonia com o texto constitucional modificado. A Min. Cármen Lúcia ressalvou que a vinculação, por si só, não acarretaria a quebra da autonomia, mas tendo em conta o que foi dito na ação com relação à tutela, acompanhou o relator. ADI 3569/PE, rel. Min. Sepúlveda Pertence, 2.4.2007. (ADI-3569)

9. Controle externo nas Defensorias Públicas da Paraíba e do Mato Grosso

► Informativo nº 54

Controle Externo: Inconstitucionalidade

Declarada a inconstitucionalidade de norma da Constituição do Estado da Paraíba que instituía o Conselho Estadual de Justiça, composto por dois desembargadores, um representante da Assembleia Legislativa do Estado, o Procurador-Geral do Estado e o Presidente da Seccional da OAB, atribuindo-lhe a fiscalização da atividade administrativa e do desempenho dos deveres funcionais do Poder Judiciário, do Ministério Público, da Advocacia Geral do Estado e da Defensoria Pública. O Tribunal entendeu que a norma impugnada ofende o princípio da separação dos poderes (CF, art. 2º). ADIn 135-PB, rel. Min. Octavio Gallotti, 21.11.96.

► **Informativo nº 78**

Controle Externo: Inconstitucionalidade

No mesmo julgamento, por ofensa ao princípio da separação dos poderes (CF, art. 2º), o Tribunal declarou a inconstitucionalidade dos artigos 121, 122 e 123 da Constituição do Estado de Mato Grosso que criavam o Conselho Estadual de Justiça composto pelo Presidente do Tribunal de Justiça, pelo Corregedor-Geral da Justiça, por um representante da Assembleia Legislativa do Estado, pelo Presidente da OAB/MT, pelo Procurador-Geral de Justiça, pelo Procurador-Geral do Estado, pelo Procurador-Geral da Defensoria Pública e pelo Secretário de Justiça, e davam-lhe atribuições de consulta e de fiscalização nos assuntos relacionados com o desenvolvimento da estrutura do Poder Judiciário, do Ministério Público, da Defensoria Pública e da Procuradoria-Geral do Estado. Precedentes citados: ADIn 135-PB (v. Informativo 54); ADInMC 137-PA (DJU de 21.3.97). ADIn 98-MT, rel. Min. Sepúlveda Pertence, 7.8.97.

10. Defensoria Pública do Pará e violação do princípio do concurso público

► **Informativo 628**

23 a 27 de maio de 2011

PLENÁRIO

Defensoria Pública e princípio do concurso público

Por entender caracterizada ofensa ao princípio do concurso público (CF, artigos 37, II e 134), o Plenário julgou procedente ação direta ajuizada pelo Governador do Estado do Pará para declarar a inconstitucionalidade do art. 84 da Lei Complementar paraense 54/2006, que autoriza a contratação precária de advogados para exercer a função de defensores públicos "até a realização de concurso público". Considerou-se que a forma de recrutamento prevista na norma impugnada não se coadunaria com a Constituição, quer em sua parte permanente, quer na transitória. Destacou-se o art. 22 do ADCT, que assegurou aos defensores – em pleno exercício, à época da instalação dos trabalhos da assembleia constituinte, e que optassem pela carreira – a possibilidade de permanecerem como servidores, tão efetivos quanto estáveis (ADCT: "Art. 22. É assegurado aos defensores públicos investidos na função até a data de instalação da Assembleia Nacional Constituinte o direito de opção pela carreira, com a observância das garantias e vedações previstas no art. 134, parágrafo único, da Constituição"). No mérito, aplicou-se entendimento fixado em precedentes desta Corte no sentido de se assentar a inconstitucionalidade de lei estadual que autorize o Poder Executivo a celebrar contratos administrativos de desempenho de função de defensor público. Concluiu-se por convalidar as atuações dos defensores temporários, sem, no entanto, modular os efeitos da decisão, por não haver comprometimento da prestação da atividade-fim, haja vista existirem 291 defensores públicos distribuídos em 350 comarcas.

ADI 4246/PA, rel. Min. Ayres Britto, 26.5.2011. (ADI-4246)

11. Autonomia financeira e intervenção do Governador

▶ Informativo STF n. 733

16 a 19 de dezembro de 2013.

Plenário.

Defensoria Pública: autonomia financeira e orçamentária

O Plenário referendou medida acauteladora concedida pelo Ministro Dias Toffoli, relator, em arguição de descumprimento de preceito fundamental, com o fim de determinar a suspensão do trâmite legislativo do Projeto de Lei Orçamentária Anual (PLOA) de estado-membro, alusivo a 2014. No caso, o PLOA fora encaminhado à Assembleia Legislativa sem a consolidação de proposta orçamentária da Defensoria Pública estadual, cuja despesa prevista fora reduzida unilateralmente pela chefia do Executivo local. Além disso, a Defensoria Pública fora incluída, no mesmo ato, dentre as secretarias do Executivo. O Tribunal afirmou que a Defensoria Pública possuiria autonomia orçamentária, nos termos do art. 134, § 2º, da CF (§ 2º Às Defensorias Públicas Estaduais são asseguradas autonomia funcional e administrativa e a iniciativa de sua proposta orçamentária dentro dos limites estabelecidos na lei de diretrizes orçamentárias e subordinação ao disposto no art. 99, § 2º). Asseverou, ainda, que a inclusão do órgão dentre as secretarias do Executivo estadual afrontaria essa autonomia. Destacou que a proposta inicialmente encaminhada pela Defensoria Pública estaria de acordo com a Lei de Diretrizes Orçamentárias estadual. Acresceu que a medida adequada a ser tomada pelo Executivo, na hipótese, seria pleitear reduções orçamentárias perante o Legislativo, para que a matéria fosse lá debatida. Assim, o PLOA deveria ser encaminhado à Assembleia Legislativa com a proposta orçamentária da Defensoria Pública, como órgão autônomo e nos valores por ela aprovados. O Ministro Teori Zavascki, ao acompanhar o Colegiado, ressalvou seu entendimento pessoal quanto à legitimação ativa da Associação Nacional dos Defensores Públicos – Anadep, bem assim quanto à eventual inexistência de preceito fundamental violado.

ADPF 307 Referendo-MC/DF, rel. Min. Dias Toffoli, 19.12.2013. (ADPF-307)

Anexo II –
Quadro Geral de Artigos mais Cobrados em Concurso

Sem dúvida, a leitura do texto legal possibilita uma compreensão sistemática e abrangente do assunto que se está a estudar. Ao se preparar para um concurso, é importante que o concursando se ocupe da leitura integral da lei seca, da jurisprudência e da doutrina.

Além disso, é peça fundamental nos estudos a realização de provas e simulados, para que o candidato perceba quais temas são mais recorrentemente cobrados pelas bancas de concursos. Especialmente em provas objetivas, é comum a questão analisar simplesmente o texto legal – daí a importância de se ler a lei frequentemente.

Da análise de questões referentes à Defensoria Pública, percebemos que a grande maioria das questões trata de um número reduzido de dispositivos da Lei Complementar 80/94. Por isso, elaboramos o quadro abaixo, em que consta a transcrição dos dispositivos mais cobrados em provas.

Através dele, o candidato pode relembrar e consultar rapidamente os principais artigos da LC 80/94. Chamamos a atenção, porém, para dois pontos importantes.

Primeiro, alguns dispositivos abaixo transcritos não estão com sua redação integral. Alguns parágrafos e incisos não foram inseridos, pois, como dissemos, o objetivo é apresentar apenas os trechos da LC 80/94 mais recorrentes em provas. Por essa razão, os dispositivos referentes a garantias, prerrogativas e deveres são apresentados apenas uma vez – embora a Lei Complementar traga separadamente os dispositivos referentes à Defensoria Pública da União, do Distrito Federal e Territórios, e dos estados. Ainda que com pequenas diferenças de redação, para uma consulta rápida, acreditamos ser suficiente a transcrição dos dispositivos referentes à Defensoria Pública da União.

Segundo alerta – e mais importante –, algumas questões de concurso tratam de temas não contidos no quadro abaixo, seja porque se referem à jurisprudência, seja por não serem recorrentemente cobradas.

Portanto, repetimos que o quadro abaixo auxilia a consulta a dispositivos muito cobrados em provas, mas não esgota as questões. Por isso, recomendamos firmemente a leitura de toda a obra.

Função essencial à jurisdição e assistência jurídica aos necessitados
Art. 1º A Defensoria Pública é instituição permanente, essencial à função jurisdicional do Estado, incumbindo-lhe, como expressão e instrumento do regime democrático, fundamentalmente, a orientação jurídica, a promoção dos direitos humanos e a defesa, em todos os graus, judicial e extrajudicial, dos direitos individuais e coletivos, de forma integral e gratuita, aos necessitados, assim considerados na forma do inciso LXXIV do art. 5º da Constituição Federal.
Princípios institucionais
Art. 3º São princípios institucionais da Defensoria Pública a unidade, a indivisibilidade e a independência funcional.
Objetivos
Art. 3º-A. São objetivos da Defensoria Pública: (Incluído pela Lei Complementar nº 132, de 2009). I – a primazia da dignidade da pessoa humana e a redução das desigualdades sociais; II – a afirmação do Estado Democrático de Direito; III – a prevalência e efetividade dos direitos humanos; e IV – a garantia dos princípios constitucionais da ampla defesa e do contraditório.
Funções institucionais
Art. 4º São funções institucionais da Defensoria Pública, dentre outras: II – promover, prioritariamente, a solução extrajudicial dos litígios, visando à composição entre as pessoas em conflito de interesses, por meio de mediação, conciliação, arbitragem e demais técnicas de composição e administração de conflitos; III – promover a difusão e a conscientização dos direitos humanos, da cidadania e do ordenamento jurídico; IV – prestar atendimento interdisciplinar, por meio de órgãos ou de servidores de suas Carreiras de apoio para o exercício de suas atribuições; V – exercer, mediante o recebimento dos autos com vista, a ampla defesa e o contraditório em favor de pessoas naturais e jurídicas, em processos administrativos e judiciais, perante todos os órgãos e em todas as instâncias, ordinárias ou extraordinárias, utilizando todas as medidas capazes de propiciar a adequada e efetiva defesa de seus interesses; VI – representar aos sistemas internacionais de proteção dos direitos humanos, postulando perante seus órgãos; VII – promover ação civil pública e todas as espécies de ações capazes de propiciar a adequada tutela dos direitos difusos, coletivos ou individuais homogêneos quando o resultado da demanda puder beneficiar grupo de pessoas hipossuficientes;

IX – impetrar habeas corpus, mandado de injunção, habeas data e mandado de segurança ou qualquer outra ação em defesa das funções institucionais e prerrogativas de seus órgãos de execução;XIV – acompanhar inquérito policial, inclusive com a comunicação imediata da prisão em flagrante pela autoridade policial, quando o preso não constituir advogado;
XVII – atuar nos estabelecimentos policiais, penitenciários e de internação de adolescentes, visando a assegurar às pessoas, sob quaisquer circunstâncias, o exercício pleno de seus direitos e garantias fundamentais;
XVIII – atuar na preservação e reparação dos direitos de pessoas vítimas de tortura, abusos sexuais, discriminação ou qualquer outra forma de opressão ou violência, propiciando o acompanhamento e o atendimento interdisciplinar das vítimas;
XX – participar, quando tiver assento, dos conselhos federais, estaduais e municipais afetos às funções institucionais da Defensoria Pública, respeitadas as atribuições de seus ramos;
XXI – executar e receber as verbas sucumbenciais decorrentes de sua atuação, inclusive quando devidas por quaisquer entes públicos, destinando-as a fundos geridos pela Defensoria Pública e destinados, exclusivamente, ao aparelhamento da Defensoria Pública e à capacitação profissional de seus membros e servidores;
XXII – convocar audiências públicas para discutir matérias relacionadas às suas funções institucionais.
§ 2º As funções institucionais da Defensoria Pública serão exercidas inclusive contra as Pessoas Jurídicas de Direito Público.
§ 4º O instrumento de transação, mediação ou conciliação referendado pelo Defensor Público valerá como título executivo extrajudicial, inclusive quando celebrado com a pessoa jurídica de direito público.
§ 6º A capacidade postulatória do Defensor Público decorre exclusivamente de sua nomeação e posse no cargo público.
§ 7º Aos membros da Defensoria Pública é garantido sentar-se no mesmo plano do Ministério Público.
§ 8º Se o Defensor Público entender inexistir hipótese de atuação institucional, dará imediata ciência ao Defensor Público-Geral, que decidirá a controvérsia, indicando, se for o caso, outro Defensor Público para atuar.
§ 9º O exercício do cargo de Defensor Público é comprovado mediante apresentação de carteira funcional expedida pela respectiva Defensoria Pública, conforme modelo previsto nesta Lei Complementar, a qual valerá como documento de identidade e terá fé pública em todo o território nacional.
§ 11. Os estabelecimentos a que se refere o inciso XVII do caput reservarão instalações adequadas ao atendimento jurídico dos presos e internos por parte dos Defensores Públicos, bem como a esses fornecerão apoio administrativo, prestarão as informações solicitadas e assegurarão acesso à documentação dos presos e internos, aos quais é assegurado o direito de entrevista com os Defensores Públicos.

Direitos dos assistidos
Art. 4º-A. São direitos dos assistidos da Defensoria Pública, além daqueles previstos na legislação estadual ou em atos normativos internos: I – a informação sobre: a) localização e horário de funcionamento dos órgãos da Defensoria Pública; b) a tramitação dos processos e os procedimentos para a realização de exames, perícias e outras providências necessárias à defesa de seus interesses; II – a qualidade e a eficiência do atendimento; III – o direito de ter sua pretensão revista no caso de recusa de atuação pelo Defensor Público; IV – o patrocínio de seus direitos e interesses pelo defensor natural; V – a atuação de Defensores Públicos distintos, quando verificada a existência de interesses antagônicos ou colidentes entre destinatários de suas funções.
Defensor Público-Geral Federal e suas atribuições
Art. 6º A Defensoria Pública da União tem por chefe o Defensor Público-Geral Federal, nomeado pelo Presidente da República, dentre membros estáveis da Carreira e maiores de 35 (trinta e cinco) anos, escolhidos em lista tríplice formada pelo voto direto, secreto, plurinominal e obrigatório de seus membros, após a aprovação de seu nome pela maioria absoluta dos membros do Senado Federal, para mandato de 2 (dois) anos, permitida uma recondução, precedida de nova aprovação do Senado Federal. **Art. 8º** São atribuições do Defensor Público-Geral, dentre outras: IV – integrar, como membro nato, e presidir o Conselho Superior da Defensoria Pública da União; VI – autorizar os afastamentos dos membros da Defensoria Pública da União; VII – estabelecer a lotação e a distribuição dos membros e dos servidores da Defensoria Pública da União; VIII – dirimir conflitos de atribuições entre membros da Defensoria Pública da União, com recurso para seu Conselho Superior; XV – designar membro da Defensoria Pública da União para exercício de suas atribuições em órgão de atuação diverso do de sua lotação ou, em caráter excepcional, perante Juízos, Tribunais ou Ofícios diferentes dos estabelecidos para cada categoria; XVI – requisitar de qualquer autoridade pública e de seus agentes, certidões, exames, perícias, vistorias, diligências, processos, documentos, informações, esclarecimentos e demais providências necessárias à atuação da Defensoria Pública; XIX – requisitar força policial para assegurar a incolumidade física dos membros da Defensoria Pública da União, quando estes se encontrarem ameaçados em razão do desempenho de suas atribuições institucionais; XX – apresentar plano de atuação da Defensoria Pública da União ao Conselho Superior.

Conselho Superior da Defensoria Pública da União e suas atribuições:
Art. 9º A composição do Conselho Superior da Defensoria Pública da União deve incluir obrigatoriamente o Defensor Público-Geral Federal, o Subdefensor Público-Geral Federal e o Corregedor-Geral Federal, como membros natos, e, em sua maioria, representantes estáveis da Carreira, 2 (dois) por categoria, eleitos pelo voto direto, plurinominal, obrigatório e secreto de todos integrantes da Carreira. § 4º São elegíveis os Defensores Públicos Federais que não estejam afastados da Carreira, para mandato de 2 (dois) anos, permitida 1 (uma) reeleição. **Art. 10.** Ao Conselho Superior da Defensoria Pública da União compete: I – exercer o poder normativo no âmbito da Defensoria Pública da União; II – opinar, por solicitação do Defensor Público-Geral, sobre matéria pertinente à autonomia funcional e administrativa da Defensoria Pública da União; XII – organizar os concursos para provimento dos cargos da Carreira de Defensor Público Federal e editar os respectivos regulamentos; XIV – indicar os 6 (seis) nomes dos membros da classe mais elevada da Carreira para que o Presidente da República nomeie, dentre esses, o Subdefensor Público-Geral Federal e o Corregedor-Geral Federal da Defensoria Pública da União;
Corregedoria-Geral da Defensoria Pública da União e suas atribuições
Art. 11. A Corregedoria-Geral da Defensoria Pública da União é órgão de fiscalização da atividade funcional e da conduta dos membros e dos servidores da Defensoria Pública da União. **Art. 12.** A Corregedoria-Geral da Defensoria Pública da União é exercida pelo Corregedor-Geral, indicado dentre os integrantes da classe mais elevada da carreira pelo Conselho Superior e nomeado pelo Presidente da República para mandato de dois anos. **Art. 13.** À Corregedoria-Geral da Defensoria Pública da União compete: I – realizar correições e inspeções funcionais; IV – receber e processar as representações contra os membros da Defensoria Pública da União, encaminhando-as, com parecer, ao Conselho Superior; VI – propor a instauração de processo disciplinar contra membros da Defensoria Pública da União e seus servidores;
Atuação da Defensoria Pública da União
Art. 14. A Defensoria Pública da União atuará nos Estados, no Distrito Federal e nos Territórios, junto às Justiças Federal, do Trabalho, Eleitoral, Militar, Tribunais Superiores e instâncias administrativas da União. § 1º A Defensoria Pública da União deverá firmar convênios com as Defensorias Públicas dos Estados e do Distrito Federal, para que estas, em seu nome, atuem junto aos órgãos de primeiro e segundo graus de jurisdição referidos no *caput*, no desempenho das funções que lhe são cometidas por esta Lei Complementar. § 2º Não havendo na unidade federada Defensoria Pública constituída nos moldes desta Lei Complementar, é autorizado o convênio com a entidade pública que desempenhar essa função, até que seja criado o órgão próprio. § 3º A prestação de assistência judiciária pelos órgãos próprios da Defensoria Pública da União dar-se-á, preferencialmente, perante o Supremo Tribunal Federal e os Tribunais superiores.

Organização da Defensoria Pública da União
Art. 15-A. A organização da Defensoria Pública da União deve primar pela descentralização, e sua atuação deve incluir atendimento interdisciplinar, bem como a tutela dos interesses individuais, difusos, coletivos e individuais homogêneos.
Quadro de carreira da Defensoria Pública da União
Art. 19. A Defensoria Pública da União é integrada pela Carreira de Defensor Público Federal, composta de 3 (três) categorias de cargos efetivos: I – Defensor Público Federal de 2ª Categoria (inicial); II – Defensor Público Federal de 1ª Categoria (intermediária); III – Defensor Público Federal de Categoria Especial (final). **Art. 20.** Os Defensores Públicos Federais de 2ª Categoria atuarão junto aos Juízos Federais, aos Juízos do Trabalho, às Juntas e aos Juízes Eleitorais, aos Juízes Militares, às Auditorias Militares, ao Tribunal Marítimo e às instâncias administrativas. **Art. 21.** Os Defensores Públicos Federais de 1ª Categoria atuarão nos Tribunais Regionais Federais, nas Turmas dos Juizados Especiais Federais, nos Tribunais Regionais do Trabalho e nos Tribunais Regionais Eleitorais. **Art. 22.** Os Defensores Públicos Federais de Categoria Especial atuarão no Superior Tribunal de Justiça, no Tribunal Superior do Trabalho, no Tribunal Superior Eleitoral, no Superior Tribunal Militar e na Turma Nacional de Uniformização dos Juizados Especiais Federais. **Art. 23.** O Defensor Público-Geral atuará junto ao Supremo Tribunal Federal.
Ingresso na carreira
Art. 24. O ingresso na Carreira da Defensoria Pública da União far-se-á mediante aprovação prévia em concurso público, de âmbito nacional, de provas e títulos, com a participação da Ordem dos Advogados do Brasil, no cargo inicial de Defensor Público Federal de 2ª Categoria. **Art. 26.** O candidato, no momento da inscrição, deve possuir registro na Ordem dos Advogados do Brasil, ressalvada a situação dos proibidos de obtê-la, e comprovar, no mínimo, dois anos de prática forense, devendo indicar sua opção por uma das unidades da federação onde houver vaga. § 1º Considera-se como atividade jurídica o exercício da advocacia, o cumprimento de estágio de Direito reconhecido por lei e o desempenho de cargo, emprego ou função, de nível superior, de atividades eminentemente jurídicas. **Art. 26-A.** Aos aprovados no concurso deverá ser ministrado curso oficial de preparação à Carreira, objetivando o treinamento específico para o desempenho das funções técnico-jurídicas e noções de outras disciplinas necessárias à consecução dos princípios institucionais da Defensoria Pública.

Nomeação, promoção, remoção e permuta
Art. 31. As promoções obedecerão aos critérios de antiguidade e merecimento alternadamente. § 1º A antiguidade será apurada na categoria e determinada pelo tempo de efetivo exercício na mesma. § 4º As promoções serão efetivadas por ato do Defensor Público-Geral Federal. **Art. 32.** É facultada a recusa de promoção, sem prejuízo do critério para o preenchimento da vaga recusada. **Art. 34.** Os membros da Defensoria Pública da União são inamovíveis, salvo se apenados com remoção compulsória, na forma desta Lei Complementar. **Art. 35.** A remoção será feita a pedido ou por permuta, sempre entre membros da mesma categoria da carreira. **Art. 36.** A remoção compulsória somente será aplicada com prévio parecer do Conselho Superior, assegurada ampla defesa em processo administrativo disciplinar. **Art. 37.** A remoção a pedido far-se-á mediante requerimento ao Defensor Público-Geral, nos quinze dias seguintes à publicação, no Diário Oficial, do aviso de existência de vaga. § 1º Findo o prazo fixado no caput deste artigo e, havendo mais de um candidato à remoção, será removido o mais antigo na categoria e, ocorrendo empate, sucessivamente, o mais antigo na carreira, no serviço público da União, no serviço público em geral, o mais idoso e o mais bem classificado no concurso para ingresso na Defensoria Pública. § 2º A remoção precederá o preenchimento da vaga por promoção. **Art. 38.** Quando por permuta, a remoção será concedida mediante requerimento do interessado, atendida a conveniência do serviço e observada a ordem de antiguidade na Carreira.
Garantias (aplicáveis a DPU e a Defensoria Pública estadual)
Art. 43. São garantias dos membros da Defensoria Pública da União: I – a independência funcional no desempenho de suas atribuições; II – a inamovibilidade; III – a irredutibilidade de vencimentos; IV – a estabilidade.
Afastamento
Art. 42. O afastamento para estudo ou missão no interesse da Defensoria Pública da União será autorizado pelo Defensor Público-Geral. § 1º O afastamento de que trata este artigo somente será concedido pelo Defensor Público-Geral, após o estágio probatório e pelo prazo máximo de dois anos. § 2º Quando o interesse público o exigir, o afastamento poderá ser interrompido a juízo do Defensor Público-Geral. **Art. 42-A.** É assegurado o direito de afastamento para exercício de mandato em entidade de classe de âmbito nacional, de maior representatividade, sem prejuízo dos vencimentos, vantagens ou qualquer direito inerente ao cargo.

§ 1º O afastamento será concedido ao presidente da entidade de classe e terá duração igual à do mandato, devendo ser prorrogado no caso de reeleição.
§ 2º O afastamento para exercício de mandato será contado como tempo de serviço para todos os efeitos legais.

Garantias (aplicáveis a DPU e Defensoria Pública Estadual)

Art. 43. São garantias dos membros da Defensoria Pública da União:
I – a independência funcional no desempenho de suas atribuições;
II – a inamovibilidade;
III – a irredutibilidade de vencimentos;
IV – a estabilidade.

Prerrogativas (aplicáveis a DPU e a Defensoria Pública Estadual)

Art. 44. São prerrogativas dos membros da Defensoria Pública da União:
I – receber, inclusive quando necessário, mediante entrega dos autos com vista, intimação pessoal em qualquer processo e grau de jurisdição ou instância administrativa, contando-se-lhes em dobro todos os prazos;
II – não ser preso, senão por ordem judicial escrita, salvo em flagrante, caso em que a autoridade fará imediata comunicação ao Defensor Público-Geral;
III – ser recolhido a prisão especial ou a sala especial de Estado-Maior, com direito a privacidade e, após sentença condenatória transitada em julgado, ser recolhido em dependência separada, no estabelecimento em que tiver de ser cumprida a pena;
VI – ter vista pessoal dos processos fora dos cartórios e secretarias, ressalvadas as vedações legais;
VII -comunicar-se, pessoal e reservadamente, com seus assistidos, ainda quando esses se acharem presos ou detidos, mesmo incomunicáveis, tendo livre ingresso em estabelecimentos policiais, prisionais e de internação coletiva, independentemente de prévio agendamento;
VIII – examinar, em qualquer repartição pública, autos de flagrantes, inquéritos e processos, assegurada a obtenção de cópias e podendo tomar apontamentos;
IX – manifestar-se em autos administrativos ou judiciais por meio de cota;
X – requisitar de autoridade pública e de seus agentes exames, certidões, perícias, vistorias, diligências, processos, documentos, informações, esclarecimentos e providências necessárias ao exercício de suas atribuições;
XI – representar a parte, em feito administrativo ou judicial, independentemente de mandato, ressalvados os casos para os quais a lei exija poderes especiais;
XII – deixar de patrocinar ação, quando ela for manifestamente incabível ou inconveniente aos interesses da parte sob seu patrocínio, comunicando o fato ao Defensor Público-Geral, com as razões de seu proceder;
XIV – ser ouvido como testemunha, em qualquer processo ou procedimento, em dia, hora e local previamente ajustados com a autoridade competente;

Parágrafo único. Quando, no curso de investigação policial, houver indício de prática de infração penal por membro da Defensoria Pública da União, a autoridade policial, civil ou militar, comunicará, imediatamente, o fato ao Defensor Público-Geral, que designará membro da Defensoria Pública para acompanhar a apuração.

Deveres (aplicáveis a DPU e a Defensoria Pública estadual)
Art. 45. São deveres dos membros da Defensoria Pública da União: I – residir na localidade onde exercem suas funções; V – atender ao expediente forense e participar dos atos judiciais, quando for obrigatória a sua presença; VI – declarar-se suspeito ou impedido, nos termos da lei; VII – interpor os recursos cabíveis para qualquer instância ou Tribunal e promover revisão criminal, sempre que encontrar fundamentos na lei, jurisprudência ou prova dos autos, remetendo cópia à Corregedoria-Geral.
Proibições e impedimentos (aplicáveis a DPU e a Defensoria Pública estadual)
Art. 46. Além das proibições decorrentes do exercício de cargo público, aos membros da Defensoria Pública da União é vedado: I – exercer a advocacia fora das atribuições institucionais; II – requerer, advogar, ou praticar em Juízo ou fora dele, atos que de qualquer forma colidam com as funções inerentes ao seu cargo, ou com os preceitos éticos de sua profissão; III – receber, a qualquer título e sob qualquer pretexto, honorários, percentagens ou custas processuais, em razão de suas atribuições; IV – exercer o comércio ou participar de sociedade comercial, exceto como cotista ou acionista; V – exercer atividade político-partidária, enquanto atuar junto à justiça eleitoral.
Art. 47. Ao membro da Defensoria Pública da União é defeso exercer suas funções em processo ou procedimento: I – em que seja parte ou, de qualquer forma, interessado; II – em que haja atuado como representante da parte, perito, Juiz, membro do Ministério Público, Autoridade Policial, Escrivão de Polícia, Auxiliar de Justiça ou prestado depoimento como testemunha; III – em que for interessado cônjuge ou companheiro, parente consanguíneo ou afim em linha reta ou colateral, até o terceiro grau; IV – no qual haja postulado como advogado de qualquer das pessoas mencionadas no inciso anterior; V – em que qualquer das pessoas mencionadas no inciso III funcione ou haja funcionado como Magistrado, membro do Ministério Público, Autoridade Policial, Escrivão de Polícia ou Auxiliar de Justiça; VI – em que houver dado à parte contrária parecer verbal ou escrito sobre o objeto da demanda; **Art. 48.** Os membros da Defensoria Pública da União não podem participar de comissão, banca de concurso, ou qualquer decisão, quando o julgamento ou votação disser respeito a seu cônjuge ou companheiro, ou parente consanguíneo ou afim em linha reta ou colateral, até o terceiro grau.

Defensoria Pública dos Estados
Art. 97-A. À Defensoria Pública do Estado é assegurada autonomia funcional, administrativa e iniciativa para elaboração de sua proposta orçamentária, dentro dos limites estabelecidos na lei de diretrizes orçamentárias, cabendo-lhe, especialmente: I – abrir concurso público e prover os cargos de suas Carreiras e dos serviços auxiliares; II – organizar os serviços auxiliares; III – praticar atos próprios de gestão; **Art. 97-B.** A Defensoria Pública do Estado elaborará sua proposta orçamentária atendendo aos seus princípios, às diretrizes e aos limites definidos na lei de diretrizes orçamentárias, encaminhando-a ao Chefe do Poder Executivo para consolidação e encaminhamento ao Poder Legislativo. § 3º Durante a execução orçamentária do exercício, não poderá haver a realização de despesas que extrapolem os limites estabelecidos na lei de diretrizes orçamentárias, exceto se previamente autorizadas, mediante a abertura de créditos suplementares ou especiais. § 4º Os recursos correspondentes às suas dotações orçamentárias próprias e globais, compreendidos os créditos suplementares e especiais, ser-lhe-ão entregues, até o dia 20 (vinte) de cada mês, na forma do art. 168 da Constituição Federal. § 5º As decisões da Defensoria Pública do Estado, fundadas em sua autonomia funcional e administrativa, obedecidas as formalidades legais, têm eficácia plena e executoriedade imediata, ressalvada a competência constitucional do Poder Judiciário e do Tribunal de Contas. **Art. 98.** A Defensoria Pública dos Estados compreende: I – órgãos de administração superior: a) a Defensoria Pública-Geral do Estado; b) a Subdefensoria Pública-Geral do Estado; c) o Conselho Superior da Defensoria Pública do Estado; d) a Corregedoria-Geral da Defensoria Pública do Estado; II – órgãos de atuação: a) as Defensorias Públicas do Estado; b) os Núcleos da Defensoria Pública do Estado; III – órgãos de execução: a) os Defensores Públicos do Estado. IV – órgão auxiliar: Ouvidoria-Geral da Defensoria Pública do Estado.
Defensor Público-Geral do Estado
Art. 99. A Defensoria Pública do Estado tem por chefe o Defensor Público-Geral, nomeado pelo Governador do Estado, dentre membros estáveis da Carreira e maiores de 35 (trinta e cinco) anos, escolhidos em lista tríplice formada pelo voto direto, secreto, plurinominal e obrigatório de seus membros, para mandato de 2 (dois) anos, permitida uma recondução. § 3º O Conselho Superior editará as normas regulamentando a eleição para a escolha do Defensor Público-Geral.

§ 4º Caso o Chefe do Poder Executivo não efetive a nomeação do Defensor Público-Geral nos 15 (quinze) dias que se seguirem ao recebimento da lista tríplice, será investido automaticamente no cargo o Defensor Público mais votado para exercício do mandato.

Conselho Superior das Defensorias Públicas dos Estados

Art. 101. A composição do Conselho Superior da Defensoria Pública do Estado deve incluir obrigatoriamente o Defensor Público-Geral, o Subdefensor Público-Geral, o Corregedor-Geral e o Ouvidor-Geral, como membros natos, e, em sua maioria, representantes estáveis da Carreira, eleitos pelo voto direto, plurinominal, obrigatório e secreto de seus membros, em número e forma a serem fixados em lei estadual.

§ 1º O Conselho Superior é presidido pelo Defensor Público-Geral, que terá voto de qualidade, exceto em matéria disciplinar.

§ 2º As eleições serão realizadas em conformidade com as instruções baixadas pelo Conselho Superior da Defensoria Pública do Estado.

§ 3º Os membros do Conselho Superior são eleitos para mandato de 2 (dois) anos, permitida uma reeleição.

§ 4º São elegíveis os membros estáveis da Defensoria Pública que não estejam afastados da Carreira.

§ 5º O presidente da entidade de classe de maior representatividade dos membros da Defensoria Pública do Estado terá assento e voz nas reuniões do Conselho Superior.

Art. 102. Ao Conselho Superior compete exercer as atividades consultivas, normativas e decisórias a serem previstas na lei estadual.

§ 1º Caberá ao Conselho Superior decidir sobre a fixação ou a alteração de atribuições dos órgãos de atuação da Defensoria Pública e, em grau de recurso, sobre matéria disciplinar e os conflitos de atribuições entre membros da Defensoria Pública, sem prejuízo de outras atribuições.

§ 2º Caberá ao Conselho Superior aprovar o plano de atuação da Defensoria Pública do Estado, cujo projeto será precedido de ampla divulgação.

§ 3º As decisões do Conselho Superior serão motivadas e publicadas, e suas sessões deverão ser públicas, salvo nas hipóteses legais de sigilo, e realizadas, no mínimo, bimestralmente, podendo ser convocada por qualquer conselheiro, caso não realizada dentro desse prazo.

Corregedoria-Geral das Defensorias Públicas dos Estados

Art. 104. A Corregedoria-Geral é exercida pelo Corregedor-Geral indicado dentre os integrantes da classe mais elevada da Carreira, em lista tríplice formada pelo Conselho Superior, e nomeado pelo Defensor Público-Geral para mandato de 2 (dois) anos, permitida 1 (uma) recondução.

§ 2º A lei estadual poderá criar um ou mais cargos de Subcorregedor, fixando as atribuições e especificando a forma de designação.

Art. 105. À Corregedoria-Geral da Defensoria Pública do Estado compete:

IX – baixar normas, no limite de suas atribuições, visando à regularidade e ao aperfeiçoamento das atividades da Defensoria Pública, resguardada a independência funcional de seus membros; (Incluído pela Lei Complementar nº 132, de 2009).

X – manter atualizados os assentamentos funcionais e os dados estatísticos de atuação dos membros da Defensoria Pública, para efeito de aferição de merecimento; (Incluído pela Lei Complementar nº 132, de 2009).

XI – expedir recomendações aos membros da Defensoria Pública sobre matéria afeta à competência da Corregedoria-Geral da Defensoria Pública;

Ouvidoria-Geral das Defensorias Públicas dos Estados

Art. 105-A. A Ouvidoria-Geral é órgão auxiliar da Defensoria Pública do Estado, de promoção da qualidade dos serviços prestados pela Instituição.

Parágrafo único. A Ouvidoria-Geral contará com servidores da Defensoria Pública do Estado e com a estrutura definida pelo Conselho Superior após proposta do Ouvidor-Geral.

Art. 105-B. O Ouvidor-Geral será escolhido pelo Conselho Superior, dentre cidadãos de reputação ilibada, não integrante da Carreira, indicados em lista tríplice formada pela sociedade civil, para mandato de 2 (dois) anos, permitida 1 (uma) recondução.

§ 1º O Conselho Superior editará normas regulamentando a forma de elaboração da lista tríplice.

§ 2º O Ouvidor-Geral será nomeado pelo Defensor Público-Geral do Estado.

§ 3º O cargo de Ouvidor-Geral será exercido em regime de dedicação exclusiva.

Art. 105-C. À Ouvidoria-Geral compete:

I – receber e encaminhar ao Corregedor-Geral representação contra membros e servidores da Defensoria Pública do Estado, assegurada a defesa preliminar;

II – propor aos órgãos de administração superior da Defensoria Pública do Estado medidas e ações que visem à consecução dos princípios institucionais e ao aperfeiçoamento dos serviços prestados;

III – elaborar e divulgar relatório semestral de suas atividades, que conterá também as medidas propostas aos órgãos competentes e a descrição dos resultados obtidos;

IV – participar, com direito a voz, do Conselho Superior da Defensoria Pública do Estado;

V – promover atividades de intercâmbio com a sociedade civil;

VI – estabelecer meios de comunicação direta entre a Defensoria Pública e a sociedade, para receber sugestões e reclamações, adotando as providências pertinentes e informando o resultado aos interessados;

VII – contribuir para a disseminação das formas de participação popular no acompanhamento e na fiscalização da prestação dos serviços realizados pela Defensoria Pública;

VIII – manter contato permanente com os vários órgãos da Defensoria Pública do Estado, estimulando-os a atuar em permanente sintonia com os direitos dos usuários;

IX – coordenar a realização de pesquisas periódicas e produzir estatísticas referentes ao índice de satisfação dos usuários, divulgando os resultados.

Parágrafo único. As representações podem ser apresentadas por qualquer pessoa, inclusive pelos próprios membros e servidores da Defensoria Pública do Estado, entidade ou órgão público.

Atuação da Defensoria Pública do Estado
Art. 106. A Defensoria Pública do Estado prestará assistência jurídica aos necessitados, em todos os graus de jurisdição e instâncias administrativas do Estado. Parágrafo único. À Defensoria Pública do Estado caberá interpor recursos aos Tribunais Superiores, quando cabíveis. **Art. 106-A.** A organização da Defensoria Pública do Estado deve primar pela descentralização, e sua atuação deve incluir atendimento interdisciplinar, bem como a tutela dos interesses individuais, difusos, coletivos e individuais homogêneos. **Art. 107.** A Defensoria Pública do Estado poderá atuar por intermédio de núcleos ou núcleos especializados, dando-se prioridade, de todo modo, às regiões com maiores índices de exclusão social e adensamento populacional. **Art. 108.** Aos membros da Defensoria Pública do Estado incumbe, sem prejuízo de outras atribuições estabelecidas pelas Constituições Federal e Estadual, pela Lei Orgânica e por demais diplomas legais, a orientação jurídica e a defesa dos seus assistidos, no âmbito judicial, extrajudicial e administrativo. Parágrafo único. São, ainda, atribuições dos Defensores Públicos Estaduais: I – atender às partes e aos interessados; II – participar, com direito a voz e voto, dos Conselhos Penitenciários; III – certificar a autenticidade de cópias de documentos necessários à instrução de processo administrativo ou judicial, à vista da apresentação dos originais; IV – atuar nos estabelecimentos prisionais, policiais, de internação e naqueles reservados a adolescentes, visando ao atendimento jurídico permanente dos presos provisórios, sentenciados, internados e adolescentes, competindo à administração estadual reservar instalações seguras e adequadas aos seus trabalhos, franquear acesso a todas as dependências do estabelecimento independentemente de prévio agendamento, fornecer apoio administrativo, prestar todas as informações solicitadas e assegurar o acesso à documentação dos assistidos, aos quais não poderá, sob fundamento algum, negar o direito de entrevista com os membros da Defensoria Pública do Estado.

Anexo III – Entendimentos mais Importantes do STJ e do STF

Como forma de possibilitar ao leitor um panorama geral dos entendimentos do Superior Tribunal de Justiça e do Supremo Tribunal Federal apresentados ao longo do livro, compilamos os dados mais relevantes contidos nos informativos e acórdãos em frases curtas, abaixo apresentadas. Dessa forma, o leitor pode conferir rapidamente os principais pontos da Lei Orgânica que foram objeto de análise pelas Cortes Superiores.

Antes, porém, dois esclarecimentos.

Primeiro, os entendimentos foram listados de forma lógica, sistemática, e não necessariamente na ordem em que apareceram no livro.

Segundo, quando a matéria foi analisada por ambas as Cortes Superiores, o entendimento foi inserido repetidamente nos dois quadros – com o objetivo de fixar melhor o conhecimento.

SUPERIOR TRIBUNAL DE JUSTIÇA
– a gratuidade de justiça pode ser concedida em qualquer fase do processo;
– a Defensoria Pública tem legitimidade para ação civil pública em defesa de consumidores de energia elétrica (art. 5º, II, Lei 7.347/85, com redação dada pela Lei nº 11.448/2007);
– a Defensoria Pública pode atuar como assistente de acusação, no patrocínio de vítima hipossuficiente;
– a atuação da Defensoria Pública da União junto aos Tribunais Superiores não é exclusiva; se a Defensoria Pública estadual cria um posto avançado em Brasília ou adere ao portal eletrônico de intimações, a Instituição estadual deve ser intimada das decisões e pode atuar nos processos, pois tem capacidade postulatória plena. Seus atos não precisam ser ratificados pela Defensoria Pública da União;
– a ocorrência de greve nos quadros da Defensoria Pública não suspende o curso dos prazos processuais pertinentes à atuação da Instituição;
– a prerrogativa de atuar em defesa do assistido sem a necessidade de procuração alcança também a propositura de Revisão Criminal.

SUPREMO TRIBUNAL FEDERAL
– a falta de intimação do defensor público para o ato acarreta nulidade absoluta;
– a previsão genérica acerca do direito à assistência judiciária ao servidor público processado não ofende a Constituição da República. Entretanto, a previsão que define como atribuição da Defensoria Pública a defesa de servidor processado em razão do exercício de suas atribuições foi interpretada como inconstitucional, ao argumento de violação do art. 134 da Constituição da República, na medida em que alargou o rol de atribuições da Instituição;
– é inconstitucional Lei Estadual que prevê a contratação temporária de advogados para exercer função que compete à Defensoria Pública, uma vez que a função de defesa jurídica do hipossuficiente não é extraordinária ou excepcional, a possibilitar a contratação temporária de advogados para prestação desse serviço;
– a prerrogativa de intimação pessoal é válida também para o defensor público estadual que atua junto aos Tribunais Superiores;

Anexo IV – Questões Específicas da Defensoria Pública de São Paulo

Ao examinar questões para serem inseridas ao longo do livro, percebemos que o concurso da Defensoria Pública de São Paulo apresenta algumas questões ligadas mais especificamente à sua própria lei orgânica, a Lei Complementar Estadual nº 988/2006.

Por isso, pareceu-nos adequado inserir, na forma de anexo, algumas questões da Defensoria Pública do Estado de São Paulo que não se referem a matérias que podem ser solucionadas apenas com o conhecimento da Lei Complementar Nacional nº 80/1994.

Optamos, então, pelo seguinte método: as questões da Defensoria Pública de São Paulo relacionadas à LC nº 80/1994 foram inseridas ao longo do texto. As que se referem especificamente à Lei Complementar Estadual nº 988/2006 constam deste anexo. Abaixo da questão, transcrevemos o texto legal que a soluciona, **considerando o vigente à época da realização do certame**.

Questão 01

- **DP/SP – 2009 – FCC**

  Um cidadão procura a Defensoria Pública do Estado visando à propositura de ação de indenização. Após atenta análise da situação apresentada, o Defensor Público não vislumbra qualquer viabilidade jurídica da pretensão. Nesse caso, o Defensor Público deve

  A) ajuizar a ação, tendo em vista a indisponibilidade do direito à assistência jurídica gratuita.

  B) negar o ajuizamento da ação, buscando a ratificação de seu posicionamento pelo coordenador da unidade à qual está vinculado.

  C) negar o ajuizamento da ação, encaminhando o cidadão à Ouvidoria-Geral da Defensoria Pública.

  D) negar o ajuizamento da ação, informando o cidadão sobre os motivos da decisão proferida e comunicando-os ao Defensor Público superior imediato.

  E) ajuizar a ação, informando o cidadão sobre os riscos de eventual indeferimento judicial.

  Gabarito: letra D.

→ **Base legal:**

Artigo 162 – São prerrogativas dos membros da Defensoria Pública do Estado, além daquelas definidas na legislação federal:

[...]

VII – deixar de patrocinar ação, quando manifestamente incabível ou inconveniente aos interesses da parte sob seu patrocínio, comunicando ao Defensor Público superior imediato as razões do seu proceder, podendo este, se discordar fundamentadamente das razões apresentadas, propor a ação ou designar outro Defensor Público para que o faça;

Observação: a disciplina da Defensoria Pública de São Paulo é diferente daquela prevista na LC nº 80/94, que prevê a comunicação ao Defensor Público-Geral (art. 44, XII; art. 128, XII).

Questão 02

- **DP/SP – 2009 – FCC**

Os Núcleos Especializados da Defensoria Pública do Estado caracterizam-se

A) por sua natureza transitória, tendo em vista o período de 2 (dois) anos da designação de seus integrantes, permitida a recondução por igual prazo.

B) por exercerem, simultaneamente, funções de execução e de assessoria a outros órgãos de atuação.

C) pela restrição de suas atribuições, voltadas à propositura de medidas judiciais para a tutela de interesses coletivos e difusos.

D) pela rígida definição legal dos temas a que estão vinculados.

E) pela possibilidade de compilação e remessa de informações técnico-jurídicas, com caráter vinculativo, aos Defensores Públicos.

Gabarito: letra B.

→ **Base legal:**

Artigo 52 – A Defensoria Pública do Estado contará com Núcleos Especializados, de natureza permanente, que atuarão prestando suporte e auxílio no desempenho da atividade funcional dos membros da instituição.

Questão 03

- **DP/SP – 2009 – FCC**

Compete à Escola da Defensoria Pública do Estado:

(A) coordenar a realização de pesquisas periódicas referentes ao índice de satisfação dos usuários.

(B) fixar as rotinas para atuação dos Defensores Públicos.

(C) auxiliar o Conselho Superior na fixação de parâmetros mínimos de qualidade para atuação dos Defensores Públicos.

(D) criar e manter bancos de dados sobre as atividades da Defensoria Pública do Estado.

(E) organizar reuniões periódicas em cada unidade da Defensoria Pública do Estado para a definição das teses institucionais, que deverão ser observadas por todos os membros da carreira.

Gabarito: letra C.

→ **Base legal:**

Artigo 58 – A Escola é órgão auxiliar da Defensoria Pública do Estado, competindo-lhe:

[...]

XIV – auxiliar o Conselho Superior na fixação de parâmetros mínimos de qualidade para atuação dos Defensores Públicos;

Questão 04

- **DP/SP – 2009 – FCC**

Quanto ao regime disciplinar da carreira de Defensor Público do Estado, é correto afirmar:

A) as correições extraordinárias serão realizadas pelo Corregedor-Geral, desde que determinadas pelo Defensor Público-Geral ou pelo Conselho Superior.

B) a pena de censura será aplicada, por escrito, no caso de primeiro descumprimento de dever funcional de pequena gravidade.

C) ao Corregedor-Geral compete a instauração de sindicância contra membro da Defensoria Pública, mediante a provocação de qualquer pessoa, preservado o anonimato.

D) o abandono de cargo caracteriza-se pelo não comparecimento do Defensor Público ao serviço por mais de 30 (trinta) dias.

E) ao Corregedor-Geral compete a instauração de processo administrativo, por determinação do Ouvidor-Geral.

Gabarito: letra D.

→ **Base legal:**

Art. 183. [...]

§ 1º – Considerar-se-á abandono de cargo o não comparecimento do Defensor Público ao serviço por mais de 30 (trinta) dias.

Questão 05

- **DP/SP – 2009 – FCC**

  Em relação aos Estagiários de Direito da Defensoria Pública do Estado de São Paulo, pode-se afirmar:

  A) são órgãos auxiliares da instituição.

  (B) são selecionados pela Escola da Defensoria Pública.

  C) são descredenciados após o período de 1 (um) ano de estágio.

  D) podem se licenciar por até 10 (dez) dias por ano para a realização de provas, mediante autorização do Conselho Superior.

  E) para o credenciamento, devem estar matriculados a partir do último ano do curso superior de graduação.

  Gabarito: letra A.

  → **Base legal:**

  Artigo 56 – São órgãos auxiliares da Defensoria Pública do Estado:

  [...]

  VII – os Estagiários.

  Artigo 73 – O estágio de direito compreende o exercício transitório de funções auxiliares dos Defensores Públicos, como definido nesta lei complementar.

Questão 06

- **DP/SP – 2009 – FCC**

  A gestão do Fundo de Assistência Judiciária compete

  A) ao Defensor Público-Geral do Estado.

  B) ao Conselho Superior da Defensoria Pública do Estado.

  C) à Escola da Defensoria Pública-Geral do Estado.

  D) aos Núcleos Especializados da Defensoria Pública.

  E) à Ouvidoria-Geral da Defensoria Pública.

  Gabarito: letra A.

  → **Base legal:**

  Artigo 19 – São atribuições do Defensor Público– Geral do Estado, dentre outras:

  [...]

  V – gerir o Fundo de Assistência Judiciária;

Questão 07

- **DP/SP – 2009 – FCC**

  O Plano Anual de Atuação da Defensoria Pública

A) é aprovado pelo Defensor Público-Geral após ampla participação popular, através da realização de Conferência Estadual e de Conferências Regionais.

B) é precedido da realização de Conferência Estadual e de Conferências Regionais, a cada dois anos.

C) é proposto pelo Ouvidor-Geral da Defensoria Pública ao Conselho Superior e deve ser observado pelos membros da Defensoria Pública do Estado, sempre que possível.

D) tem caráter não-vinculativo em relação à atuação institucional e é precedido da realização anual de Conferência Estadual e de Conferências Regionais.

E) efetiva o direito dos usuários do serviço à qualidade na execução das funções que competem à Defensoria Pública.

Gabarito: letra B.

→ **Base legal:**

Artigo 31 – Ao Conselho Superior compete:

[...]

XIX – aprovar o plano anual de atuação da Defensoria Pública do Estado, garantida a ampla participação popular, em especial de representantes de todos os conselhos estaduais, municipais e comunitários, de entidades, organizações não-governamentais e movimentos populares, através da realização de conferências estaduais e regionais, observado o regimento interno;

[...]

Parágrafo único – Para os fins previstos no inciso XIX deste artigo, o Conselho Superior regulamentará e organizará a Conferência Estadual da Defensoria Pública e as Pré-Conferências Regionais, contando com o auxílio das Defensorias Regionais do Interior, da Capital e da Região Metropolitana.

Questão 08

- **DP/SP – 2010 – FCC**

A ouvidoria Geral da Defensoria Pública do Estado de São Paulo, após receber queixas de usuários reclamando da dificuldade de identificação do responsável pelo atendimento, resolve formular sugestão de procedimento interno de caráter vinculativo. Apreciar e decidir o pedido é de competência

A) da Coordenação da Regional da Defensoria Pública onde o fato ocorreu, que deverá editar ato de observância obrigatória pelos Defensores nela classificados.

B) do Defensoria Público-Geral, a quem compete zelar pelo respeito aos direitos dos necessitados.

C) da Escola da Defensoria Pública, a quem compete a fixação de parâmetros mínimos de qualidade para atuação dos Defensores Públicos.

D) da Corregedoria Geral da Defensoria Pública, que deve realizar a fiscalização da regularidade do serviço.

E) do Conselho Superior da Defensoria Pública, a quem compete, ouvida a Escola da Defensoria Pública, a fixação de rotinas para atuação dos Defensores públicos.

Gabarito: letra B.

→ **Base legal:**

Art. 31 – Ao Conselho Superior compete:

[...]

XVIII – sugerir ao Defensor Público-Geral do Estado a edição de recomendações aos órgãos da Defensoria Pública do Estado para o desempenho de suas funções e a adoção de medidas convenientes ao aprimoramento dos serviços;

Questão 09

- **DP/SP – 2010 – FCC**

Quanto à organização da Defensoria Pública do Estado de São Paulo, é correto afirmar:

A) A Escola da Defensoria Pública é órgão da administração superior, sem assento no Conselho Superior.

B) Os Subdefensores Gerais, vinculados à administração superior, são membros natos do Conselho Superior.

C) Os Núcleos Especializados, ao lado dos Defensores Públicos, são órgãos de execução e possuem representante eleito no Conselho Superior.

D) Os Centros de Atendimento Multidisciplinar são coordenados por Defensor Público designado e possuem representante eleito no Conselho Superior.

E) A Corregedoria Geral é órgão da administração superior, sem direito a voto no Conselho Superior.

Gabarito: letra C.

→ **Base legal:**

Artigo 26 – O Conselho Superior da Defensoria Pública do Estado será integrado pelos seguintes membros:

[...]

VI – um representante dos Núcleos Especializados;

SEÇÃO III – Dos Órgãos de Execução e de Atuação

SUBSEÇÃO II – Dos Núcleos Especializados

Artigo 52 – A Defensoria Pública do Estado contará com Núcleos Especializados, de natureza permanente, que atuarão prestando suporte e auxílio no desempenho da atividade funcional dos membros da instituição.

Questão 10

- **DP/SP – 2010 – FCC**

Consoante prevê a Lei Complementar Estadual nº 988, de 09 de janeiro de 2006, a observância do plano anual de atuação, aprovado pelo Conselho Superior da Defensoria Pública do Estado após a realização de conferências regionais e estadual com ampla participação popular, constitui

A) princípio institucional de Defensoria Pública.

B) dever dos membros da Defensoria Pública.

C) faculdade dos membros da Defensoria Pública sujeita à análise de conveniência e oportunidade.

D) prerrogativa dos membros da Defensoria Pública.

E) atribuição institucional da Defensoria Pública.

Gabarito: letra B.

→ **Base legal:**

Artigo 31 – Ao Conselho Superior compete:

[...]

XIX – aprovar o plano anual de atuação da Defensoria Pública do Estado, garantida a ampla participação popular, em especial de representantes de todos os conselhos estaduais, municipais e comunitários, de entidades, organizações não-governamentais e movimentos populares, através da realização de conferências estaduais e regionais, observado o regimento interno;

Artigo 164 – São deveres dos membros da Defensoria Pública do Estado, além de outros previstos em lei:

[...]

XIX – observar fielmente o plano anual de atuação, aprovado pelo Conselho Superior;

Questão 11

- **DP/SP – 2010 – FCC**

O afastamento do Defensor Público, sem prejuízo da retribuição pecuniária, está subordinado à

A) autorização do Conselho Superior, quando destinado ao exercício de cargo de Secretário de Estado.

B) autorização do Conselho Superior, quando destinado ao exercício de mandato em entidade de classe de Defensor Público.

C) autorização do Defensor Público-Geral, quando destinado à participação do interessado em certame científico de interesse da instituição.

D) confirmação do interessado em seu estágio probatório, quando destinado a concorrer a mandato eletivo.

E) duração inferior a um ano, quando destinado ao estudo no exterior em matéria de interesse da instituição.

Gabarito: letra A.

→ **Base legal:**

Artigo 150 – O Defensor Público somente poderá afastar-se do cargo para:

[...]

II – exercer cargo de Ministro de Estado ou de Secretário de Estado;

§ 1º – Os afastamentos previstos nos incisos II a IV e VI deste artigo dependerão de prévia autorização do Conselho Superior, sob pena de nulidade do ato.

§ 2º – Nas hipóteses previstas nos incisos I a V deste artigo, os afastamentos dar-se-ão com ou sem prejuízo da retribuição pecuniária, na forma a ser disciplinada pelo Conselho Superior.

Questão 12

- **DP/SP – 2010 – FCC**

De acordo com a legislação vigente, são reflexos da autonomia funcional e administrativa da Defensoria Pública do Estado a possibilidade de

A) abrir concursos públicos, prover seus cargos e elaborar suas folhas de pagamento.

B) abrir concursos públicos e ampliar seus cargos.

C) praticar atos próprios de gestão, submetendo-se à fiscalização do Tribunal de Contas da União.

D) compor os seus órgãos de administração superior e de atuação, definindo a respectiva retribuição pecuniária.

E) elaboração da própria proposta orçamentária, encaminhando-a ao Poder Legislativo Estadual.

Gabarito: letra A.

→ **Base legal:**

Artigo 7º – À Defensoria Pública do Estado são asseguradas autonomia funcional e administrativa e a iniciativa de sua proposta orçamentária, dentro dos limites estabelecidos na lei de diretrizes orçamentárias, e subordinação ao disposto no artigo 99, § 2º, da Constituição Federal, cabendo-lhe especialmente:

I – praticar atos próprios de gestão;

II – praticar atos e decidir sobre a situação funcional e administrativa do pessoal ativo da carreira de Defensor Público e dos serviços auxiliares organizados em quadros próprios;

III – adquirir bens e contratar serviços, efetuando a respectiva contabilização;

IV – prover os cargos iniciais da carreira e dos serviços auxiliares, bem como aqueles decorrentes de remoção, promoção e demais formas de provimento derivado;

V – editar atos de aposentadoria, exoneração e outros que possam importar a vacância de cargos de carreira e dos serviços auxiliares, bem como os de disponibilidade de membros da Defensoria Pública do Estado e de seus servidores;

VI – instituir seus órgãos de apoio administrativo e os serviços auxiliares;

VII – compor os seus órgãos de administração.

§ 1º – As decisões da Defensoria Pública do Estado, fundadas em sua autonomia funcional e administrativa e obedecidas as formalidades legais, têm auto-executoriedade e eficácia plena, ressalvadas as competências constitucionais dos Poderes Judiciário e Legislativo e do Tribunal de Contas.

§ 2º – Os atos de gestão administrativa da Defensoria Pública do Estado, inclusive no tocante a convênios, contratações e aquisições de bens e serviços, não podem ser condicionados à apreciação prévia de quaisquer órgãos do Poder Executivo.

Questão 13

- **DP/SP – 2012 – FCC**

De acordo com a Lei Complementar n. 988/06,

A) os membros da Defensoria Pública de São Paulo são passíveis das seguintes sanções disciplinares: advertência, censura, remoção compulsória, suspensão, cassação de disponibilidade e de aposentadoria e demissão.

B) o regime disciplinar aplicável ao Defensor Público do Estado de São Paulo é o mesmo regime aplicável ao servidor público civil do Estado.

C) cabe ao Conselho Superior da Defensoria Pública avocar, se entender conveniente e necessário, processo administrativo disciplinar em curso.

D) a sindicância e o processo administrativo disciplinar contra Defensor Público poderão ser instaurados por provocação de qualquer pessoa, vedadas a denúncia anônima e a que não forneça elementos indiciários de infração disciplinar.

E) em decorrência de sua independência funcional o Defensor Público não está obrigado a prestar as informações solicitadas por órgãos da Administração Superior.

Gabarito: letra A.

→ **Base legal:**

Artigo 177 – Os membros da Defensoria Pública do Estado são passíveis das seguintes sanções disciplinares:

I – advertência;

II – censura;

III – remoção compulsória, quando a falta praticada, pela sua gravidade e repercussão, tornar incompatível a permanência do faltoso no órgão de atuação de sua lotação;

IV – suspensão por até 90 (noventa) dias;

V – cassação de disponibilidade e de aposentadoria;

VI – demissão.

Questão 14

- **DP/SP – 2012 – FCC**

Constituem instrumentos e mecanismos de participação popular na gestão e controle da Defensoria Pública do Estado de São Paulo, previstos na Lei Complementar n. 988/06:

A) Conferência Estadual e Pré-Conferências Regionais; Plano Anual de Atuação, Ouvidoria-Geral; Encontro anual de Defensores Públicos; e a possibilidade de uso da palavra por qualquer pessoa nas sessões do Conselho Superior, nos termos regimentais.

B) Conferência Estadual e Pré-Conferências Regionais; Plano Anual de Atuação; Ouvidoria-Geral; e a possibilidade de uso da palavra por qualquer pessoa nas sessões do Conselho Superior, nos termos regimentais.

C) Conferência Estadual e Pré-Conferências Regionais; Plano Anual de Atuação; Ouvidoria-Geral; e o orçamento participativo.

D) Conferência Estadual e Pré-Conferências Regionais; Plano Anual de Atuação; Ouvidoria-Geral; e o controle externo pela Corregedoria-Geral da Administração do Estado.

E) Conferência Estadual e Preferências Regionais; Plano Anual de Atuação; Ouvidoria-Geral; e o Conselho Nacional de Defensores Públicos-Gerais - CONDEGE.

Gabarito: letra B.

→ **Base legal:**

Artigo 6º – São direitos das pessoas que buscam atendimento na Defensoria Pública:

III – a participação na definição das diretrizes institucionais da Defensoria Pública e no acompanhamento da fiscalização das ações e projetos desenvolvidos pela Instituição, da atividade funcional e da conduta pública dos membros e servidores.

§ 3º – O direito previsto no inciso III deste artigo será efetivado através da Conferência Estadual e das Pré-Conferências Regionais da Defensoria Pública, do Plano Anual de Atuação da Defensoria Pública e da Ouvidoria-Geral da Defensoria Pública, na forma desta lei.

Artigo 29 – O Conselho Superior reunir-se-á ordinariamente uma vez por semana, em dia previamente estabelecido, e, extraordinariamente, quando convocado pelo seu Presidente ou por proposta de ao menos 5 (cinco) de seus membros.

§ 4º – Nas sessões públicas será franqueada a palavra a qualquer pessoa ou membro ou servidor da Defensoria Pública, nos termos do regimento interno do Conselho Superior.

Questão 15

- **DP/SP – 2012 – FCC**

A Lei Complementar n. 988/06 estabelece o rol de direitos das pessoas que buscam atendimento na Defensoria Pública. O direito à qualidade na execução das funções exige dos membros da Defensoria Pública determinadas atividades, EXCETO

A) o atendimento, pelo mesmo Defensor Público, de todos os processos relativos a determinada pessoa, que tramitam na mesma Comarca.

B) a urbanidade e respeito no atendimento às pessoas que buscam assistência na Defensoria Pública.

C) o atendimento por ordem de chegada, assegurada prioridade a pessoas idosas, grávidas, doentes e pessoas com deficiência.

D) a igualdade de tratamento, vedado qualquer tipo de discriminação.

E) a adoção de medidas de proteção à saúde ou segurança das pessoas que buscam atendimento na Defensoria Pública.

Gabarito: letra A.

→ **Base legal:**

Artigo 6º – São direitos das pessoas que buscam atendimento na Defensoria Pública:

II – a qualidade na execução das funções;

§ 2º – O direito à qualidade na execução das funções exige dos membros e servidores da Defensoria Pública:

I – urbanidade e respeito no atendimento às pessoas que buscam assistência na Defensoria Pública;

II – atendimento por ordem de chegada, assegurada prioridade a pessoas idosas, grávidas, doentes e portadoras de necessidades especiais;

III – igualdade de tratamento, vedado qualquer tipo de discriminação;

IV – racionalização na execução das funções;

V – adequação entre meios e fins, vedada a imposição de exigências, obrigações, restrições e sanções não previstas em lei;

VI – cumprimento de prazos e normas procedimentais;

VII – fixação e observância de horário e normas compatíveis com o bom atendimento das pessoas que buscam a Defensoria Pública;

VIII – adoção de medidas de proteção à saúde ou segurança das pessoas que buscam atendimento na Defensoria Pública;

IX – vetado;

X – manutenção de instalações limpas, sinalizadas, acessíveis e adequadas ao serviço ou atendimento;

XI – observância dos deveres, proibições e impedimentos previstos nesta lei.

Questão 16

- **DP/SP – 2013 – FCC**

Em razão de graves violações de direitos humanos, Defensores Públicos iniciam medidas extrajudiciais e judiciais que geram grandes atritos com os governos em exercício. Preocupado em arrefecer os atritos, o Conselho Superior da Defensoria Pública, provocado por Conselheiro eleito, aprova tese institucional cujo enunciado restringe a atuação que desencadeou problemas de relacionamento com instâncias do governo em exercício. O ato do Conselho Superior, é

A) legal, porque se o Conselho Superior dá a última palavra em matéria de tese institucional, não há razão para lhe negar a competência de aprová-la diretamente.
B) ilegal, porque discussão e aprovação de tese institucional só poderia ser levada adiante a pedido do Defensor Público-Geral ou um dos demais Conselheiros natos.
C) ilegal, porque discussão e aprovação de tese institucional depende de licença dos Núcleos da Defensoria Pública, enquanto órgãos superiores na atividade-fim.
D) ilegal, porque a aprovação de tese institucional compete aos Defensores Públicos no Encontro Anual que é organizado pela Escola da Defensoria Pública do Estado.
E) legal, porque sendo o órgão superior mais plural compete ao Conselho Superior interferir em assuntos potencialmente danosos à política entre Instituições.

Gabarito: letra D.

→ **Base legal:**

LC n. 988/2006:

Art. 58. A Escola é órgão auxiliar da Defensoria Pública do Estado, competindo-lhe:

XV – organizar encontro anual dos Defensores Públicos para a definição de teses institucionais, que deverão ser observadas por todos os membros da carreira, constituindo parâmetros mínimos de qualidade para atuação

Questão 17

- **DP/SP – 2013 – FCC**

A respeito dos mecanismos de participação popular na Defensoria Pública paulista, considere as seguintes assertivas:

I. Nas sessões do Conselho Superior deve ser franqueada a palavra a qualquer pessoa ou membro ou servidor da Defensoria Pública, nos termos do regimento interno do Conselho, podendo o Colegiado remeter temas polêmicos para sessões reservadas para evitar tumulto nos trabalhos.
II. O Ouvidor-Geral é membro nato do Conselho Superior, sem direito a voto, e exercendo suas atribuições tem livre acesso a todos os locais e documentos necessários à verificação da reclamação.
III. São direitos das pessoas que procuram a Defensoria Pública a participação na definição das diretrizes institucionais e no acompanhamento da fiscalização das ações e projetos desenvolvidos pela Instituição, da atividade funcional e da conduta pública dos membros e servidores.
IV. A proposta orçamentária da Defensoria Pública deve observar, dentre outros aspectos, o plano anual de atuação aprovado em Encontro Anual.

Estão corretas APENAS

A) II, III e IV.

B) I e II.

C) I e III.

D) II e III.

E) I, II e III.

Gabarito: letra D.

→ **Base legal:**

LC n. 988/2006:

Artigo 6º – São direitos das pessoas que buscam atendimento na Defensoria Pública:

III – a participação na definição das diretrizes institucionais da Defensoria Pública e no acompanhamento da fiscalização das ações e projetos desenvolvidos pela Instituição, da atividade funcional e da conduta pública dos membros e servidores.

Artigo 26 – O Conselho Superior da Defensoria Pública do Estado será integrado pelos seguintes membros:

V – o Ouvidor-Geral da Defensoria Pública;

§ 2º – Todos os membros do Conselho Superior, excetuado o Ouvidor-Geral, terão direito a voto, cabendo ao Defensor Público-Geral do Estado, quando for o caso, também o de desempate.

Artigo 29 – O Conselho Superior reunir-se-á ordinariamente uma vez por semana, em dia previamente estabelecido, e, extraordinariamente, quando convocado pelo seu Presidente ou por proposta de ao menos 5 (cinco) de seus membros.

§ 4º – Nas sessões públicas será franqueada a palavra a qualquer pessoa ou membro ou servidor da Defensoria Pública, nos termos do regimento interno do Conselho Superior.

§ 5º – Nas sessões de julgamento de processo administrativo disciplinar, será franqueada a palavra apenas ao Defensor Público interessado e a seu advogado legalmente constituído.

Artigo 31 – Ao Conselho Superior compete:

XIX – aprovar o plano anual de atuação da Defensoria Pública do Estado, garantida a ampla participação popular, em especial de representantes de todos os conselhos estaduais, municipais e comunitários, de entidades, organizações não-governamentais e movimentos populares, através da realização de conferências estaduais e regionais, observado o regimento interno;

Artigo 43 – No exercício de seu cargo ou de suas funções, o Ouvidor-Geral e os Subouvidores terão livre acesso a todos os locais e documentos necessários à verificação da reclamação.

Anexo V – Questões Específicas das Defensorias Públicas dos Estados

Na primeira edição do livro, preparamos um anexo com questões específicas da Defensoria Pública de São Paulo, pois verificamos que o concurso para ingresso nessa carreira trazia muitas questões específicas de sua lei orgânica própria, a Lei Complementar Estadual nº 988/2006.

Ao catalogar as questões de concursos para elaboração da 2ª edição, em diversos concursos estaduais, percebemos o aumento do número de questões ligadas às leis orgânicas respectivas. Por isso, optamos pela inserção de mais este anexo, que apresenta questões de concursos estaduais que cobraram conhecimento de sua lei de regência.

Cumpre esclarecer alguns pontos.

Em diversos estados, a lei estadual própria contém redação similar à da Lei Complementar Nacional. Inclusive, ao longo do livro, já na primeira edição, citamos questões de concursos que mencionavam a lei estadual, mas cuja resposta era encontrada com o simples conhecimento da LC nº 80/94. Tais questões foram mantidas ao longo do texto.

Este anexo contém questões que fazem referência a lei orgânica respectiva. Mencionamos os dispositivos correspondentes de acordo com a época em que aplicado o concurso. Eventuais alterações das legislações locais não foram inseridas, sob pena de a leitura ficar extremamente desgastante, o que não é objetivo desse livro.

O objetivo é proporcionar ao leitor conhecimento e dados úteis sobre pontos específicos das leis estaduais.

Questão 01

- **DP/MG – 2009 – FUMARC.**

  O Governador do Estado de Minas Gerais recebeu a lista tríplice para a nomeação do Defensor Público Geral, porém, deixando transcorrer mais de dois meses, não procedeu a nomeação. Nesse caso:

A) O Conselho Superior da DPMG escolherá, em cinco dias, um dos integrantes da lista, empossando-o imediatamente.

B) Assumirá o cargo, interinamente, o Subdefensor Público Geral, até que ocorra a escolha definitiva pelo Governador dentro da lista tríplice.

C) Caberá à Assembleia Legislativa, no prazo, escolher um dos integrantes da lista tríplice.
D) Considerar-se-á nomeado o Defensor Público mais antigo dentre os indicados.
E) Será investido automaticamente no cargo o Defensor Público mais votado.
Gabarito: letra B

→ **Base legal: artigo 12 da LC estadual nº 65/2003:**

Art. 12 – Ocorrendo a vacância do cargo de Defensor Público Geral, assumirá interinamente o Subdefensor Público Geral, e será realizada nova eleição, em trinta dias, para o preenchimento do cargo, na forma do respectivo edital

Questão 02

- *DP/MG – 2009 – FUMARC.*

Assinale a opção correta acerca das disposições da Lei Complementar Estadual n.º 65/03:

A) Os membros da DPMG adquirem a garantia da estabilidade após três anos de exercício, não podendo perder o cargo a não ser após regular processo administrativo-disciplinar, no qual lhes seja garantida ampla defesa.
B) O membro da DPMG poderá ser removido compulsoriamente do cargo ou função, por motivo de interesse público, mediante decisão do Conselho Superior, por voto de dois terços de seus membros, desde que assegurada a ampla defesa. Pode ainda ser removido voluntariamente através de requerimento direcionado para o Conselho Superior.
C) Os defensores públicos de primeira classe são agentes que atuam em primeira instância, não podendo propor ações diretamente nos tribunais, pois tratando de competência originária dos tribunais, tais ações devem ser propostas por defensores públicos que atuam em segunda instância.
D) Ao Conselho Superior compete decidir, pelo voto da maioria de seus integrantes, sobre a avaliação e a permanência na carreira dos membros da DPMG em estágio probatório.
E) Ao Corregedor-Geral compete baixar instruções, sem caráter vinculativo e no limite de suas atribuições, visando à regularidade e ao aperfeiçoamento das atividades da Defensoria Pública, bem como à independência funcional de seus membros.
Gabarito: letra E.

→ **Base legal: Lei Complementar nº 65/2003.**

Art. 34 – Ao Corregedor-Geral da Defensoria Pública compete:

[...]

XI – baixar instruções, sem caráter vinculativo e no limite de suas atribuições, visando à regularidade e ao aperfeiçoamento das atividades da Defensoria Pública, bem como à independência funcional de seus membros;

Questão 03

- **DP/MG – 2009 – FUMARC.**

Com base na Lei Complementar Estadual n.º 65/03, analise as assertivas abaixo:

I – A Corregedoria-Geral é exercida pelo Corregedor-Geral, indicado entre os integrantes da carreira, em lista sêxtupla elaborada pelo Conselho Superior e nomeado pelo Governador do Estado.

II – A Defensoria Pública-Geral e o Conselho Superior são órgãos da Administração Superior, sendo o Defensor Público-Geral chefe do primeiro e quem sempre presidirá o segundo.

III– O Defensor Público é órgão de execução, exceto se estiver em função administrativa.

IV– São órgãos de atuação da Defensoria Pública: Defensorias Públicas nas Comarcas; Núcleos da Defensoria Pública do Estado; Coordenadorias Regionais de Defensoria Pública, em número de quinze.

V– São órgãos de execução de apoio administrativo: o Gabinete; a Assessoria jurídica e de comunicação; a Superintendência de Planejamento, Gestão e Finanças e a Superintendência de Gestão Jurídica.

Pode-se afirmar que:

A) pelo menos três assertivas estão corretas.

B) somente duas assertivas estão corretas.

C) somente uma assertiva está correta.

D) Todas as assertivas estão incorretas.

E) Há quatro assertivas corretas.

Gabarito: letra B.

→ **Base legal:**

Dividimos a indicação do dispositivo conforme os itens acima indicados

Item I: errado

Art. 33. A Corregedoria-Geral é exercida pelo Corregedor-Geral, indicado entre os integrantes da classe mais elevada da carreira, em lista sêxtupla elaborada pelo Conselho Superior, e nomeado pelo Governador do Estado, para mandato de dois anos.

Item II: certo.

Art. 6º. A Defensoria Pública do Estado de Minas Gerais tem a seguinte estrutura orgânica:

I – órgãos da administração superior:

a) Defensoria Pública-Geral;

b) Subdefensoria Pública-Geral;

c) Conselho Superior da Defensoria Pública;

d) Corregedoria-Geral da Defensoria Pública;

Art. 7º. A Defensoria Pública Geral tem como chefe o Defensor Público Geral, que é nomeado pelo Governador do Estado.

Art. 23. [...]

§ 1º – O Conselho Superior é presidido pelo Defensor Público Geral, respeitadas as exceções previstas nesta lei complementar.

Item III: errado.

Art. 6º A Defensoria Pública do Estado de Minas Gerais tem a seguinte estrutura orgânica:

[...]

III – órgãos de execução, os Defensores Públicos;

Item IV: certo

Art. 6º A Defensoria Pública do Estado de Minas Gerais tem a seguinte estrutura orgânica:

[...]

II – órgãos de atuação:

a) Defensorias Públicas do Estado nas Comarcas:

b) Núcleos da Defensoria Pública do Estado;

c) Coordenadorias Regionais de Defensoria Pública do Estado, em número de quinze;

Item V: errado.

Art. 6º A Defensoria Pública do Estado de Minas Gerais tem a seguinte estrutura orgânica:

[...]

IV – órgãos de execução na área de apoio administrativo:

a) Gabinete;

b) Assessoria Jurídica;

c) Assessoria de Comunicação;

d) Auditoria Setorial;

e) Superintendência de Planejamento, Gestão e Finanças:

1. Diretoria de Recursos Humanos;

2. Diretoria de Recursos Logísticos e Tecnológicos;

3. Diretoria de Contabilidade e Finanças;

4. Diretoria de Planejamento e Orçamento;

f) Superintendência de Gestão da Informática:

1. Diretoria de Desenvolvimento de Programas;

2. Diretoria de Suporte Técnico e Administração de Rede;

3. Diretoria de Gestão da Informação.

g) Superintendência de Gestão Jurídica:

1. Diretoria de Gestão de Direito Privado;

2. Diretoria de Gestão de Direito Público;

3. Diretoria de Assistência Pericial;

4. Diretoria de Estatística.

Questão 04

• *DP/MG – 2009 – FUMARC*

Sobre a responsabilidade funcional dos membros da Defensoria Pública, pode-se afirmar que:

A) A apuração da responsabilidade dar-se-á por meio de procedimento determinado pelo Defensor Público Geral, cabendo a este decidir sobre a penalidade em todos os casos.

B) Nenhuma penalidade será aplicada sem que se garanta o contraditório e a ampla defesa, com os meios e recursos a ela inerentes, podendo ser através de instauração de sindicância ou processo administrativo-disciplinar.

C) A pena de demissão será aplicada ao membro da Defensoria Pública quando houver reincidência em falta punida com suspensão ou remoção compulsória e também quando houver revelação de assunto de caráter sigiloso que conheça em razão do cargo.

D) O membro da Defensoria Pública que praticar infração punível com remoção compulsória ou demissão não poderá aposentar-se até o trânsito em julgado do procedimento administrativo-disciplinar.

E) A prescrição das faltas ocorrerá em dois anos nos casos de punições de advertência e suspensão. Ocorrerá em cinco anos nos demais casos, salvo quando a infração disciplinar for punida em lei como crime, pois neste caso o prazo prescricional regular-se-á pela lei penal.

Gabarito: letra C.

→ **Base legal: Lei Complementar nº 65/2003**

Art. 95 – A pena de demissão será aplicada ao membro da Defensoria Pública quando houver reincidência em falta punida com suspensão ou remoção compulsória e nas seguintes hipóteses, entre outras previstas em lei:

[...]

VI – revelação de assunto de caráter sigiloso que conheça em razão do cargo;

Questão 05

• *DP/MG – 2009 – FUMARC*

Com relação a processo administrativo-disciplinar, recurso e revisão, pode-se afirmar que:

A) O processo administrativo-disciplinar será conduzido por uma comissão composta de três membros, designados pelo Conselho Superior.
B) Em respeito ao princípio da razoável duração do processo, artigo 5º, LXXVIII da CRFB/88, o processo administrativo-disciplinar será concluído no prazo de até sessenta dias contados da conclusão da instrução, não admitindo prorrogação.
C) Poderá o membro da Defensoria Pública ou o seu procurador, no prazo de dez dias contados da intimação, interpor recurso para o Governador do Estado contra decisão condenatória proferida pelo Defensor Público-Geral.
D) Não caberá revisão quando a pretensão for justificar a imposição de pena mais branda.
E) Caberá revisão, a qualquer tempo, do processo administrativo-disciplinar, sempre que forem alegados vícios insanáveis no procedimento ou quando aduzirem fatos novos.
Gabarito: letra E.

→ **Base legal: Lei Complementar nº 65/2003.**

Art. 124 – A revisão do processo administrativo-disciplinar será admitida a qualquer tempo, sempre que forem alegados vícios insanáveis no procedimento ou quando se aduzirem fatos novos ou circunstâncias suscetíveis de provar a inocência ou de justificar a imposição de pena mais branda.

Questão 06

- **DP/PA – 2009 – FCC**

As autonomias funcional e administrativa, que a Constituição Federal assegura à Defensoria Pública, se materializam, dentre outros, na prática do seguinte ato:

a) aquisição de bens e contratação de serviços, em qualquer circunstância, sem prévio procedimento licitatório.
b) nomeação direta pelo Defensor Público Geral dos Defensores Públicos aprovados no concurso de provas e títulos, observada a ordem de classificação e o número de vagas existentes.
c) dar posse aos Defensores Públicos aprovados no concurso de provas e títulos, observada a ordem de classificação e o número de vagas existentes.
d) aumento do número de cargos de Defensor Público por ato do Defensor Público Geral, quando proposto pelo Conselho Superior, considerando a conveniência administrativa e financeira da instituição.
e) elaboração da sua folha de pagamento de acordo com as normas do seu peculiar interesse aprovadas pelo Conselho Superior.
Gabarito: letra C.

→ **Base legal: Lei Complementar nº 54/2006**

Art. 4º À Defensoria Pública do Estado é assegurada autonomia funcional e administrativa, cabendo-lhe especialmente:

[...]

IV – dar posse aos nomeados por concurso público nos cargos iniciais da carreira e dos serviços auxiliares, bem como nos casos de remoção, promoção e demais formas de provimento derivado;

Questão 07

- **DP/PA – 2009 – FCC**

O artigo 56, inciso XV, da Lei Complementar Estadual nº 54/2006 estabelece como prerrogativa do Defensor Público "não ser constrangido, por qualquer forma e modo, a agir em desconformidade com a sua consciência ético-profissional", o que é uma manifestação da:

a) garantia legal da independência funcional do Defensor Público.
b) garantia legal da estabilidade do Defensor Público.
c) princípio constitucional da eficiência da Administração Pública.
d) princípio constitucional da moralidade da Administração Pública.
e) garantia constitucional da autonomia funcional da Defensoria Pública.

Gabarito: letra A.

→ **Base legal: está transcrita na própria questão**

Questão 08

- **DP/MT – 2009 – FCC**

O Defensor Público Substituto do Estado do Mato Grosso NÃO possui

a) a garantia da irredutibilidade de subsídio.
b) a prerrogativa da independência funcional.
c) a garantia da inamovibilidade.
d) a prerrogativa do foro especial junto ao Tribunal de Justiça.
e) o direito a férias, antes de ser confirmado na carreira, após cumprido o estágio probatório.

Gabarito: letra C.

→ **Base legal: Lei Complementar nº 146/2003.**

Art. 44. Entende-se por lotação a específica distribuição dos membros da Defensoria Pública em seus órgãos de atuação.

§ 1º O membro da Defensoria Pública terá lotação em órgão de atuação da instituição, ao qual se vincula pela garantia da inamovibilidade, excetuando-se a situação do ocupante do cargo inicial da carreira em estágio probatório, e as demais previstas nesta lei complementar.

Questão 09

- **DP/MT – 2009 – FCC**

É da competência exclusiva do Defensor Público Geral:

a) instaurar sindicância e procedimento administrativo disciplinar contra membro da Defensoria Pública.

b) determinar o arquivamento de sindicância na Corregedoria, sem ouvir o Conselho Superior, quando considerar improcedente a imputação feita ao sindicato.
c) aplicar qualquer das sanções previstas no artigo 126 da Lei Complementar 146/2003, quando julgar procedente a imputação feita ao membro da Defensoria Pública.
d) decidir sobre a destituição do Corregedor Geral, se houver violação de dever funcional por parte dele.
e) decidir sobre a estabilidade do Defensor Público, após o período de estágio probatório, confirmando-o na carreira ou não.

Gabarito: letra B.

→ **Base legal: Lei Complementar nº 146/2003.**

Art. 142. Ao Defensor Público-Geral, no prazo de 15 (quinze) dias, entendendo suficientemente esclarecidos os fatos, caberá a adoção de uma das seguintes medidas:

I – determinar o arquivamento da Sindicância na Corregedoria-Geral, se julgar improcedente a imputação feita ao sindicado;

[...]

Art. 143. Da decisão proferida pelo Defensor Público-Geral caberá recurso ao Conselho Superior da Defensoria Pública, no prazo de 15 (quinze) dias, por uma única vez.

Questão 10

- **DP/AL – 2009 – Cespe**

O DP é dispensado de revista e tem franco acesso aos locais sob a fiscalização da polícia.

Gabarito: o item está certo.

→ **Base legal:** Lei Delegada 23/2003.

Art. 53. São prerrogativas do Defensor Público:

[...]

VII – ser dispensado de revista e ter franco acesso aos locais sob a fiscalização da polícia, devendo as autoridades civis e militares, sob pena de responsabilidade, prestar-lhe todo apoio e auxílio necessário ao desempenho de suas funções;

Questão 11

- **DP/AL – 2009 – Cespe**

Compete à corregedoria geral da DPE/AL instaurar processo disciplinar contra os membros da DPE/AL.

Gabarito: O item está errado.

→ **Base legal: Lei Delegada nº 23/2003**

Art. 15. Além de outras atribuições definidas no Regimento Interno, compete à Corregedoria Geral:

[...]

VI – propor a instauração de processo disciplinar contra membros da Defensoria Pública do Estado e seus servidores;

Questão 12

- *DP/PI – 2009 – Cespe*

Com base nas leis complementares federal e estadual que organizam a DP, assinale a opção correta.

A) O DP que houver opinado contrariamente à pretensão da parte, restará suspeito, nos termos da lei complementar estadual. Caso tenha emitido parecer verbal ou escrito a favor da parte contrária sobre o objeto da demanda, restará impedido, conforme dispõe a lei complementar federal.

B) Caso o DP se declare suspeito, por motivo de foro íntimo, para atuar em determinado processo em que apure a prática de delito contra os costumes, deverá dirigir requerimento ao DPG, que, após ouvir o corregedor-geral, decidirá sobre seu deferimento. Idêntico disciplinamento é estabelecido na legislação complementar federal.

C) Quando, no curso de investigação policial, houver indício de prática de infração penal por membro da DPU, a autoridade policial, civil ou militar deve comunicar imediatamente o fato ao DPG que designará membro da DP para acompanhar a apuração, restando suspensa a investigação policial e o prazo prescricional, até efetiva indicação e acompanhamento por membro da instituição.

D) A lei complementar estadual assegura a prerrogativa de o DP não ser preso, senão por ordem judicial escrita e fundamentada, salvo em flagrante delito pela prática de crime inafiançável, devendo a autoridade, em qualquer circunstância, fazer imediata comunicação ao DPG, sob pena de responsabilidade.

E) A não aprovação do DP no estágio probatório, por decisão do corregedor-geral, e sua confirmação pelo Conselho Superior da Defensoria, autoriza o DPG a encaminhar expediente ao governador propondo sua exoneração. Já os DPs oriundos da magistratura e do MP são isentos de estágio probatório, com base na lei complementar estadual.

Gabarito: letra A.

→ **Base legal: Lei Complementar 59/2005.**

Art. 83. O membro da Defensoria Pública do Estado dar-se-á por suspeito quando:

I – houver opinado contrariamente à pretensão da parte;

Questão 13

- **DP/PI – 2009 – Cespe**

Acerca da DP, seus órgãos de execução e suas atribuições institucionais, assinale a opção correta.

A) Considere a seguinte situação hipotética. Em ação cível ajuizada pela DP, após regular tramitação do processo, foi proferida sentença que julgou parcialmente procedentes os pedidos constantes na inicial. O assistido manifestou ao DP o desejo de recorrer da sentença, de modo a buscar a integral reparação do dano causado. Nessa situação, caso o DP entenda por não ofertar recurso, restará dispensado de comunicar tal entendimento ao DPG, em face da vitória parcial na demanda.

B) Considere a seguinte situação hipotética. Um réu de elevado poder aquisitivo que responde a diversas ações penais por múltiplos delitos revogou os poderes outorgados aos advogados que o representavam nas referidas ações. Notificado para constituir outro advogado, permaneceu inerte, na tentativa de procrastinar o julgamento do feito. Nessa situação, caso a DP venha a atuar nesses processos, será uma atuação atípica, em favor de necessitado jurídico que não será eximido de pagar os honorários devidos ao fundo de aparelhamento da DP e à capacitação profissional de seus membros e servidores.

C) Caso a autoridade policial necessite de elementos informativos, que não constituam materialidade do delito, para a conclusão de um inquérito policial, e saiba que esses se encontram nos arquivos da DPE, poderá requisitar a entrega das informações, ou mesmo apreendê-las no gabinete do DP, diretamente, sem necessidade de mandado judicial, por se tratar de órgão público.

D) Entre os princípios institucionais da DP, encontra-se a independência funcional, que assegura ao DP o direito de dissentir das diretrizes administrativas firmadas para a instituição pelo DPG e pelo Conselho Superior da DP e de não se submeter aos atos gerais e regulares de gestão administrativa.

E) Caso um DP venha a ser sancionado disciplinarmente, ele poderá requerer, no prazo decadencial de dois anos, revisão do processo disciplinar, quando se aduzirem fatos novos ou circunstâncias suscetíveis de provar a inocência do apenado ou de justificar a imposição de pena mais branda. São legitimados a requerer processo revisional o próprio interessado ou, se falecido ou interdito, o seu cônjuge ou companheiro, ascendente, descendente ou irmão.

Gabarito: letra B.

→ **Base legal: Lei Complementar nº 59/2005.**

Art. 98. Constituirão receitas do Fundo de Modernização e Aparelhamento da Defensoria Pública do Estado do Piauí:

[...]

VI – os recursos originados das condenações em processos patrocinados pela Defensoria Pública do Estado, através dos seus órgãos de execução, em quaisquer instâncias ou tribunais, salvo naqueles em que for sucumbente o Estado do Piauí ou autarquias e fundações estaduais;

Questão 14

- *DP/PI – 2009 – Cespe*

Acerca da lei complementar estadual que organiza a DPE/PI e disciplina e regula algumas hipóteses de atribuições institucionais, assinale a opção correta.

A) O conflito de atribuições entre defensores públicos do estado será resolvido pela Câmara de Coordenação e Revisão da DPE/PI, com possibilidade de recurso ao DPG.

B) Os núcleos especializados são legitimados apenas para ingressar com ações coletivas e serão dirigidos por DPs integrantes da carreira, após a confirmação no estágio probatório. Os referidos núcleos têm como coordenador geral o subdefensor público geral.

C) O Conselho Superior da DPE/PI é um órgão consultivo, normativo e deliberativo que possui, entre suas atribuições, a de julgar, em grau de recurso, os processos disciplinares de membros da DP.

D) O corregedor geral da DPE/PI é o chefe do órgão encarregado da orientação e fiscalização das atividades funcionais e da conduta pública dos membros da DP. Ele será escolhido pelo Conselho Superior, entre os integrantes estáveis da carreira, com mais de trinta e cinco anos de idade e que e não tenha sofrido sanção disciplinar, no âmbito da Defensoria Pública Geral do estado, nos últimos cinco anos.

E) A Ouvidoria Geral é órgão superior da DPE/PI, ao qual compete participar da gestão e fiscalização da instituição e de seus membros e servidores. Entre suas atribuições está a de receber as reclamações, denúncias, sugestões e comunicações relacionadas à qualidade dos serviços prestados. Desse modo, caso receba comunicação de infração disciplinar por parte de DP, cabe à Ouvidoria Geral ordenar a instauração de processo administrativo disciplinar e, se for o caso, requisitar a instauração de inquérito policial.

Gabarito: letra C.

→ **Base legal: Lei Complementar nº 59/2005.**

Art. 17. Compete ao Conselho Superior, além de outras atribuições:

[...]

XIII – julgar, em grau de recurso, os processos disciplinares de membros da Defensoria Pública;

Questão 15

- **DP/ES – 2009 – Cespe**

A lei complementar federal citada assegura assistência jurídica integral e gratuita aos necessitados. A acepção atual da expressão necessitados abrange tanto os necessitados econômicos como os necessitados jurídicos – pessoas que, de qualquer modo, em razão da hipossuficiência, estão em situação jurídica de vulnerabilidade em relação à parte contrária. A norma estadual contempla ambas as possibilidades.

Resposta: *O item está certo.*

→ **Base legal: Lei Complementar nº 55/94:**

Artigo 2º: Considera-se necessitado para os fins do artigo anterior, pessoa física, brasileira ou estrangeira, residente ou em trânsito no Estado, cuja insuficiência de recursos não lhe permita arcar com as despesas processuais, ou cuja hipossuficiência a coloque em situação de vulnerabilidade em relação à parte contrária.

Questão 16

- **DP/ES – 2009 – Cespe**

Entre os deveres do defensor público incluem-se: residir na localidade onde exerce suas funções; desempenhar, com zelo e presteza, os serviços a seu cargo; atender ao expediente forense e participar dos atos judiciais, quando for obrigatória a sua presença; manter conduta irrepreensível em sua vida pública e particular; declarar-se suspeito ou impedido, nos termos da lei.

Gabarito: O item está certo.

→ **Base legal: Lei Complementar nº 55/1994:**

Art. 41 – São deveres dos membros da Defensoria Pública além dos demais, impostos aos ocupantes de cargos públicos:

[...]

IX – Manter conduta irrepreensível em sua vida pública e particular;

Questão 17

- **DP/MA – 2009 – FCC**

De acordo com a Constituição Federal, a Defensoria Pública tem assegurada, além da autonomia funcional e administrativa, a iniciativa de sua proposta orçamentária, em virtude do que

A) o Defensor Público Geral pode elaborar e enviar a proposta orçamentária da instituição diretamente ao Poder Legislativo.

B) o Defensor Público Geral pode elaborar e enviar a proposta orçamentária da instituição diretamente ao Poder Executivo, após submetê-la ao Conselho Superior.

C) o Conselho Superior da Defensoria Pública pode elaborar e enviar a proposta orçamentária da instituição diretamente ao Poder Executivo, após submetê-la ao Defensor Público Geral.

D) tanto o Defensor Público Geral quanto o Conselho Superior podem elaborar e enviar a proposta orçamentária diretamente ao Poder Executivo, após submetê-la um ao outro, porque são órgãos de administração superior da instituição.

E) tanto o Defensor Público Geral quanto o Conselho Superior podem elaborar e enviar a proposta orçamentária diretamente ao Poder Legislativo, após submetê-la um ao outro, porque são órgãos de administração superior da instituição.

Gabarito: letra B.

→ **Base legal: Lei Complementar nº 19/1994:**

Art. 17 – Compete ao Procurador-Geral da Defensoria Pública:

[...]

IV – submeter ao Conselho Superior as propostas de criação e extinção de cargos da carreira e dos Serviços Auxiliares e o orçamento anual;

Art. 18 – Compete ao Conselho Superior da Defensoria Pública do Estado:

[...]

VIII– pronunciar-se nos casos mencionados nos incisos IV, VII e IX do artigo anterior, exceto no que se refere ao provimento originário dos cargos dos servidores auxiliares e à posse dos membros da instituição;

Questão 18

- **DP/GO – 2010 – Instituto Cidades**

O Conselho Superior da Defensoria Pública do Estado de Goiás é composto

A) pelo Defensor Público-Geral e pelo Corregedor-Geral, como membros natos, e por quatro representantes da categoria mais elevada, escolhidos pelo Colégio de Defensores Públicos de Primeira Categoria, em escrutínio direto e secreto.

B) pelo Defensor Público-Geral, pelo Subdefensor Público-Geral e pelo Corregedor-Geral, como membros natos, e por quatro representantes da categoria mais elevada estáveis, escolhidos pelos seus pares em escrutínio direto e secreto.

C) pelo defensor Público-Geral, pelo Subdefensor Público-Geral e pelo Corregedor-Geral, como membros natos, e por quatro representantes da categoria mais elevada estáveis, escolhidos pelo Colégio de Defensores Públicos de Terceira Categoria, em escrutínio direto e secreto.

D) pelo Defensor Público-Geral e pelo Corregedor-Geral, como membros natos, e por quatro representantes da categoria mais elevada, escolhidos pelo Colégio de Defensores Públicos de Primeira Categoria, em escrutínio direto e secreto.

E) pelo defensor Público-Geral, pelo Subdefensor Público-Geral e pelo Corregedor-Geral, como membros natos, e por quatro representantes da categoria mais elevada, escolhidos pelos seus pares em escrutínio direto e secreto.

Gabarito: letra E.

→ **Base legal: Lei Complementar de Goiás nº 51/2005:**

Art. 8º O Conselho Superior da Defensoria Pública do Estado é composto pelo Defensor Público-Geral, pelo Subdefensor Público-Geral e pelo Corregedor-Geral, como membros natos, e por quatro representantes da categoria mais elevada, escolhidos pelos seus pares em escrutínio direto e secreto.

Questão 19

- **DP/GO – 2010 – Instituto Cidades**

Sobre o regime jurídico da carreira de Defensor Público do Estado de Goiás:

A) É vedado ao membro da carreira desempenhar cargo ou função fora da área de competência da Defensoria Pública do Estado, exceto cargos de direção e assessoramento superior.

B) É prerrogativa do membro da carreira não ser preso, senão por ordem judicial escrita, salvo em flagrante, caso em que a autoridade fará imediata comunicação ao Corregedor-Geral.

C) É facultada a recusa à promoção, sem prejuízo do critério do preenchimento da vaga recusada.

D) É prerrogativa funcional do membro da carreira ter vista pessoal de quaisquer processos fora dos cartórios e secretarias, sendo inoponíveis quaisquer dispositivos legais em sentido contrário.

E) Pode o membro da carreira oficiar em processo no qual houver dado à parte contrária parecer verbal ou escrito sobre o objeto da demanda.

Gabarito: letra C.

→ **Base legal: Lei Complementar de Goiás nº 51/2005:**

Letra A:

Art. 29. Além das vedações decorrentes do exercício de cargo público, ao Defensor Público do Estado é vedado:

[...]

VI – desempenhar cargo ou função fora da área de competência da Defensoria Pública do Estado, exceto o de Secretário de Estado ou equivalente.

Letra B:

Art. 27. São prerrogativas do Defensor Público do Estado:

[...]

II – não ser preso, senão por ordem judicial escrita, salvo em flagrante, caso em que a autoridade fará imediata comunicação ao Defensor Público-Geral;

Letra C:

Art. 23. [...]

§ 1º É facultada a recusa à promoção, sem prejuízo do critério do preenchimento da vaga recusada.

Letra D:

Art. 27. São prerrogativas do Defensor Público do Estado:

[...]

V – ter vista pessoal dos processos fora dos cartórios e secretarias, ressalvadas as vedações legais;

Letra E:

Art. 30. É defeso ao Defensor Público do Estado exercer suas funções em processo ou procedimento:

[...]

VI – em que houver dado à parte contrária parecer verbal ou escrito sobre o objeto da demanda;

Questão 20

- **DP/GO – 2010 – Instituto Cidades**

Considerando o regime disciplinar da Defensoria Pública do Estado de Goiás.

A) A legitimidade do cônjuge do Defensor Público para instauração de processo revisional de penalidade pode ser considerada como subsidiária.

B) A pena de cassação de aposentadoria é reservada para aqueles casos em que a inativação tiver sido concedida irregularmente.

C) No regime da Lei Orgânica da Defensoria Pública do Estado de Goiás, prescrevem todas as faltas disciplinares no lapso de dois a quatro anos.

D) Ao Defensor Público-Geral do Estado compete aplicar penas disciplinares aos membros da carreira.

E) A Lei Orgânica da Defensoria Pública do Estado de Goiás veicula regime disciplinar próprio e exaustivo.

Gabarito: letra A.

→ **Base legal: Lei Complementar de Goiás nº 51/2005:**

Letra A:

Art. 35. [...]

§ 1º Poderá requerer a instauração de processo revisional o próprio interessado ou, se falecido ou interdito, o seu cônjuge ou companheiro, ascendente, descendente ou irmão.

Letra B:

Art. 32. [...]

§ 6º A pena de cassação de aposentadoria será aplicada nos casos, comprovados em processo administrativo no qual se tenha assegurado ampla defesa ao acusado, em que a inativação tiver sido concedida irregularmente, ou que, ainda na atividade, o aposentado tenha praticado ato que importasse em demissão.

Letra C:

Art. 34. Prescrevem em dois anos, a contar da data em que foram cometidas, as faltas puníveis com advertência, suspensão e remoção compulsória, impondo-se, no tocante às demais, o prazo de quatro anos, salvo quanto às que impliquem crime contra a Administração Pública ou improbidade administrativa.

Letra D:

Art. 33. As penas de demissão e cassação de aposentadoria serão aplicadas pelo Governador do Estado e, as demais, pelo Defensor Público--Geral do Estado.

Letra E:

Art. 36. Os integrantes da carreira de Defensor Público do Estado sujeitam-se a esta Lei Complementar e gozam de independência no exercício de suas funções, aplicando-se-lhes, subsidiariamente, o Estatuto dos Funcionários Públicos Civis do Estado de Goiás e de suas Autarquias.

Questão 21

- **DP/AM – 2011 – Instituto Cidades**

Nos termos do artigo 10, da Lei Orgânica da Defensoria Pública do Estado do Amazonas (Lei Complementar Estadual n.º 01, de 30 de março de 1990), coordenar e controlar o serviço da Defensoria Pública no Interior do Estado é competência:

A) do Corregedor Geral.
B) do Defensor Público Geral.
C) do Subdefensor Público Geral.
D) do Ouvidor Geral.
E) do Conselho Superior

Gabarito: letra C.

→ **Base legal: art. 10 da LC 01/1990:**

Art. 10 – Ao Subdefensor Público Geral nomeado na forma do § 2.º do art. 9.º, compete:

[...]

III coordenar e controlar os serviços da Defensoria Pública no Interior do Estado, dando ciência ao Defensor Público Geral;

Questão 22

- **DP/AM – 2011 – Instituto Cidades**

São prerrogativas dos membros da Defensoria Pública do Estado do Amazonas, exceto:

A) Manifestar-se em autos administrativos ou judiciais por meio de cota.
B) Receber intimação pessoal em qualquer processo e grau de jurisdição, contando-se-lhe, todavia, os prazos de forma simples.
C) Recusar-se a depor e a ser ouvido como testemunha, em processo no qual funcionou ou deva funcionar, ou sobre fato relacionado com pessoa cujo direito esteja a defender, ou haja defendido, ainda que por ela autorizado.
D) Ser processado e julgado, originalmente, pelo Tribunal de Justiça nos crimes comuns e nos de responsabilidade, salvo as exceções constitucionais.
E) Utilizar-se dos meios de comunicação do estado e do município, no interesse do serviço.

Gabarito: letra B.

→ **Base legal: LC Estadual nº 01/1990, art. 34:**

Art. 34 – São prerrogativas dos membros da Defensoria Pública do Estado: (1)

I receber intimação pessoal em qualquer processo ou grau de jurisdição, contando-se-lhe em dobro todos os prazos;

[...]

X manifestar-se em autos administrativos ou judiciais por meio de cota;

[...]

XX recusar-se a depor e a ser ouvido como testemunha, em processo no qual funcionou ou deva funcionar, ou sobre fato relacionado com pessoa cujo direito esteja a defender, ou haja defendido, ainda que por ela autorizado;

[...]

XXIV ser processado e julgado, originalmente, pelo Tribunal de Justiça nos crimes comuns e nos de responsabilidade, salvo as exceções constitucionais;

XXV utilizar-se dos meios de comunicação do estado e do município, no interesse do serviço.

Questão 23

- **DP/MS – 2012 – Vunesp**

Assinale a alternativa que está de acordo com o texto expresso do Estatuto da Carreira da Defensoria Pública do Estado do Mato Grosso do Sul.

A) O Defensor Público em estágio probatório não poderá afastar-se de suas funções, exceto no caso de férias, licenças, participação em cursos ou seminários de aperfeiçoamento e estudos, no país ou no exterior, de duração máxima de dois anos e para exercício de mandato de presidente de entidade de classe.

B) Os membros da Defensoria Pública não poderão ser apenados com remoção compulsória.

C) É uma prerrogativa dos defensores públicos ingressar e transitar livremente nas salas de sessões dos tribunais, mesmo além dos limites que separam a parte reservada aos magistrados.

D) O membro da Defensoria Pública não poderá permanecer em licença da mesma espécie por período superior a vinte e quatro meses, ainda que para exercício de mandato eletivo.

Gabarito: letra C.

→ **Base legal: LC n. 111/2005, art. 104, XII, "a"**

Art. 104. São prerrogativas do membro da Defensoria Pública, dentre outras que lhe sejam conferidas por lei, ou que forem inerentes ao seu cargo, as seguintes:

XII – ingressar e transitar livremente:

a) nas salas de sessões dos tribunais, mesmo além dos limites que separam a parte reservada aos magistrados;

Questão 24

- **DP/PR – 2012 – FCC**

Quanto à organização da Defensoria Pública do Estado do Paraná, é correto afirmar que

A) no encontro anual dos Defensores Públicos, organizado pela Escola da Defensoria, são aprovadas teses institucionais que devem ser observadas por todos os membros da carreira.

B) é vedado ao Defensor Público-Geral do Estado delegar atribuições de sua competência privativa.

C) compete ao Defensor Público a certificação da autenticidade de cópias e o reconhecimento de firma, à vista da apresentação dos documentos originais.

D) os conflitos de atribuições entre seus membros são dirimidos pelo Conselho Superior, com recurso ao Defensor Público-Geral do Estado.

E) os Núcleos Especializados da Defensoria Pública do Estado do Paraná exercem atuação estratégica nos temas que lhes são afetos e são criados por ato do Conselho Superior, após proposta do Defensor Público-Geral.

Gabarito: letra A.

→ **Base legal: LC n. 136/2011, art. 45:**

Art. 45 A Escola da Defensoria Pública do Estado do Paraná é órgão auxiliar da Defensoria Pública do Estado do Paraná, competindo-lhe:

XV – organizar encontro anual dos Defensores Públicos do Estado para a definição de teses institucionais, que deverão ser observadas por todos os membros da Carreira, constituindo parâmetros mínimos de qualidade para atuação;

Questão 25

- **DP/PR – 2012 – FCC**

A Lei Complementar Estadual nº 136/11 elenca as prerrogativas dos Defensores Públicos paranaenses, necessárias ao desempenho de suas funções institucionais. Dentre elas NÃO se inclui:

A) examinar, em qualquer repartição pública, autos de flagrantes, inquéritos e processos, assegurada a obtenção de cópias e podendo tomar apontamentos.

B) representar a parte, em feito administrativo ou judicial, independentemente de mandato, ressalvados os casos para os quais a lei exija poderes especiais.

C) requisitar de qualquer autoridade pública e de seus agentes, certidões, exames, perícias, vistorias, diligências, processos, documentos, informações, esclarecimentos e demais providências necessárias ao exercício de suas atribuições.

D) manifestar-se em autos administrativos ou judiciais por meio de cota.

E) deixar de patrocinar ação, quando ela for manifestamente incabível ou inconveniente aos interesses da parte sob seu patrocínio, comunicando o fato ao Defensor Público-Geral apenas em caso de recurso do assistido.

Gabarito: letra E.

→ **Base legal: LC n. 136/2011, art. 156, inc. X:**

Art. 156 São prerrogativas dos membros da Defensoria Pública do Estado do Paraná, dentre outras previstas em lei:

X – deixar de patrocinar ação, quando ela for manifestamente incabível ou inconveniente aos interesses da parte sob seu patrocínio, comunicando o fato ao Defensor Público-Geral, com as razões de seu proceder;

Questão 26

- **DP/SE – 2012 – Cespe**

Com base na lei que dispõe sobre a organização da DPE/SE, assinale a opção correta a respeito da Ouvidoria Geral.

A) Cabe ao DPG escolher, com base em lista tríplice elaborada pelo Conselho Superior da DPE/SE, o ouvidor-geral da DPE/SE.

B) As hipóteses de destituição do ouvidor-geral e do corregedor-geral são as mesmas.

C) É assegurada ao ouvidor-geral a participação, com direito de voz e voto, no Conselho Superior da DPE/SE.

D) O cargo de ouvidor-geral da DPE/SE deve ser exercido em regime de dedicação exclusiva.

E) A Ouvidoria Geral é órgão integrante da administração superior da DPE/SE.

Gabarito: letra D.

→ **Base legal: LC n. 182/2010, art. 39, § 3º:**

Art. 39. [...]

§ 3º O cargo de Ouvidor-Geral da Defensoria Pública será exercido em regime de dedicação exclusiva.

Questão 27

- **DP/PB – 2014 – FCC**

Quanto ao Conselho Superior da Defensoria Pública do Estado da Paraíba, é correto afirmar:

A) A fixação de parâmetros mínimos para a atuação dos Defensores Públicos deve observar a independência funcional.

B) É prescindível a observância do princípio da legalidade quando o Conselho Superior estiver exercendo o poder normativo no âmbito da Defensoria Pública.

C) O Conselho Superior pode destituir o Corregedor– Geral, sem proposta da Defensoria Pública Geral, quando houver concordância de mais de 2/3 de seus membros.

D) O Ouvidor-Geral não é membro do Conselho Superior, porque a Ouvidoria Geral é órgão auxiliar.

E) O Conselho Superior é legalmente considerado órgão auxiliar na organização da Defensoria Pública.

Gabarito: letra A.

Base legal: LC n. 104/2012:

Art. 11. São *órgãos* da administração superior da Defensoria Pública do Estado:

III – o Conselho Superior da Defensoria Pública do Estado;

Art. 21. O Conselho Superior da Defensoria Pública do Estado será integrado pelos seguintes membros:

IV – o Ouvidor-Geral da Defensoria Pública;

Art. 26. Ao Conselho Superior, compete:

XI – decidir, por voto de 2/3 (dois terços) de seus membros, sobre proposta do Defensor Público-Geral do Estado, nos termos desta Lei Complementar, que aplicará a penalidade imposta e determinará a sua publicação;

XVIII – fixar parâmetros mínimos de qualidade para a atuação dos Defensores Públicos;

Questão 28

- **DP/MS – 2014 – Vunesp**

O membro da Defensoria Pública do Estado de Mato Grosso do Sul pode

A) requisitar, de qualquer autoridade pública e de seus agentes ou de entidade privada, processos, exames, certidões, perícia, vistorias, diligências, documentos, informações e quaisquer esclarecimentos necessários ao exercício de suas atribuições.

B) exercer cargo de magistério superior, público ou particular, desde que se trate de curso que tenha matéria jurídica em seu programa de ensino, vedado, em qualquer hipótese, o desempenho de função de direção administrativa ou técnica de estabelecimento de ensino.

C) tirar férias anuais, por sessenta dias, coletivas ou individuais, e na impossibilidade de gozá-las contarão para efeito de disponibilidade, o período não gozado, garantindo-se a vitaliciedade, inamovibilidade e irredutibilidade de vencimentos.

D) exercer qualquer das funções inerentes a seu cargo ou administrativas, quando licenciado e desempenhar qualquer função pública ou particular de qualquer natureza.

Gabarito: letra A.

→ **Base legal: LC n. 111/2005:**

Art. 104. São prerrogativas do membro da Defensoria Pública, dentre outras que lhe sejam conferidas por lei, ou que forem inerentes ao seu cargo, as seguintes: IV – requisitar, de qualquer autoridade pública e de seus agentes ou de entidade privada, processos, exames, certidões, perícia, vistorias, diligências, documentos, informações e quaisquer esclarecimentos necessários ao exercício de suas atribuições.

Art. 107. O membro da Defensoria Pública terá direito a férias anuais remuneradas por sessenta dias, cumulativas ou não, concedidas pelo Defensor Público-Geral do Estado, observado o disposto no inciso XX do art. 27 da Constituição do Estado.

§ 1º Na impossibilidade de gozo de férias acumuladas ou interrompidas no interesse do serviço, os membros da Defensoria Pública contarão para efeito de disponibilidade, o período não gozado.

Art. 138. Além das proibições decorrentes do exercício de cargo público, aos membros da Defensoria Pública é vedado especialmente:

XII – exercer, ainda que em disponibilidade, qualquer outra função pública, salvo uma de magistério.

Questão 29

- **DP/PR – 2014 – UFPR**

Assinale a alternativa INCORRETA.

A) No processo administrativo disciplinar, a sanção aplicável no caso de improbidade funcional será a suspensão.

B) As decisões do Conselho Superior serão motivadas e publicadas, e suas sessões deverão ser públicas salvo nas hipóteses legais de sigilo, e realizadas, no mínimo, bimestralmente, podendo ser convocadas por qualquer conselheiro, caso não realizadas dentro desse prazo.

C) À Ouvidora-geral da Defensoria Pública do Estado compete promover atividades de intercâmbio com a sociedade civil.

D) Os membros da Defensoria Pública do Paraná são inamovíveis, salvo se apenados com remoção compulsória.

E) Ao Conselho Superior da Defensoria Pública do Estado compete decidir acerca da destituição do Corregedor Geral da Defensoria Pública do Estado do Paraná, por voto de dois terços de seus membros, assegurada ampla defesa.

Gabarito: letra A.

→ **Base legal: LC n. 136/2011:**

Art. 27 Ao Conselho Superior da Defensoria Pública do Estado compete:

X – decidir acerca da destituição do Corregedor Geral da Defensoria Pública do Estado do Paraná, por voto de dois terços de seus membros, assegurada ampla defesa;

Art. 28. [...]§ 2º As decisões do Conselho Superior serão motivadas e publicadas, e suas sessões deverão ser públicas salvo nas hipóteses legais de sigilo, e realizadas, no mínimo, bimestralmente, podendo ser convocada por qualquer conselheiro, caso não realizada dentro desse prazo.

Art. 36 À Ouvidoria-Geral da Defensoria Pública do Estado compete:

V – promover atividades de intercâmbio com a sociedade civil;

Art. 121. Os membros da Defensoria Pública do Paraná são inamovíveis, salvo se apenados com remoção compulsória, na forma desta Lei Complementar.

Art. 197. Aplicar-se-á a pena de demissão nos casos de:

III – improbidade funcional;

Questão 30

- *DP/PB – 2014 – FCC*

A Lei Complementar Estadual nº 104, de 23 de maio de 2012,

A) Nada menciona a respeito de uma Escola Superior da Defensoria Pública do Estado da Paraíba.

B) Determina a criação de Escola Superior da Defensoria Pública do Estado da Paraíba após quatro anos, contados de sua publicação.
C) Extingue a Escola Superior da Defensoria Pública do Estado da Paraíba, prevista na Lei Complementar antecedente e expressamente revogada.
D) Atribui ao Conselho Superior a regulamentação da Escola Superior da Defensoria Pública do Estado da Paraíba.
E) Prescreve mandato de dois anos para o Diretor da Escola Superior da Defensoria Pública do Estado da Paraíba.

Gabarito: letra D.

→ **Base legal: LC n. 104/2012:**

Art. 236. Fica mantida a Escola Superior da Defensoria Pública, destinada ao aperfeiçoamento dos membros da carreira e à preparação de candidatos a concursos da instituição. Parágrafo único. A Escola Superior da Defensoria Pública será regulamentada por Resolução do Conselho Superior e implantada por iniciativa do Defensor Público-Geral, recepcionando-se Resolução específica sobre esta matéria editada antes da entrada em vigor desta lei, até ulterior revogação.

Questão 31

- **(FCC** *– Defensor Público – RS/2014)*

Defensor Público que não registra em seus assentamentos nenhuma sanção disciplinar aplicada, em pleno exercício de suas funções, deixa de cumprir, injustificadamente, designação oriunda do Defensor Público-Geral do Estado. Em razão de sua conduta, está sujeito à aplicação da sanção de

A) demissão, a ser aplicada pelo Defensor Público-Geral do Estado.
B) multa, no valor de 50% (cinquenta por cento) por dia de vencimento.
C) suspensão por até noventa dias, que poderá ter início durante seu período de férias.
D) remoção compulsória, aplicada pela Corregedoria– Geral da Defensoria Pública do Estado.
E) advertência, que será aplicada por escrito, de forma reservada, quando o fato não justificar imposição de pena mais grave.

→ **Comentários:**

Trata-se da Lei Complementar Estadual número 11.795/2002 (Rio Grande do Sul) que, na parte que interessa à questão, vem assim disposta:

Art. 105 – A pena de advertência será aplicada, por escrito, de forma reservada, nos casos de violação dos deveres e vedações funcionais, quando o fato não justificar imposição de pena mais grave, incidindo nas seguintes hipóteses:

I – negligência no exercício da função;

II – desobediência às determinações e às instruções dos Órgãos da Administração Superior da Defensoria Pública do Estado;

III – descumprimento injustificado de designações oriundas dos Órgãos da Administração Superior da Defensoria Pública do Estado;

IV – inobservância dos deveres inerentes ao cargo, quando o fato não se enquadrar nos incisos anteriores.

Art. 106 – A suspensão será aplicada em caso de reincidência em falta punida com advertência, ou quando a infração dos deveres e vedações funcionais, pela gravidade, justificar a sua imposição.

Alternativa correta: letra E. Trata-se do teor do artigo 105, III da lei estadual, sendo certo que a legislação se refere a "Órgãos da Administração Superior" o que engloba a Defensoria Pública Geral, cargo esse exercido pelo Defensor Público Geral.

Questão 32

- **(FCC – Defensor Público – RS/2014)**

Acerca dos Núcleos Especializados da Defensoria Pública do Estado do Rio Grande do Sul é correto afirmar que

A) poderão propor medidas judiciais individuais e coletivas no âmbito de sua atuação, acompanhando-as na condição de Defensor Natural.

B) terão sua criação e extinção proposta pelo Defensor Público-Geral do Estado, de acordo com a conveniência e necessidade da administração.

C) serão criados e extintos pela Corregedoria-Geral da Defensoria Pública do Estado, de acordo com a conveniência e necessidade da administração.

D) poderão editar súmulas, com caráter normativo e vinculante, com o objetivo de melhorar o serviço da Defensoria Pública.

E) a escolha de seus membros recairá entre integrantes da carreira apenas da Classe Especial, com reconhecida atuação na área e titulação acadêmica específica.

→ **Comentários:**

A legislação estadual de regência é a Lei Complementar 14.130/2012 do Estado do Rio Grande do Sul.

Os dispositivos cobrados são os artigos 32 e 33, nesses termos:

Art. 32. A Defensoria Pública do Estado poderá atuar por intermédio de Núcleos Especializados, criados e extintos por Resolução do Conselho Superior, de acordo com a conveniência e necessidade da administração.

Parágrafo único. Os Dirigentes e membros dos Núcleos Especializados serão designados pelo Defensor Público-Geral, recaindo a escolha entre integrantes da carreira com reconhecida atuação na área e, preferencialmente, com titulação acadêmica específica.

Art. 33. Aos Núcleos Especializados da Defensoria Pública do Estado compete:

I – realizar e estimular a integração e o intercâmbio permanente entre os demais órgãos de atuação e os órgãos de execução da Defensoria Pública, objetivando a atuação institucional harmônica, o aprimoramento das atribuições institucionais e a uniformidade dos entendimentos ou teses jurídicas, respeitada a independência funcional dos membros da Defensoria Pública;

II – promover a solução extrajudicial dos litígios e propor medidas judiciais individuais e coletivas no âmbito de sua atuação, acompanhando-as na condição de Defensor Natural, sem prejuízo da eventual atuação conjunta com os órgãos de execução da Defensoria Pública, mediante designação específica do Defensor Público-Geral;

III – editar súmulas, sem caráter normativo ou vinculante, tendentes à melhoria dos serviços prestados pela Defensoria Pública;

IV – apresentar ao Subdefensor Público-Geral para Assuntos Jurídicos propostas e sugestões para:

a) elaboração da política institucional e funcionamento das unidades de atendimento da Defensoria Pública do Estado, na sua respectiva área de atuação;

b) alterações legislativas ou edição de normas jurídicas sobre a matéria afeta a sua atuação;

c) realização de projetos e convênios, zelando pelo seu cumprimento;

d) realização de cursos, seminários, palestras e outros eventos;

e) expedição de orientações visando à adequação, racionalização, harmonia e eficiência da atuação da Defensoria Pública, em matéria jurídica, observando as súmulas e enunciados existentes;

V – responder pela execução dos planos e programas institucionais da sua respectiva área de atuação, em conformidade com as diretrizes fixadas;

VI – acompanhar as políticas nacionais e estaduais afetas à sua área de atuação;

VII – prestar auxílio aos demais órgãos de atuação e aos órgãos de execução da Defensoria Pública no desenvolvimento de suas atividades;

VIII – prestar informações técnico-jurídicas, sem caráter vinculante, aos órgãos ligados à sua atividade;

IX – estabelecer intercâmbio permanente com entidades, órgãos públicos ou privados que atuem em sua área de atuação, para prestar atendimento e orientação, bem como para obtenção de elementos técnicos especializados necessários ao desempenho de suas funções;

X – remeter, na primeira quinzena de setembro, ao Subdefensor Público-Geral para Assuntos Jurídicos, relatório anual das suas atividades;

XI – manter arquivo atualizado de petições, jurisprudência e doutrina, bem como banco de dados de peças disponível para consulta por todos os Defensores Públicos interessados;

XII – desenvolver estudos e pesquisas, criando ou sugerindo a criação de grupos e comissões de trabalho;

XIII – promover e/ou apoiar a realização de estudos, pesquisas, cursos e palestras ou outros eventos relativos à matéria que sirvam de subsídios aos membros da Defensoria Pública;

XIV – responder a consultas formuladas pelos Defensores Públicos que atuam na sua área de atuação;

XV – confeccionar edição de boletim informativo, contendo alterações legislativas, doutrinárias e jurisprudenciais de sua respectiva área de atuação;

XVI – editar regulamentos tratando da matéria, no âmbito de suas funções e atuação;

XVII – exercer outras funções compatíveis com suas finalidades.

Alternativa correta: letra A. Trata-se do inciso II do artigo 33, acima transcrito.

Questão 33

- **(Fundep – Defensor Público – MG/2014)** *Considere a situação a seguir.*

  Após a aprovação em concurso, um Defensor Público recém-nomeado foi designado para atuar em uma comarca de difícil provimento. Nesta localidade, passou a frequentar a zona boêmia da cidade, consumindo drogas lícitas e ilícitas que o levaram a corrigir, publicamente, seus filhos com castigos físicos. Constatados tais fatos, assinale a assertiva INCORRETA.

A) O estágio probatório poderá ser suspenso, por inidoneidade moral no âmbito pessoal e familiar do Defensor.

B) O Defensor Público poderá ser demitido, por prática de incontinência pública escandalosa que comprometa gravemente o decoro inerente ao cargo e à instituição.

C) O Corregedor Geral deverá representar ao Conselho Superior para impugnar a permanência do Defensor na carreira.

D) O Defensor Público poderá ser removido de sua Comarca, por interesse público, sem violação ao princípio do Defensor Público Natural.

→ **Comentários:**

Importante frisar que o enunciado pede a assertiva **incorreta**.

Na hipótese em tela, a legislação exigida foi a Lei Complementar Estadual (Minas Gerais) 65 de 2003, em diversos artigos.

Alternativa correta (o enunciado pede a assertiva incorreta): letra B: O regramento da demissão vem assim disposto: "Art. 95 – A pena de demissão será aplicada ao membro da Defensoria Pública quando houver reincidência em falta punida com suspensão ou remoção compulsória e nas seguintes hipóteses, entre outras previstas em lei: I – lesão aos cofres públicos, dilapidação do patrimônio estatal ou de bens e valores confiados a sua guarda; II – improbidade administrativa, nos termos da lei; III – condenação por crime praticado com abuso de poder ou violação de dever para com a administração pública, quando a pena aplicada for igual ou superior a dois anos; IV – incontinência pública escandalosa que comprometa gravemente, por sua habitualidade, a dignidade ou o decoro inerentes ao cargo e à instituição; V – abandono do cargo; VI – revelação de assunto de caráter sigiloso que conheça em razão do cargo; VII – aceitação ilegal de cargo ou função pública." O equívoco da assertiva está no fato de o castigo físico aos filhos ter ocorrido, de acordo com o enunciado, apenas uma vez. O artigo 95, inciso IV acima transcrito se refere a "habitualidade", o que não é o caso.

Questão 34

- **(Fundep – Defensor Público – MG/2014)** *Considere a situação a seguir.*

  Foi constatado em Correição Ordinária que um Defensor Público, no exercício de sua função, exigia de seus assistidos o recebimento de honorários, e apropriava-se das verbas de sucumbência.

  Sobre as consequências legais para tais atitudes, assinale a assertiva CORRETA.

A) O Defensor público poderá ser demitido por ato do Defensor Público Geral, por violação de proibição e improbidade administrativa.

B) O Defensor público poderá ser suspenso, por ato do Governador do Estado, por ato de improbidade administrativa e violação de dever funcional.

C) O Defensor público poderá ser demitido, por ato do Defensor Público Geral, por violação de impedimento e dever funcional.

D) O Defensor público poderá ser aposentado compulsoriamente, pelo Defensor Público Geral, por violação de proibição e improbidade administrativa.

→ **Comentários:**

Na hipótese em tela, a legislação exigida foi a Lei Complementar Estadual (Minas Gerais) 65 de 2003, especificamente o artigo 95, vejamos:

Da Demissão

Art. 95 – A pena de demissão será aplicada ao membro da Defensoria Pública quando houver reincidência em falta punida com suspensão ou remoção compulsória e nas seguintes hipóteses, entre outras previstas em lei:

I – lesão aos cofres públicos, dilapidação do patrimônio estatal ou de bens e valores confiados a sua guarda;

II – improbidade administrativa, nos termos da lei;

III – condenação por crime praticado com abuso de poder ou violação de dever para com a administração pública, quando a pena aplicada for igual ou superior a dois anos;

IV – incontinência pública escandalosa que comprometa gravemente, por sua habitualidade, a dignidade ou o decoro inerentes ao cargo e à instituição;

V – abandono do cargo;

VI – revelação de assunto de caráter sigiloso que conheça em razão do cargo;

VII – aceitação ilegal de cargo ou função pública.

Alternativa correta: letra A. Trata-se de ato de improbidade administrativa, o que atrai a incidência do artigo 95, II da legislação estadual. Dessa forma, a sanção específica é a demissão.

Questão 35

- **(Fundep – Defensor Público – MG/2014)**

Sobre as férias dos Defensores Públicos de Minas Gerais, considere as assertivas a seguir.

I. Dão se em dois períodos de 25 dias úteis.

II. Podem ser indenizadas até a metade.

III. Podem ser interrompidas por conveniência do serviço pelo Coordenador Local.

IV. A existência de tarefas previamente atribuídas e não cumpridas não impede o gozo de férias regulamentares.

Estão INCORRETAS as assertivas

A) I e IV apenas.

B) II e III apenas.

C) I, III e IV apenas.

D) I, II, III e IV.

Alternativa correta: letra D. Todas as assertivas estão incorretas. Vejamos cada uma delas de acordo com a Lei Complementar Estadual (Minhas Gerais) número 65 de 2003:

→ **Comentários:**

Assertiva I – *"Das Férias Art. 78 – O Defensor Público gozará de férias individuais de vinte e cinco dias* úteis *por ano."* O equívoco da assertiva está em estipular as férias dos Defensores Públicos em **dois períodos** de 25 dias úteis quando a lei estabelece apenas um período de 25 dias úteis.

Assertiva II – *"Art. 76 – Além do subsídio a ser estabelecido em lei, são assegurados aos membros da Defensoria Pública os seguintes direitos:*

(...) II. Terço constitucional de férias." A indenização de férias corresponde a um terço e não à metade.

Assertiva III – *"Art. 9º – Compete ao Defensor Público Geral, além de outras atribuições que lhe sejam conferidas por lei ou forem inerentes a seu cargo: (...)XXXVII – interromper, por conveniência do serviço, férias ou licença de membro da Defensoria Pública e de seus servidores, salvo por motivo de saúde."* A interrupção das férias pode ser feita, mas por ato do Defensor Público Geral e não do Coordenador Local.

Assertiva IV – *"Das Férias Art. 78 – O Defensor Público gozará de férias individuais de vinte e cinco dias* úteis *por ano. § 3º – Não poderá entrar em gozo de férias o Defensor Público com autos em seu poder por tempo excedente ao prazo legal, ou em falta com tarefa que lhe tenha sido previamente atribuída."* A leitura do dispositivo deixa claro que o Defensor não entrará de férias se houver tarefas previamente atribuídas e não cumpridas.

Questão 36

- **(UFG – Defensor Público – GO/2014)**

De acordo com o artigo 6º, da Lei Complementar Estadual n. 51/2005, compete ao Defensor Público-Geral:

A) realizar correições e inspeções funcionais.

B) decidir a respeito de remoção voluntária dos integrantes da carreira.

C) elaborar lista tríplice destinada à promoção por merecimento.

D) autorizar afastamentos dos integrantes da Defensoria Pública.

E) recomendar correições extraordinárias.

O dispositivo cobrado na questão está transcrito abaixo:

Art. 6º Ao Defensor Público-Geral compete:

I –dirigir, coordenar e orientar as atividades da Defensoria Pública do Estado;

II –integrar e presidir, como membro nato, o Conselho Superior da Defensoria Pública do Estado;

III –autorizar afastamentos dos integrantes da Defensoria Pública;

IV –aprovar o quadro de distribuição dos Defensores Públicos e dos demais servidores da Defensoria Pública do Estado;

V –nomear Defensores Públicos para ocupar cargos em comissão da Defensoria Pública do Estado;

VI –solicitar de qualquer autoridade pública e de seus agentes processos, certidões, exames, perícias, vistorias, diligências, documentos, informações e outras providências necessárias à atuação da Defensoria Pública do Estado;

VII –convocar o Conselho Superior para deliberar sobre matéria de interesse da instituição;

VIII –elaborar e encaminhar, com aprovação prévia do Conselho Superior, a proposta orçamentária da instituição observados os limites estabelecidos na lei de diretrizes orçamentárias;

IX –delegar competência à autoridade que lhe seja subordinada

Alternativa correta: letra D.

Questão 37

- **(UFG – Defensor Público – GO/2014)**

O Defensor Público do Estado, segundo o artigo 27, da Lei Complementar Estadual n. 51/2005, tem a prerrogativa de:

A) deixar de patrocinar ação, quando ela for manifestamente incabível ou inconveniente aos interesses da parte sob seu patrocínio, sendo desnecessário comunicar tal fato ao Defensor Público-Geral.

B) ter vista pessoal dos processos fora dos cartórios judiciais e as secretarias do fórum, ressalvadas as vedações legais.

C) representar a parte, em feito judicial ou administrativo, por meio de instrumento de mandato que tem estruturação formal própria.

D) requisitar de qualquer autoridade pública e de seus agentes certidões, exames, perícias, informações, esclarecimentos e demais providências necessárias ao exercício de suas atribuições.

E) comunicar-se, pessoal e reservadamente, com seus assistidos, ainda que presos ou detidos, exceto se incomunicáveis.

O dispositivo exigido possui o seguinte teor:

Art. 27. São prerrogativas do Defensor Público do Estado:

I –receber intimação pessoal em qualquer processo e grau de jurisdição, contando-se-lhe em dobro todos os prazos;

II –não ser preso, senão por ordem judicial escrita, salvo em flagrante, caso em que a autoridade fará imediata comunicação ao Defensor Público-Geral;

III –ser recolhido a prisão especial ou sala especial, com direito a privacidade e, após sentença condenatória transitada em julgado, ser recolhido em dependência separada, no estabelecimento em que tiver de cumprir a pena;

IV –usar vestes talares e as insígnias privativas da Defensoria Pública do Estado;

V –ter vista pessoal dos processos fora dos cartórios e secretarias, ressalvadas as vedações legais;

VI –comunicar-se, pessoal e reservadamente, com seus assistidos, ainda que presos ou detidos, mesmo incomunicáveis;

VII –examinar, em qualquer repartição, autos de flagrante, inquérito e processos;

VIII –manifestar-se em autos administrativos ou judiciais por meio de cota;

IX –representar a parte, em feito judicial ou administrativo, independentemente de mandato, ressalvados os casos para os quais a lei exija poderes especiais;

X –deixar de patrocinar ação, quando ela for manifestadamente incabível ou inconveniente aos interesses da parte sob seu patrocínio, comunicando o fato ao Defensor Público-Geral, com as razões de seu proceder;

XI –ter o mesmo tratamento reservado aos demais titulares dos cargos das funções essenciais à justiça;

XII –ser ouvido como testemunha, em qualquer processo ou procedimento, em dia, hora e local previamente ajustados com a autoridade competente.

Parágrafo único. Quando, no curso de investigação policial, houver indício de prática de infração penal por membro da Defensoria Pública do Estado, a autoridade policial, civil ou militar, comunicará imediatamente o fato ao Defensor Público Geral, que designará integrante da instituição para acompanhar a apuração.

Alternativa correta: letra B.

Questão 38

- **(UFG – Defensor Público – GO/2014)**

Os Defensores Públicos do Estado, nos termos do parágrafo primeiro, do artigo 32, da Lei Complementar Estadual n. 51/2005, são passíveis das seguintes sanções:

A) multa e censura.

B) advertência, remoção compulsória, demissão e cassação de aposentadoria.

C) suspensão por prazo indeterminado e prestação pecuniária.

D) cassação de disponibilidade e multa.

E) prestação de serviços à comunidade e prestação pecuniária.

Transcreve-se o dispositivo cobrado:

Art. 32. Constituem faltas disciplinares, além de outras definidas na legislação subsidiariamente aplicável à categoria, a violação dos deveres e das proibições previstas nesta Lei Complementar, bem como a prática de crime contra a Administração Pública ou ato de improbidade administrativa.

> § 1º Os Defensores Públicos do Estado são passíveis das seguintes sanções:
>
> I –advertência;
>
> II –suspensão por até noventa dias;
>
> III –remoção compulsória;
>
> IV –demissão;
>
> V –cassação de aposentadoria.

Alternativa correta: letra B.

Questão 39

- (*FMP – Defensor Público – PA/2015)*

Segundo o entendimento consolidado pelo Conselho Superior da Defensoria Pública do Estado do Pará acerca dos projetos sociais executados pelos Defensores Públicos deste estado, é CORRETO afirmar que:

A) os Defensores Públicos do Estado do Pará devem cientificar o Defensor Público-Geral do interesse na realização de quaisquer projetos a serem utilizados prevalecendo-se do cargo de Defensor Público, independentemente da existência de termo de cooperação ou convênios.

B) dispensam prévia autorização do Defensor Público-Geral os projetos que envolverem mais de uma comarca ou núcleo.

C) a concessão de autorização para projetos pelo Defensor Público-Geral dispensa a análise de critérios de conveniência e oportunidade, em respeito ao princípio da independência funcional dos Defensores Públicos, desde que os objetivos sejam consentâneos com as atribuições e o planejamento estratégico da Defensoria Pública.

D) uma vez concedida a autorização para execução do projeto, este passa a ser da instituição, restando apenas a exibição nos meios de comunicação condicionada à autorização do Defensor Público autor.

E) o projeto que tiver a respectiva autorização indeferida, não poderá ser novamente apresentado.

A regulamentação exigida é a resolução 119 de 2013 que está transcrita abaixo na parte que interessa:

> Art. 2º Os Defensores Públicos do Estado do Pará devem cientificar o Defensor Público Geral do interesse na realização de quaisquer projetos a serem utilizados prevalecendo-se do cargo de Defensor Público, independente da existência de termo de cooperação ou convênios;
>
> Art. 3º O Projeto que se enquadrar em pelo menos uma das hipóteses elencadas neste artigo necessitará de autorização do Defensor Público-Geral para ser inicializado, a saber:
>
> I – Quando sua área de atuação envolver mais de uma comarca ou núcleo;
>
> II – Quando necessitar de parcerias com órgãos externos à Defensoria Pública do Estado do Pará;

III – Quando demandar recursos financeiros, sejam públicos ou privados.

Art. 4º O encaminhamento do projeto que demandar autorização deverá ser feito com o preenchimento da tabela constante no ANEXO I desta resolução, sob pena de indeferimento sumário.

Art. 5º O Defensor Público-Geral terá o prazo de 60 (sessenta) dias para analisar o pedido de autorização, prorrogável por igual período, findo o qual deverá manifestar-se pelo deferimento ou não do projeto que lhe foi submetido.

§1º Na análise do pedido, poderá o Defensor Público-Geral solicitar parecer técnico ou jurídico dos setores competentes da Defensoria Pública do Estado do Pará;

§2º Ao analisar a concessão de autorização, o Defensor Público-Geral considerará os critérios de conveniência e oportunidade, assim como o princípio da independência funcional dos Defensores, além dos objetivos finalísticos e o planejamento estratégico da Defensoria Pública;

Art. 6º O projeto que tiver a respectiva autorização indeferida, poderá ser novamente apresentado no exercício financeiro seguinte ao do indeferimento.

Art. 7º Uma vez concedida a autorização, o projeto passa a ser da Instituição, podendo livremente ser expandido e exibido nos meios de comunicação, conforme critérios de conveniência e oportunidade da Administração Superior da Defensoria Pública do Estado do Pará.

Alternativa correta: letra A.

Questão 40

- **(FMP – Defensor Público – PA/2015)**

Nos termos da LC 54/2006, é inelegível para o cargo de Defensor Público-Geral do Estado do Pará o membro da Defensoria Pública que:

A) tenha sido condenado por crime culposo, com decisão transitada em julgado, ressalvada a hipótese de reabilitação.

B) tenha sofrido penalidade disciplinar nos dois últimos anos anteriores à data da eleição.

C) tenha se afastado da instituição nos dois anos anteriores à data da eleição, inclusive para atividade em associação de classe.

D) tenha suas contas relativas ao exercício de cargos ou funções públicas rejeitadas por irregularidade insanável, e por decisão, ainda que recorrível do órgão competente, salvo se esta houver sido suspensa ou anulada pelo Poder Judiciário.

E) tenha exercido, nos doze meses anteriores à eleição, cargo ou função de direção em estabelecimentos de crédito, financiamento ou seguro, que tenham sido ou estejam sendo objeto de processo de liquidação judicial ou extrajudicial, enquanto não for exonerado de qualquer responsabilidade.

O dispositivo cobrado é o § 6º do artigo 3º da Lei Complementar Estadual (Estado do Pará) 54/2006, vejamos:

> § 6º É inelegível para o cargo de Defensor Público-Geral o membro da Defensoria Pública que:
>
> I – tenha se afastado do exercício do cargo nos dois anos anteriores à data da eleição, inclusive para atividade em associação de classe;
>
> II – forem condenados por crimes dolosos, com decisão transitada em julgado, ressalvada a hipótese de reabilitação;
>
> III – não apresentarem, à data da eleição, certidão de regularidade dos serviços afetos a seu cargo, expedida pela Corregedoria-Geral;
>
> IV – tenham sofrido penalidade disciplinar nos doze meses anteriores à inscrição da candidatura;
>
> V – mantenham conduta pública ou particular incompatível com a dignidade do cargo.

Alternativa correta: letra C.

Questão 41

- *(FCC – Defensor Público – DPE – BA/2016) A Lei Complementar nº 26/06 do Estado da Bahia, sobre a Lei Orgânica e o Estatuto da Defensoria Pública do Estado, dispõe que*

A) a Defensoria Pública será dirigida pelo Defensor Público-Geral, nomeado pelo Governador do Estado, dentre quaisquer integrantes do quadro de carreira maiores de 35 (trinta e cinco) anos, indicados em lista tríplice para mandato de 02 (dois) anos.

B) a eleição da lista tríplice far-se-á mediante voto unipessoal e plurinominal, obrigatório e secreto, dos Defensores Públicos em atividade, sendo vedados os votos postal e por procuração.

C) é obrigatória a desincompatibilização, mediante afastamento, de pelo menos 45 (quarenta e cinco) dias da data fixada para a eleição, para os que ocupam cargo na administração superior da Defensoria Pública.

D) o Conselho Superior baixará normas regulamentadoras do processo eleitoral, em até 06 (seis) meses antes do término do mandato do Defensor Púbico-Geral.

E) o Conselho Superior somente poderá apresentar proposta de destituição do Defensor Púbico-Geral à Assembleia Legislativa do Estado, por deliberação da maioria absoluta de seus membros, em sessão presidida pelo Defensor Público mais antigo na carreira, entre os Conselheiros.

Alternativa correta: letra B. Transcreve-se abaixo o artigo 14 e seu parágrafo único da lei Estadual, que responde aos itens "a" e "b".

> *"Art. 14 - A Defensoria Pública será dirigida pelo Defensor Público-Geral, nomeado pelo Governador do Estado, dentre os integrantes do quadro de carreira da ativa, e das 02 (duas) últimas classes, maiores de 35 (trinta e cinco) anos, indicados em lista tríplice, elaborada na forma desta Lei, para mandato de 02 (dois) anos, permitida uma recondução, observado o mesmo procedimento.*
>
> ***Parágrafo único** - A eleição da lista tríplice far-se-á mediante voto unipessoal e plurinominal, obrigatório e secreto, dos Defensores Públicos em atividade, sendo vedados os votos postal e por procuração."*

Como se vê, a alternativa correta nada mais é do que a literalidade do artigo 14, parágrafo único, da Lei Estadual.

Alternativa A: a assertiva está incorreta, vez que se refere a "quaisquer integrantes da carreira", quando o teor do *caput* do artigo 14 limita o cargo de Defensor Público-Geral aos integrantes da ativa e das duas últimas classes.

Alternativas "c" e "d". Para verificar tais itens deve-se transcrever o artigo 16 da Lei Estadual:

> *"Art. 16 - O Conselho Superior baixará normas regulamentadoras do processo eleitoral, até 03 (três) meses antes do término do mandato do Defensor Púbico-Geral, observados os seguintes procedimentos:*
>
> *I - constituir Comissão Eleitoral, composta de 03 (três) membros escolhidos pelo Conselho Superior, cujos indicados, ficarão, de logo, excluídos de concorrer à eleição, que será presidida pelo membro mais antigo no cargo, tendo competência para dirigir o processo eleitoral, desde a inscrição dos candidatos até a apuração dos votos e proclamação do resultado;*
>
> *II - assegurar aos candidatos, durante o processo eleitoral, oportunidade para apresentar aos Defensores Públicos suas propostas sobre a política e diretrizes para o mandato, em sessão especial.*
>
> *§ 1º - É obrigatória a desincompatibilização, mediante afastamento, de pelo menos 30 (trinta) dias da data fixada para a eleição, para os que:*
>
> *I - ocupam cargo na administração superior da Defensoria Pública;*
>
> *II - ocupam cargo eletivo nos órgãos de administração da Defensoria Pública e no órgão de classe;*
>
> *III - ocupam cargo ou função de confiança."*

O equívoco da letra "c" está no prazo indicado que é de 30 dias, conforme artigo 16, § 1° e não de 45 dias como diz a questão.

A letra "d" também apresenta equívoco relacionado ao prazo legal para o Conselho Superior baixar as normas regulamentadoras do processo eleitoral para o cargo de Defensor Público-Geral. A questão se refere a 6 meses, mas o *caput* do artigo 16 da Lei estadual confere prazo de 3 meses.

Alternativa E. O quórum necessário não é de maioria absoluta – como diz a questão, mas sim de 2/3. Nisso reside o equívoco.

Vejamos o teor legal:

> *"Art. 21 - O Conselho Superior somente poderá apresentar proposta de destituição à Assembleia Legislativa do Estado, por deliberação de, no mínimo,* ***2/3 (dois terços) dos seus membros****, em sessão presidida pelo Defensor Público mais antigo na carreira, entre os Conselheiros."*

Bibliografia

ALVES, Cleber Francisco. PIMENTA, Marília Gonçalves. *Acesso à Justiça em preto e branco: retratos institucionais da Defensoria Pública*. Rio de Janeiro: Lumen Juris, 2004.

ALVES, Cleber Francisco. GONZÁLEZ, Pedro. Defensoria Pública no século XXI: Novos horizontes e desafios. 1 ed. – Rio de Janeiro: Lumen Juris, 2017.

BARROSO, Luís Roberto. *Interpretação e aplicação da Constituição*. 5ª edição. São Paulo: Saraiva, 2003.

BUENO, Cassio Scarpinella. *Curso sistematizado de direito processual civil: teoria geral do direito processual civil, vol. I*. 2ª edição. São Paulo: Saraiva, 2008.

BRASIL, Ministério da Justiça. *III Diagnóstico da Defensoria Pública no Brasil*, 2009.

CAPPELLETTI, Mauro. GARTH, Bryant. Acesso à Justiça. Tradução de Ellen Gracie Northfleet. Porto Alegre, Fabris, 1988.

CARVALHO FILHO, José dos Santos. *Manual de direito administrativo*. 11ª edição. Rio de Janeiro: Lumen Juris, 2001.

CORGOSINHO, Gustavo. *Defensoria Pública: princípios institucionais e regime jurídico*. Belo Horizonte: Dictum, 2009.

DIDIER JR., Fredie. ZANETI JR., Hermes. *Curso de direito processual civil, vol. IV*. Salvador: Juspodivm, 2007.

ESTEVES, Diogo. SILVA, Franklyn Roger Alves. Princípios institucionais da Defensoria Pública – 2 ed. rev., atual. e ampl. – Rio de Janeiro: Forense, 2017.

FERREIRA FILHO, Roberval Rocha. *Principais julgamentos do Superior Tribunal de Justiça*. Edição 2008. Salvador: Juspodivm, 2008.

_____. *Principais julgamentos do Supremo Tribunal Federal*. Edição 2008. Salvador: Juspodivm, 2008.

FILHO, Edilson Santana Gonçalves. Defensoria pública e a tutela coletiva de direitos – teoria e prática - Salvador: Juspodivm, 2016.

GALLIEZ, Paulo. *Princípios institucionais da Defensoria Pública*. Rio de Janeiro: Lumen Juris, 2007.

_____. *A Defensoria Pública – o Estado e a cidadania*. 3ª edição. Rio de Janeiro: Lumen Juris, 2006.

GARCIA, Emerson. ALVES, Rogério Pacheco. Improbidade administrativa – 9 ed. São Paulo: Saraiva, 2017.

GOMES, Marcos Vinícius Manso Lopes. Defensoria Pública: ponto a ponto: direitos humanos e princípios institucionais da Defensoria Pública – 2ª edição – São Paulo: Saraiva Educação, 2019.

GONÇALVES FILHO, Edilson Santana; ROCHA, Jorge Bheron; MAIA, Maurílio Casas. CUSTOS VULNERABILIS: A Defensoria Pública e o equilíbrio nas relações político--jurídicas dos vulneráveis. Belo Horizonte: CEI, 2020.

LIMA, Frederico Rodrigues Viana de. *Defensoria Pública.* 2ª edição rev., ampl. e atual. Salvador: Juspodivm, 2011.

MORAES, Guilherme Braga Peña de. *Assistência jurídica, Defensoria Pública: e o acesso à jurisdição no Estado Democrático de Direito.* Rio de Janeiro: Lumen Juris, 1997.

OLIVEIRA, Rafael Carvalho Rezende. Curso de direito administrativo. 2. ed. rev., atual. e ampl. – Rio de Janeiro: Forense; São Paulo: Método: 2014.

PAIVA, Caio. FENSTERSEIFER, Tiago. Comentários à Lei Nacional da Defensoria Pública. Belo Horizonte: Editora CEI, 2019.

PAIVA, Caio Cezar. Prática penal para defensoria pública. – Rio de Janeiro: Forense, 2016.

SANTOS, Ozeias J. *Defensoria Pública – para concursos.* Belo Horizonte: Editora BH, 2006.

SIQUEIRA JUNIOR, Paulo Hamilton; OLIVEIRA, Miguel Augusto Machado de. *Direitos humanos e cidadania.* 2ª ed. São Paulo: RT, 2009

SOUSA, José Augusto Garcia de. *A Defensoria Pública e os processos coletivos: comemorando a Lei federal 11.448, de 15 de janeiro de 2007.* Rio de Janeiro: Lumen Juris, 2008.

Ministério da Justiça. III Diagnóstico da Defensoria Pública no Brasil, 2009.

TÁVORA, Nestor. ALENCAR, Rosmar Rodrigues. *Curso de direito processual penal,* 9ª edição, revista, ampliada e atualizada – Salvador: Juspodivm, 2014.

EDITORA
JusPODIVM
www.editorajuspodivm.com.br